大师谈收藏

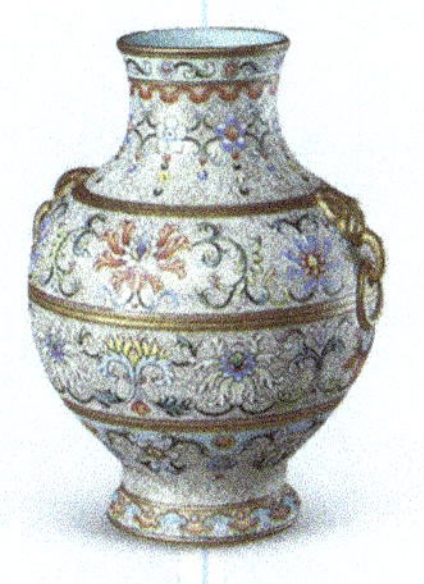

瓷器
投资收藏入门

第2版

谢崇桥　李菊生
编著

上海科学技术出版社

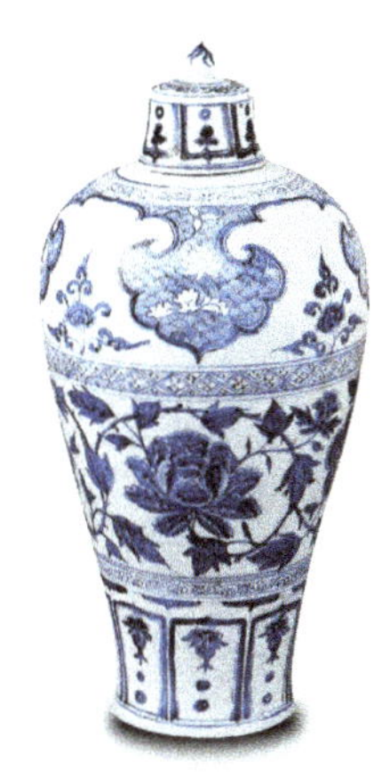

序

民间流传的"盛世收藏"名言,已经成为今日中国的现实。自 20 世纪始，工艺美术品悄然地走入了人们的视线并逐渐形成了庞大的国内市场。由于历代工艺美术品和近现代工艺美术品在市场流通中具有不同程度的增值和保值空间，因此工艺美术品已跃升为当今国内外资本的主要投资目标。

被今人称作"工艺美术"的艺术品，其实都是古代各个时期人们的生活用品。先人们在生活中发现了土与火，创造了彩陶、陶瓷；后来发现了铜，创造了青铜器；发现了漆，创造了漆器……每一时期新材料的发现都推动了科技和工艺的发展，新的科技、工艺、材料的发现，也创造了更加便利和适用的生活用品，从而更新和丰富着人们的生活及生活方式。由于古代物质和精神生活的单纯性，促使当时人们的精力更专注在对唯一和主要用品的适用功能和审美功能的集中表达上。因此，无论是彩陶、青铜器、漆器、金银器、玉器等物品上都呈现着时代的使用和审美合璧的双重功能。在

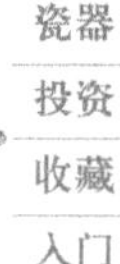

古代器物中，蕴涵着各个时期社会形态、人们生活水平、生活方式、工艺科技水准和人们的审美情感等信息。这些有形和无形的形象和信息凝聚成为一种特有的历史价值和艺术价值，当器物一旦失去使用价值以后，后人又会在它的形体上发现和挖掘出历史价值和审美价值。早在我国宋代就已出现了对古书画和古器物的收藏与复制。清代以后，复制古代工艺品和根据古代传统工艺、传统工艺风格进行创新的工艺品，形成了独立的制作和流通产业，所制作的器物专供人们陈设、欣赏、把玩、收藏与投资。

今天在工艺品收藏和投资中不乏古代工艺品和近现代工艺品。古代工艺品一般通过墓葬出土、各朝代宫廷留存、私人收藏传承等方式传世。古代工艺品大多属帝王、贵族、文人士大夫所拥有，这种种器物均具有较高的历史价值、工艺价值、艺术价值和经济价值。现在这部分物品被收藏在各大博物馆内，流通到社会的数量毕竟有限。

近现代工艺美术品的门类、品种、花式极为丰富，如：玉器、石雕、象牙、竹木器、漆器、陶瓷、琉璃、金银铜锡器、珐琅器、红木家具、刺绣，等等。其中，由于受不同地域不同民族文化、风俗、资源的影响，每类工艺品又呈现出风格迥异的特色。

近现代工艺品已退去了实用功能走向艺术的层面，因此尤其重视材料品质的选择和艺术设计水平的提高、工艺加工的精致，目前工艺美术品的艺术附加值，吸引了更多投资者的目光。工艺美术品的发展与工艺美术品的收藏、投资互为因果，高水平的工艺美术品具有稳定、可观的保值增值空间，由此会推动工艺美术品收藏和投资的拓展。同样，工艺品投资的发展也会推进工艺美术事业的持续发展。

“今天的工艺美术品是未来的文物”这一论断正是历史的规律。工艺品收藏和投资，不仅是个人资本投资增值的目的，也是个人兴趣爱好、养性益智、提高审美的自我修养，更是一份留存给后人时代艺术精华的历史责任。

目前工艺美术品市场虽方兴未艾，但市场中的工艺制品存在着真伪、良莠纷杂现象。如何鉴真收精，全凭收藏者的眼力功夫。眼力来源于收藏者、投资者对工艺品知识了解的程度和审美品位的高下，审美品位则来自对工艺品知识掌握多寡和收藏实践的品鉴中。

中国工艺美术历史悠远，艺术璀璨，工艺精致，是中国文化艺术的重要组成部分。无论哪一门类的工艺美术品，其魅力中无不包含了复杂的发展、蜕变历程；充满了世代人在天时、地利、人和的认知中对材料选择、利用的智慧；积淀了工艺美术设计和工艺技法表达的绝技的繁复和多样性。这门丰厚而优秀的学问是中国工艺美术宝贵的财富，是工艺美术品收藏和投资者珍贵的知识典籍。

“大师谈收藏”系列丛书用一问一答的形式，把工艺美术历史、材料、工艺、名人名作、真伪鉴别、保养等理论知识化。书中的提问与解答开门见山、简明扼要，直指要点，使读者易懂、易记，可谓是收藏和投资者的一本入门指南。此书可以帮助有志收藏投资者入门有道，少走弯路；对于已有一定收藏、投资经历者而言，也可以作为检验收藏成果，提升收藏、投资能力的良师益友。

北京工艺美术学会理事长　唐克美

2014 年 2 月

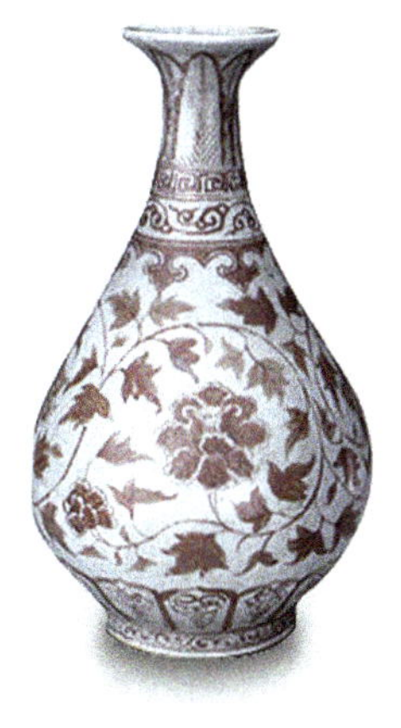

前言

在中国，收藏投资首先考虑瓷器投资，这是不可否认的事实，也是由天时、地利、人和各方面因素促成的。到古玩市场转转，绝大多数店铺都经销瓷器。瓷器，是与中国历史、文化联系最为紧密的器物，是中国的象征，其中蕴含着极为丰富的中国文化，也是中国最具收藏价值的器物之一。从某种意义来说，中国瓷器的发展史也是一部视角独特的中国文化史、中国科技史、中国工艺史、中国社会发展史。在外国人眼里，中国基本上等同于瓷器。他们称呼中国为“China”，这个外文词同时也有“瓷器”的意思。此外，江西景德镇高岭村因为盛产瓷土，村名也被外国人变成了他们自己“语言”的组成部分——英语中的“Kaolin”就是“瓷土”，之所以没有直接写成汉语拼音的“Gaolin”，显然是外国人发音不够准确而出现的拼写错误。我们甚至可以认为，外国人对中国瓷器的态度几乎可以用“崇拜”一词来形容，近几年在东南沿海打捞的古代沉船中有大量瓷器，是古代外国人喜欢购买中国瓷器的明证，而最近几年瓷器在拍卖市场上一件件被外国购买者抬高到“天价”，则是外国人承认中国瓷器价值的再次证明。

从事瓷器投资收藏需具备一定学识。不管收藏者学富五车、才高八斗，还是仅仅只有初等文化，都有机会在瓷器收藏领域一展身手。投资收藏成功的可能性与收藏者学问的高深并没有直接关系，更多的是需要一些基本知识和大量的实践经验。说瓷器领域学问深，可谓是深不可测。那些鉴定专家，仅用眼看手掂，就能判断一件瓷器的真伪和价值，比任何科学仪器都准。有些新仿器物，普通人看起来跟真的一模一样，专家却能够仅凭几张照片就看出部分破绽。这其中的学问，绝不是一两天就能学到手的。说瓷器领域学问浅，也确实没什么神奇的，瓷器不是什么玄虚之物，它是真实具体的。当一件瓷器摆在您面前的时候，真就是真，假就是假。仿得再好的器物，也不可能跟真的没有区别。一些年代久远、制作精良的瓷器，其很多特点是现代无法仿制的。在瓷器收藏领域，很多行家里手都不是科班出身，上学不多，但在行业内的摸爬滚打使他们练就了一双鉴别真假的火眼金睛，任何作伪器物也难逃他们的眼睛。从这个层面上来说，只要有心，人人都有可能在瓷器投资收藏领域大展身手。

毫无疑问，瓷器投资收藏与“钱”和“利”有关，但“钱”和“利”往往又不能起决定作用。如果收藏者缺乏瓷器投资收藏的基本知识、思路和技巧，再多的钱投进去也恐怕只能“买个响声儿”（瓷器收藏领域往往把买到赝品，一气之下打碎赝品而发出响声称为“花钱买个响声儿”）。但具备了相关知识，即使不擅长鉴定，也会在投资过程中有所分辨，不人云亦云追波逐浪。正确的投资不能等同于投机，瓷器投资尤其如此。很多投资者就是因为有投机心理，才会被骗子钻了空子，在值得怀疑的“高额利润”面前心存侥幸，出现重大失误。

作为准备涉足瓷器投资收藏领域的初学者，肯定希望马上掌握瓷器投资收藏的关键知识，可能有千千万万个相关的问题希望得到大师解答。本书就是站在瓷器投资收藏者的立场上，集中通过 100 多个问题的设置和解答而展开的，这些问题能帮广大瓷器爱好者建立起一个基本的知识体系。书中提供的有些方法和技巧，则可能会伴随瓷器爱好者未来整个瓷器投资收藏之路。当然，这 100 多个问题可能还满足不了瓷器爱好者全部要求，所以本书在附录中还特别提供了部分相关网站的网址和简介，在阅读本书的基础上浏览浏览这些网站，逛逛古玩市场，就有可能在不知不觉中发现自己也能看出一些瓷器的“眉目”了。

本书是上海科学技术出版社与北京工艺美术学会合作的成果，在本书的策划与出版过程中，上海科学技术出版社的编辑、北京工艺美术学会的秘书长王宝韧先生提出了方向性意见；在编著过程中，陶薇如、张研、尹建灵、晏子茹等为本书的资料收集和整理提供了很多的帮助，时值本书再版之际一并表示感谢。

由于编著者学识有限，对瓷器相关问题的介绍还需借助前人的研究成果，书中引用了一些网站及业内专家的文献资料，在此特别表示谢意。另外，书中偏颇和疏漏之处在所难免，敬请广大读者和专家不吝斧正。

编著者

2014 年 2 月

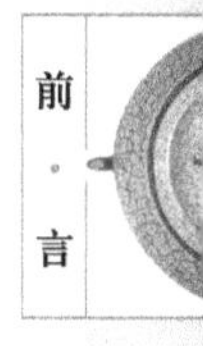

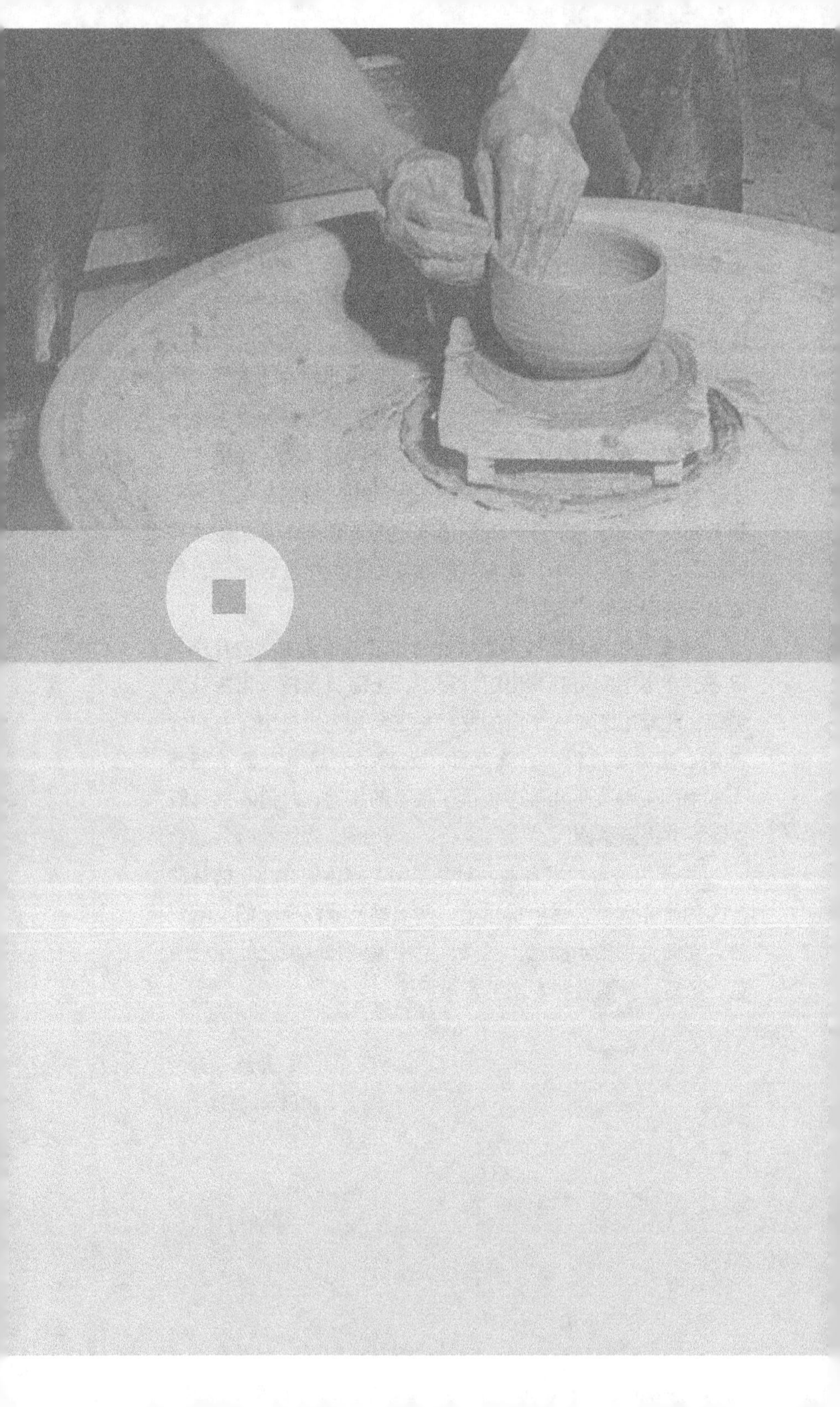

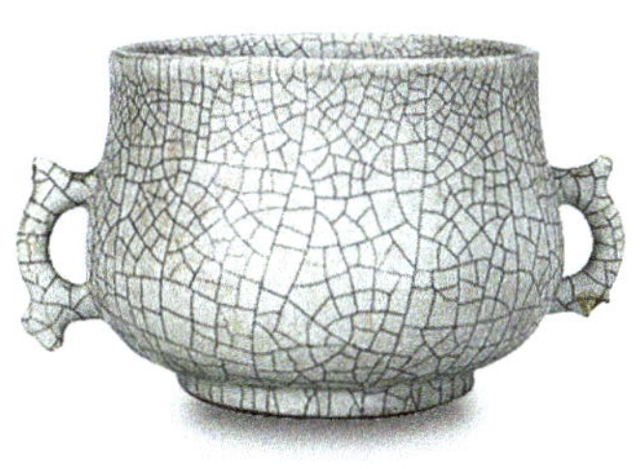

目录

原料篇

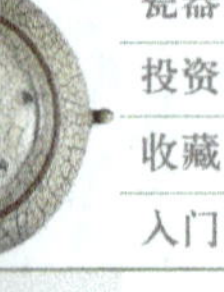

工艺篇

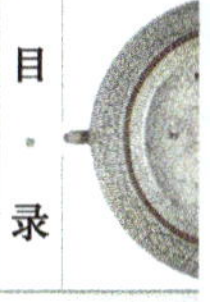

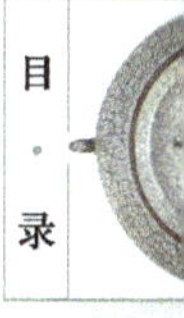

历史篇

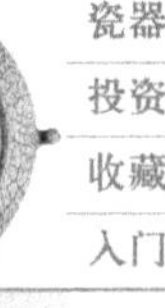

投资篇

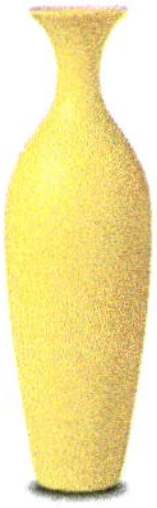

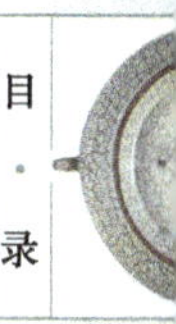

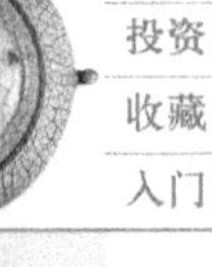

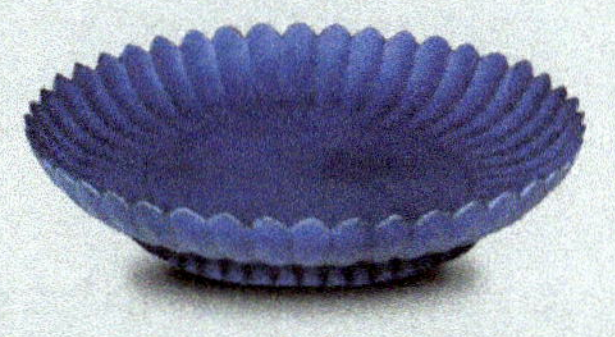

原料篇

一、瓷器基本概念

1. 瓷器是什么？

瓷器是由一种专门的泥土（俗称“高岭土”）制成，经高温（通常为1 200 ℃以上，有的高达1 300 ～ 1 400 ℃）烧制而成的器皿。瓷器轻巧、易碎，轻轻叩之能发出清脆的金属声。其表面一般均施有耐高温的釉。经高温烧造的瓷器釉面光滑，釉色永不脱落消退。易清洗，耐擦洗，作为日用品对人们的健康具有重要意义。在各类瓷器的产量中，餐饮器应该是最多的。

因为瓷器工艺的特殊性及制瓷技艺的发达，很多瓷器同时具有很高的艺术价值。

瓷器是由中国古代先民首先发明，并长期烧造，后逐渐

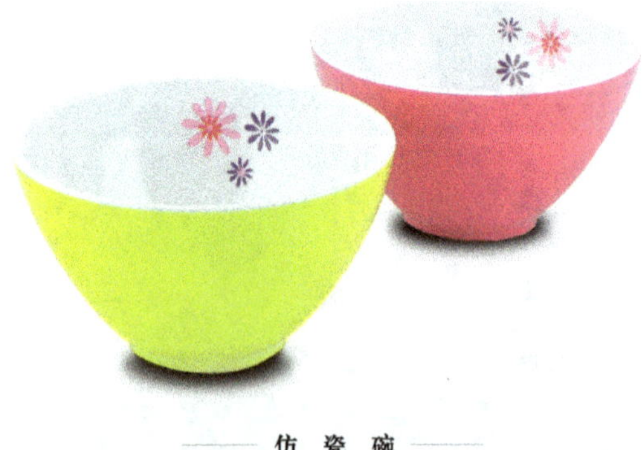

仿瓷碗

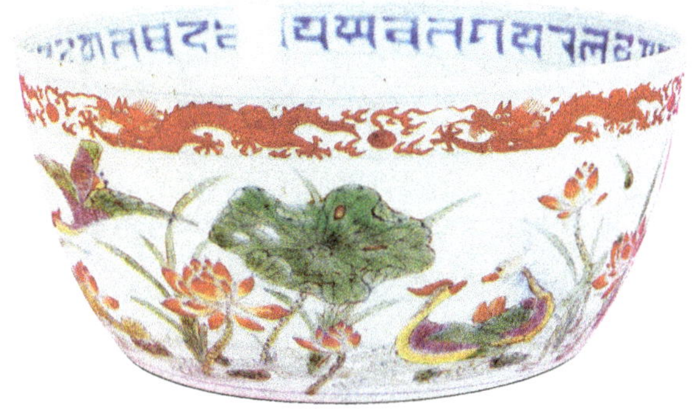

明成化青花斗彩洗

高 8.1 厘米，深 6.7 厘米，口径 16.5 厘米，足径 9.5 厘米

传遍世界各地。所以中国也被称为“瓷国”，中国的英文名称“China”也有“瓷”的意思。

因为瓷器具有很多优点，特别是具有卫生洁净的特点。现在，工业上开始用化工材料仿制类似瓷器的材料和器物，如仿瓷涂料、仿瓷洁具、仿瓷餐具等。仿瓷材料和器物曾因为避免了瓷器易碎的缺点，加上往往具有色泽鲜艳等特点而受到大家的喜爱，但近来有报道称很多仿瓷餐具对人体有害，使大家不得不重新认识仿瓷器物。一些仿瓷餐具厂商违规使用一种俗称“尿素甲醛树脂”的工业原料制作餐具，而这种餐具耐湿热性较差，用这种餐具装热的流质食物时容易析出甲醛这种致癌物，这对使用者的健康会产生巨大隐患。

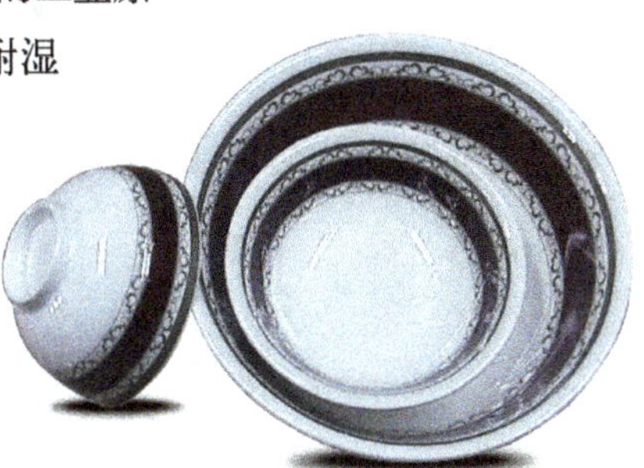

仿瓷碗

2. 陶和瓷的主要区别是什么？

俗话说，“陶瓷不分家”，说明陶器和瓷器的差别很小，有时甚至难以区分。但从多方面综合来看，陶器和瓷器还是有差别的。

第一，胎的原料不同。陶器一般用黏土，少数也用瓷土作胎，而瓷器是用瓷石或瓷土作胎，所以两者成分有所差异。以宜兴紫砂陶为例，其矿物组成属含铁的黏土－石英－云母系，铁质以赤铁矿形式存在，主要物相是石英、莫来石和云母残骸，结晶细小均匀。而烧制白陶的高岭土是一种以高岭石为主要成分的黏土，呈白色或灰白色，光泽暗淡，纯粹的高岭土含氧化硅 46.51%、氧化铝 39.54%、水 13.95%，熔点为 1 780 ℃，因其可塑性差、熔点高，要掺入其他材料才能制作。

瓷石是由石英、长石、绢云母、高岭石等组成，完全风化后就是通常所见的瓷土，制作瓷器的瓷石属半风化的瓷石，经扬碎、淘洗成为制坯原料。主要成分是氧化硅、氧化铝，并含有少量的氧化钙、氧化镁、氧化钾、氧化钠、氧化铁、氧化钛、氧化锰、五氧化二磷等，熔点一般为 1 100 ～ 1 350 ℃，熔点高低与所含助熔物质的多少成反比。

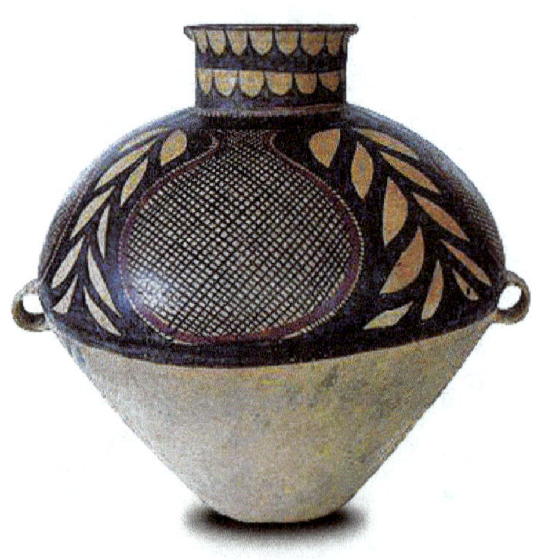

叶 纹 壶
马家窑文化半山类型，陶器

第二，胎色不同。

陶器制胎原料中含铁量较高，一般呈红色、褐色或灰色，且不透明；瓷器胎色为白色，呈透明或半透明。

第三，釉的种类不同。釉是陶瓷表面具有玻璃质感的光亮层物质，由瓷土（或陶土）和助熔剂组成。陶器一般表面不施或施低温釉，其助熔剂为氧化铅。秦汉时就大量烧制这类铅釉陶，唐代的三彩、宋代的低温颜色釉等均属此类。瓷器表面施有高温釉，主要有石灰釉和石灰－碱釉两种。石灰釉以氧化钙等为助熔剂，含量多在10%以上；石灰－碱釉以氧化钙和氧化钾、氧化钠等为助熔剂，氧化钙含量多在10%以下，氧化钾和氧化钠等金属氧化物的总和常达4%以上。

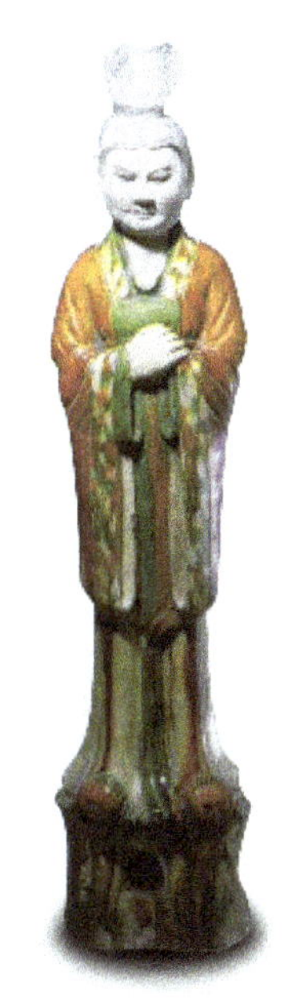

唐三彩文官俑

现藏故宫博物院，陶器

第四，烧成温度不同。因制胎材料的关系，陶器的烧制温度一般在700 ～ 1 000 ℃，瓷器烧制温度一般在1 200 ℃以上。

第五，总气孔率不同。总气孔率是陶瓷致密度和烧结度的标志，包括显气孔率和闭口气孔率。普通陶器总气孔率为12.5%～38%；精陶为12%～30%；细炻器（原始瓷）为4%～8%；硬质瓷为2%～6%。

第六，吸水率不同。这是陶瓷烧结度和瓷化程度的重要标志，指器体浸入水中充分吸水后，所吸收的水分重量与器体本身重量的比例。普通陶器吸水率都在8%以上，细炻器

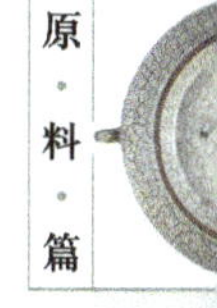

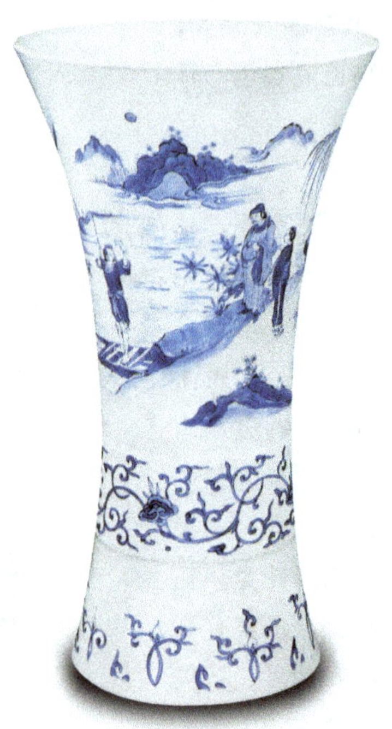

清康熙青花人物觚式瓶
高35.2厘米，口径20.5厘米

为0.5%～12%，瓷器为0～0.5%。

陕西西安出土的人面鱼纹彩陶盆，是新石器时代陶器珍品，此盆用细红泥陶制成，盆内壁用黑彩绘制两组对称的人面鱼纹。是仰韶文化的代表性作品，是我国古代彩陶艺术的完美呈现。

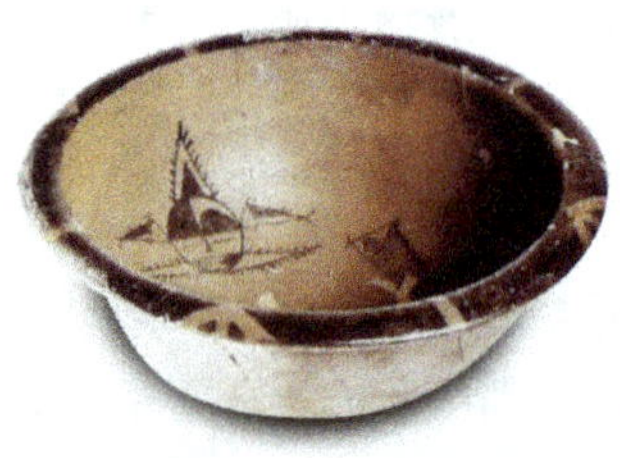

陕西西安出土的人面鱼纹彩陶盆

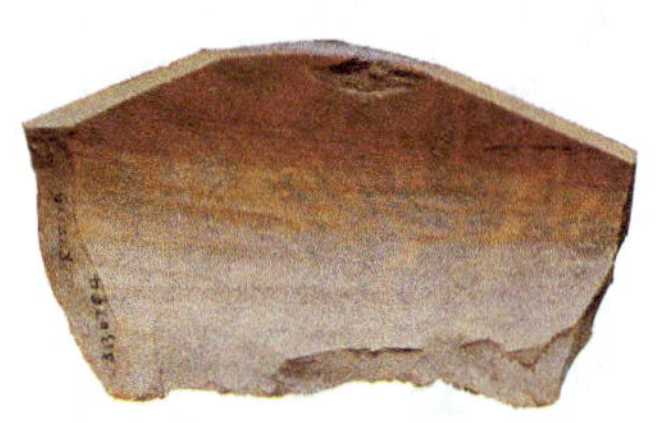

陶　　片

唐朝葬俗，人死后会随葬大量冥器，文官佣、武士佣、镇墓兽是常见的冥器。

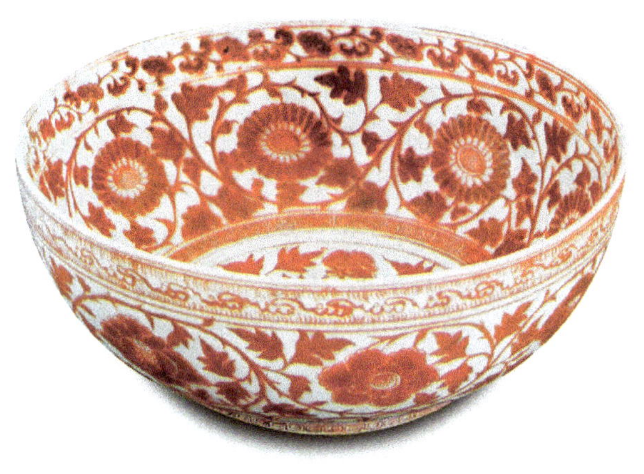

明洪武釉里红花卉大碗

高 16.2 厘米，深 14.8 厘米，口径 41 厘米，足径 23 厘米

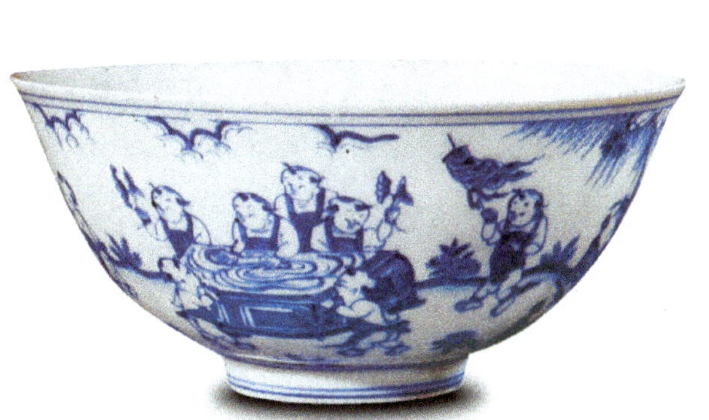

明成化婴戏图碗

高 6.7 厘米，深 5.9 厘米，口径 15.4 厘米，足径 5.2 厘米

3. 瓷土的成分主要是什么?

瓷土是陶瓷的主要原料，又名“高岭土”，它是因产于世界第一窑厂的中国景德镇附近的高岭村而得名的。后来由“高岭”的中国音演变为“Kaolin”，而成为国际性的名词。

关于“高岭土”有个传说故事。很久以前高岭村住着户姓高的穷汉，老夫妻租地种田为生，生活很苦。一个冬天的早晨，高老汉开门看到屋檐下躺着个被冻僵的白发老头，赶忙唤来老伴把他抬到床上，然后烧姜汤把他灌醒。老人看来是饿急了，不说话，只用手指指嘴。可是他们家没有米面，怎么办呢？他们只得去向地主借了一点米熬成粥给老人喝。老人喝完粥后忽然哈哈大笑：“好人终会有好报啊！”同时从口袋里拿出一粒洁白晶莹的小石块，交给高老汉，叫他埋在高岭山上，并说过了七七四十九天，那石块就会变成挖不尽的白玉土，送到景德镇去就是上好的制瓷原料。高老汉按照他的话去做，果然出现了奇迹，高岭村到处变成了白嫩嫩的玉土。高老汉便和村里人一起去挖，卖了很多钱。景德镇瓷器用上了这种瓷土后，质量也变得更好了。

纯粹的瓷土是一种白色或灰白色，有丝绢般光泽的软质矿物，成分是：二氧化硅46.51%，三氧化二铝39.54%，水13.95%，熔点为1 780 ℃。纯粹的瓷土（矿物学上称“伊力石”）存量不多，而且所谓纯粹的瓷土没有黏土那样强的黏度。一般的瓷土如果放在显微镜下观察，其中银光闪闪、呈非常小的结晶状态的物质，

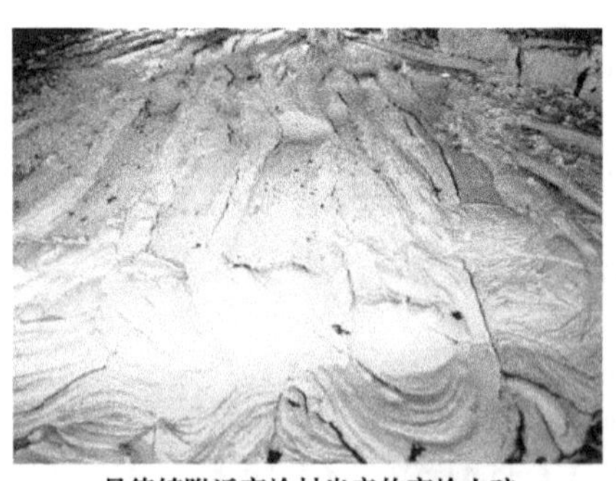

景德镇附近高岭村出产的高岭土矿

就是所谓纯粹的瓷土。通常制瓷所用的瓷土并非纯粹的瓷土，而是含有助溶剂等很多“杂质”，还含有未变质的长石、石英、铁矿及其他作为瓷土来源的岩石碎片，熔点在 1 200 ℃左右。

除了高岭土，瓷石、木节土及白坩土等因为具有与高岭土类似的特点，即助熔剂和铁含量低、在 1 200 ℃以上能够烧结成瓷，所以也常常被称为“瓷土”。

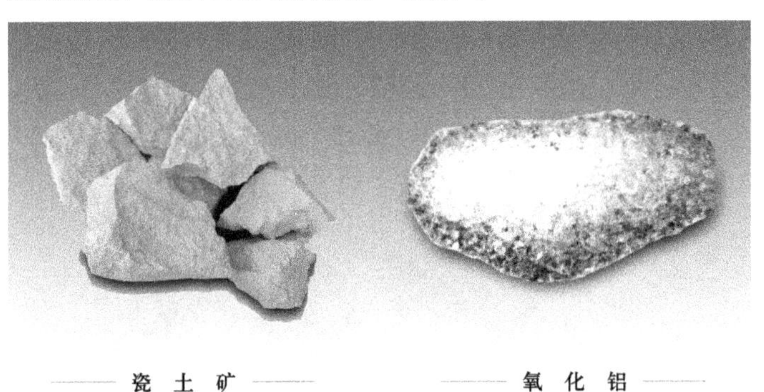

瓷土矿　　　氧化铝

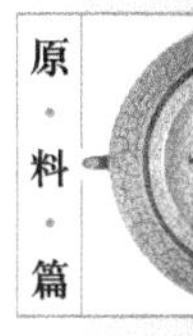

4. 什么是瓷胎?

制好的坯器经过高温烧成，便瓷化成为瓷胎，即瓷器的胎质，胎骨。瓷胎的显微结构决定了它的各种物理、化学性质，而胎的显微结构又取决于原料的矿物组成、颗粒度、坯体的配方、加工工艺以及烧成温度。在古代，将陶瓷的胎质分为陶胎、瓦胎、瓷胎、钢胎、铁胎、浆胎等。这是基于胎质的物理性质而分类的，化学组成的差异不一定很大。浆胎是用精细淘洗之浆泥制成的质轻松软瓷胎，该胎体始于明代，清康熙、雍正、乾隆时烧制较多，具有胎薄、体轻、质松、音哑、釉有细小开片等特点，是一种优秀的胎质，通用于精细的瓷器。

因为瓷胎常常带有特定时代和窑口的特征，且不易作假，所以胎质常常被作为中国古瓷鉴定的主要依据之一。如距今 4 000 年前的商周时代的青釉瓷器，又称“原始青瓷”，是青瓷的低级阶段，其胎为灰白色和灰褐色，胎质坚硬，瓷化程度较高；明代永乐瓷胎色纯白质细腻，迎光透视胎釉呈粉红、肉红或虾红，并且有厚薄不均现象。永乐胎厚，宣德胎薄。宣德时大件琢器底部多无釉，露胎处常有红色点，俗称“火石红斑”，还有铁锈斑点。清康熙、雍正时的仿宣德瓷器则无此特征。清代康熙时瓷器的胎釉，胎色细白，胎质纯净，细腻坚硬，与各朝代的同样式器皿相比，它的胎体最重。

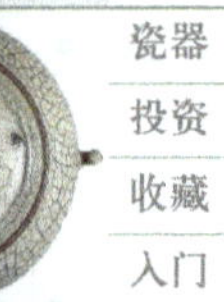

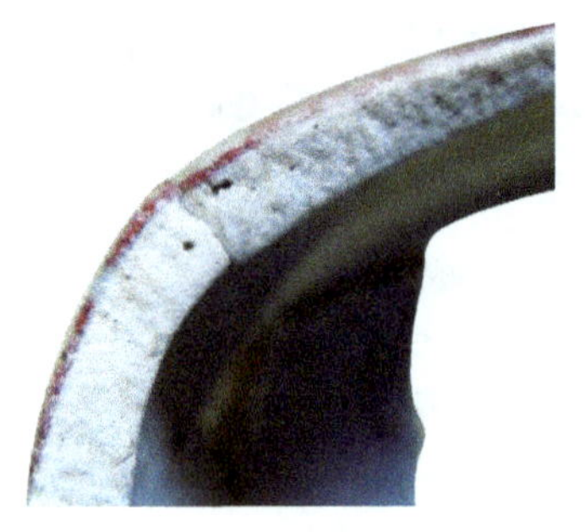

瓷器表面多数上过釉，从破碎的瓷片侧面很容易看到瓷胎和釉层的差别。此瓷片的胎比较厚，古代也有釉厚胎薄的瓷器。有些薄胎器物的胎非常薄，釉层的厚度甚至超过了胎的厚度

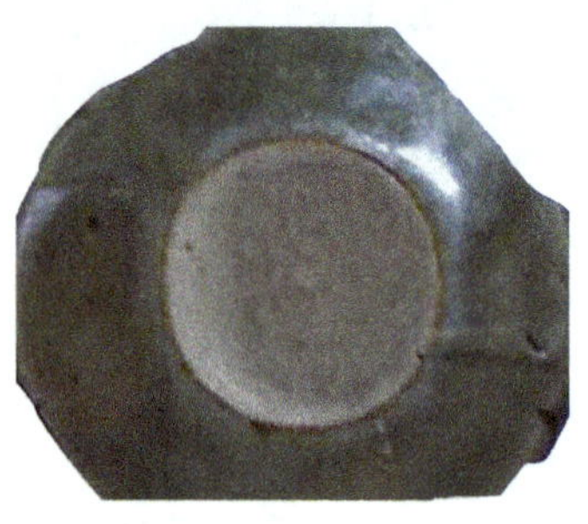

多数瓷器的底足都没有施釉，能看到瓷胎

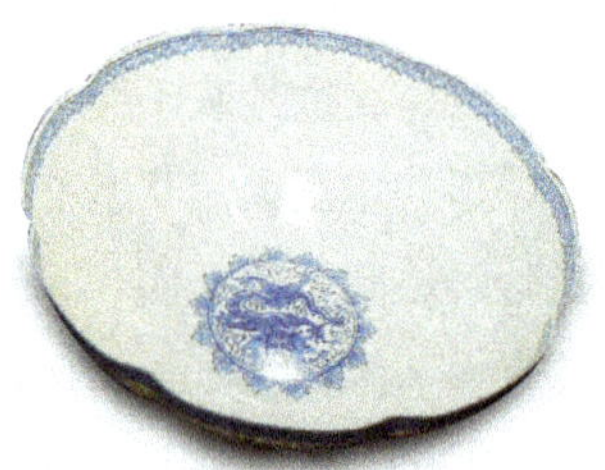

薄胎瓷有“薄如纸”的说法，薄胎瓷器因为能透光甚至被制成灯罩

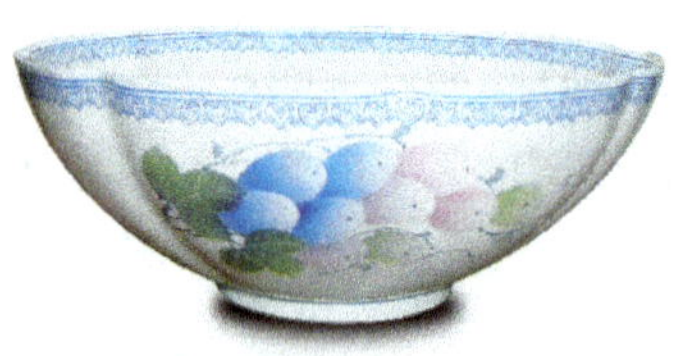

薄胎南瓜碗

二、釉料和色料

5. 什么是釉?

瓷器表面具有油状光泽的玻璃状物质层就是釉。釉是一种玻璃质，可以施于陶瓷器的表面，起到美观和保洁的作用。

最初很可能是一种偶然，是在密封得很好、温度较高的窑室里，在燃烧的过程中，燃料上的柴灰落到了器物表面，和陶土中的长石融化到一起，在器物表面自然形成了一层明亮的薄壳，从而启发了当时的陶瓷工人。陶瓷工人们就有意识地用烧好的草木灰拌入稀释的陶土泥浆中并搅匀，涂在尚未烧制的器物表面，创造了世界上最早的草木灰釉。时间一长，草木灰釉的一些缺点渐渐地暴露出来，如釉浆缺乏黏性，施釉时不易操作；草木灰中所含的三氧化二铝易溶于水，使釉浆的成分不能保持稳定；草木灰的来源有限，不能用于大量生产等。

经长期探索，人们终于发现在草木灰釉的基础上再加些普通黏土、石灰质黏土或石灰石可以弥补这些不足，这样就发明了石灰釉。

现代日用陶瓷生产中所用的釉分为石灰釉和长石釉。石灰釉是用釉果（类似瓷石的一种天然矿物原料）和灰釉（主要成分氧化钙）配制而成，长石釉主要由石英、长石、大理石、高岭土等组成。在石灰釉和长石釉中加入金属氧化物，或渗

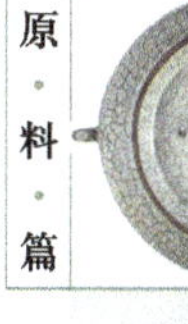

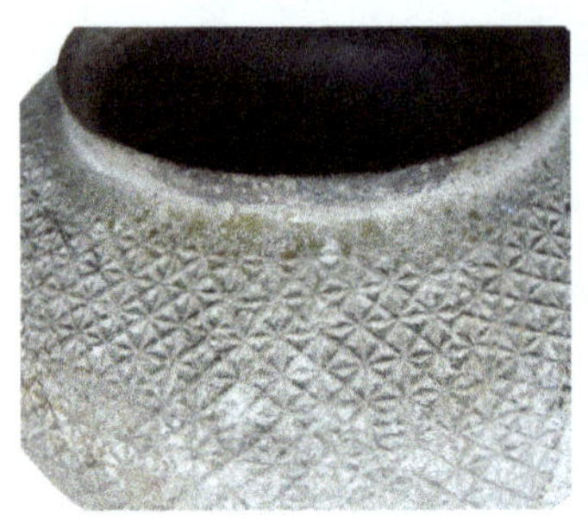

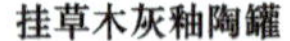

挂草木灰釉陶罐

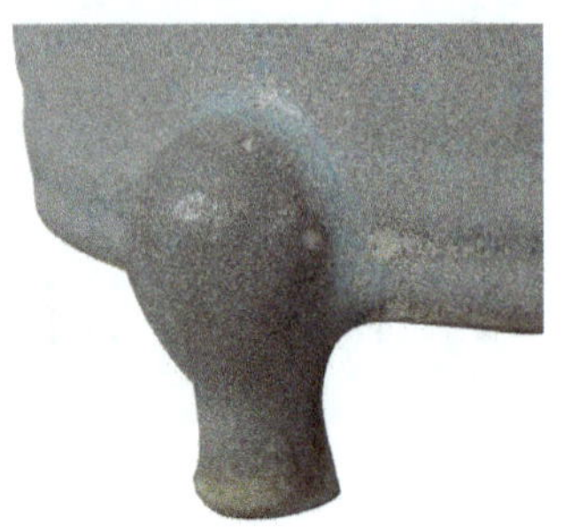

石 灰 釉 器

进其他化学成分，就会成为各种各样的釉色。一般釉的厚度只有坯体厚度的 1% ~ 3%，但经过窑火焙烧后就紧紧附着在瓷胎上，使瓷器致密化、光泽柔和，又不透水和气，给人明亮如镜的感觉。同时可以提高使用强度，起到防止污染，便于清洗等作用。

釉的种类很多，按烧成温度分，1 100 ℃以下烧成的称为“低温釉”，1 100 ~ 1 250 ℃烧成的为“中温釉”，1 250 ℃以上烧成的为“高温釉”；按釉面特征分，有白釉，颜色釉，结晶釉，窑变纹釉，裂纹釉。除上述分类外，还有无光釉、乳浊釉、食盐釉等。近年来，随着现代科技的发展，还出现了流动釉、变色釉、彩虹釉、夜光釉等新品种。

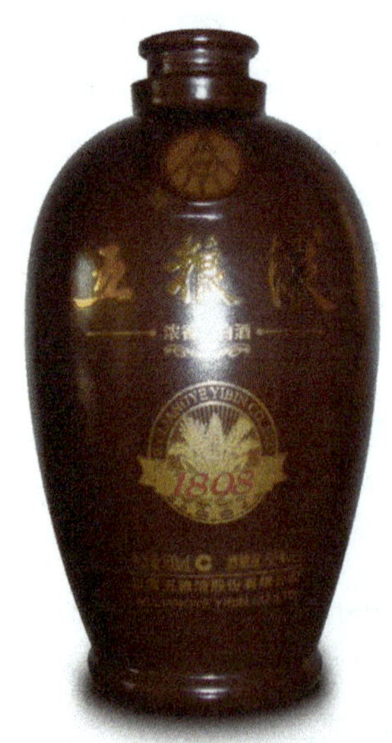

玻 璃 釉 瓶

6. 什么是釉上彩和釉下彩?

釉上彩、釉下彩主要是针对瓷器制作过程中施釉和彩绘的顺序不同而言的，釉上彩是先施釉后彩绘，釉下彩则是先彩绘后施釉。因为工艺制作顺序不同，能给瓷器带来不同的装饰效果。

釉上彩指在已烧好的白釉瓷器上进行彩绘，再入窑经600～900℃的温度烘烤而成，因彩绘在釉上，故名。釉上彩最早产生于宋代，明清景德镇窑广泛应用，品种有斗彩、五彩、粉彩、珐琅彩等。

釉下彩指在胎体上彩绘之后，罩上一层无色透明釉，再入窑经高温（1 300℃左右）一次烧成，因彩绘在釉下，故名。釉下彩最早见于唐代长沙窑青釉褐绿色彩绘瓷器，元代景德镇窑的青花、釉里红瓷，使釉下彩工艺更臻完美。明清两代，青花成为瓷器生产的主流。

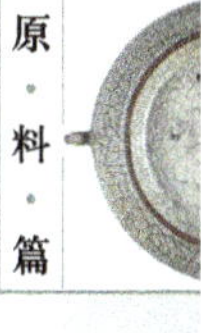

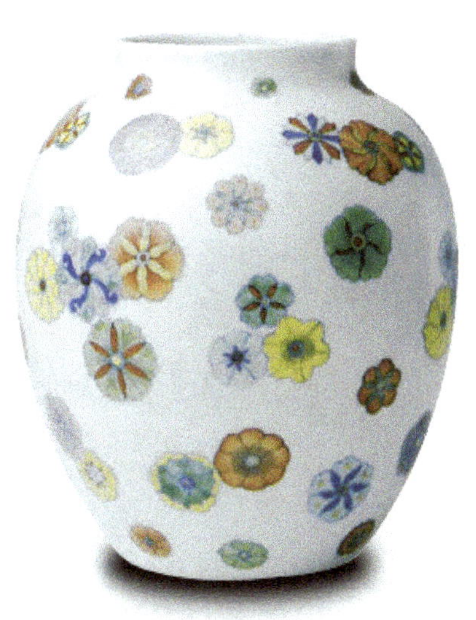

斗彩团花纹罐（釉上彩）
高 17.2 厘米，口径 8.4 厘米，足径 7.8 厘米

一般来说，釉下彩器物的色彩更不容易脱落，也不会析出铅等有害物质，因而更为安全。有些小窑厂使用未经严格提炼的材料甚至化学原料制作釉上彩器皿，长期使用不仅色彩易脱落，还有可能对人的健康造成危害。

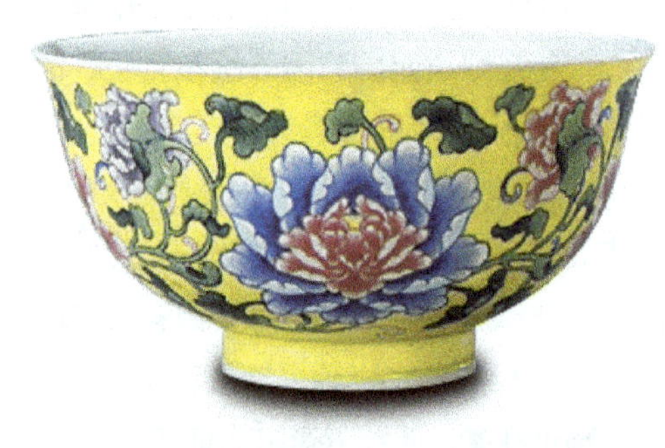

清康熙黄地珐琅彩缠枝牡丹纹碗（釉上彩）
高 7.8 厘米，口径 15 厘米，足径 6 厘米

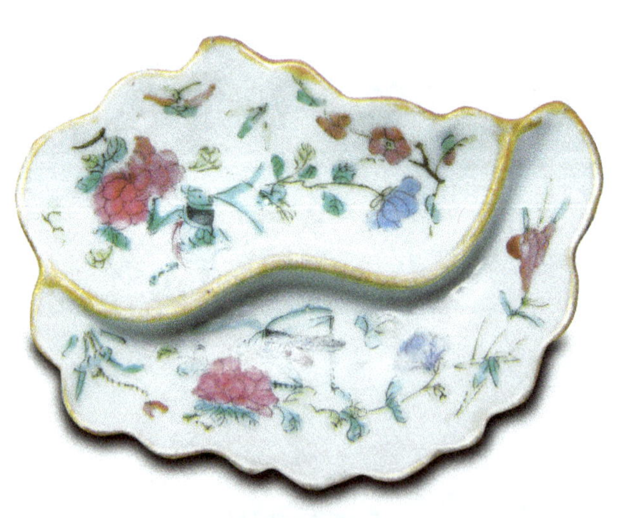

清同治景德镇窑粉彩虫草纹叶形笔掭细部（釉上彩）

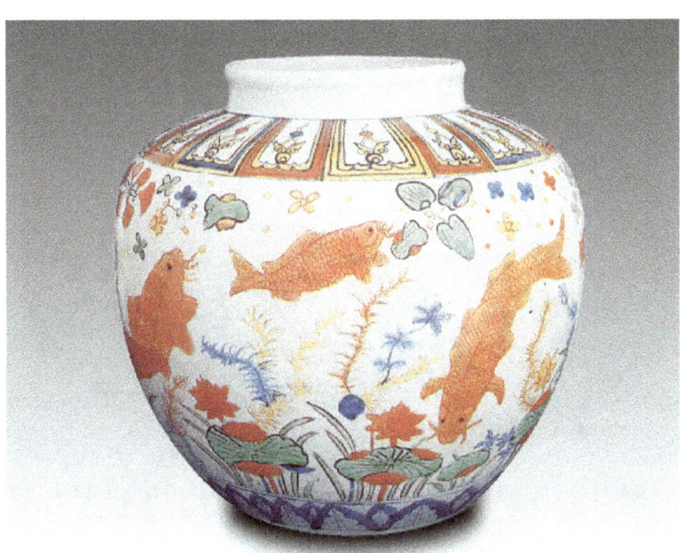

明嘉靖五彩鱼藻纹大罐（釉上彩）
高 33.9 厘米，口径 19.6 厘米

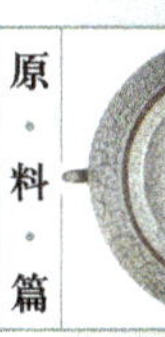

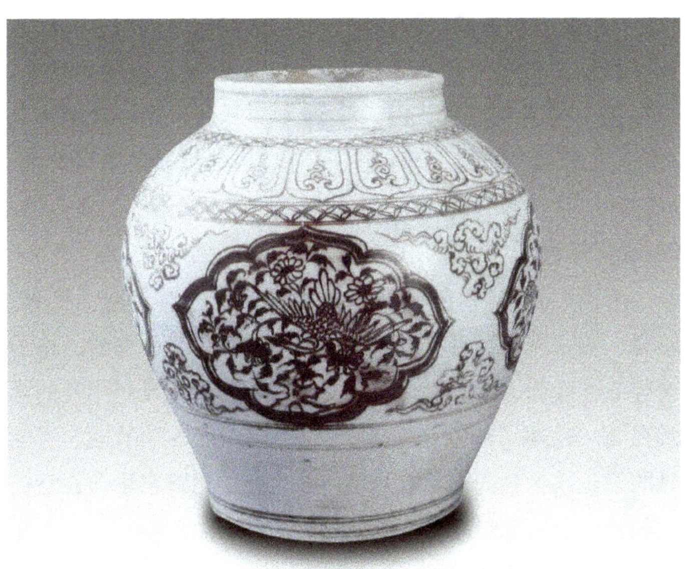

元釉里红开光花鸟纹罐（釉下彩）
高 24.8 厘米，口径 13.3 厘米

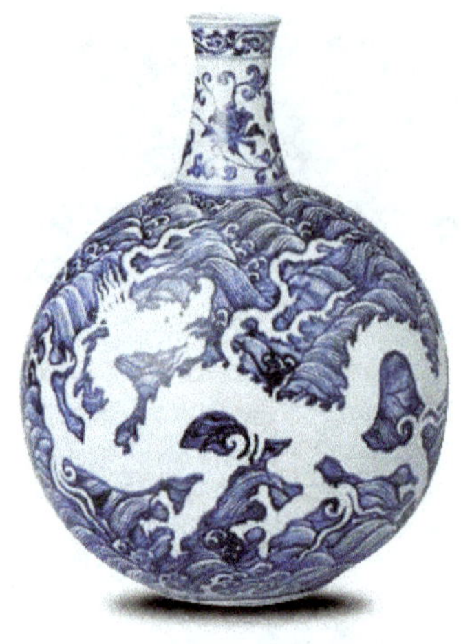

青花海水白龙纹扁瓶（釉下彩）
高 45.3 厘米，口径 7.8 厘米，
足径 14.5 厘米

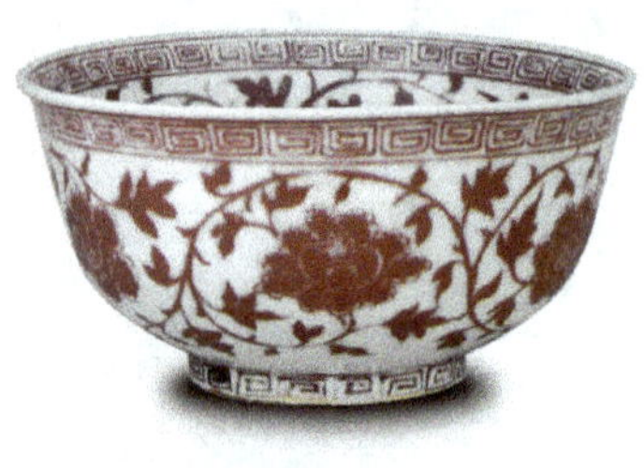

釉里红缠枝牡丹纹碗（釉下彩）
高 10 厘米，口径 20.6 厘米，
足径 9.1 厘米

7. 什么是青釉？

青釉，亦称“青瓷釉”，是中国瓷器著名传统颜色釉，以铁为主要着色元素，以氧化钙为主要助熔剂，釉中含有 1% ~ 2.5% 的铁量，在高温还原气氛中焙烧，便呈现青色，因而称“青釉”。古代南方越窑青釉，是瓷器最早的颜色釉，汉代趋于成熟，宋代达于高峰。

所谓“青釉”，颜色并不是纯粹的青，有月白、天青、粉青、梅子青、豆青、豆绿、翠青等，其中又以粉青、梅子青等品种最为名贵。古代的越窑、婺州窑青瓷釉料中铁的含量在 2% ~ 3%，釉色较深，呈豆青色或艾色；唐代瓯窑青瓷釉的氧化铁含量为 1.54%，釉作淡青色；德青窑用含铁量很高的紫金土来配制黑釉，使釉内含铁量高达 6% ~ 8%，因此釉色黑如漆。

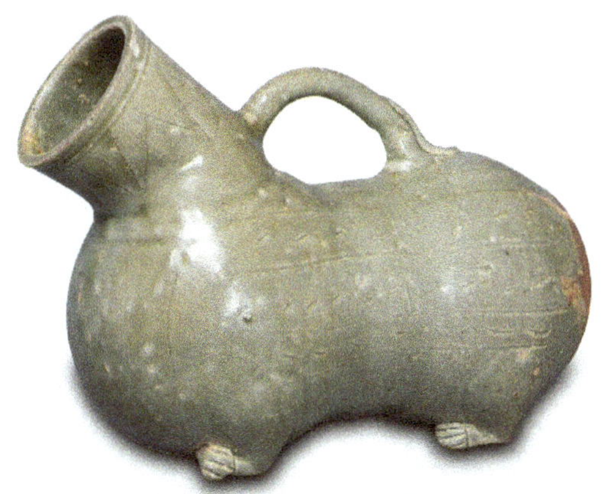

西晋越窑青釉虎子

高 18.8 厘米，长 25 厘米

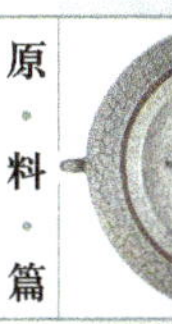

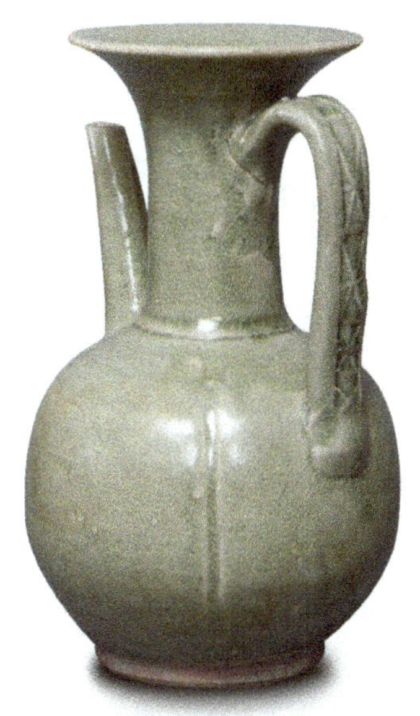

五代越窑系青釉瓜楞执壶

高 20.5 厘米，口径 9.8 厘米，底径 8 厘米

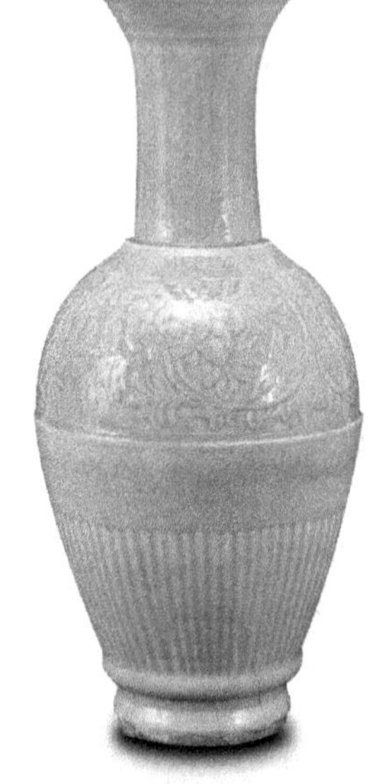

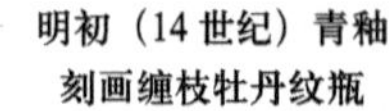

明初（14世纪）青釉刻画缠枝牡丹纹瓶

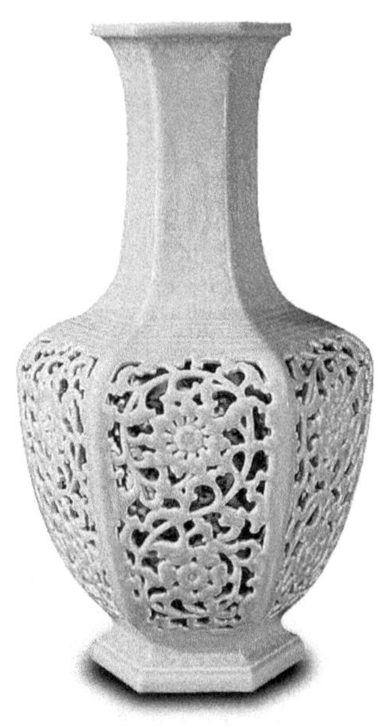

清乾隆外粉青釉浮雕芭蕉叶镂空缠枝花卉纹内青花六方套瓶

8. 什么是苏麻离青？

苏麻离青也叫“苏泥麻清”、“苏勃泥青”或者“苏泥勃青”，简称“苏料”，是元末明初景德镇青花瓷器使用的一种优质色料，原产于西亚波斯卡山夸姆萨村。

苏麻离青属低锰高铁类钴料，特点是发色凝重幽艳，光彩焕发，色性安定。因为苏麻离青含铁高而含锰量低，在适当的火候烧造下呈现出蓝宝石般的鲜艳色泽，还会出现俗称“锡光”的银黑色结晶铁锈斑痕。元代景德镇与明初的青花瓷，大多用它绘制花卉枝叶，明成化以后，渐被回青等代替。据说明代郑和七次下西洋（永乐年间），也曾从伊斯兰地区带回一批苏麻离青料。

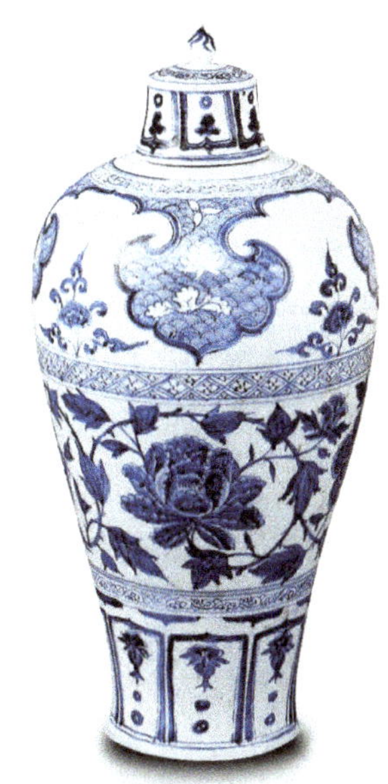

元代苏麻离青料青花梅瓶

物以稀为贵，之所以苏麻离青引起人们的关注，除了其发色很特别以外，更在于它是特定时代的产物，而且来自国外，原料不多，器皿数量也不可能太多。

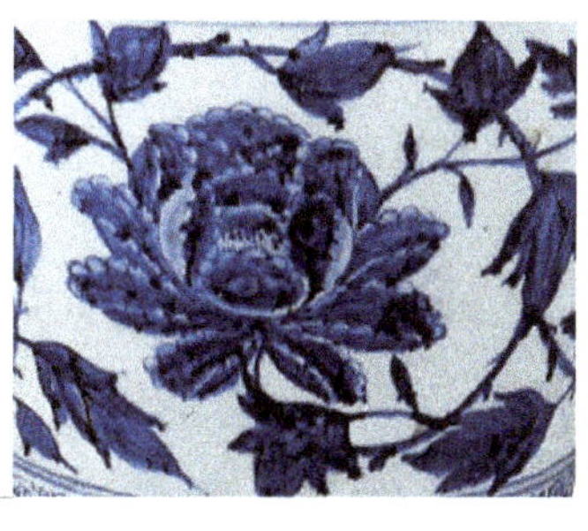

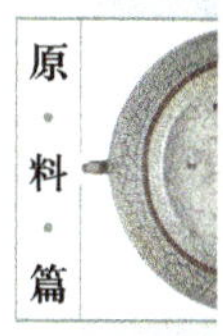

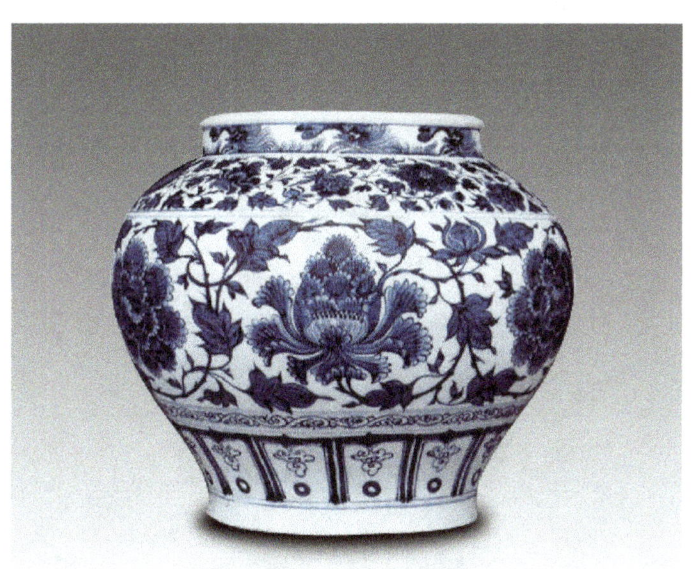

元代苏麻离青料青花牡丹纹罐

9. 白釉和黑釉釉料的主要差别是什么?

白釉与黑釉釉料的主要差别在于含铁量不一样。

白釉是含铁量最低的高温透明釉，釉的本身并无颜色，由于坯的颜色是白色，故看起来为白色。釉料中的含铁量降低到 0.75% 以下，施于洁白的瓷胎上，入窑经高温烧制就会产生白釉。我国目前所见最早的白釉是东汉墓葬出土的白瓷。

唐代邢窑白瓷、宋代定窑白瓷、元代景德镇窑卵白釉、明代永乐甜白釉、明清德化窑象牙白釉等都是有名的白釉品种。

黑釉以铁为主要着色元素，釉中含有 5% 以上的铁量，在高温中焙烧，便呈现黑色，故名。东汉早期越窑已烧制出黑釉，但黑釉不纯。东晋到南朝初的浙江德清窑烧制的黑釉瓷釉面光泽，色黑如漆。唐宋时期由于饮茶的盛行，黑釉茶盏风靡一时，黑釉瓷的制作水平达到新的高度，成为我国传统的瓷器品种之一。

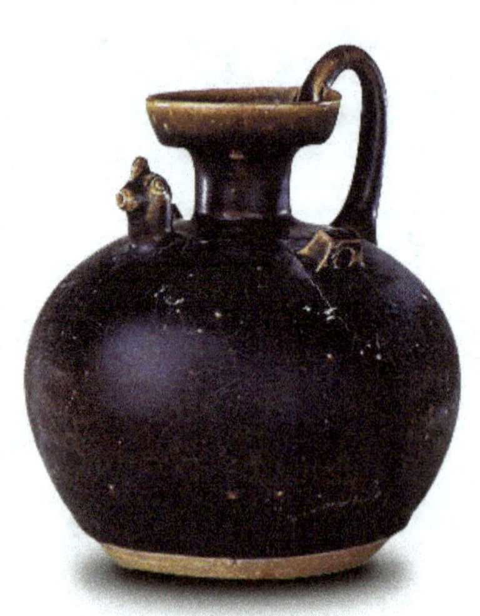

黑釉鸡头壶
高 17 厘米，口径 7 厘米，底径 9.3 厘米

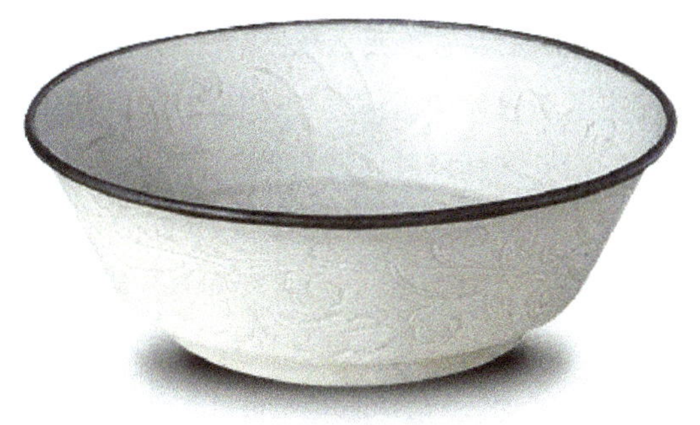

白釉刻花折腰碗
高 5.5 厘米，口径 16.8 厘米，足径 9.4 厘米

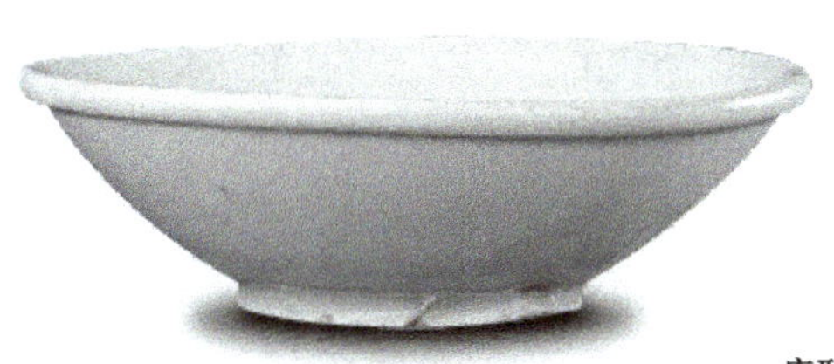

唐邢窑白釉碗
高 7 厘米，口径 8.1 厘米，足径 3.8 厘米

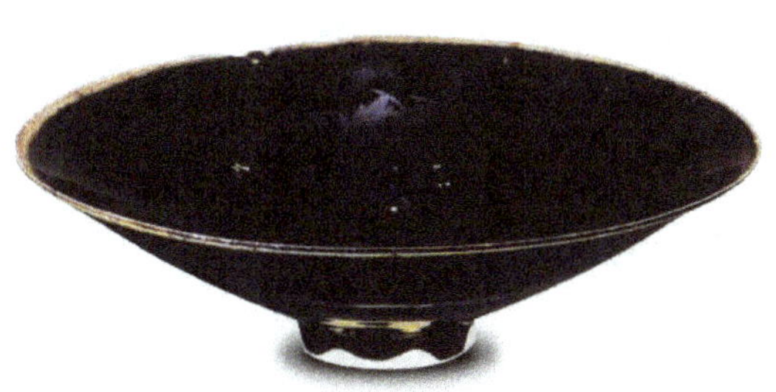

定窑黑釉金彩瑞花纹斗笠碗
高 5.2 厘米，口径 18.9 厘米，底径 3.0 厘米

10. 红釉的主要着色元素是什么？

红釉的主要着色元素是铜，红色是由于在烧制瓷器过程中，未化合的铜变作红色胶体散布釉中而成。釉中含铜量的多少及火焰的不同，可以烧制出多种多样的红色，其中鲜艳的有别称“桃花片”、“美人霁”、“娃娃脸”等。深者有宝石红、朱红、鸡血红、积红、抹红等。抹红带黄色的又叫“杏子衫”，微黄的又叫“珊瑚釉”，此外还有“橘红”和“枣红”。淡的一般称“粉红”，带灰色的叫“豇豆红”，灰而又暗的叫“乳鼠皮”；“胭脂红”也是粉红的一种。粉红中最艳丽的称作“美人醉”。

并非以铜为着色元素就必然出现红色，因火焰不同，也可能出现绿色或青色，乃至闪紫色、黑色等。用铜烧成的红釉有钧窑系统的红紫釉、明代的霁红以及清代的郎窑红等。

红釉的出现可以追溯到北宋初年，但真正纯正、稳定的红釉是明初创烧的鲜红；到嘉靖时，又创烧了以铁为呈色剂的矾红。鲜红为高温色釉，矾红为低温色釉。

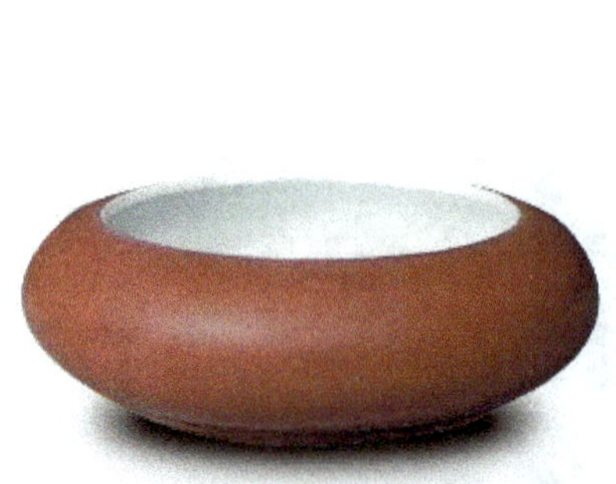

清康熙豇豆红釉洗
高 3.9 厘米，口径 8.2 厘米，
足径 7.5 厘米

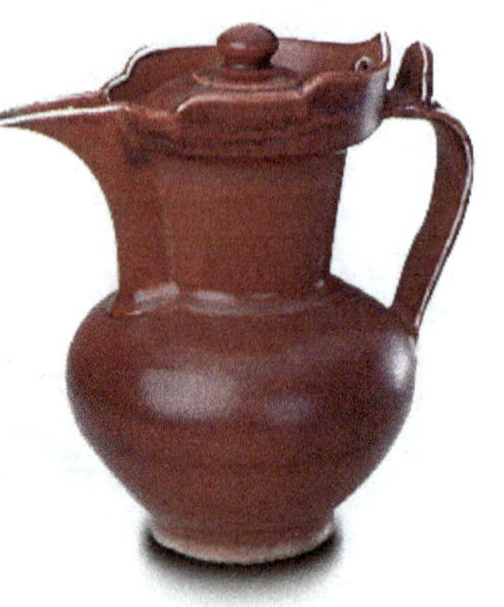

明宣德霁红釉僧帽壶
通高 19.5 厘米，通流长 19.5 厘米，
足径 7.5 厘米

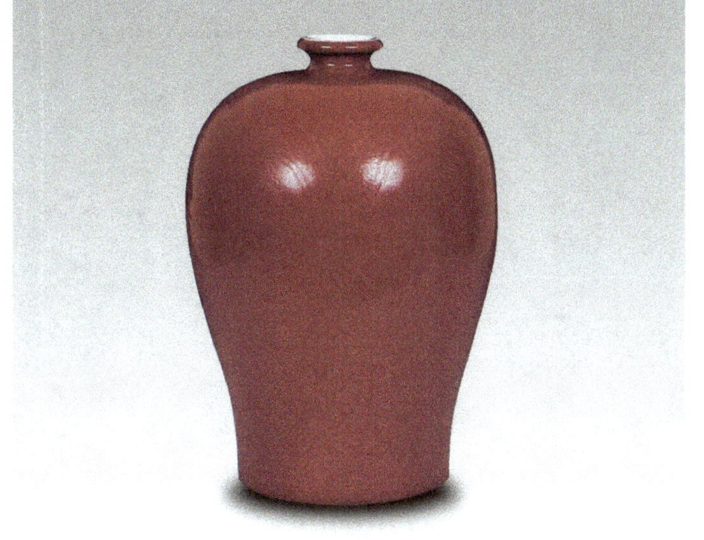

明宣德红釉龙纹梅瓶

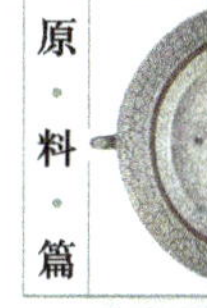

11. 青白釉为什么又称作“影青”？

青白釉以含铁量很低的氧化铁为着色元素，釉色介于青白两色之间，白中泛青，青中有白，若隐若现，再加上瓷质极薄，暗雕花纹，内外都可以映见，故人称“影青”、“隐青”或者“罩青”。

被称作“色白花青”的影青瓷是北宋中期景德镇所独创，其釉色青白淡雅，釉面清丽光洁，胎质坚实、洁白、细腻，色泽温润如玉，所以有“假玉器”之称。宋代景德镇的青白瓷以湖田窑烧制的最为著名，其次有湘湖、胜梅亭、柳家湾等窑。安徽、福建、湖北等地瓷窑也都有烧制，形成南方的青白瓷系。

影青瓷的釉色主要分为两类：一是白中闪淡青色，厚处闪深绿色，莹润精细，晶亮透彻，前人称为“假玉器”的通常是这一类，有莹润如玉的特点；二是淡青闪黄，这种釉色

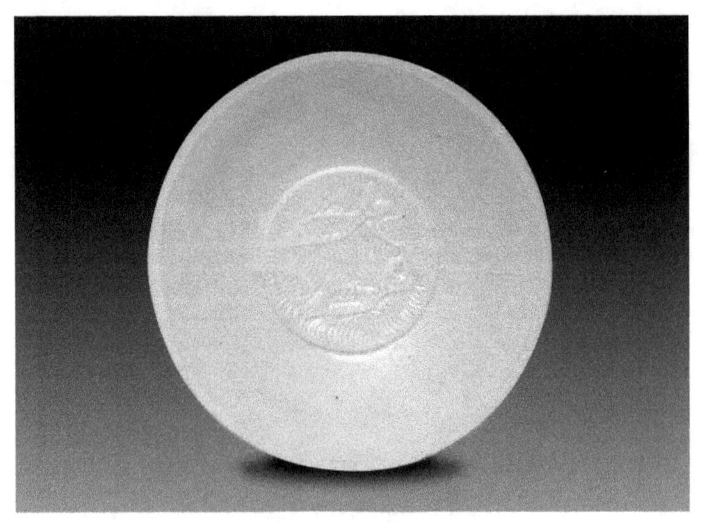

南宋南丰窑青白釉印花双鱼纹芒口碟
高 3.5 厘米，口径 16.5 厘米，底径 4.3 厘米

的影青瓷产量很大。另外，影青釉中还有一种在器物四周加绘褐色的品种，被称为“点彩”。宋时点彩位置随便、自然，面积往往较小，彩色有非常明显的浓淡区别，中心处最浓，呈铁斑色。

影青瓷的纹饰主要用刻花、划花、印花三种手法，也有少量的堆塑花纹。宋早期器皿一般素面，没有纹饰，或有少量刻画极为简单的缠枝纹、水波纹等。宋代中期以后，花纹变得繁杂，刻花、印花大量出现，常见的有菊瓣纹、莲瓣纹、石榴花、芙蓉花、萱草纹、云龙纹、缠枝花、缠枝莲纹、缠枝菊花、缠枝牡丹、婴戏牡丹、海浪纹、海浪鱼纹、鱼莲纹等。

影青瓷的刻花、划花一般构图比较简练。例如波浪纹，往往是用梳篦之类工具随意在器皿上划几下，再用尖头形工具在其上划一些弧度，即出现一幅汹涌澎湃的水波浪图画，有的再配上几条小鱼，情趣盎然。而婴戏牡丹则较为精美，常常刻画小孩嬉戏于花丛中。刻画艺人刀法娴熟，线条流畅，形象刻画往往栩栩如生。

影青瓷的器型非常丰富，主要有盘、碗、洗、盏、钵、盒、瓶、壶、罐、枕、注子、博山炉、动物、堆塑人物等。

从窑址调查和纪年墓出土情况来看，影青瓷草创时期是在宋太祖建隆至宋真宗大中祥符年间。这一时期产量小，器类简单，主要为碗、盘、碟之类，也有盒、钵、注子、注碗等。器物造型多承袭晚唐、五代遗风，器型低矮，圈足宽大，唇口及壁都较厚。为防止烧时变形，在器物口沿下常留有一道厚纹，俗称“撑口泥”，这种做法至今尚存。也有的器型仿金属器，如瓜棱形的壶身、细长弯曲的壶流、盘碟腹壁的棱线及五出或六出花口碗、盘等。北宋前期的青白瓷并无花纹，主要靠规整的器型和玉一般的釉质取胜。而宋真宗天禧至宋神宗熙宁年间，影青瓷产量大增，器类也变得多种多样。这时期的产品多为广口小底，圈足窄而高，器壁弧度加大，胎体多上薄下厚，与前一时期的厚唇形成鲜明对比。器型以盘、碟、碗居多，较多见的还有盆、炉、钵、罐、盂、盏托、盒子、注子（古代酒壶）、注碗、盘盏、台盏等，堆塑瓶也偶有出现。其中，注子、注碗是配套使用的一套饮酒器，注子的流为曲线形，带把，注身作瓜棱形，盖顶饰以狮钮，注碗则多呈仰莲形，造型生动，恰似一朵含苞欲放的荷花。盘盏与台盏则是与注子、注碗相配使用的酒具，相当于现在的酒杯。

南宋时影青瓷大量生产，是市场上的抢手货。当时的影青瓷绝大部分用薄剔而成的透明飞凤花纹装饰。这些花纹由技艺高超的陶瓷艺人在坯体上刻制之后，施以透明青釉，以高温烧制而成。据宋人《东京梦华录》记载，当时京都汴梁与临安都有专门出售白瓷的店铺，出售供人们日常生活中饮食、饮茶及饮酒用的器皿。南宋李清照在《醉花阴》中有“玉

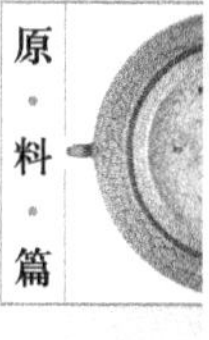

枕纱窗”词句，“玉枕”指的就是青白瓷枕。元代的青白瓷产品有的还印有“玉出昆山”和“玉出昆冈”铭款。

宋代景德镇的青白瓷由半透明的釉，发展到半透明的胎，青白瓷的制作为青花瓷的出现和发展打下了基础，在我国瓷器发展史上是一个重要的里程碑。

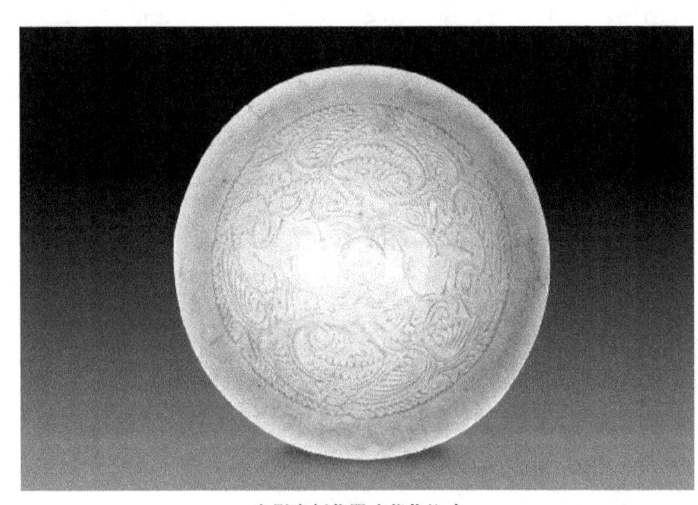

宋影青刻花婴戏莲花纹碗

12. 什么是洒蓝釉?

洒蓝又称“雪花蓝”、“雪盖蓝”。以钴为着色剂，经高温烧成后，浅蓝色的釉面上呈现深蓝色斑点，犹如洒下的雪花，又如鱼籽子于釉中，显得高雅脱俗，令人浮想联翩，所以也被称为“鱼子蓝”。洒蓝釉为明朝宣德年间景德镇窑创烧，清代康熙朝时技艺成熟，洒蓝描金装饰较多见。

洒蓝釉制作严格，工艺复杂，通常需两次制作才能完成。它和青花瓷器比较有很多共同点，但也有风格上的不同。

洒蓝釉运用吹釉工艺，将钴料吹于坯上。当器满身吹釉而呈一色均厚，就成为单色釉器，吹得不均而且厚薄不均、深浅不一，就成了雪盖蓝。吹釉不但可以吹出雪盖蓝，而且还宜于贴花留白。就其装饰效果而言，完全取决于钴料和钴料吹于坯上的形状。如果均匀地密布于坯上，则形成嘉靖四青釉的装饰风格；如果吹出来呈星星点点，则形成了洒蓝釉装饰效果。吹釉可以形成精细留白、挥洒自如的装饰效果。

洒蓝釉创烧于明代宣德年间的景德镇，之后停烧。到了清代康熙时期才又恢复生产。清康熙、雍正、乾隆时期的洒蓝釉瓷器呈色稳定，做工精细，很多辅以金彩装饰，也有少量辅以五彩和釉里红装饰。由于烧造时的工艺复杂，成功率比较低，因此洒蓝釉瓷器是当时较为珍稀的品种之一。清代后期，洒蓝釉瓷器的烧造水平有所下降，胎和釉等方面都无法与清代早期的器物相比。明弘治产品接近藕荷色或天青色，釉面亦欠匀净，色调深浅不一，但所制暗龙纹盘，里为白釉，外以青蓝釉为地，龙身施淡孔雀绿彩，颇为精致。

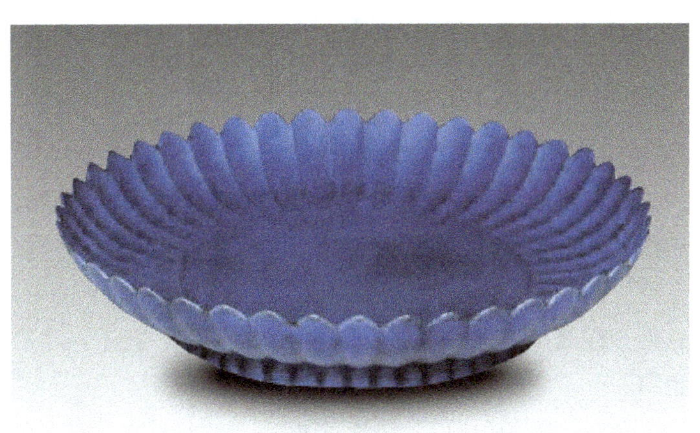

清雍正洒蓝釉菊瓣盘

高 3.5 厘米，口径 18 厘米，足径 11.4 厘米

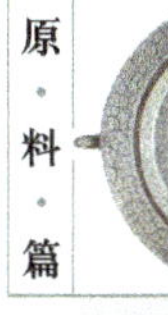

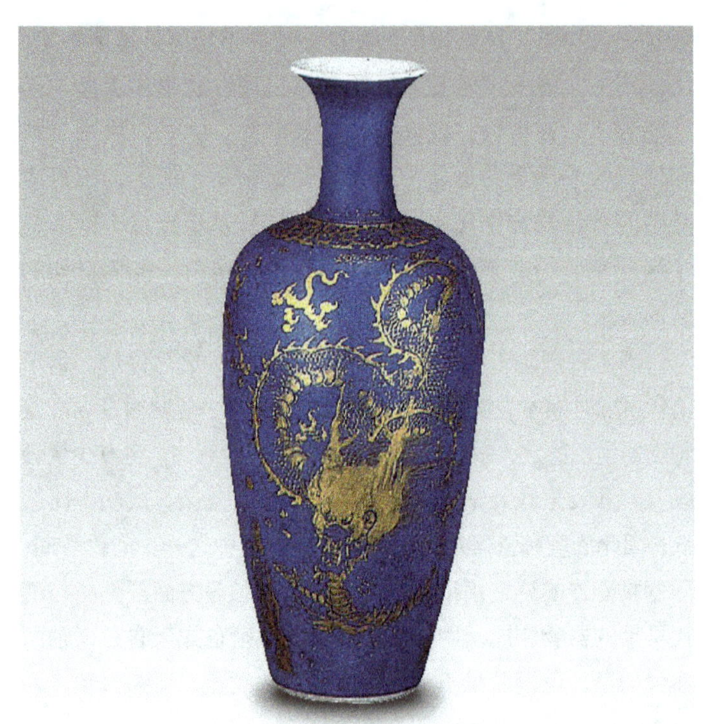

清康熙洒蓝金彩龙纹撇口瓶
通高 25.5 厘米，口径 5.3 厘米，底径 6.2 厘米

13. 什么是兔毫釉？

兔毫釉，瓷器釉色名，黑釉名贵品种，是一种结晶釉，亦称“玉毫釉”、“异毫釉”、“兔毫斑釉”、“兔褐金丝釉”、“丝毛釉”等。兔毫器底色为较深的绀黑色，并带有赤褐色的光，兔毛一样的丝纹为黄褐色或铁锈色，在底色衬托下，非常生动。

由于兔毫盏胎中的含铁量高达 9%，生坯挂釉后在高温焙烧时，胎中有部分铁熔入釉里，釉层中产生的气泡把这些铁质带到釉面，温度达到 1 300 ℃时釉层流动，铁质流成条纹状，冷却过程中析出赤铁矿小晶体，就形成了所谓的兔毫。兔毫形状有长、短之分，粗、细之别，颜色还有金黄色、银白色等变化，俗称“金兔毫”、“银兔毫”。

在宋代，福建建窑烧制的兔毫盏最为著名，以茶盏最具特色，有“兔毫盏”、“建盏”之专称。《大观茶论》云：“盏色贵青黑，玉毫条达者为上”，玉毫条达者即为兔毫，可见，兔毫釉为黑釉中的上等品。借助宋代的饮茶之风，兔毫盏也名扬天下。江西、四川、山西等地瓷窑也有烧造兔毫盏的。

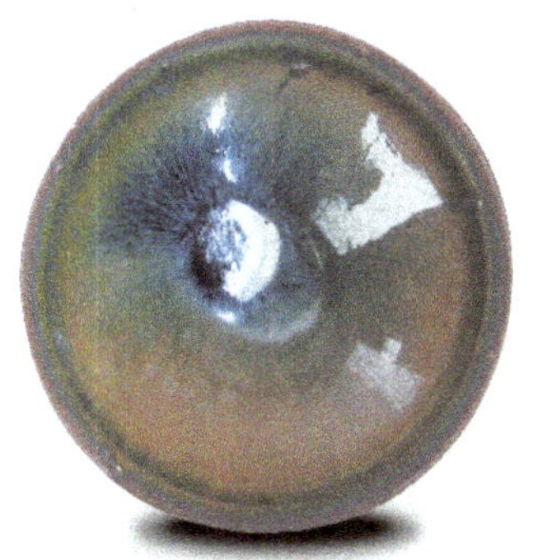

宋紫金釉兔毫盏

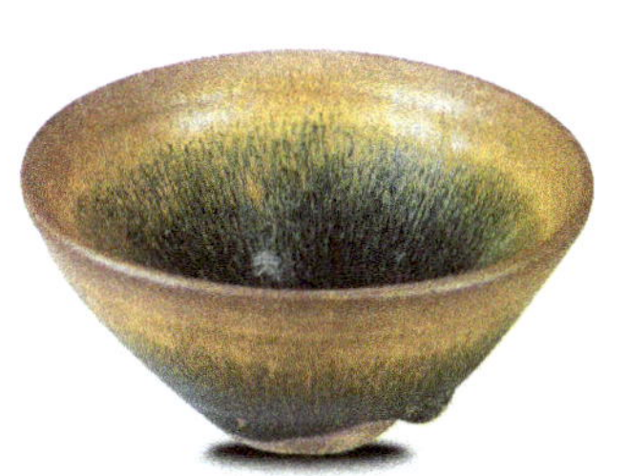

宋（960～1279年）建窑黑釉兔毫盏
高6厘米，口径12.5厘米，底径4.2厘米

14. 什么是油滴釉？

油滴釉又称“雨点”或“滴珠”，油滴釉是黑釉的名贵品种之一，属结晶釉。特点是在黑釉器上布满具有银灰色金属光泽的小圆点，大的直径达数毫米，小的只有针尖大小，形如油滴。在高倍放大镜下，每滴油滴都是一个较为规则的六角形，颇具立体感。

其成因是由于一般用石灰石配釉，铁为呈色剂，生坯挂釉，入窑焙烧到一定温度，铁的氧化物富集于某处，冷却时这些地方的铁氧化物形成饱和状态，从赤铁矿和磁铁矿中析

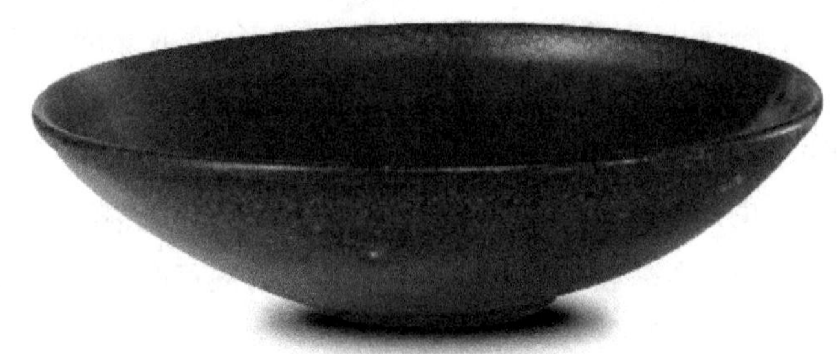

宋黑釉油滴釉盘
高 5 厘米，口径 21 厘米，足径 6.5 厘米

出晶体，这些晶体即我们见到的有金属光泽的油滴状圆点。

油滴釉始见于宋，由福建水吉建窑创烧，典型器为茶盏。建窑使用龙窑烧制油滴盏，主要用还原气氛烧制，釉中铁的析晶体以磁铁矿的形式存在，油滴呈蓝银灰色。以后南北各窑竞相仿制，以山西临汾窑为多，但临汾窑油滴盏的油滴往往不如建窑的大，加上使用馒头窑，主要用氧化气氛烧制，釉中铁的析晶以赤铁矿的形式存在，油滴往往呈棕红色。宋元时河北定窑、河南鹤壁窑也有仿烧，但不及建窑制品釉色黑亮纯正，油滴结晶斑点很小，有很强的银质光泽。明代以后建窑及南北各窑均不再烧造。

油滴盏以建窑制品为最佳，由于其烧成难度较大，成品率低，传世量少，成为现代收藏界的珍品。

15. 什么是釉里红？

釉里红是釉下彩品种之一。它以氧化铜在瓷坯上绘制图案，然后施透明釉，高温还原焰烧成。白地红彩，红彩在釉下，因为它的制作过程复杂，铜红釉在烧造技术上难度很大，正常显色不仅与彩料中的铜含量和釉的成分有关，并且对烧造的气氛和窑温都十分敏感，配方和烧成条件的任何细小变化都会导致色调不正，因而真正鲜艳的釉里红色彩极为罕见。

釉里红烧制工艺始于元代，明代达到成熟阶段，清代以后，更有所发展。

釉里红瓷创烧于元代景德镇窑，但数量极少。原因是铜离子对温度极为敏感，在窑炉中火候不到，呈现黑红色或灰红色；窑温稍高铜离子便从釉层中逸出，呈现特有的飞红现

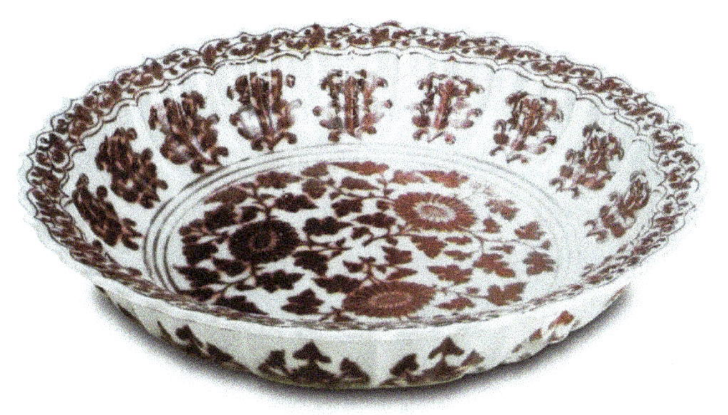

明洪武景德镇窑釉里红菊花纹菱口大盘

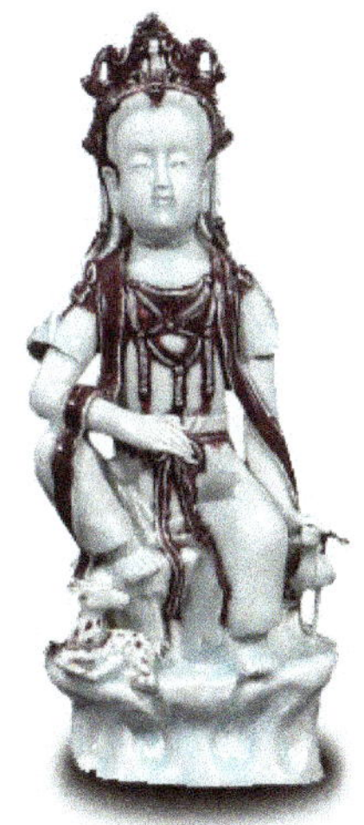

元釉里红自在观音坐像

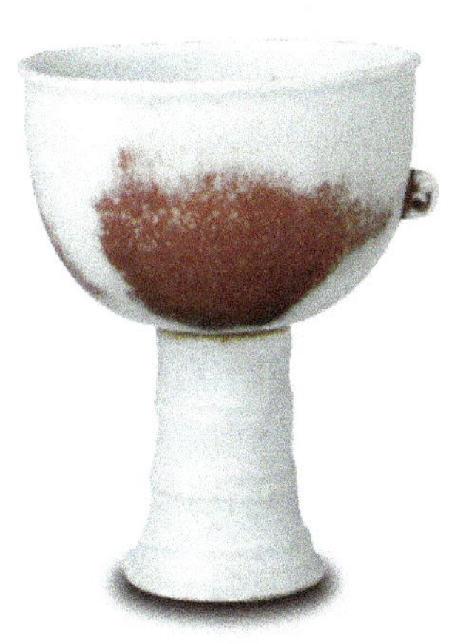

釉里红高足杯

高 9.1 厘米，口径 7.5 厘米，足径 3.8 厘米

象或干脆褪色，造成纹饰不连贯。当时的柴窑很难控制窑温，只有凭师傅的经验，无法大规模生产。所以元代釉里红产量一直很少，器物以碗、罐居多。装饰简单，有缠枝莲、缠枝牡丹、草叶纹等。

到了明代洪武年间，釉里红瓷才得到了极大的发展。洪武时的传世釉里红瓷实物甚至比青花瓷还多。洪武早期的制品多呈黑红，甚至有些烧成了釉里黑也得以传世。中、晚期多呈较纯正红色，风格古朴、厚重，器型硕大，纹饰丰满，气势夺人。当时有的器物釉面有纹片。除了玉壶春瓶、玉壶春执壶及口径在20厘米的大碗为釉底外，其他均为糙底。装饰以线描为主，纹饰有缠枝菊纹、缠枝牡丹、缠枝莲等，与元代的人物故事、动物、鱼藻等图案相比，显得简单。器型除了瓶、壶外，还有盘、碗、罐等。

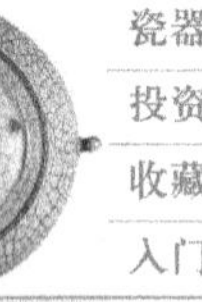

永乐宣德时期的釉里红呈色极佳，浓郁鲜艳似宝石，也有淡红色的，这与当时的透明白釉提炼已达到很高水平有关。宣德以后釉里红走下坡路，直到清代康、雍、乾三朝才得以重新恢复，这时的釉里红发色较为纯正美艳。雍正时的釉里红呈色鲜红且有层次，烧造得极为成功，可以说是釉里红烧造技术的高峰。当时器型有盘、碗、瓶等，纹饰以三鱼、五蝠为多见。

16. 什么是茄皮紫釉？

紫釉主要以锰为着色剂，在800 ～ 850 ℃低温烧成的颜色釉。由于配料和窑火气氛的不同，紫色呈色亦有所不同，有深、浅茄皮紫和葡萄紫、玫瑰紫等色。紫釉始烧于明弘治时期，色泽光润，有深浅两种色调。明万历时釉色淡紫泛黑，也有呈黑紫色的。清康熙时紫色有浅、深、老三色，以深者多见。雍正、乾隆茄皮紫釉均烧制较深，釉面莹润、色调浓艳为这一时期特征。

茄皮紫釉的主要着色元素是珠料（含锰量较高的钴土矿），该釉料经低温烧成后呈现如茄皮一般的紫色，故得此名。清康熙景德镇窑最为流行，器物以瓶居多。

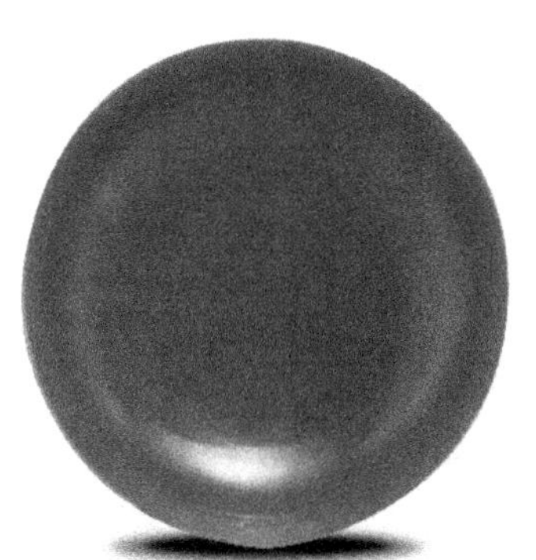

雍正茄皮紫釉盘

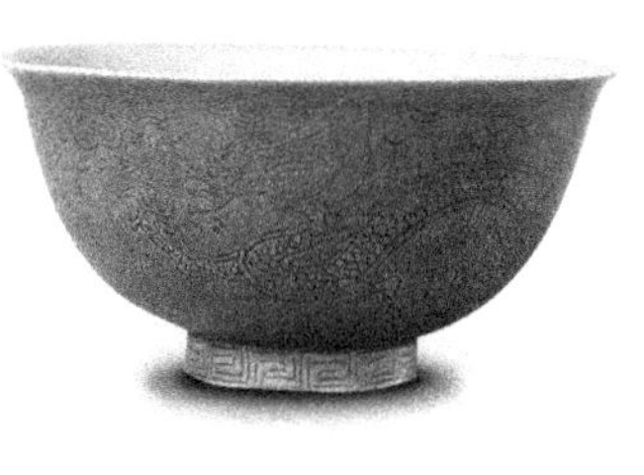

明万历茄皮紫釉暗龙纹碗

高 7.3 厘米，口径 14.8 厘米

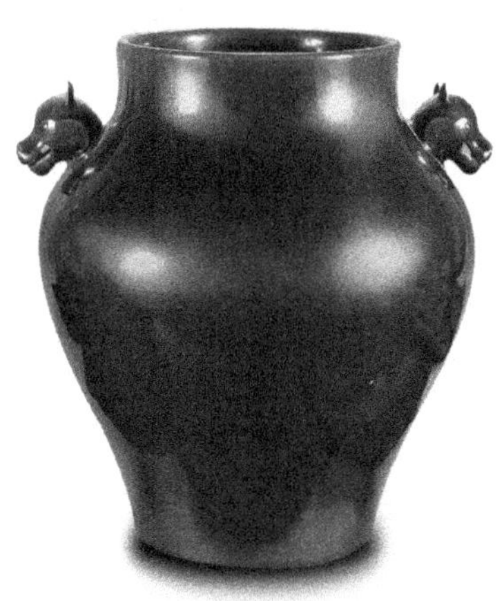

清雍正茄皮紫兽头尊

高 27.5 厘米

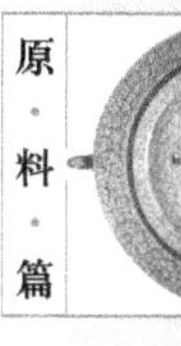

17. 什么是鳝鱼黄釉?

鳝鱼黄是结晶釉的一个品种。釉料中含铁、镁和硅酸，配釉时用长石少许，并加少量的镁，经 1 300 ℃左右的高温氧化焰烧成，釉色黄润，带黑色或黑褐色斑点，像鳝鱼的皮色，故名。明代就有鳝鱼黄的名称。《陶雅》说“鳝鱼皮以成化仿宋者为上”，说明宋已有鳝鱼黄器皿，清代前期的官窑也有意仿造宋代鳝鱼黄器。康熙时有蛇皮绿、鳝鱼黄等品种。清雍正景德镇窑所出鳝鱼黄器最为著名。

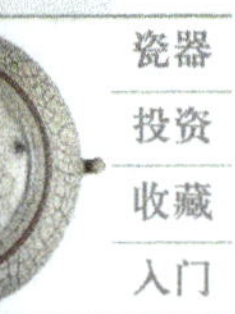

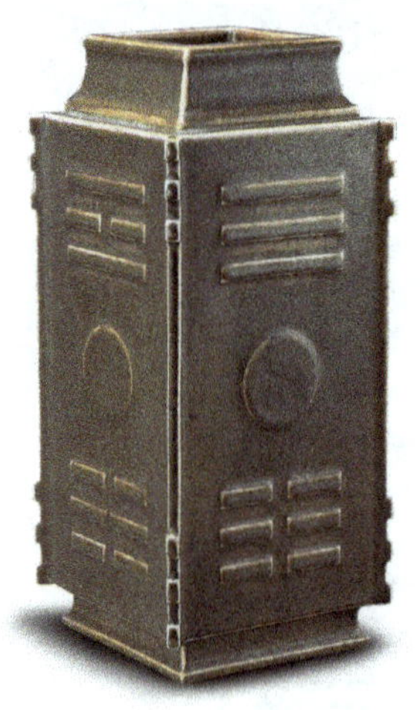

清雍正鳝鱼黄釉八卦方瓶

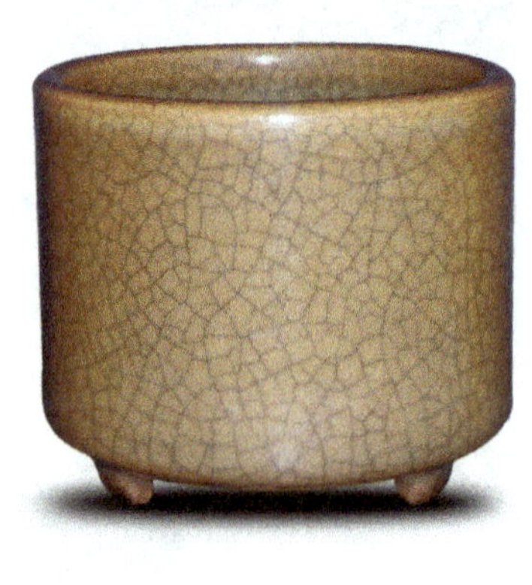

清乾隆鳝鱼黄釉筒式炉

18. 什么是枢府釉?

枢府釉是一种卵白釉，由青白瓷发展而来，因为这种器物上发现有“枢府”字样，故得名“枢府釉”或“枢府器”。枢府为元代掌管军事机构的枢密院的简称，带有“枢府”字样的瓷器当为枢密院的定烧器。烧造枢府釉瓷器的不是一个专门的窑，而是与景德镇的湖田窑同一窑址，其早期烧青白瓷，晚期烧枢府瓷和青花瓷。枢府釉瓷器造型多为盘、碗、壶、高足杯、小罐等类，极少大件产品，其胎体比青白瓷厚重。典型的枢府碗均为小底足，盘、碗底足均露胎，旋削规整，底心有明显旋削痕纹，有的底心尚有乳钉突起。釉色近似鹅蛋壳色，除素釉者外，多用印花及文字装饰，也有少量以红绿彩和金彩装饰的。印花文字除“枢府”外，尚有“太喜”、“福禄”、“福寿”、“寿”、“福”、“良”、“昌江”等。枢府釉瓷器一部分是宫廷定烧器，一部分为外销瓷和民用瓷。枢府釉的发明，为明代白瓷的进一步发展奠定了工艺基础。

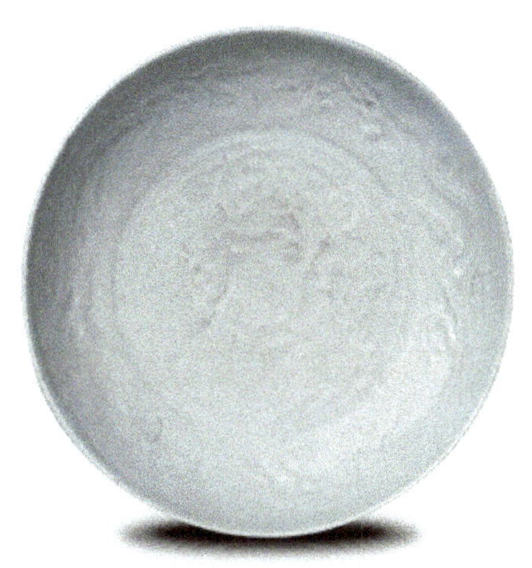

元景德镇窑枢府釉印龙纹盘

高 4.1 厘米，口径 15.9 厘米，足径 5.3 厘米

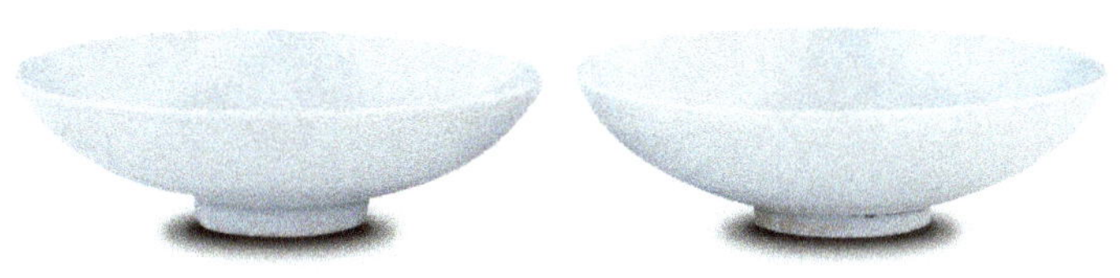

元枢府釉印花盘（一对）

19. 什么是矾红釉？

矾红釉又名“铁红釉”，属低温釉，以青矾为原料，经煅烧、漂洗制成矾红，故称“矾红釉”。因为其主要着色剂为氧化铁（又名“铁红”），它的色泽往往带一种橙子般的红色，不过由于原料的纯度、制作工艺及烤烧温度等各种条件的差异，矾红也可以呈现多种色调，从深浓的枣红色到较淡的橙红色，大致来说，明代的矾红多偏向枣红，而清代以后则多偏带有橙味的砖红色。

矾红色料的制造方法：将青矾放在铁锅或坩埚内加热，除去其中的结晶水制成无水硫酸亚铁，然后粉碎过筛，使之成为细小粉末；再放到广口铁锅或耐火坩埚中，以低温进行焙烧，并不断进行搅拌，使之均匀受热，还要常常取出样品与预先选择最好的标本色泽对比，当两者达到一致时便可取出投入清水中充分洗涤，以除去其中之杂质灰尘及可溶性盐类，然后烘干即成生矾红；将生矾红加水磨细淘洗并弃除粉渣，再烘干后，往其中加一定比例的铅粉即成矾红色料。

矾红釉器皿的烧制方法是在已烧好的白胎上施釉，二次入窑在 900 ℃左右烧制而成。

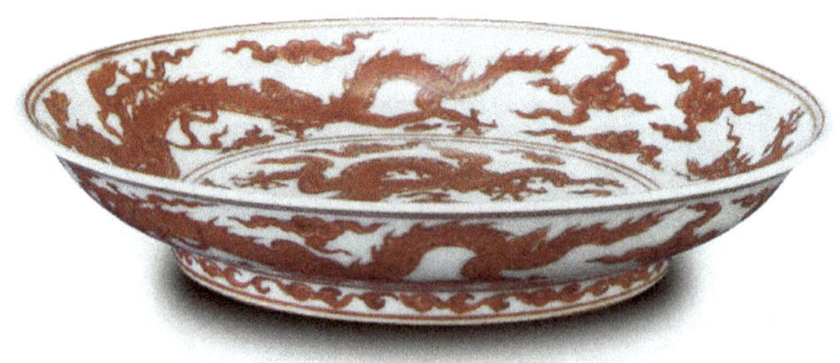

明矾红云龙纹大盘

高 3.7 厘米，口径 19.0 厘米

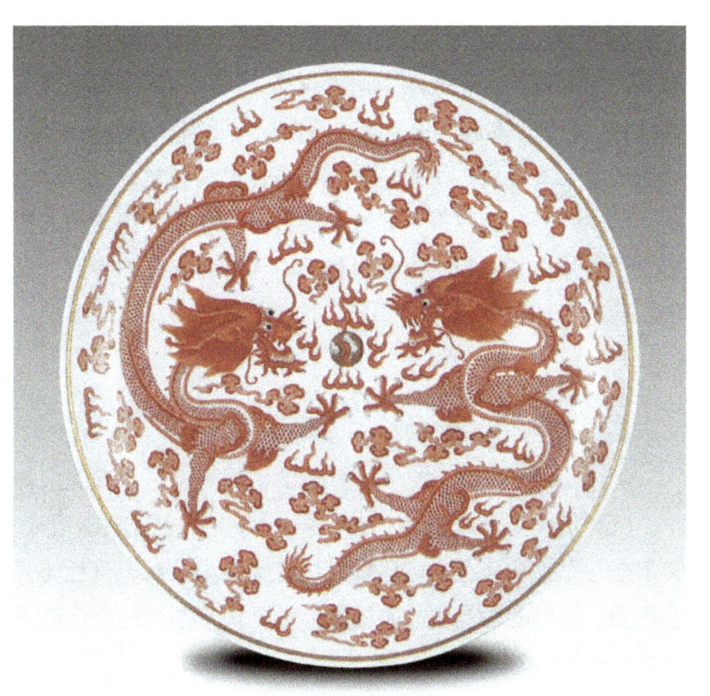

清光绪矾红彩龙纹大盘

口径 35 厘米，款识为“大清光绪年制”六字两行楷书款

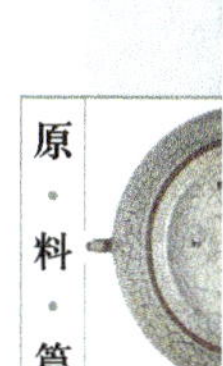

矾红釉瓷创烧于明嘉靖间，主要是因为当时麻仓土告竭和烧造铜红釉的技术衰退。矾红釉在明中期开始有很大发展，到清康熙时，矾红釉有了更大的进步，色泽鲜艳，华丽凝重。嘉庆以后，矾红色泽均不甚佳，仅光绪时稍有起色。

矾红釉呈色没有铜红釉色泽纯正鲜艳，但其呈色稳定且易烧造。明清时作为红色彩料广泛使用，一般用于五彩、斗彩绘制纹饰，无单色釉器。景德镇窑多用矾红与多种色彩相配描绘龙凤、花卉等各种纹饰，画工精细，色彩鲜艳。

青花矾红是釉下青花和釉上红彩相结合的瓷器装饰技法。在制作工艺上，先烧成青花瓷器，再在釉上用矾红描绘图案，然后进行低温烘烤。

青花矾红彩始于明初宣德时期，常见图案为海水行龙或海兽。它的做法是先在釉下用青花描绘海水，留出行龙或海兽纹的空白地，高温烧成后再在空白地上用矾红彩补齐图案，然后低温二次烧成。在青花的衬托下，矾红彩愈显得色泽艳丽，对比强烈，能取得更好的装饰效果。釉下青花与釉上红彩的结合是中国制瓷史上的里程碑，为五彩、斗彩等的发展奠定了基础。

20. 什么是钩红釉？

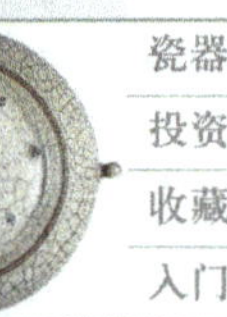

钧红釉是红釉品种之一。红釉的出现可以追溯到北宋初年，但真正纯正、稳定的红釉是明初创烧的鲜红；到嘉靖时，又创烧了以铁为呈色剂的矾红。鲜红为高温色釉，矾红为低温色釉。红釉的种类很多，除鲜红外，由于浓淡的变化而演变为各种不同的品种。

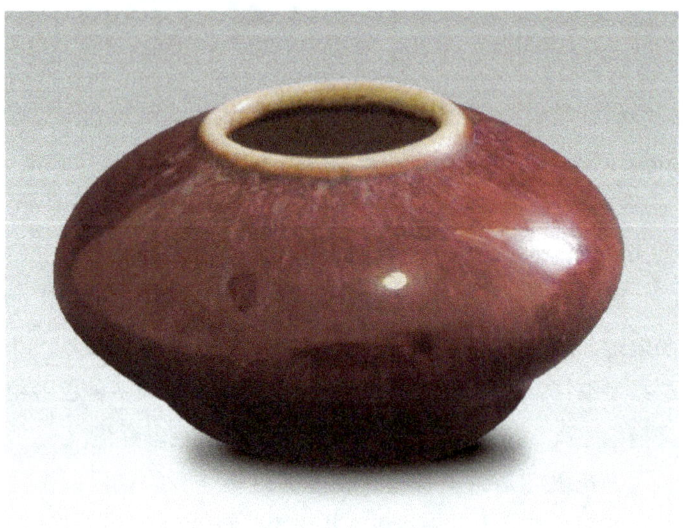

清中晚期钧红釉水盂

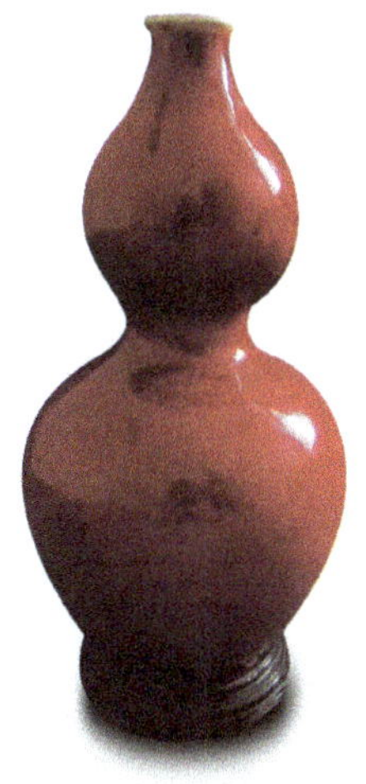

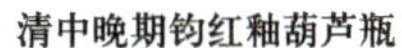

清中晚期钧红釉葫芦瓶

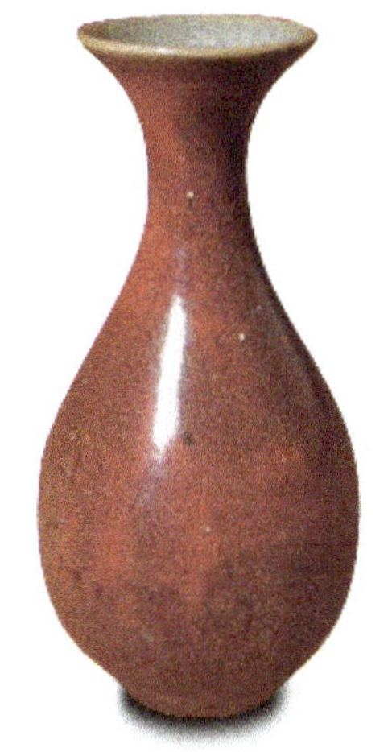

光绪钧红撇口瓶

高 42.7 厘米，口径 18.9 厘米

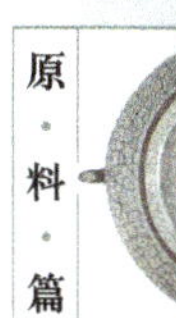

钧红釉属高温釉，以氧化铜为着色剂，在焙烧过的胎上施釉，在 1 300 ～ 1 320 ℃温度下于还原气氛烧成的铜红釉。釉层肥厚，红而且浓，滋润均匀，华而不俗，釉层中有细小的龟裂纹理。此釉在高温焙烧的过程中虽会向下淌流，但色釉一般不脱口。

据文献记载，早在宋代，我国就已烧制出钧红釉瓷器，因它最初为河南禹县钧窑所烧制，故称“钧红”。当时的釉料配置不够精细，除了铜以外，还混杂着其他金属氧化物。因此当时的钧红釉具有红里泛紫的色调，近似玫瑰花、海棠花的紫红色，所以又称为“玫瑰紫”和“海棠红”，还常出现红、蓝、紫三色相交错的绚丽画面，为钧红釉器平添了许多魅力。钧红釉瓷器属我国最早出现的一个铜红釉品种，它的诞生，结束了当时青瓷独占鳌头的局面，这在我国的陶瓷发展史上，是一件划时代的大事。同时，它的创制，为陶瓷装饰工艺开辟了一个新境界，明代的宝石红、霁红，清代的郎窑红、桃花片及一些窑变釉的出现，都与钧红有关。钧窑在元代以后慢慢衰落，景德镇在宋末就对钧红进行了仿造。历经元、明、清三代及 1949 年前后，景德镇窑大量生产钧红釉瓷器。

21. 什么是郎红釉?

郎红釉是红釉品种之一，其名称源于康熙时江西巡抚郎廷极。

郎廷极是在康熙四十四年至五十一年（1705 ~ 1712 年）任职江西巡抚，兼管御窑厂窑务。这一时期为仿明代宣德宝石红而创出了被称为“郎红”的釉色新品，又称“牛血红”、“鸡血红”。

“郎窑”这一名称最早见于刘廷玑《在园杂志》，书中载有“近复郎窑为贵，紫垣中丞公开府江西时所造也。仿古暗合，与真无二，比摹成、宣、黝水颜色，橘皮棕眼，款字酷肖，极难辨认”。紫垣为郎廷极的别号，他在任期间监督匠师模仿宣德、成化时期瓷器，能达到乱真的程度。

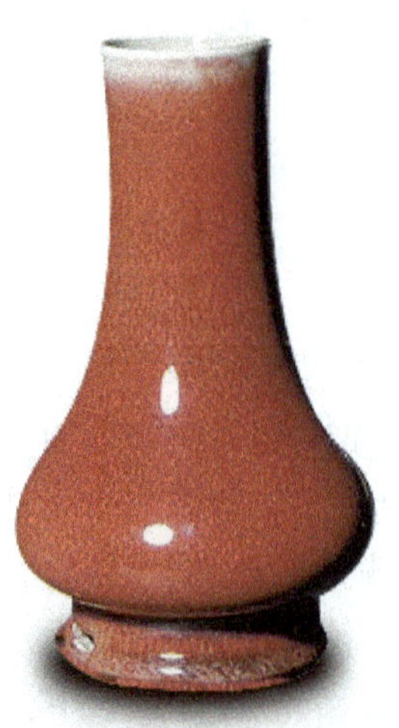

清康熙郎窑红釉穿带直口瓶

高 20.8 厘米，口径 6.1 厘米，足径 9.1 厘米

郎红釉属高温釉，在 1 300 ℃以上高温烧成，是我国名贵铜红釉中色彩最鲜艳的一种。其特点是：色彩绚丽，红艳鲜明，且具有一种强烈的玻璃光泽。由于釉汁厚，在高温下产生流淌，所以成品的郎红往往于口沿露出白胎，呈现出旋状白线，或粉色、淡青或浅

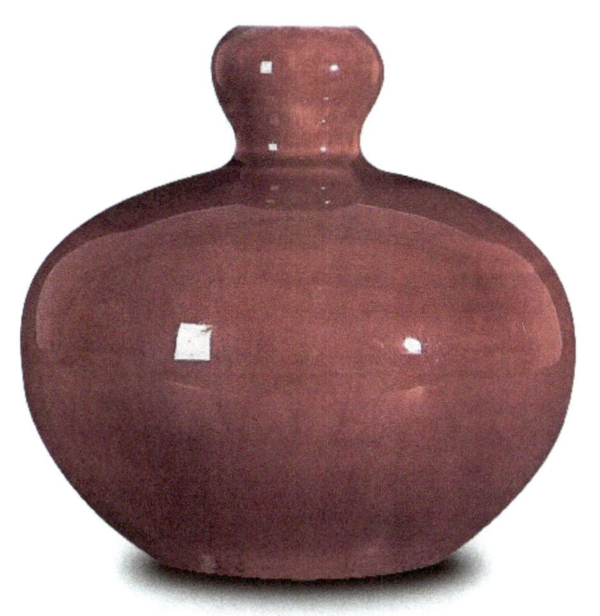

清末郎红蒜头瓶

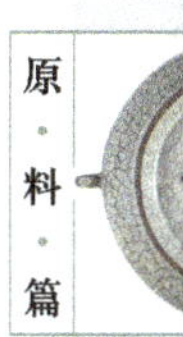

红色，俗称“灯草边”。而底部边缘釉汁流垂凝聚，近于黑红色。为了流釉不过底足，工匠用刮刀在圈足外侧刮出一个二层台，阻挡流釉淌下来，这是郎窑红瓷器制作过程中一个独特的技法，世有“脱口垂足郎不流”之称。

清康熙、雍正、乾隆三朝社会经济比较繁荣，制瓷工艺达到我国历史高峰。凡是明代已有的品种不仅都能烧造，而且大多有所提高或创新。在位60年的乾隆皇帝酷爱艺术，在他的倡导下，郎红器比康熙更成熟，有不少极精致的产品问世。乾隆时期郎红中的薄釉器，色如鸡血，称为“鸡血红”；有的器皿釉层较厚，色彩深艳，犹如初凝的牛血，称为“牛血红”。

郎红釉是以铜为着色剂，用1 300 ℃高温烧成的。由于对烧成的气氛、温度要求很严，烧制一件成功的产品非常困难。因此当时有民谚说：“若要穷，烧郎红。”郎红器在当时就很昂贵。

郎窑红传世品以瓶较多，常见的有观音瓶、棒棰瓶（棰口直颈者为硬棒棰，撇口圆肩者为软棒棰）、直颈扁腹瓶；盘碗也为数不少，有通体呈菊瓣形的。郎窑红器皿的口部多为白色，与宣德红釉瓷器的灯草口特征相似，器皿底部有白色、米黄色的称为"米汤底"，浅绿色者称为"苹果绿"。郎窑红瓷器底部书写年款的有"大明宣德年制"、"大清康熙年制"两种，但数量不多。

22. 什么是茶叶末釉？

茶叶末釉是我国古代铁结晶釉中重要的品种之一，属高温黄釉，以氧化铁为呈色剂，经 1 200 ~ 1 300 ℃之间高温还原焰烧制而成。茶叶末釉釉面呈失透状，釉色黄绿掺杂似茶叶细末，绿者称"茶"，黄者称"末"，古色古香，耐人寻味。

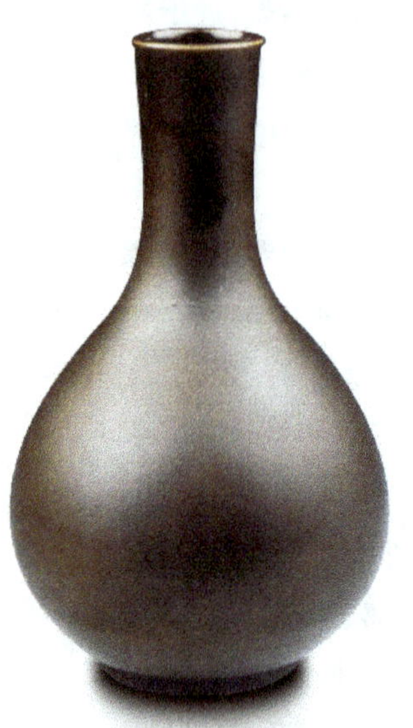

茶叶末釉胆瓶

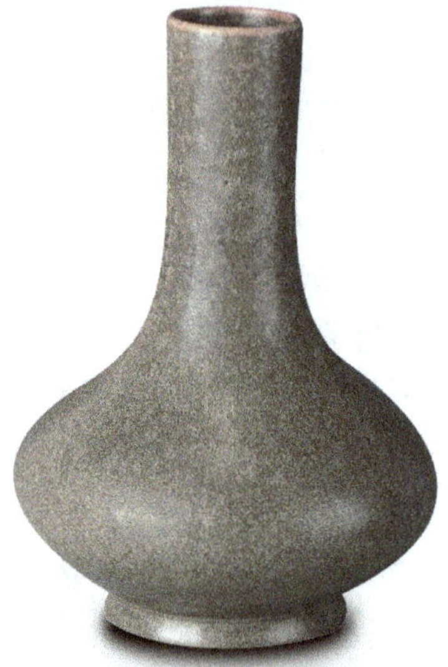

清乾隆茶叶末釉荸荠扁瓶

起源于唐代的黑釉，起初似乎是在烧制黑釉瓷过程中因为烧过火而出现的偶然现象，并不是有意烧成那样的。明代御器厂所产的茶叶末釉，釉色黄润，带黑色或黑褐色斑点，颇似鳝鱼皮的色泽，称为“鳝鱼黄”。到了清代，这个品种极受重视，康熙、雍正、乾隆官窑多有烧造。清代茶叶末釉制品多为景德镇官窑所烧，传世品中，以雍正和乾隆时期最为多见，并以乾隆时的烧制最为成功。康熙时期臧窑即有蛇皮绿、鳝鱼黄等品种。雍正、乾隆时茶叶末釉器最多，当时称为“广官釉”。雍正时期其釉色多偏黄，有茶无末，俗称“鳝鱼皮”。乾隆时则茶末兼有，釉色偏绿者居多，俗称“蟹甲青”、“茶叶末”等，也有的挂古铜锈色，具有青铜器的沉着色调，常被用来仿古铜器，称“古铜彩”。

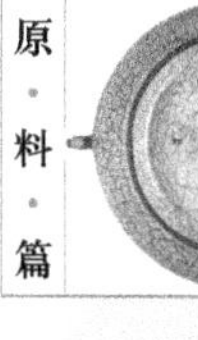

23. 祭蓝釉的特点是什么?

祭蓝釉又称“霁蓝釉”、“霁青釉”，“宝石蓝釉”，“积蓝釉”，是蓝釉品种之一，是以铜为着色剂，在石灰釉中掺入适量的钴料而烧成的蓝色高温釉。

蓝釉器皿往往生坯施釉，1 280 ～ 1 300 ℃高温下一次烧成。色泽深沉，釉面不流不裂，色调浓淡均匀，呈色较稳定。其釉色蓝如深海，釉面匀净，呈色稳定，后人称其为“霁青”，把它和白釉、红釉并列，推为宣德颜色釉瓷器的三大“上品”。

祭蓝釉元代创烧成功。光亮细腻，釉色滋润，釉面不流不裂，色调浓淡均匀。因其色泽深沉，明清时期被用来做祭天时所用祭器的釉色，故称“祭蓝”，又因常将蓝称为青，也叫“霁青”。祭蓝器物除了单色釉外，往往用金彩来装饰，还有刻、印暗花的。

明代祭蓝最为后人称道的首推宣德时期的，当时祭蓝釉可

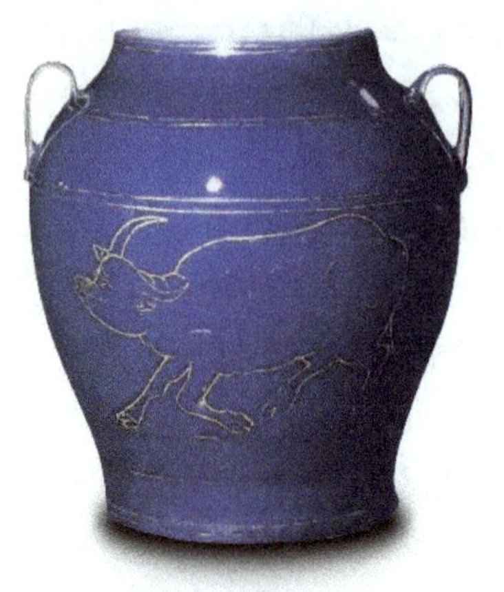

明弘治祭蓝釉描金牛纹双耳罐
高 32.2 厘米，口径 16.5 厘米，足径 18.5 厘米

谓盛行。宣德祭蓝釉瓷器多为单色釉，也有少部分刻画暗花的，另有蓝釉白花的，多为折枝花及鱼藻纹。官窑款有青花和暗款两种。均为“大明宣德年制”双行六字楷书款，四字款均为后世仿品。宣德祭蓝釉主要有以下特征：造型主要是碗、盘，瓶、壶比较少；碗、盘口沿“灯草边”多数线条弯曲不规整；浅刻花纹多为龙纹，也有少量白花龙纹；有里外满施蓝釉和里白釉外蓝釉两种。

明代成化、弘治、正德时期，祭蓝釉瓷器传世不多。至今未见一件成化时期完整器，仅景德镇御厂出土过带成化款的蓝釉碎片。弘治、正德蓝釉瓷器带官款的极少。

嘉靖蓝釉瓷器较为盛行，一是造型品种丰富多彩，二是釉色品种有新发展。造型除传统的宫廷祭器、陈设瓷外，日用器皿中也常见蓝釉产品。釉色除祭蓝外，又新创一种“回青”釉。嘉靖祭蓝釉色蓝中微泛紫色，有些釉面开细小纹片，个别的有棕色斑点，圈足处施一层酱色釉。嘉靖回青釉多刻暗款，均为六字楷书款，造型有罐、洗、碗、盘、杯、渣斗、香铲等。有些还浅刻龙凤、云龙及缠枝花纹。这些器物主要藏于台北和北京的故宫博物院中，均是宫中旧藏。

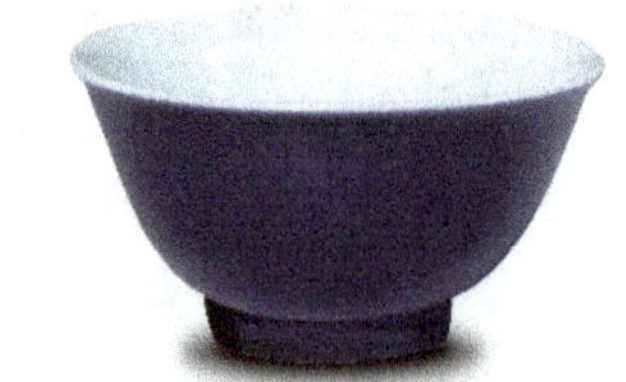

清雍正祭蓝釉小杯
口径 7.2 厘米，足径 2.9 厘米，高 3.7 厘米

清代祭蓝釉瓷器生产历代未断，均有精品传世。有刻暗花纹的，也有描金彩的，常见造型仍是宫廷祭器和陈设用瓷。官窑祭蓝釉瓷多有官款，且做工十分精细；民窑也有祭蓝釉瓷，多是庙堂所用的祭器，以炉、瓶最多，均无官款，但有纪年款的。清康熙时的祭蓝亦颇有成就，其薄釉者无开片，釉色较暗。

24. 什么是绿釉?

绿釉是以铜为着色剂，铅化合物为基本助熔剂的低温颜色釉。绿釉为传统釉色之一，汉代已有烧制。宋代已有绿釉陶瓷。进入明代后，孔雀绿釉占了主导地位。孔雀绿釉又称“珐翠釉”、“珐绿釉”、“翡翠釉”、“吉翠釉”，因极似孔雀羽毛之绿色，故得此名。釉色有深、浅两种。深者颜色翠绿，有细碎开片纹，釉色鲜艳明丽；浅者颜色娇嫩。绿釉器的烧造在清康熙时达到高潮，这时的绿釉器品种和色调都比较丰富，除传统的绿色外，还有松黄绿、龟绿、湖水绿、松石绿、鱼子绿、秋葵绿等。龟绿是在器物的釉上绘黑彩图案，然后

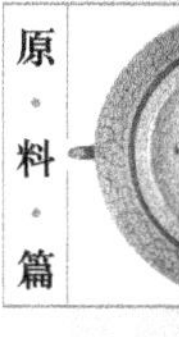

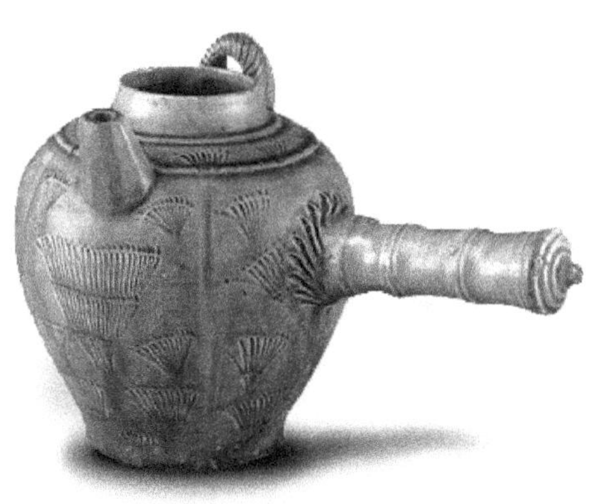

绿釉刻花单柄壶

高 14 厘米，口径 4.5 厘米，足径 7.5 厘米

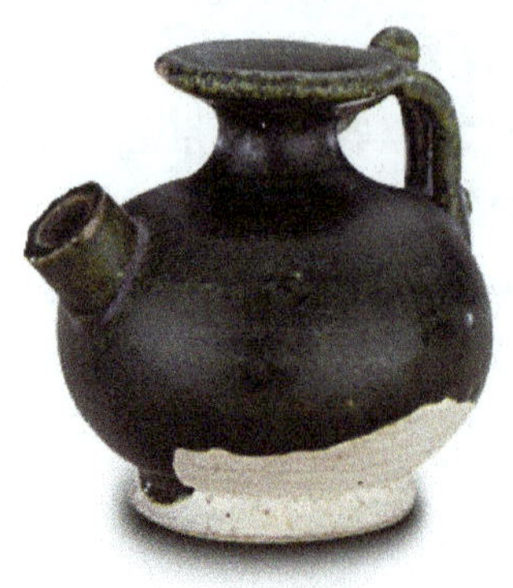

唐巩义窑绿釉小壶
高 5.8 厘米，口径 3.3 厘米，
足径 3.9 厘米

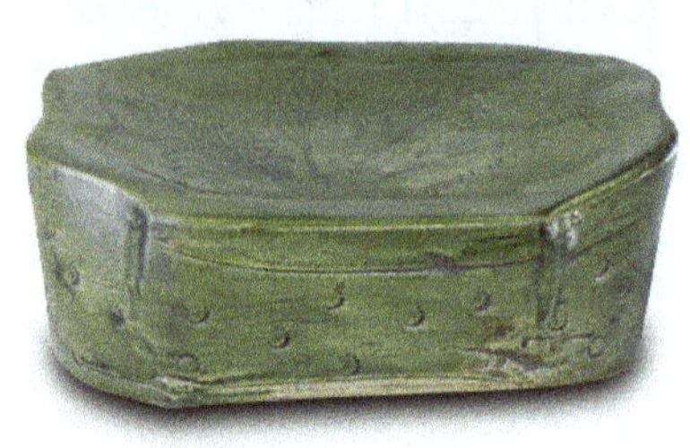

宋吉州窑绿釉刻花枕
高 9 厘米，枕面 26.5 ~ 22 厘米，
枕底 24 ~ 19 厘米

全部吹上绿釉，烧出后色黑绿如龟背，油绿色如碧玉，古朴典雅；鱼子绿比较暗淡，常有细小纹片，现在所见到的均为小件器物；湖水绿是康熙时的名品，色浅淡如湖水。

25. 什么是珐琅彩？有什么特点？

珐琅彩是釉上彩的一个品种。仿铜胎珐琅效果。珐琅彩料主要成分是以铅、硼、硅系统的组成为基料（最初主要是

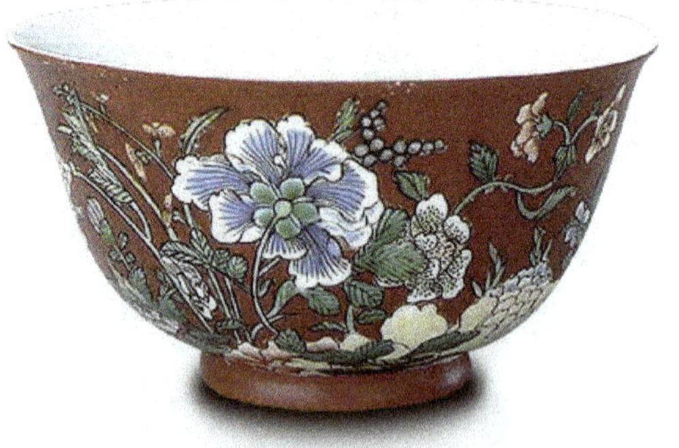

清康熙红地珐琅彩花卉纹碗
高 5.7 厘米，口径 10.8 厘米，足径 4.6 厘米

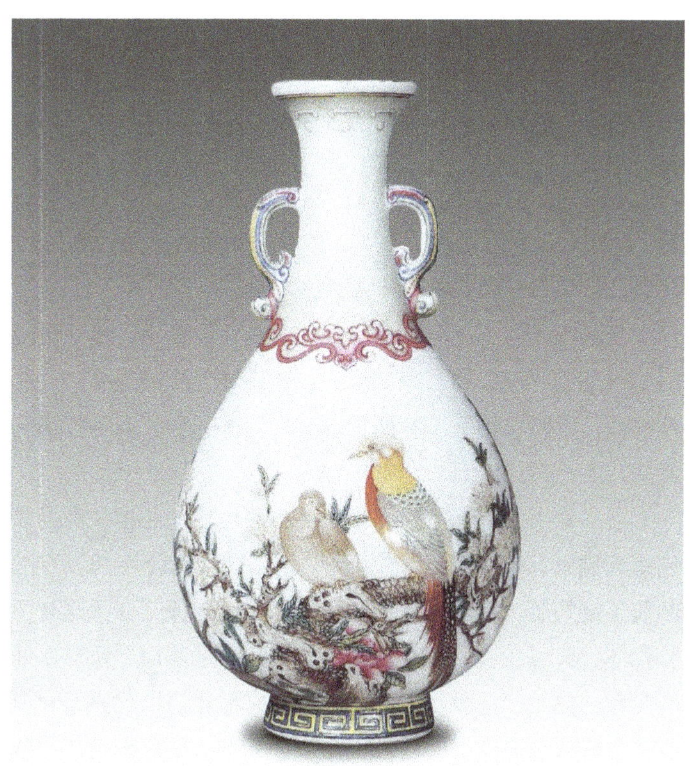

清乾隆御制珐琅彩“古月轩”题诗花石锦鸡图双耳瓶
高 16.5 厘米

进口的西洋珐琅彩料），加入适量的金属氧化物为着色剂。

清代的珐琅彩器皿是从景德镇窑选出的上好素白胎瓷器，押运至京后，在清宫内务府造办处彩绘，再二次入炉经低温烘烤而成。

清康熙珐琅彩器的釉料较厚，往往器表有细小的冰裂纹。雍正时期，清宫造办处自炼珐琅彩料，这些都为雍正珐琅彩较康熙珐琅彩更娇艳华丽提供了条件。雍正珐琅器物在山水、花鸟等图案的基础上多配以御题诗，成为制瓷工艺与诗、书、画相结合的艺术珍品。乾隆时期珐琅彩器物造型更奇巧，纹饰更绚丽，达到了珐琅彩瓷器的艺术顶峰。

珐琅彩瓷是当时宫廷垄断的高级艺术品，画面立体感强，色彩瑰丽，精美异常。因其成本昂贵，生产数量不多，传世量极少。

26. 素三彩瓷缺少什么颜色?

我国古代有“红为荤色，非红为素色”之说，素三彩瓷因不用红色，而以黄、绿、紫三色为主要色彩而得名。三色是统称，有时仅用紫、绿两色，有时用黑、白，有时也用到蓝等其他色彩。

素三彩中的“素”除了指色彩不用红色，还指该类器皿使用素胎（又称“素烧胎”）烧制。素胎是陶瓷生坯没有上釉前预烧的胎，它既可增强坯体机械强度，使其在搬运时不易损坏，又可在上彩釉时不会因釉料浸湿坯体而导致器皿开裂变形，该工艺手段在陶瓷制作中经常使用。明代素三彩瓷器是在唐宋三彩陶器的基础上发展而来的，明代御窑厂用素烧瓷胎代替以往的素烧陶胎，这一工艺上的改变增强了素胎的机械强度，使得三彩工艺也有很多变化，使成品更为美观。

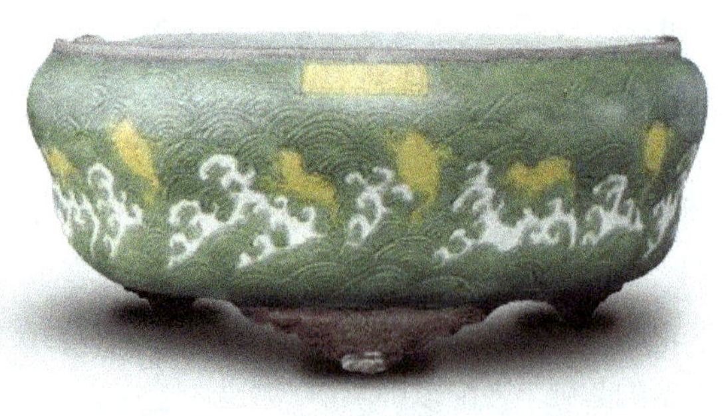

素三彩海蟾纹三足洗

景德镇御厂烧制简单的低温多色釉瓷在明代永乐、宣德时期已经开始，色釉一般为两种，名称为“绿地酱彩”或“黄地绿彩”等而不叫“素三彩”，造型也以碗、盘、壶等日用品为主。类似制品直到素三彩诞生的成化时期依然大量制作。为清晰表现绘画图案，器身基本都使用刻纹做分界线。因烧制工艺尚不娴熟，使用三种以上色釉的制品相对较少。官窑素三彩瓷始于明代成化时期，成化官窑素三彩香熏是素三彩瓷器的代表性作品，由黄、绿、褐、墨绿、孔雀蓝等多种彩釉组合而成。素三彩瓷在嘉靖、万历时期继续制作，只是随着斗彩、五彩等釉上彩的规模不断扩大，素三彩器皿制作相对减少。明代正德和清代康熙是素三彩瓷烧造的鼎盛期。清康熙时还开发出以下一些新品种。

白地三彩——是在素白器上划出纹饰后绘黄、绿、紫三彩图案，外施透明釉的釉下三彩。白地三彩的胎体细腻，釉面平润光滑，釉色鲜艳亮丽，其中浅绿色最佳。常见的纹饰有花纹、云龙纹、三果纹等。

色地三彩——在胎上刻画纹饰后加黄、绿、米、紫诸色彩作为底色。釉面肥厚而有光晕，纹饰层次分明。色地三彩器物以大瓶、大罐、大盘、香薰等陈设瓷居多。有一种黄地紫绿彩盘，盘内划龙纹并填紫绿彩，外壁绘三彩葡萄、云鹤、朵花、蟠螭纹等，底有青花或紫釉款识，上罩黄釉。

墨地三彩——作为底色的釉先施绿釉再施黑釉，纹饰以紫黑釉勾勒再填黄、绿、紫、白色。有些器皿在墨地上开光，其中绘白地三彩。康熙墨地三彩的传世品非常少，民国初年的仿制品较多。

虎皮三彩——以黄、绿、紫三彩相间点染成虎皮状斑块，釉面光亮，彩纹变幻，胎骨致密沉重。器物有盘、碗及福禄寿三星。清末民初有仿制。

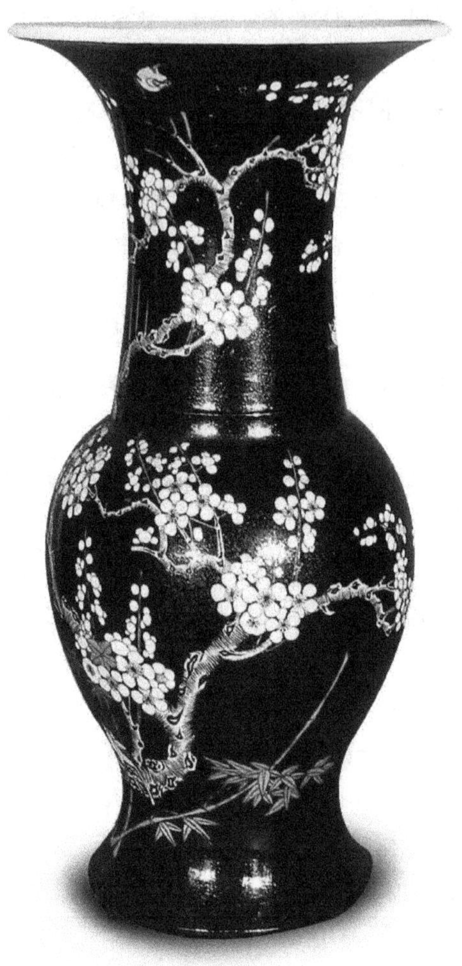

清墨地素三彩梅花花觚

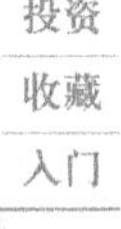

三彩瓷塑——类唐三彩俑，胎质坚实，造型生动。将雕塑和釉彩结合起来，器形有仙佛、禽兽、鬼怪及福禄寿字壶等。

晚清光绪年间及民国初年出现过一些仿前朝素三彩制品，也相当精美。

三、制瓷原料与瓷器鉴别

27. 如何通过看颜色、听声音辨别瓷的品质优劣？

第一，看颜色。瓷器通常以瓷土为材质，瓷土有等级差别，瓷土高温还原烧结后呈白色，烧结温度越高，白度就越高；烧成白度越白，瓷土就越贵，烧制成本就要相对增加。瓷器一般烧成温度在 1 260 ℃以上。另外，鉴定古瓷时的看颜色，主要指以下十二方面。

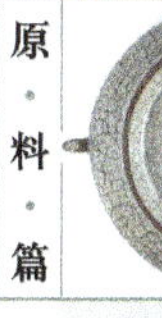

一看釉色。因为釉料、窑火气氛等方面的差别，不同时代不同窑口古陶瓷釉色差异是很大的，所以看釉色能帮助分辨器皿的烧造年代和窑口。

二看胎色。瓷器的胎不仅带有明显的时代特征和窑口特征，还因为不容易仿制而成为瓷器鉴定的重要依据。瓷器胎质的颜色及坚实、细腻程度，甚至由此带来的瓷器的重量感往往是瓷器鉴定专家非常重视的。

三看彩色。不同时期、不同品种的瓷器，其彩料差别也很大。如果彩料呈色不正，该艳不艳、该暗不暗，则该器皿值得怀疑，可能为仿品。

四看光泽。古陶瓷因为经历自然的氧化过程，无论是否有明显的光泽，一般表面看起来都比较柔和，莹润如玉。新瓷则往往有刺眼的“贼光”、“火光”，人为作旧的仿品表面光泽往往会不自然。

第二，听声音。古代文献中有诸如“声如磬”“声音清越”“声音悠扬”“声如击木”等描述，都是用来形容陶瓷声音的。

一般来说，轻轻敲击作品，如果发出清脆响亮的声音，烧成温度一定较高，瓷化程度较好，作品品质也较好。古瓷因为年代久远，胎质经过多年的风化，有些敲出的声音也显沉闷，新瓷声音相对来说则显得清脆悦耳。

不同窑口的器物由于胎、釉的成分、成品厚薄和烧成火候不同，在轻敲发出的声音方面必然有一定的差别。对于富有经验的鉴定专家来说，可以成为一种鉴定古瓷的标准。因为对声音的感觉需要长期的体验，不同场合人们对声音的感受差别很大，因而一般鉴定者往往无法把声音作为鉴定器物的新老和窑口的主要标准，而听声对于检测陶瓷器物是否带有冲线、裂痕或大块缺肉等伤残具有重要意义。一般而言，完整器的声音听起来圆转清脆，余音较长；伤残器的声音，听起来有突然断裂、停顿感，缺乏流畅感和完整性，伤残较重的器物在敲击时还会发出破声。

28. 化妆土对瓷器鉴别有什么作用?

化妆土是一种常用的陶瓷装饰材料，是一种较细的陶土或瓷土，用水调和成泥浆涂在陶胎或瓷胎上，器物表面就留有一层薄薄的色浆。颜色有白、红和灰等。这种色浆在陶瓷工艺技术上称“陶衣”，也叫“化妆土”。

化妆土具有质地细腻、色泽均匀、遮盖力较强、耐火度高、表现力丰富等特性。化妆土装饰就是使用化妆土来改变器皿外观的一种装饰形式。运用化妆土，可以改变坯体表面的颜色；掩盖坯体的粗糙及缺陷；使坯体表面更光滑，更易于着色；

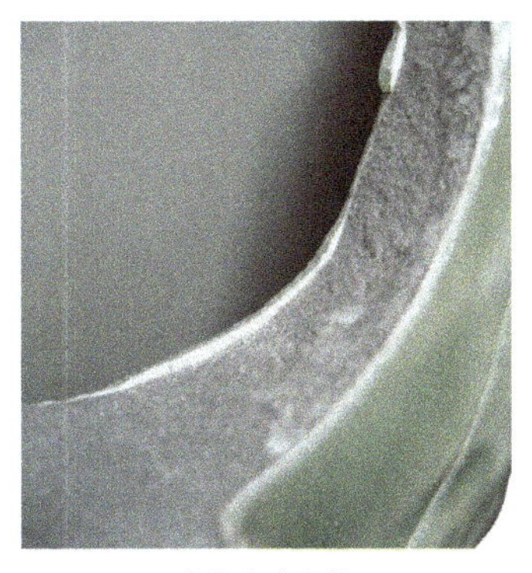

宋临汝青瓷片

灰色瓷胎和绿色釉之间的白色部分就是化妆土

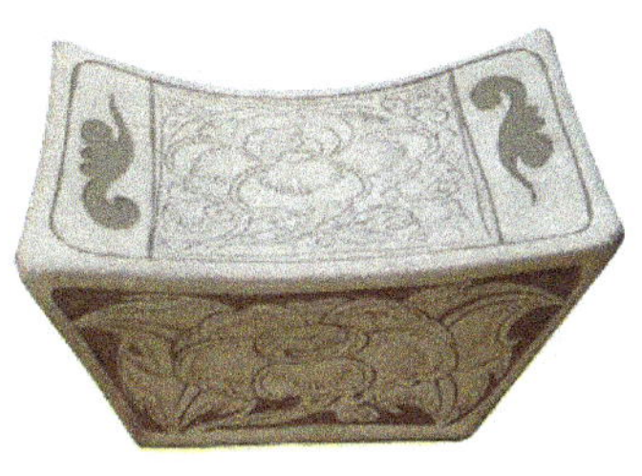

宋金白釉剔花枕

巴黎吉美博物馆藏

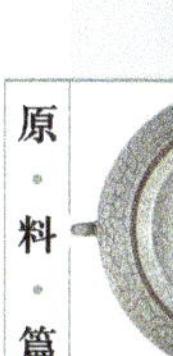

作为釉底料使用，可以使色釉显得更加鲜明；运用于不同的工艺，能够以有限的材料表现丰富多彩的装饰效果。最早的化妆土装饰大都以陶衣或釉底料的形式出现，功能性多于装饰性，随着制陶技术的发展，各种各样的化妆土装饰技法相继形成。在技法形成的过程中，不仅是化妆土自身技艺在不断延续和发展，还经常会得益于其他工艺的启迪，早期技法就是在模仿其他材料装饰手法的基础上发展起来的。相似的装饰手法融合各地的审美意识，形成了不同的装饰风格，有素雅、温和、洒脱的一面，也有华丽、灿烂、热烈的一面。

大约在西晋时人们开始用化妆土来美化瓷器，先将优质瓷土粉碎、去杂质后调成泥浆，施于粗糙的瓷坯表面，用以遮盖胎面上的疵点和细小孔洞，使其变得白而光滑，然后趁化妆土还没干透时用尖头竹棍或木棍刻画出纹饰，再用平头小铲剔去花纹以外的化妆土，露出胎体，最后罩透明釉或略乳浊的白釉入窑烧制。烧成后施化妆土的地方釉色洁白光润，而露胎的地方呈现土黄色、灰白色或褐色，形成深浅不同的色泽，纹饰十分醒目。剔化妆土又可分为白地剔花、白地黑剔花、黑地白剔花、白地褐彩剔花、白地剔划填黑、绿釉剔花、绿釉黑剔花等。

化妆土对于瓷器鉴定的作用，主要体现在以下方面。

首先，确定制作年代。有些窑口化妆土往往在某一时间段使用，观察化妆土能精确考定年代。耀州窑青瓷在五代时使用化妆土，从标本断面看，胎体、化妆土、釉层清晰可辨。宋代耀州窑青瓷断面也有一丝白线，但胎体、中间层和釉层间界面模糊，系介质中间层，和五代青瓷区别明显。

其次，确定制作窑口。明清以前的所谓高古瓷有时往往难以区分窑口，而化妆土是一个关注点。最常见的例子是越窑青瓷和婺州窑青瓷的区别。这两个窑口的产品除其他特征区别外，是否用化妆土是最明显的区别。

第三，帮助识别真伪。古代陶瓷的原料、工艺都具有很强的特殊性，现代很难模仿。如新仿耀州窑青瓷的胎骨都很白，仿五代制品不见化妆土，仿宋元制品也无中间层。结合

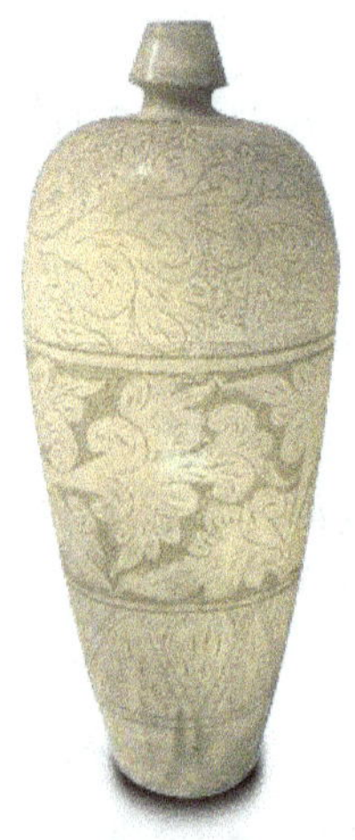

金代白釉剔花梅瓶
美国大都会博物馆藏

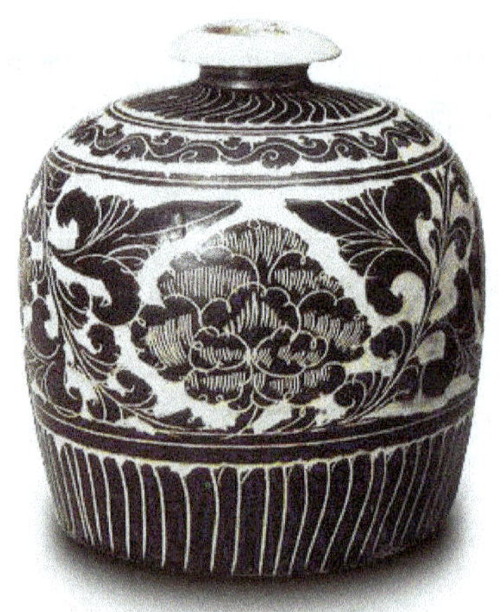

金代白地黑剔花矮梅瓶
日本藏

造型、釉层、底面等特征，观察并分析化妆土有利于鉴别陶瓷器的真伪。有些古玩商将新仿器物打碎后卖瓷片，更应观察化妆土工艺，才能鉴别其是否为后仿的。

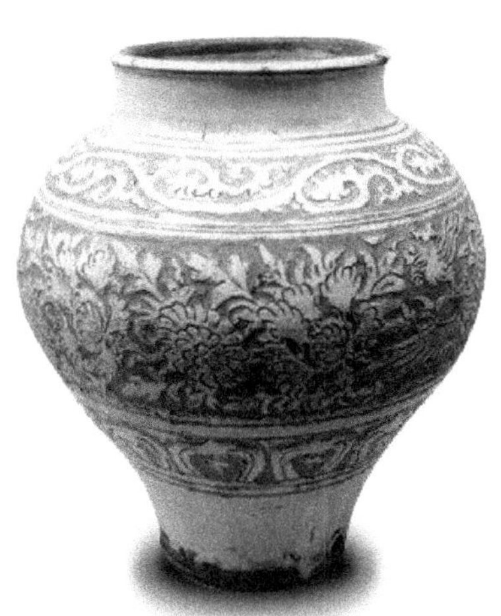

元代白釉剔花罐
内蒙古自治区博物馆藏

29. 如何通过瓷胎鉴定瓷器的真伪与价值?

瓷胎作为瓷器真伪鉴定和价值判断的主要依据是因为不同年代、不同窑口的瓷器在瓷胎上往往差别较大，而且难以模仿。

瓷土的差别、炼泥精细程度的差别、烧成温度和气氛的差别等多种因素造成的瓷胎在胎质、胎色、厚度、轻重、气泡、颗粒等多方面形成差异，使得后世仿制前朝瓷器的瓷胎相对来说比较困难。因而瓷胎往往成为识别真伪的重要依据。另外，即便是同一窑口，在不同时代所烧制的瓷器也存在胎质和胎色方面的差别，因而对确定瓷器的年代具有重要意义。

观察瓷器的胎，主要从器物没有施釉的地方进行（通常是底足），可以通过胎反映出来的质地、颜色、颗粒、火候等大致判断其时代与窑口，然后对照其器形、釉色、纹饰等特征，看是否相符，对于各方面特征不相符的器皿，尤其要慎重。现代制瓷技术虽然比古代有所提高，但现代仿古瓷器

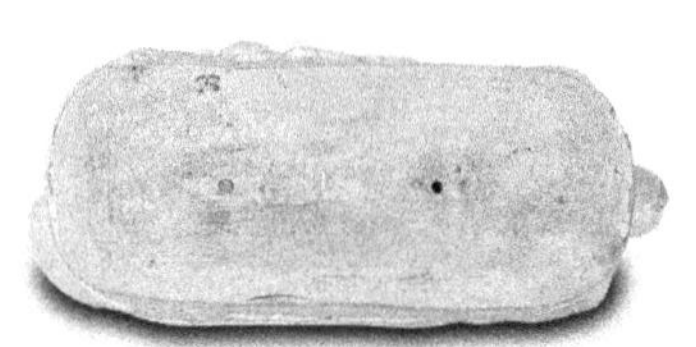
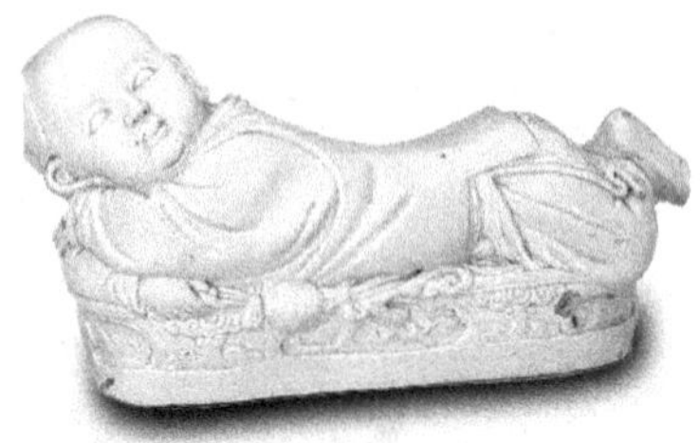

宋定窑白釉孩儿枕
高 18.3 厘米，长 30 厘米，宽 11.8 厘米

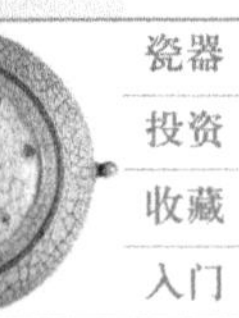

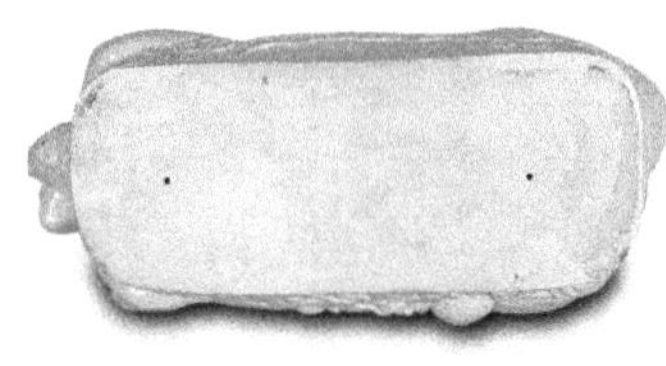
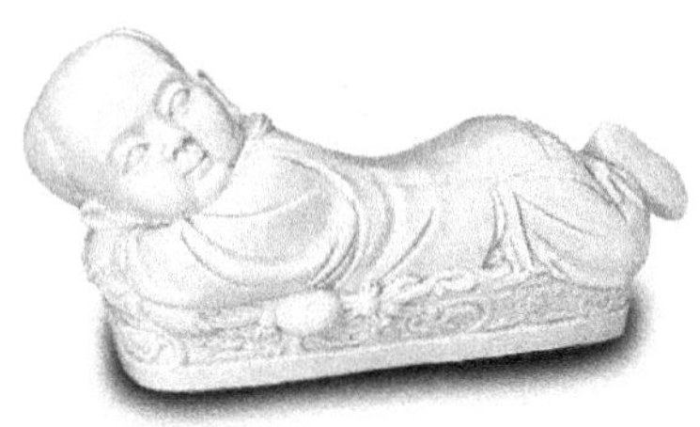

新仿宋定窑白釉孩儿枕
高 17.4 厘米，长 39 厘米，宽 16 厘米

与古代真品在胎质上仍有差别，主要表现为胎质过于精细白净，重量与真品难以相同，硬度一般较高，叩之金属声响亮。

另外，瓷胎的老化程度和磨损痕迹也是古瓷鉴定的重要标准之一。传世器物的一些部位常常有光滑自然的磨损痕迹，与仿制品的人工打磨痕迹有较大差别；出土器物的胎不一定有磨损痕迹，但往往有渗入胎体的土垢或者锈蚀痕迹，与人为制造的“出土”痕迹也有较大差别。现代仿品人为做出的这类痕迹往往不太自然，仔细辨认是不难发现的。当然，对于老胎新彩、接底器和修补器，胎质往往是老的（或者部分是老的），在鉴定时需要仔细甄别。还有一些新仿的瓷片，往往因为价格便宜，器形难以断定而使收藏者上当，故投资收藏者需要对其胎质进行细致的鉴定。

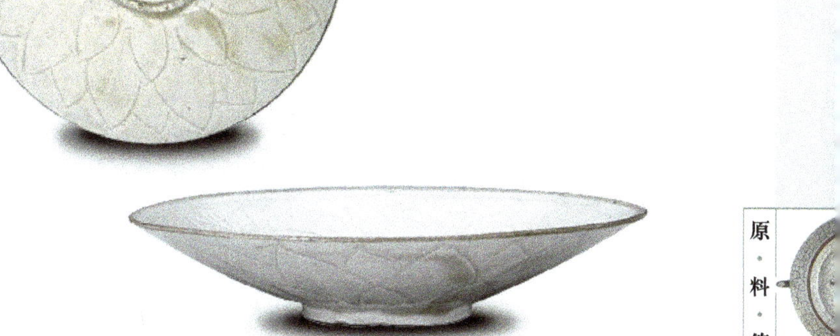

宋定窑白釉刻莲花纹盘
高 3.4 厘米，口径 17.5 厘米，足径 5.5 厘米

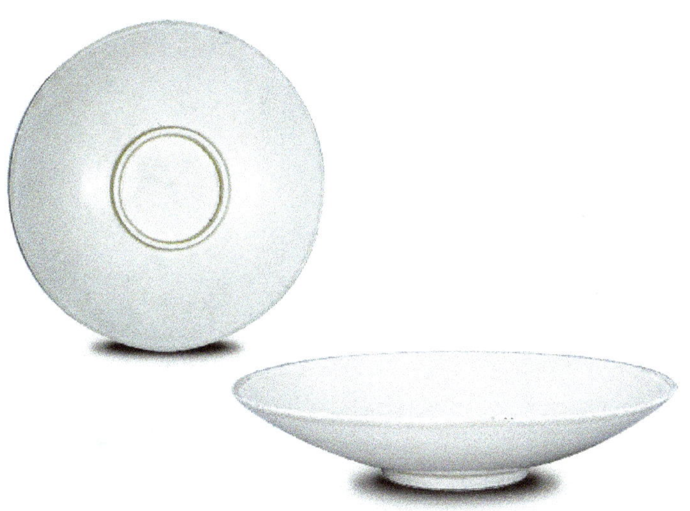

新仿宋定窑白釉刻莲花纹盘
高 3.7 厘米，口径 18.1 厘米，足径 6 厘米

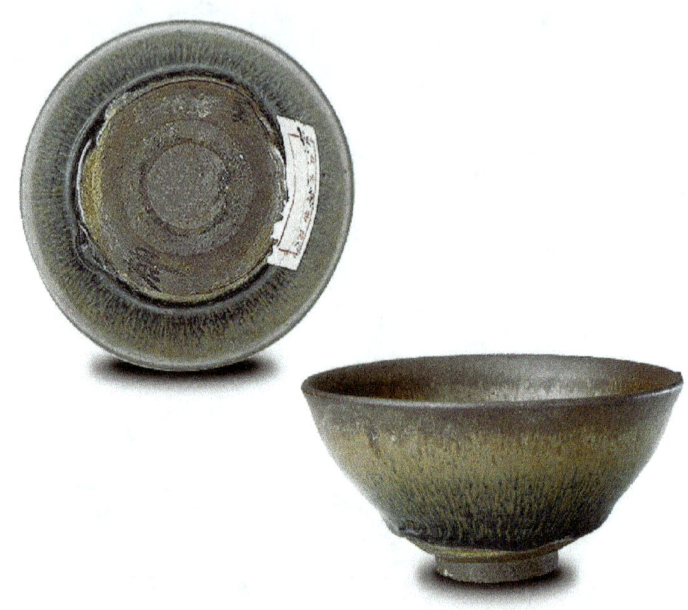

宋建窑兔毫盏

高 5.8 厘米，口径 11.4 厘米，足径 3.7 厘米

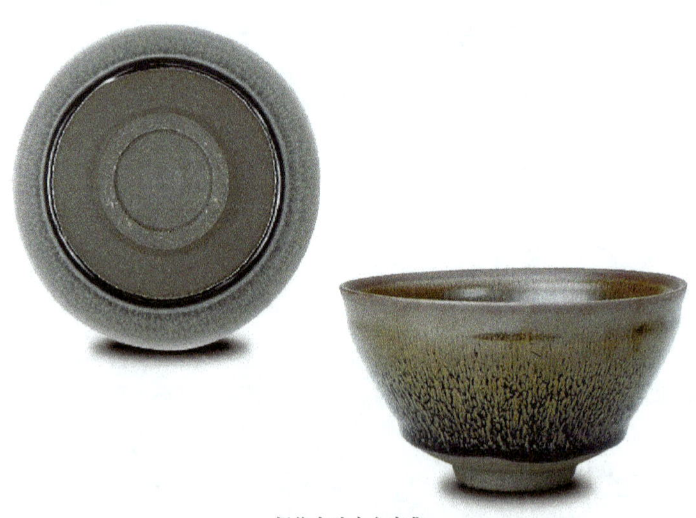

新仿宋建窑兔毫盏

高 6.7 厘米，口径 12.3 厘米，足径 4 厘米

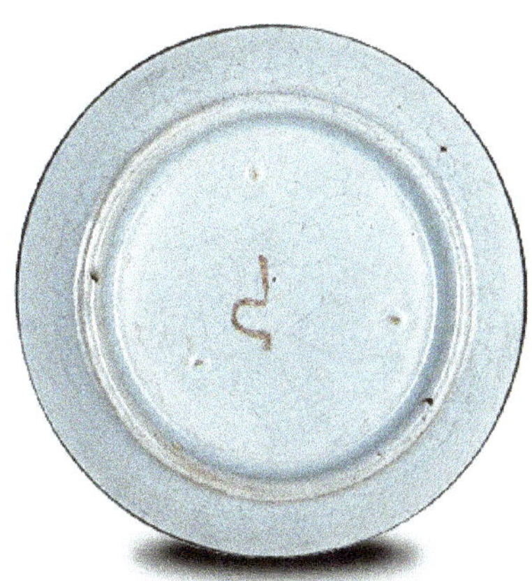

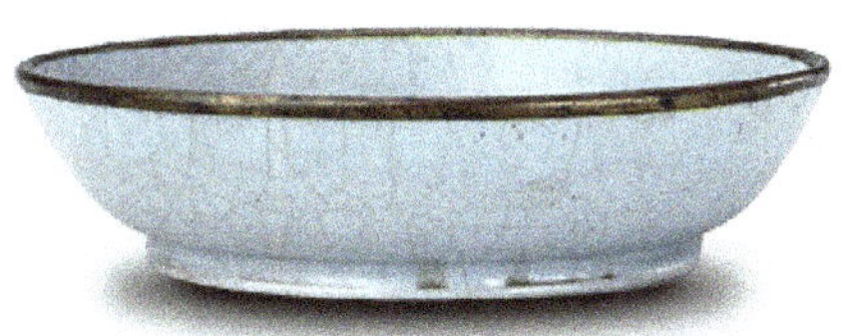

宋 汝 窑 洗

高 3.4 厘米，口径 13.5 厘米，足径 9.2 厘米

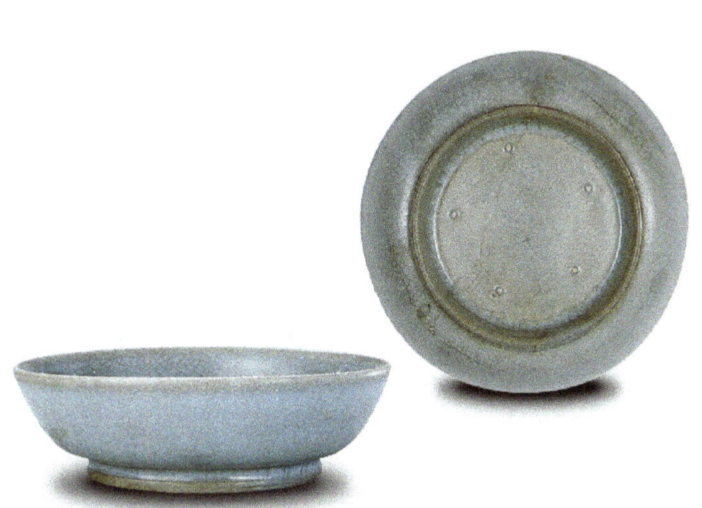

新仿宋汝窑洗

高 3.8 厘米，口径 13.1 厘米，足径 8.2 厘米

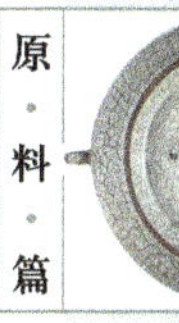

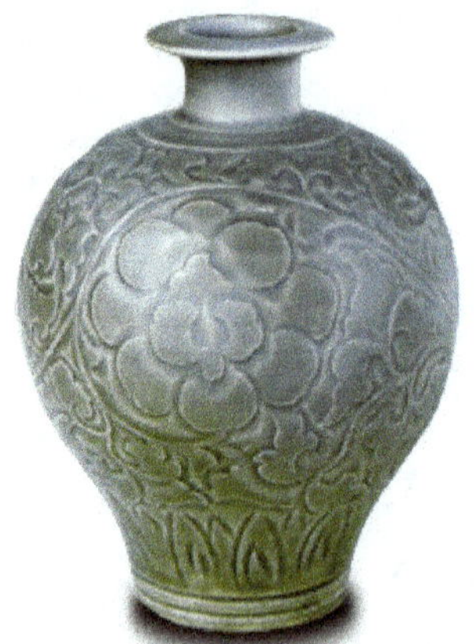
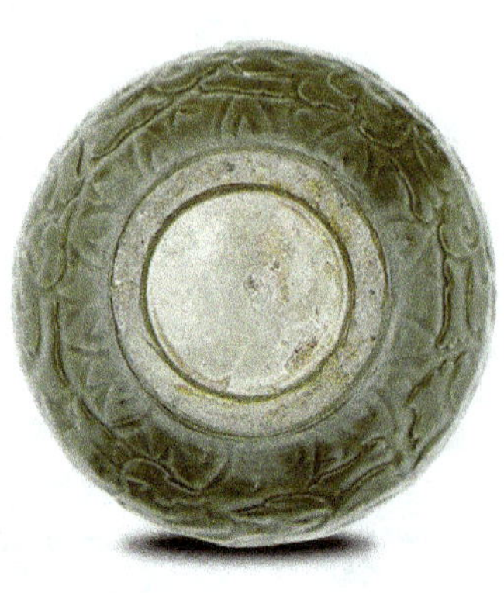

宋耀州窑青釉刻花圆瓶

高 19.9 厘米，口径 6.9 厘米，足径 7.8 厘米

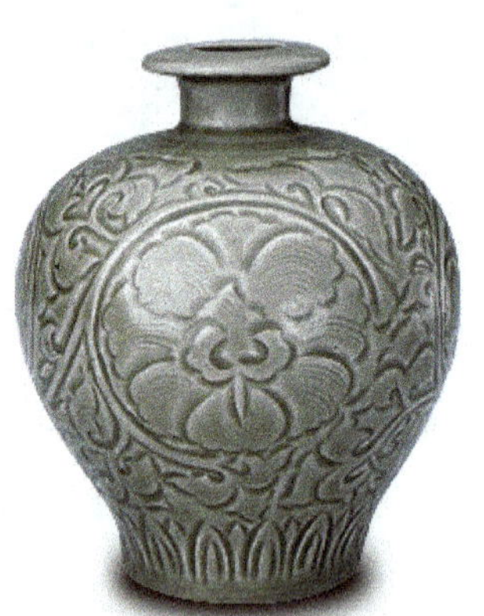
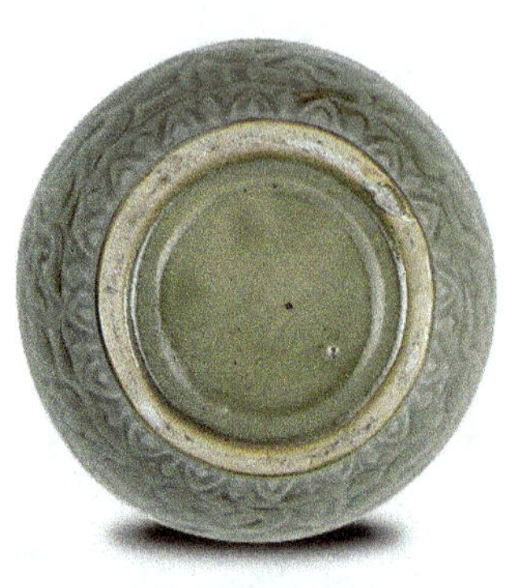

新仿宋耀州窑青釉刻花圆瓶

高 15.8 厘米，口径 5.9 厘米，足径 7.7 厘米

30. 蛤蜊光是什么？

一般认为，蛤蜊光的形成与釉料中含铅有关。含铅的釉上彩、低温铅釉，受外界物理、化学物质的侵蚀以及本身发生的变化，会在瓷器表面产生一种膜状物。日复一日，随着“瓷龄”增加，这种膜状物也会慢慢增加、增厚，达到一定厚度时就会产生类似蛤蜊壳里面那种闪烁的光，人们称它为“蛤蜊光”。明末五彩瓷及清代顺治五彩，康熙五彩、斗彩，雍正斗彩、粉彩和乾隆粉彩上的蛤蜊光比较常见，民国的一些粉彩瓷器上也比较常见。单色釉瓷器的釉面经自然氧化形成的浅淡彩色光芒也被称作“蛤蜊光”。

也有学者认为蛤蜊光是因为材料里含有的砷这种化学物质在上百年的时光中慢慢被氧化形成的。还有学者认为蛤蜊

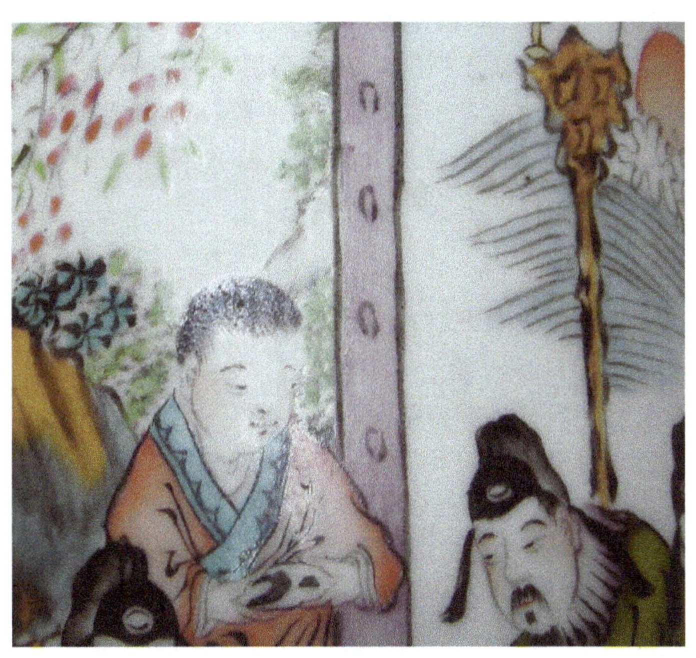

民国粉彩瓷上的蛤蜊光

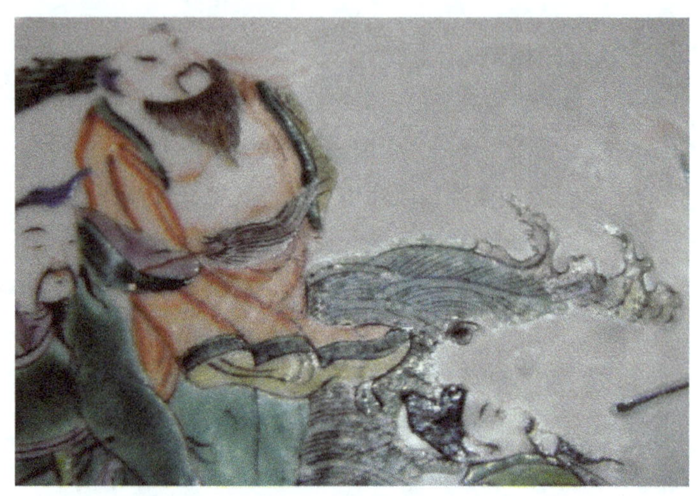

清晚期五彩瓷上的蛤蜊光

光并不能成为鉴定瓷器是否新仿器的标准，因为新器也有可能产生蛤蜊光。市面上也有用真空镀膜等手段制造假蛤蜊光的，有的很难辨认。所以，蛤蜊光现象目前并没有确切的定论，有经验的鉴定者可以根据自己的经验判断蛤蜊光的真假，并作为鉴定瓷器的依据之一，经验不足的收藏者千万不要仅仅依据是否有蛤蜊光判断瓷器的真伪。

31. 火石红是怎么出现的?

火石红俗称“窑红”、“枇杷红”，主要指元、明、清三代景德镇瓷器和龙泉窑瓷器露胎的地方（通常是胎釉结合部位）出现的橘红、橙黄或粉红色的呈色现象。

一般来说，火石红分布的特点是与胎釉结合处成平行的、宽窄不一的火石红圈，越靠近瓷器表面的胎釉结合线，火石红颜色就越浓重，随着远离釉面，露胎部位的火石红颜色也就越浅淡直至消失。但也有业内人士提出了几种不同的火石红分布形态，包括：顺火石红、倒火石红、阴阳面火石红、点状火石红、撒渣火石红、记号釉斑火石红、捺水火石红、窑红、黄衣、综合式火石红等。总的来说，火石红主要出现在古瓷的以下六个部位：底足的胎釉结合部、无釉的砂底上、胎釉上较大的磁铁矿晶体周围、器皿缩釉和釉层较薄的位置、早期生成的釉面片纹中、个别气泡或者空洞周围等。

有学者总结宋元以来各代火石红的特点，归纳为：宋代和元代器物上的火石红颜色比较相近，浓者呈褐色，较淡者为褐红色或褐黄色；明代宣德前后浓者呈褐红色，淡者呈褐黄色；明代中晚期正德前后，浓者为较浓重的橘红色，较淡者呈黄褐色；清代中早期，浓者为较鲜丽的橘红色，或黄褐色，淡者呈淡橘红色或橘黄色；清晚期至民国，浓者为淡橘红色，淡者为橘黄色或土黄色；现代瓷器上的火石红，浓者呈飘浮的土红色，淡者呈飘浮的土黄色。

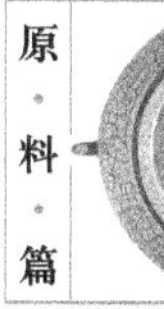

关于古瓷火石红的成因，目前并无定论，很多行内的专家学者都发表了不同的观点，比较一致的认识是：以矿物质铁为主的物质因素，经高温氧化后，在烧窑结束后的冷却过程中被二次氧化，附着在瓷器的胎釉结合处，这样就自然地泛出了一层橘红、橙黄或粉红色的氧化层。比较有代表性的论述有以下几种。

耿宝昌先生："元、明以来胎体足部所呈现的火石红痕，时代越早便越浓重，到清代乾隆初期便渐行消失。"（《明清瓷器鉴定》第 3 页）"火石红：胎体内含有矿物质，在不施釉的部位，受火自然泛出，或有意涂的酱泥。现今景德镇复制的元、明青花器，以新砂垫烧，或是入窑前新瓷胎的砂底受了潮，也会出现火石红现象。"（《明清瓷器鉴定》第 374 页）

张福康先生："元青花瓷器的器底露胎处常呈现出浅浅的橘红色，称'火石红'、'窑红'。火石红是由胎中的铁质和可溶性盐类在干燥过程中在露胎的器底处富集，在烧窑结

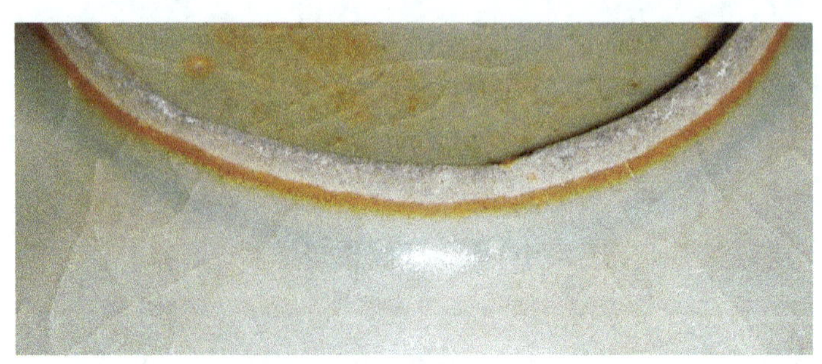

宋代龙泉窑瓷器底足上胎釉结合处露出的火石红

束后的冷却过程中由于二次氧化便出现这种色调，现代景德镇仿制的元、明青花器，人为地在器底涂上一层含铁量较高的酱水，或以受潮的新砂垫烧，也会出现火石红。”（《中国古陶瓷的科学》第 122 页）

但也有很多不同的观点，比如有人认为古瓷火石红是在出窑以后铁元素在几十、上百年的氧化中逐渐生成的。有人认为是景德镇窑瓷土特有的矿物成分的一价铁在高温中还原成二价铁而呈现红色。有人认为是当时垫在圈足处的草木燃烧后的附着颜色。还有人认为之所以会出现火石红自元、明以来呈现“时代越早便越浓重，到清代乾隆初期便渐行消失”的现象，是因为瓷土开采越早越接近地表，表层土中富含的有机物氧化后即出现火石红的颜色。随着瓷土越挖越深，有机物的含量逐渐减少，因而火石红也就逐步减淡甚至消失了。也有人认为火石红与古代使用柴火烧窑有关。

从前人大量关于火石红的研究探讨来看，把火石红的成因与瓷土中的含铁量、水分以及瓷胎的疏松程度相联系的观点，理由应该是更为充足一些。

自从人们注意到元明以来瓷器上大量存在的火石红现象，许多鉴定者就开始把火石红作为古瓷鉴定的重要依据之一，仿火石红现象也几乎同时产生了。有行内人士总结出现今仿制火石红的主要方法包括以下几种。

第一种，底板涂氧化铁水：在已经晾干的仿古瓷的涩胎底板上，进窑前用氧化铁水（也有说用纯瓷土泥浆）涂抹，烧造后能得到块状的火石红斑，但往往浓淡过渡层次不均匀，浓处不深，薄处泛黄色。为了掩盖不足，往往进行做旧处理，在假火石红上又增添了沥青或黑鞋油色。

第二种，胎釉结合处涂氧化铁水：仿古瓷坯胎下窑前，依照器型的足墙涂以氧化铁水，靠釉胎结合处多涂抹一次，开窑后也能得到似是而非的火石红，浓处还是不及真品的红色，且过渡层次生硬，散场效应不好，多用来仿瓶足，仿清中晚期至民国时瓶足较多。

第三种，白瓷胎上涂矾红：彩绘人员购买仿古白瓷胎，因有些仿古白瓷胎是没有烧造假火石红的，经过釉上仿绘五彩与粉彩瓷后，在烧红炉之前，用绘瓷颜料矾红在胎釉结合处涂上一圈，再用细海绵将其扑拍成过渡层，经过红炉的烧烤，其仿制的假火石红有较理想的散场现象，但其色素与真品仍有差别。真品是在高温窑中产生，假品是在中温炉中仿出，终究是有差别的。

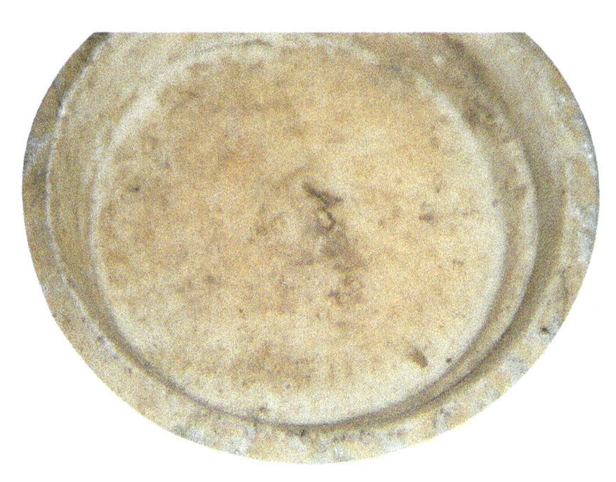

元枢府瓷胎体上淡黄色的氧化层

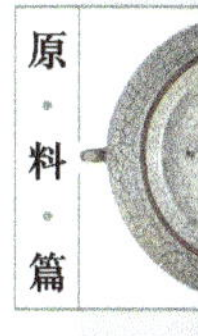

第四种，瓷土仿造：少数做高档仿古瓷的作坊，为了仿出自然的火石红现象，花高费用到浙江某地购买瓷土，用此瓷土做成的坯胎，在晾坯未干透的情况之下进窑烧造，出窑时确实能够得到真火石红，但发色距离短，没有冲力，只能和老的一线红相似。老的一线红现象是因为坯胎内水分基本干透，在窑内升温的过程中，由于缺乏足够的水汽蒸发，铁分子只是缓慢地溢出而造成。鉴别这种仿制的现代火石红时，主要是细察其胎色，因各地瓷土中所含有的矿物质成分区别较大，烧成瓷后的胎色也就有所区别。外地购土，成本增高，此法多用在做高档仿古瓷上。

尽管现代仿制火石红的技术手段多种多样，但造假者永远也烧制不出与古代某个特定年代完全相一致的真火石红。所以火石红仍然是值得重视的鉴定古瓷的标准之一，只是需要藏家仔细揣摩，精心鉴别，并且不要仅仅以此为标准就断定某件瓷器的真伪，而是要与其他手法相结合。

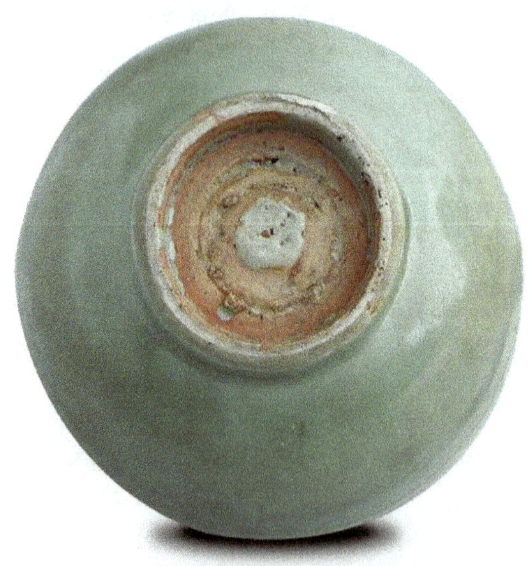

明龙泉窑瓷碗底足上的火石红

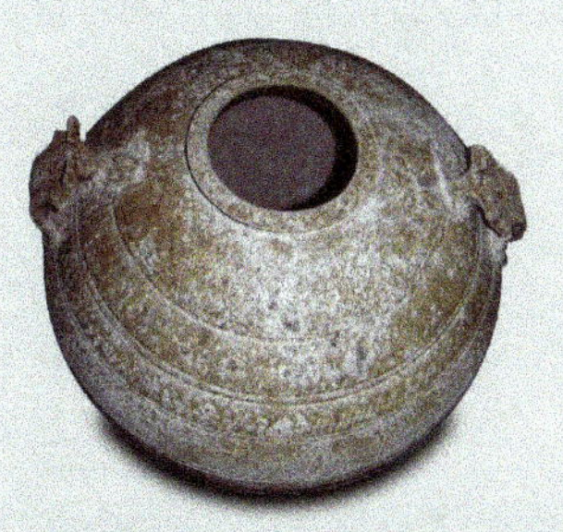

工艺篇

四、瓷器的制作工艺

32. 瓷器有哪些生产工序?

有人说，看了瓷器的整个生产过程才知道“没有金刚钻，哪敢揽瓷器活”的含义。瓷器生产的工序多达几十道，而且多数是需要很高技能水平的“细活”。制造不同类型瓷器的具体工序可能有一定差别，但主要的制作工序包括以下几个步骤。

黏土分类：根据黏土颜色、品质好坏、可塑性及稳定性等来给黏土分类，可塑性强及稳定性高的黏土，才有助于制好的作品。

处理纯净：去除黏土中的砂石等杂质。

炼土：为了使黏土中水分软硬一致，消除其中的气泡，要对黏土进行反复搅拌，锤炼。除了人工操作，这一步往往会借助于兽力和机器。

成型加工：瓷器的成型手法很多，有手捏法、泥条盘筑法、陶板拍打法、拉坯镟坯法、注浆法、挤出法、重压法等。

形态装饰：主要用刮、切、压、印、黏贴、镶嵌、镂空等雕塑方法对器型进行装饰。

干燥：室温自然晾干或以 35 ~ 200 ℃的温度烘干。

装饰：阴刻或者阳刻或者划花，或用化妆土装饰。

素烧：主要是去除坯土中之结晶水、有机物、空气，且可增加坯体强度，通常用电窑、瓦斯窑、柴窑，重油窑以700 ~ 850 ℃或1 000 ~ 1 250 ℃的温度烧成。

上釉：具体的上釉方法包括淋、喷、彩绘、灌、浸等；上釉前应该先喷少许水分于素坯上；釉不能上得太厚，否则可能会出现缩釉、裂釉等现象。

釉烧：釉烧温度分别为：轻质瓷960 ~ 1 050 ℃、瓷器1 300 ~ 1 400 ℃、高铝器1 400 ~ 1 850 ℃，釉下彩或单色釉、多重釉彩、结晶釉等的成品常常用二次烧成法，也有的器皿不经过素烧，直接一次烧成。

装饰：在瓷器表面再次进行装饰，比如加釉上彩，表面贴花等。

烤花：对表面经过再次装饰的器皿进行750 ~ 850 ℃的低温烧烤。

成品。

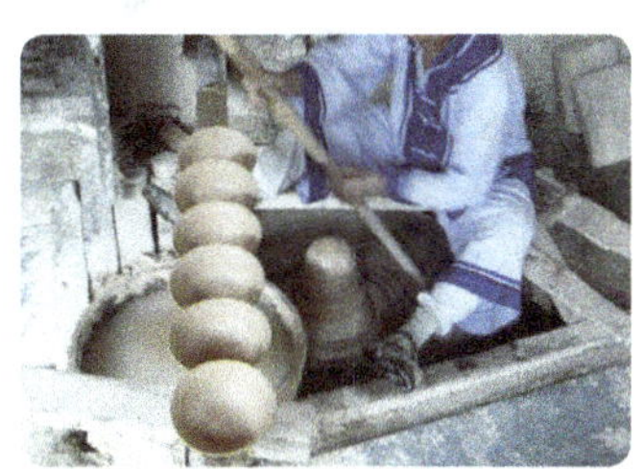
拉坯：成型加工

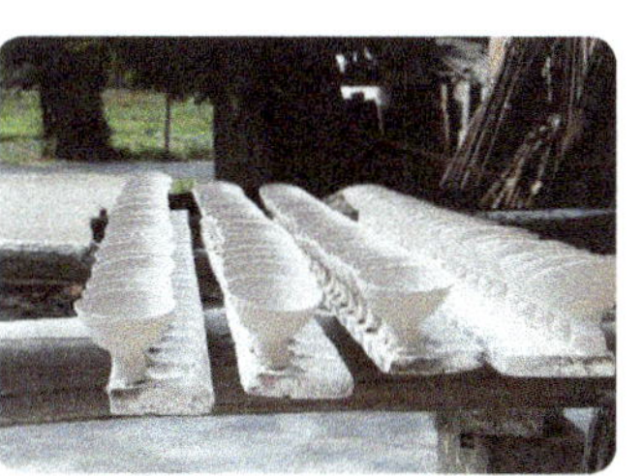
晾坯：拉坯完成后经过简单的晾晒，以便进行下一道工序

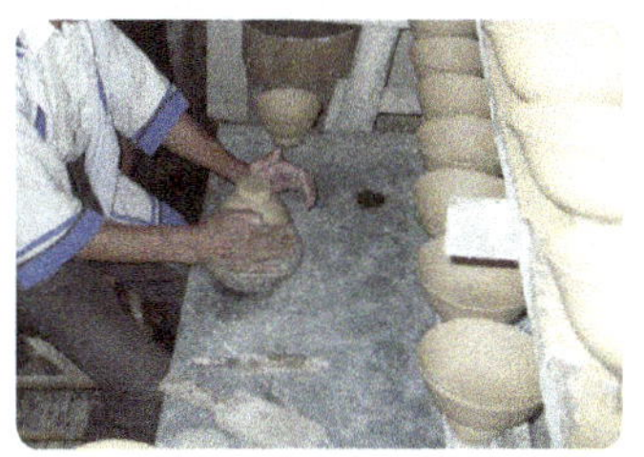
定型：把简单晾晒过的坯型进行定型，使所有制作的产品大小统一

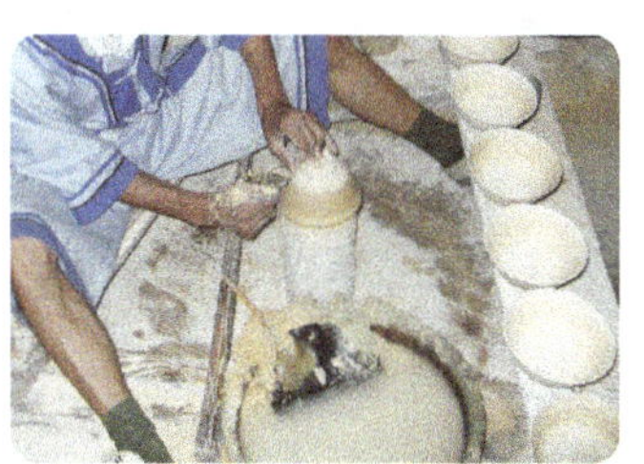
修坯：成型加工

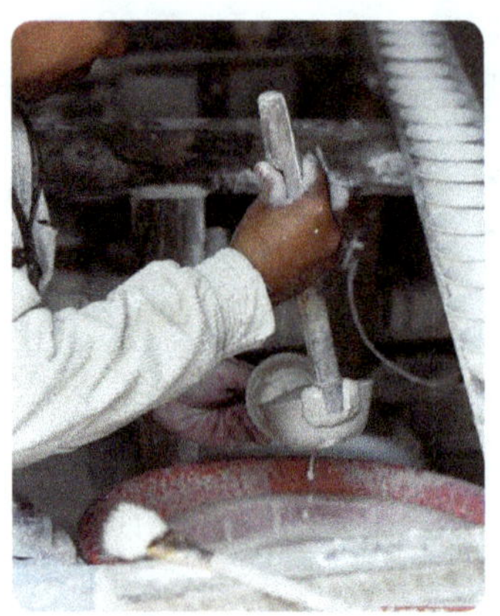

荡内釉：提前把没有图案的器物内部浇上釉水

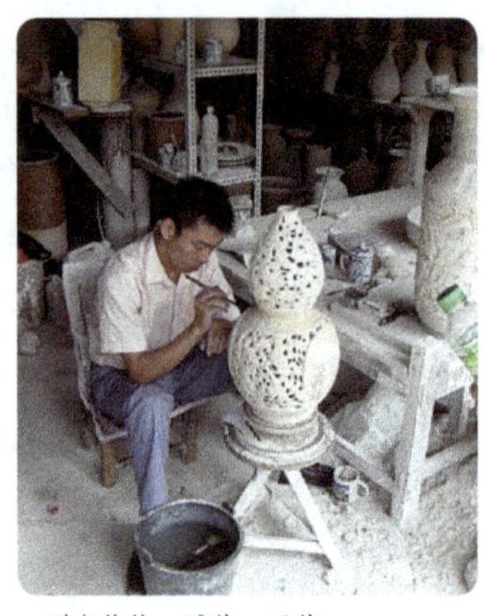

形态装饰：雕花、画花

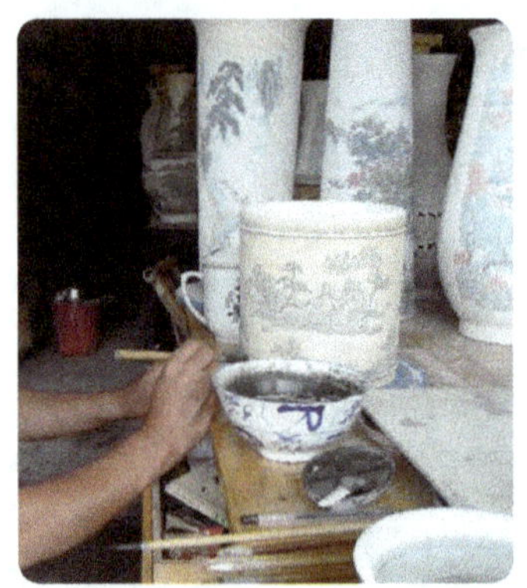

釉下彩：就是在坯体上直接用彩料绘制图案

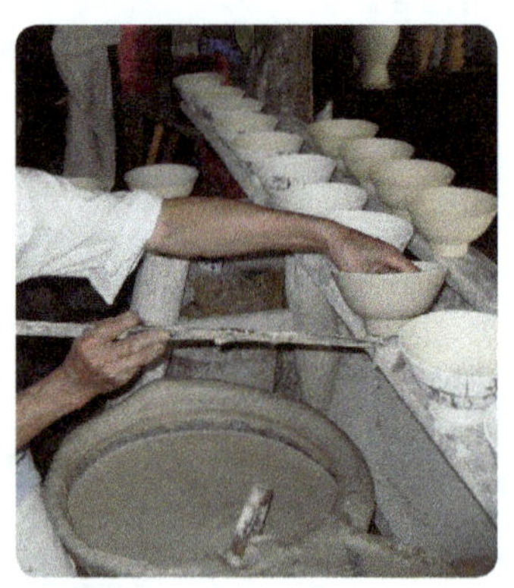

上釉

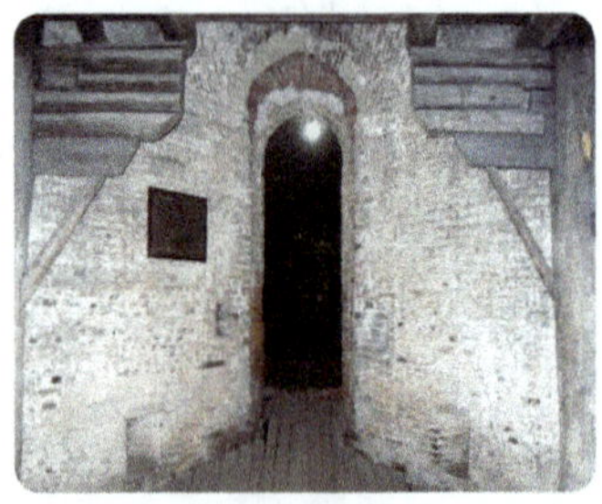

老砖窑，因为太浪费木柴，现在已经基本不用了

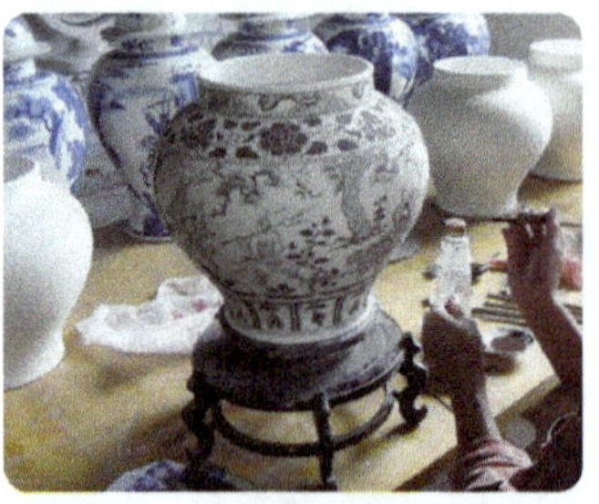

釉上彩，就是在已经烧好的白釉器皿上绘制图案，然后再入窑低温烘烤

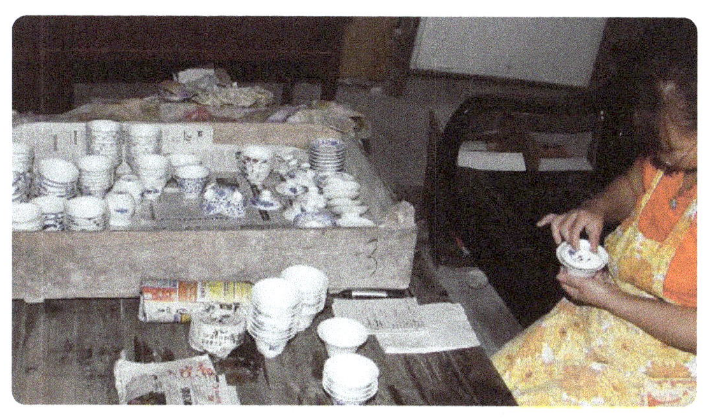

挑选：手工制作青花瓷的成品率不高，要经过严格的挑选淘汰掉变形和发色不佳的产品

33. 瓷器有哪些主要成型手段？

旋坯机成型法：是用旋坯机和模具制作瓷器坯形的一种方法。这种成型方法因为使用旋坯机和模具，所以制作出来的成品大小几乎是一样的，主要用来制作杯、碗、盘等。

注浆成型法：指通过在石膏等模具中注入泥浆，待凝固形成器型后脱去模具的方法。这种成型方式因为使用石膏模具直接注浆，制作速度较快，制作出来的成品大小也是一样的。无法用旋坯机成型之陶瓷作品就要用石膏模成型法来制作，大部分会用来制作如花瓶、动物、人物等造型。

压模成型法：将土压进石膏模内形成器皿，然后脱模成型的方法。通常此成型法会运用在作品之粗坯的成型，之后再加以表面处理，在制作出的成品内部会有压土不平整的表面。

手拉坯成型法：利用拉坯工具轱辘（拉坯机）旋转拉坯成型的方法。大部分花瓶制作会运用这种成型法，最大辨别之处就是，在很多此类作品内部，会留有手拉纹路或修坯痕迹。

陶板成型法：指利用陶板机或者甩土法制成陶板，再将陶板组合成型的方法。这种成型法所制作出的作品通常会有平面及切面，作品经常是方形或长方形。

手捏成型法：制作手捏壶会使用手捏成型法成型，基本上完全以手工制作，制作时根据作者的手工技艺及想法自由变化，所以不会有两件相同的作品。

泥条成型法：即先将泥搓成泥条，然后用泥条盘筑或者堆砌，再加以修饰成型的方法。运用这种成型法，造型上可多变化，制作出的作品一般比较精致，所谓慢工出细活。

手挤坯成型法：用双手挤压泥条使之接合形成器型的方法。较大型陶瓷作品通常运用这种成型方式，通常手挤坯成型法制作的器物在外部或内部会留有手挤坯纹路或者拍打痕迹。

34. 瓷器常用哪些方法进行装饰?

中国传统瓷器的装饰方法很多,最具代表性的有五种（从里到外）。

第一种，雕印装饰：主要是对坯体的装饰，包括划花、刻画、堆花、贴花、剔花、镂雕等装饰手法，这样的装饰因为深入坯体，立体感强，可使陶瓷制品玲珑剔透、精美无比。

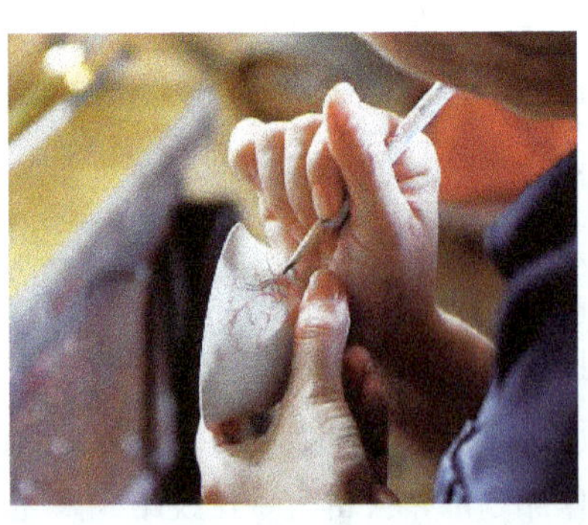

画花装饰

第二种，绞胎装饰：这是唐朝发明的新工艺制作手段，将两种不同颜色的泥料按一定顺序糅合在一起，烧成后的

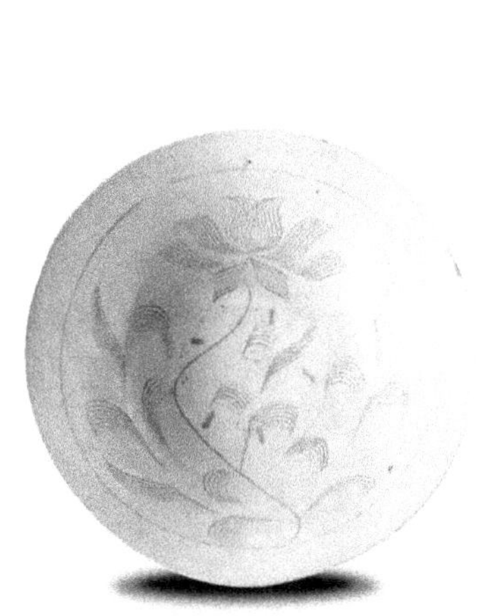

宋磁州窑划花大碗
划纹流畅，器型规整

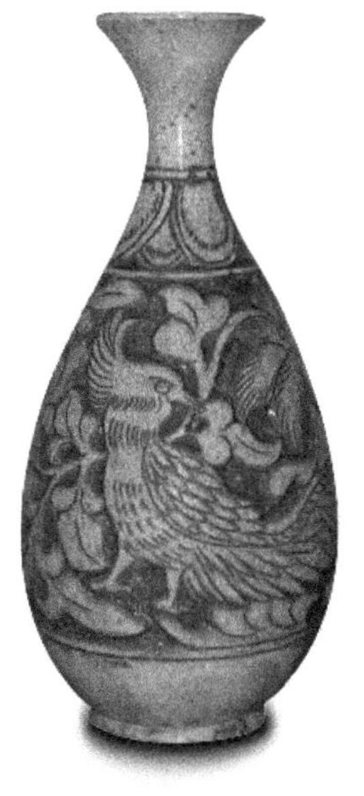

元代磁州窑剔花牡丹凤纹玉壶春瓶
高 35 厘米，腹径 17.5 厘米，
足径 10 厘米，口径 8.5 厘米

瓷器具有两种不同的纹理，浑然天成。

第三种，化妆土装饰：一般是在坯体上先施一层质地细腻的白色泥料（即化妆土），然后再施釉层，不同朝代、不同窑口的瓷器所使用的化妆土成分往往有差别，所以化妆土装饰成为古瓷鉴定的一个重要标准。

第四种，色釉装饰：即利用五彩缤纷的各种颜色釉来对陶瓷制品表面进行装饰。

第五种，彩绘装饰：可分为釉上彩绘和釉下彩绘。釉上彩绘一般是先烧好白釉瓷或色釉瓷，然后绘制彩色图案，再二次入窑烧制完成；釉下彩绘通常是在素胎上直接绘制彩图，一次入窑烧制即成。

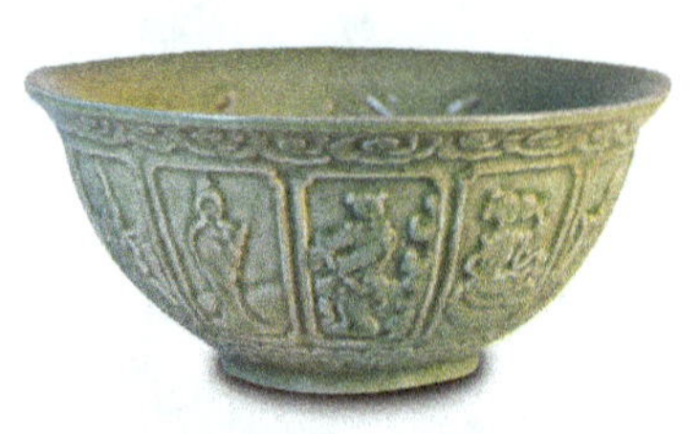

清乾隆豆青釉仕女印花碗

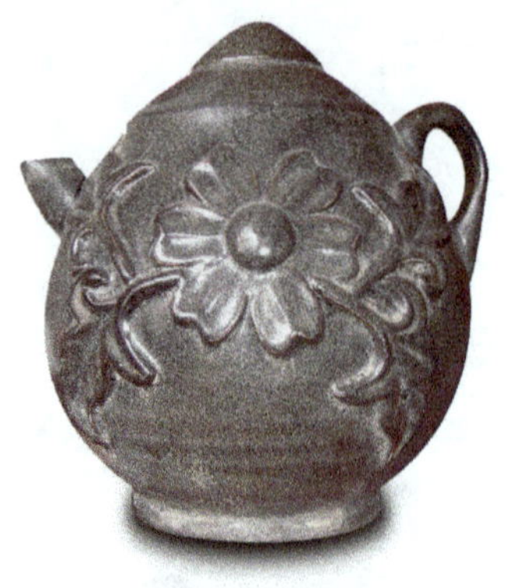

酱釉堆花倒流壶

高 23 厘米，径 20 厘米

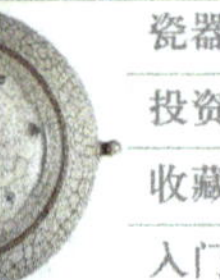

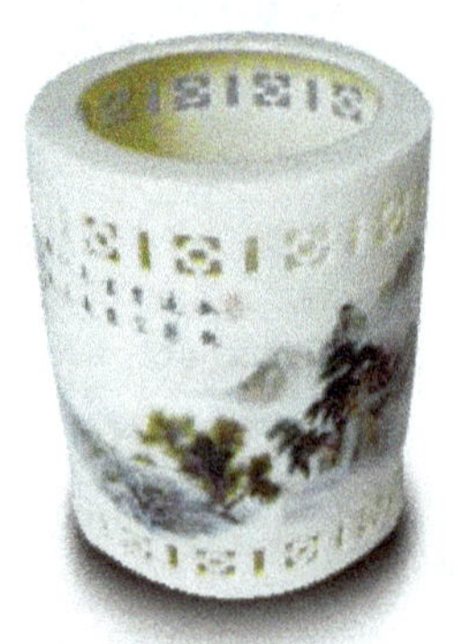

镂雕笔筒

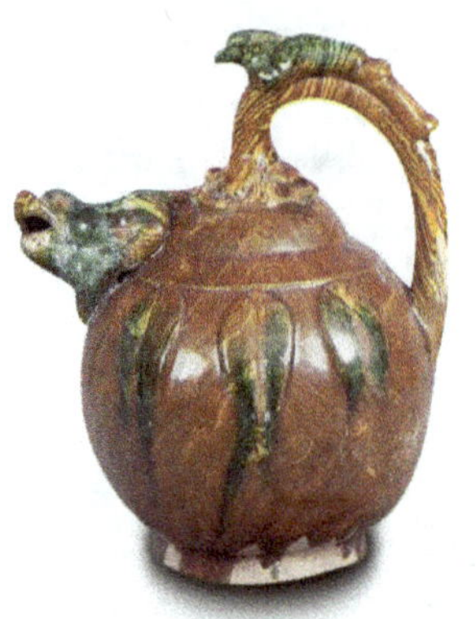

绞胎瓷壶

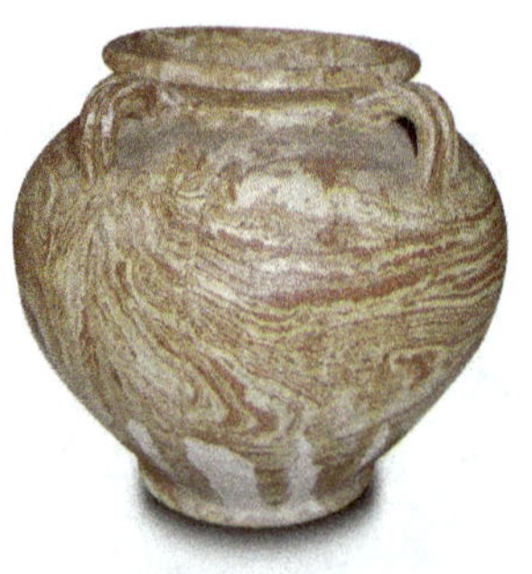

绞胎瓷罐

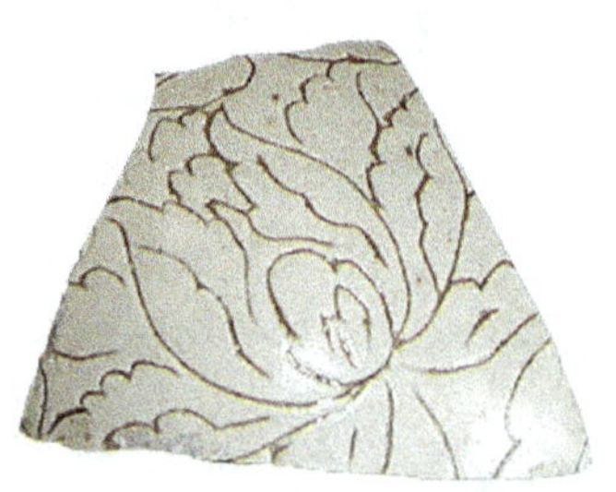

外施白色化妆土，划牡丹花后挂透明釉

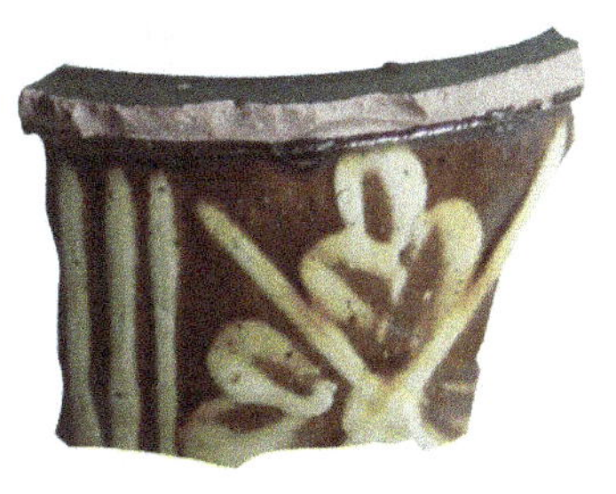
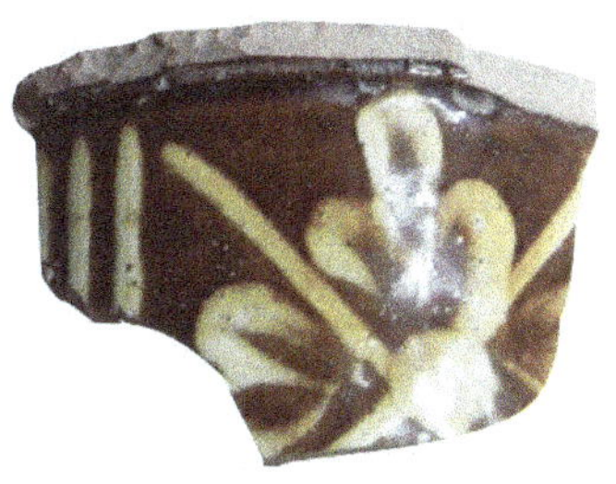

当阳峪窑的釉下绘化妆土

35. 什么是窑变?

窑变指烧成瓷器效果与原设想、造作不同。有变形、变色、变质等类型，烧成效果不是预期效果，一般特指釉色的变化超出了预想。由于这些变化往往具有偶然的效果，形、色比较特别，人们弄不清为什么，只知道是在窑内发生的变化，故称之为“窑变”。俗语有“窑变无双”的说法，就是说这种变化是多种多样、变化莫测、不重样的。最初纯系偶然因素，后来人们发现窑变常常能带来奇特的视觉效果，于是有意加以利用，把它变成为瓷器的一种装饰方法。

古代对窑变现象没有一致的定论，有多种说法。一般说来，凡是在烧窑过程中，器物在色、形、质等方面发生较为显著的变化，既不明白原因又无法重复其过程而得到相同结果者都称之为“窑变”。

古代有些称为窑变的现象，现代已经给出了一些解释，如《清波杂志》说 :“饶州景德镇，大观间有窑变，色红如朱砂。物反常为妖，窑户亟碎之。”现在看来，导致此种窑变的主要因素可能

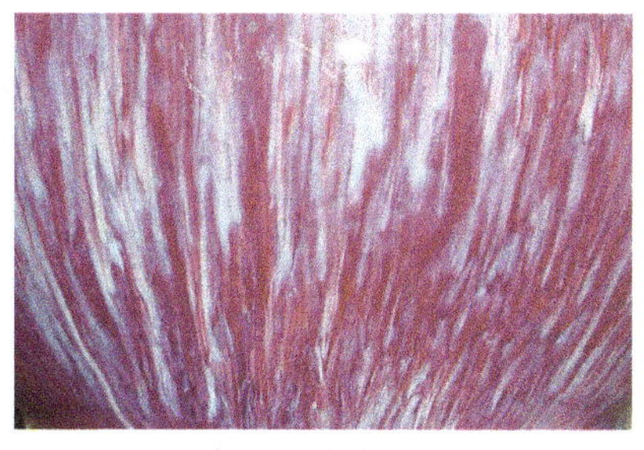

清代乾隆朝窑变釉

就是因为釉中含铜，在合适的生产条件下还原成铜红而已。很多现代陶瓷工还能通过配方设计和控制烧造工艺，大量烧造各种窑变釉。现代较为一致的认识是，窑变现象是以下多种因素综合反映的结果。

第一，釉料：由于制釉原料中含有多种呈色元素，成分复杂，烧制过程中容易出现多种复杂的物理化学变化。

第二，胎质和造型：瓷胎的化学组成也会对窑变产生影响，有些器皿还通过造型来控制高温下釉的流动、聚积，使釉面产生多层次不同色彩的变化，造成釉面奇异的窑变效果。

第三，釉料的加工工艺：釉料加工的精细程度也会对窑变产生影响。

第四，施釉工艺：施釉方法、釉层厚度不同，烧成后的窑变效果也会有所不同。

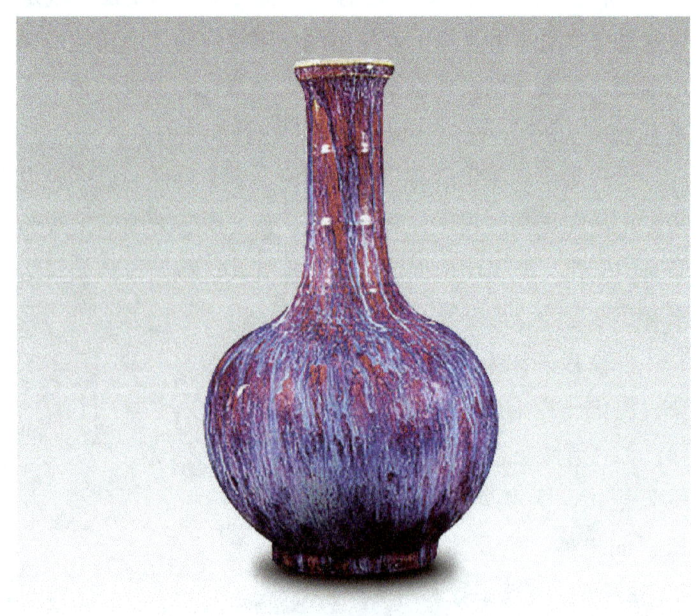

清嘉庆窑变釉瓶

第五，烧成工艺：窑内气氛及其形成因素，包括还原气氛或者氧化气氛的差别，装窑时产品摆放位置顺序，装窑产品的密集程度，烧窑时所用燃料的差别，烧成温度的高低，焙烧时间的长短，出窑后冷却速度的快慢，自然气候的变化以及烧窑工技术水平的高低等，都会对窑变产生影响。

有学者认为窑变的历史可以追溯到西周时期，那时浙江地区烧造的原始瓷青釉器上就已出现乳光斑，这种现象在宋代以前烧造的青釉器或黑釉器上，特别在器物的出筋或转折处的积釉部位经常可以见到。但真正的窑变釉始于宋代，以钧窑最为著名。景德镇清代康熙年间的苹果绿和绿郎窑、雍正和乾隆年间的窑变花釉等也达到了很高水平。

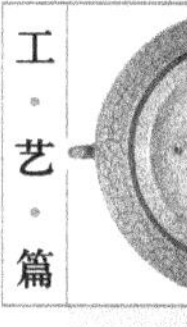

36. 什么是开片?

开片又称“冰裂纹”，是瓷器釉层中出现的自然裂纹。本来是瓷器烧成过程中产生的缺陷，宋以前的瓷器中常有开片现象，但宋代后期人们才逐渐掌握了开裂规律，制作出了开片釉，开始有意识地在瓷器上用开片作为装饰。当时的汝窑、哥窑、官窑等都能生产这类产品。其中，以宋代哥窑产品最为著名。明清时期景德镇窑场也仿汝、官、哥窑等开片品种，且以雍正时期的仿品为佳。

瓷器釉面开裂原因主要有两点：一是成型时坯泥沿一定方向延伸，影响了分子的排列，导致釉面裂开；二是坯、釉膨胀系数不同，焙烧后冷却时釉层收缩率大而导致釉面出现裂纹。瓷器表面釉层的热膨胀系数与内部胎土的热膨胀系数相差较大的情况下，器体从烧制时的高温熔融状态冷却凝固至常温过程中，釉、胎因热胀冷缩发生不同伸缩变化。在冷却过程中，釉面往往比胎体先凝固，胎体的进一步冷却收缩就会破坏釉面，令釉面产生不同规则的裂纹。

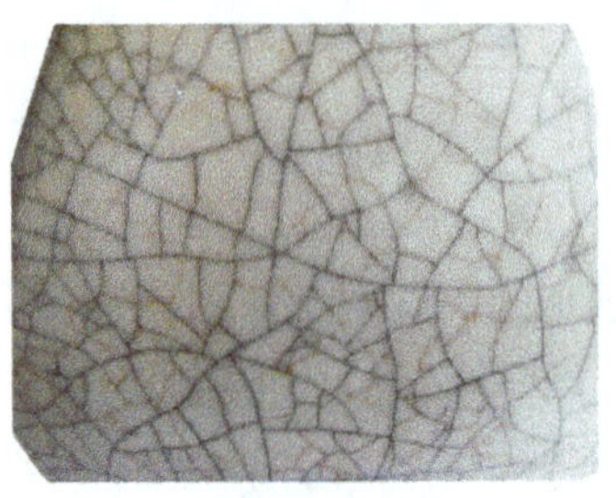

哥窑贯耳扁瓶开片

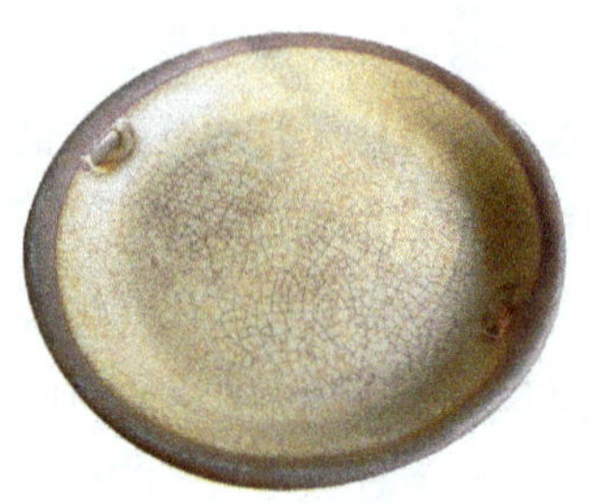

宋哥窑弦纹穿带瓶底足

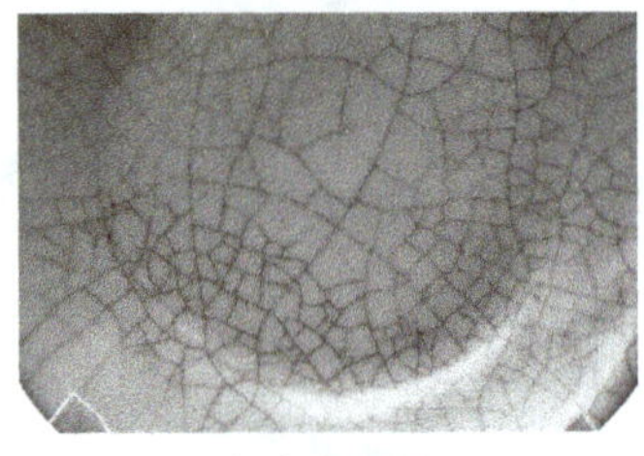

宋官窑小碟

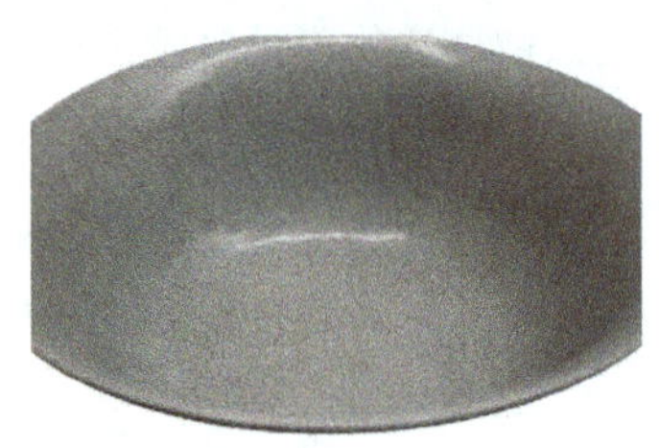

清雍正单色青釉大碗的釉面开片，应是仿宋代官、汝器效果

开片釉在制作上也可分两大类型：一类为填充型，在烧成的釉裂纹中填充煤烟等，纹路呈黑色，或者在裂纹中填充硫酸铜等着色剂，呈棕绿色纹路；另一类为覆盖型，在焙烧后的底釉上覆盖一层颜色釉，再次焙烧，呈现裂纹，露出底釉颜色。

开片按颜色分有鳝血、金丝铁线、浅黄鱼子纹，按形状分有网形纹、梅花纹、细碎纹等。也有按裂纹稀密和图形的差别分别称“鱼子纹”、“百圾碎”、“文武片”、“梅花片”、“蟹爪纹”、“兔丝纹”、“牛毛纹”及“鳝血纹”等。

百圾碎，即裂纹釉中纹路繁密，开片较为细碎的一类。这个名称起于宋代之哥窑，景德镇窑仿哥窑之后，即一直沿用。

而关于宋钧窑瓷器开片的来历，还有一个传说故事呢。

北宋徽宗时期，在阳翟城（今禹州市）古钧台官办钧窑场里，有一窑钧瓷刚刚烧制完成。窑工们已把窑门扒开了一个口子，窑里炉火通红，温度还没有降下来，按照惯例，窑工们要等一会儿才开始将成品出窑。

当时，正是炎炎夏日，本来晴朗的天空突然间乌云密布，转眼间，电闪雷鸣，伴随着闪电，只见一条龙在空中上下翻腾。瓢泼大雨随着就淋了下来，大雨点打在热窑顶上，冒起团团水气，同时狂风大作，在风雨声里，窑工们却听到窑里边瓷器炸裂的“喳喳”声。窑工们直犯愁，这一窑瓷器只怕是要废掉了。但没办法抢救，只能在心里祈祷：“老天爷，行行好，别再下啦！”要说也真奇怪，老天爷好像知道窑工们的心思，很快雨过天晴，太阳又露出头来。

一场暴风骤雨过后，窑也完全冷却下来了。窑工们急忙跑到窑前看个究竟。一位年长的老窑工怀着忐忑不安的心情，从窑里抱出一个匣钵，小心翼翼地打开，只见一个里青外紫的鼓钉洗釉面上全部是裂纹，并且随着“喳喳”的响声，裂纹还在增加。老窑工心想：过去烧出的瓷器釉面光洁如玉，这次出现这么多的裂纹，肯定是跟刚才的风雨雷电有关。他不由自主地用手敲了一下鼓钉洗，谁知声音还是丁当作响。再轻轻摸摸釉面，却摸不出裂纹，真应了那句话，“看似锤击，摸无痕迹”。大伙儿这才知道瓷器没坏，于是争先恐后地开窑。全窑瓷器表面还是跟原来一样釉色鲜艳、光泽闪亮，只是釉面全部遍布细密纹路。虽然有些担心，但还是派人挑

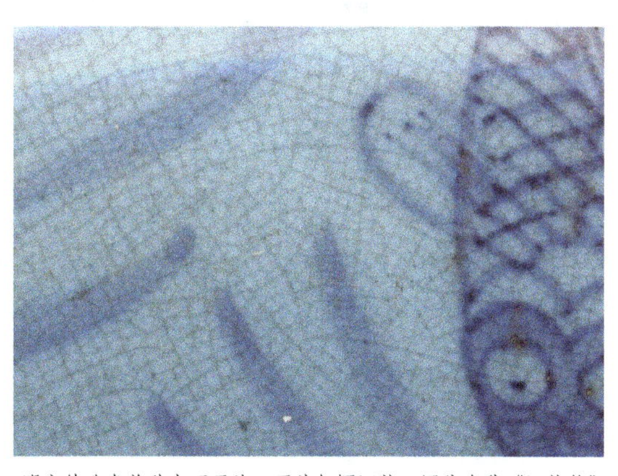

明宣德孔雀蓝釉表面开片，开片如同网状，因此人称“网状纹”

出最好的几件送往宫中，谁知宋徽宗见了非常喜欢。宋徽宗本是个艺术修养很高的人，他看出钧瓷釉面上这些裂纹很美，就给这些裂纹取了一些好听的名字，如“蚯蚓走泥纹”、“冰裂纹”、“鱼子纹”、“百圾碎”等，还把钧瓷出窑后釉面产生的裂纹，叫“开片”。欣赏完了这几件瓷器，宋徽宗又下旨让钧瓷工匠以后烧钧瓷都要有纹路。

37. 什么是挂釉工艺?

挂釉工艺就是将釉涂布在泥坯或者素烧器皿表面的方法，常用的方法有以下三种。

第一种，浸挂法：将器皿（通常是素烧坯）快速放到调好的釉汁中并立即提出来，这样釉就附着在器皿的表面，一般比较均匀平整。浸挂法适于小型器皿，如碗、杯、盘等。

第二种，溜挂法：对于大型器皿，一般用勺子之类的容器盛釉从器皿周围浇，让釉在自然流下的过程中附着在瓷器的表面,这种方法称为“溜挂法”,也叫“浇釉法”或者“溜釉法”。

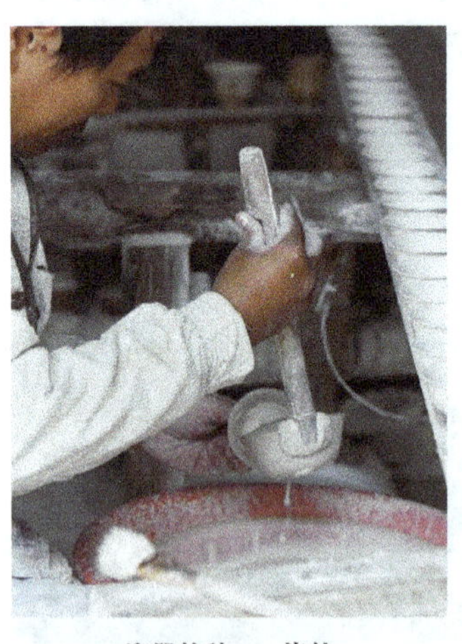

瓷器挂釉——浇挂

第三种，喷挂法：对于特别大而且特别薄的器皿，往往用向其表面喷釉的方法为其挂釉。有些特别薄的器皿，如宋代的脱胎器，可能是先在坯里面喷上釉，等釉干燥后再从外面将坯体削薄，然后在外面喷釉制成的。这样的器皿，能做到釉厚坯薄，烧成后整件器物几乎透明，精美无比。

38. 釉下彩、釉中彩、釉上彩有什么不同？

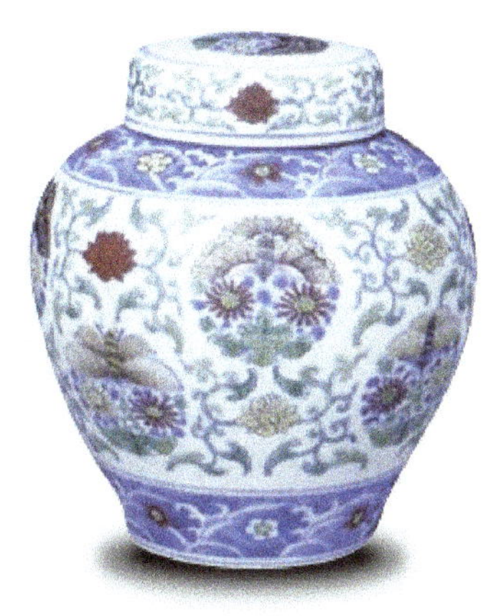

斗彩团花菊蝶纹盖罐

通高 10.4 厘米，口径 5 厘米，足径 5.4 厘米

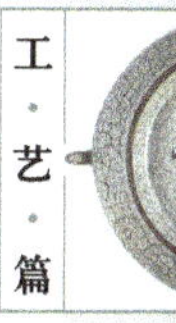

工·艺·篇

顾名思义，釉下彩、釉中彩、釉上彩是根据彩绘和釉色的先后顺序不同来区分的，但除了步骤的差异，在工艺上也是有一定的差别。

釉下彩又称“窑彩”，属高温颜色釉工艺，一般在坯器上彩绘，然后罩施一层透明釉，入窑在 1 300 ℃左右高温的还原焰气氛中一次烧成，因彩色花纹在釉色下，永不脱落。

釉中彩一般是将施过釉的坯器先用 800 ℃炉温素烧，然后在半成的胎上彩绘，之后喷一层薄釉，再入炉高温烧成。表面看彩绘在釉下，但实际上彩绘却在釉中。

釉上彩又称“炉彩”，是低温颜色釉工艺，是在先烧成的白釉瓷器上彩绘，再入炉在 600 ～ 900 ℃低温中烘烤而成。

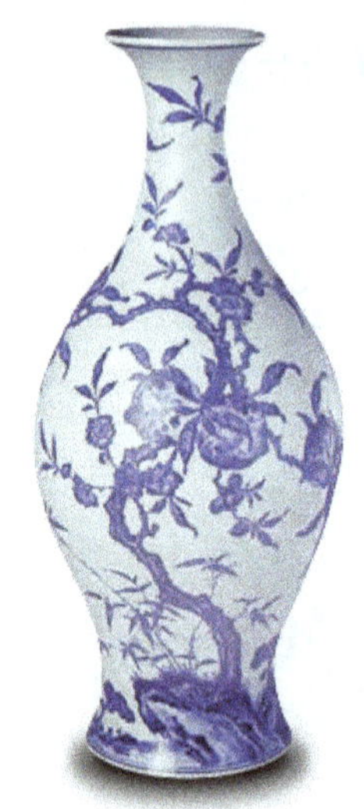

青花桃蝠纹瓶
高 39.3 厘米，口径 10 厘米，
足径 12.3 厘米

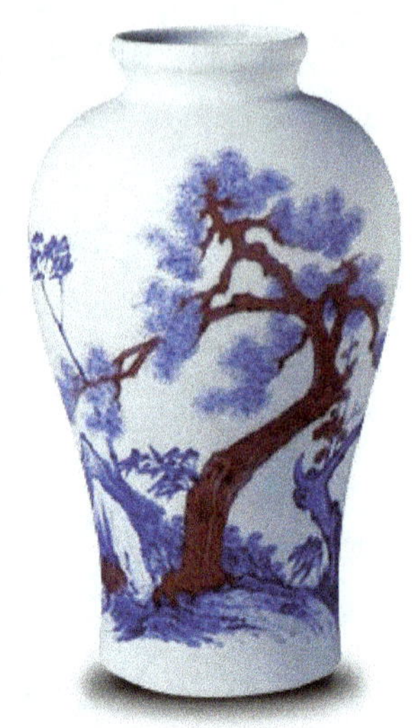

青花釉里红松竹梅纹瓶
高 26.5 厘米，口径 8.9 厘米，
足径 11 厘米

39. 什么是发色和呈色？

发色和呈色的概念常常被人们混用，著名陶瓷专家王启泰先生认为“发色是青料在焙烧过程中的化学变化，呈色是青料烧成后所呈现的直观感受”。可见发色和呈色是有差别的。发色应该理解为色料在瓷器烧制过程中逐渐出现色彩的过程。同样的色料，能否发出同样的颜色还不一定，焙烧温度甚至绘画技巧等因素也可能会对色料的发色过程造成影响。呈色则是指器皿烧成后呈现在我们面前的最终颜色效果。呈色受发色过程的影响，也与釉的质量、颜色、厚薄等因素有关系。

40. 什么是掐丝？

掐丝是景泰蓝的制作工序之一。景泰蓝是瓷铜结合的工艺品，用铜制作好胎形后，通过掐丝工艺在表面进行装饰。制作的方法是用镊子将事先准备好的柔软、薄而细并具有韧性的紫铜丝，按照设计好的图案，用手掐（掰、弯）折叠翻卷成花纹或制成其他各种纹样，再蘸上白芨或糨糊粘在胎上，然后经烧焊、点蓝和镀金等工序完成。掐丝工艺过程十分复杂，画面是否生动，全凭操作者是否手巧，技艺是否纯熟。

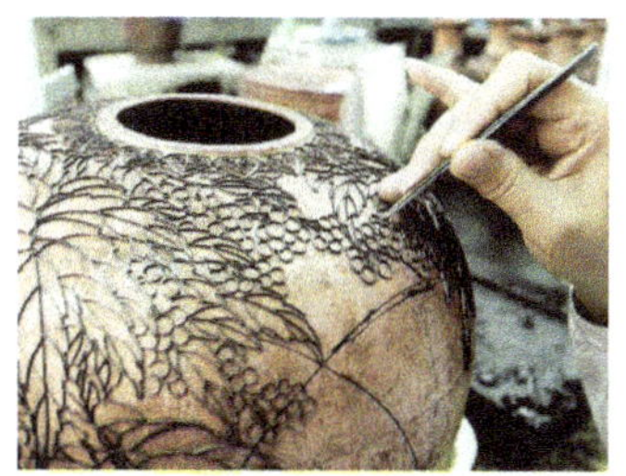
掐丝是景泰蓝制作工艺中最精细的工序，工人将掐好形状的丝蘸上白芨，粘在绘好图案的铜胎上

掐丝珐琅器是其中工艺最难的一种。制作方法是在已制成的金属胎上，用薄而窄的铜丝掐成各种图案，焊接或粘在金属胎上，再在图

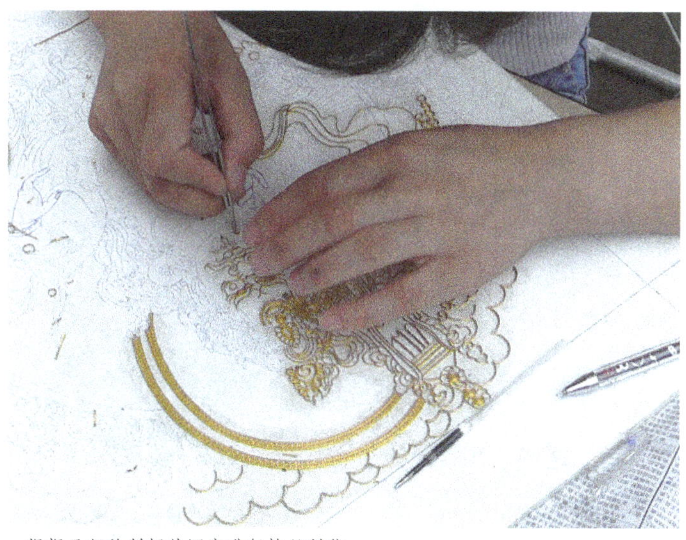
根据已经绘制好的图案进行掐丝制作

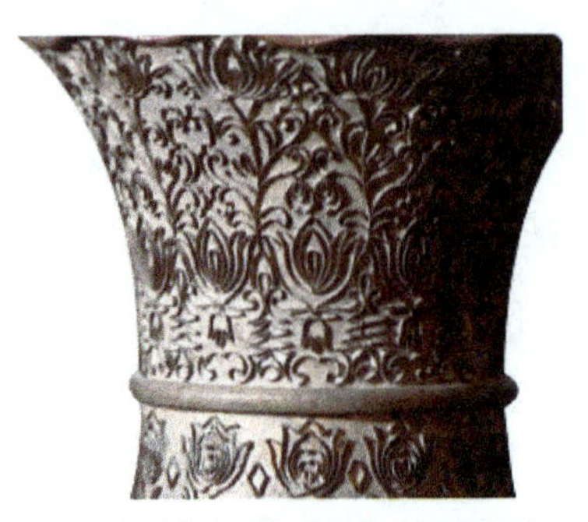

长长的铜丝，经过一点点弯曲成型，最后成为景泰蓝上美丽的图案

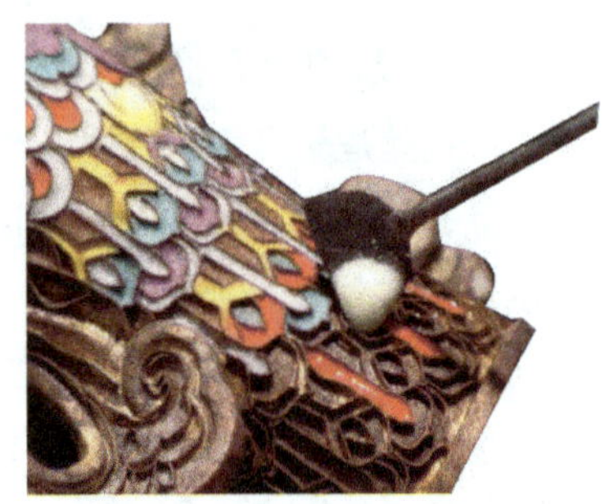

用掐丝方法做出图案后，再对图案进行填彩

案的空白处填嵌各种颜色的釉料烧制而成。分为细丝粗釉和粗丝淡釉两种。该工艺起源于波斯，元朝时传入我国，盛行于明朝景泰年间，以蓝釉最为出色，时称“景泰蓝”。至清康雍乾三朝达到顶峰，之后走向衰落甚至到嘉庆和道光时期几乎失传。

41. 什么是划花?

划花是瓷器的传统装饰技法之一，是趁瓷器的坯体还未干透时，在坯器上用竹刀、竹条、木刀或者铜铁制器等尖状工具刻出花纹，花纹往往不分层次，深浅比较一致。然后施釉入窑烧制。瓷器划花装饰始于唐代越州（今浙江余姚）越窑，其盘碗的里部有此装饰，纹饰线条较粗；五代到宋最盛行，

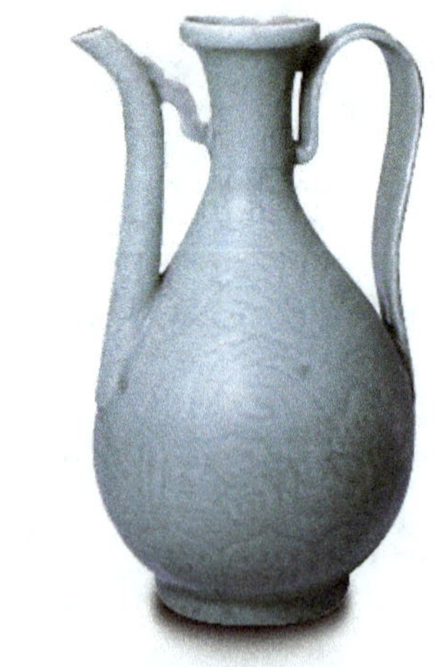

元代青釉划花执壶
口径 8.7 厘米，足径 11.5 厘米，高 32.7 厘米

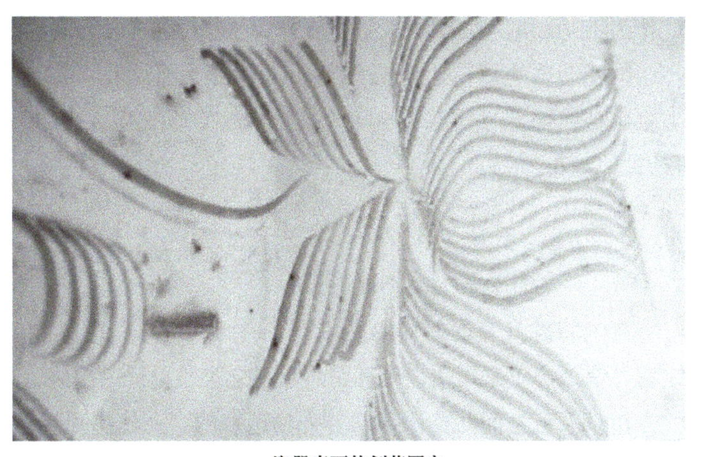

瓷器表面的划花图案

纹饰线条纤细，题材较唐代丰富，花卉、人物、鸟兽、龙凤、禽鸟等几乎无所不备；青瓷采用此方法的较多；南方龙泉窑及北方耀州窑的刻花瓷最具代表性。磁州窑也较多采用这种工艺，技巧十分娴熟，运用自如。线条像铁线游丝，柔中带劲，生动活泼，像行云流水一样，韵味十足。花纹有水草、彩云、莲花、折枝花、牡丹、团菊、水波、游鱼、动物、人物、几何图案等。为了烘托主题花纹，往往还用篦齿状工具划出篦

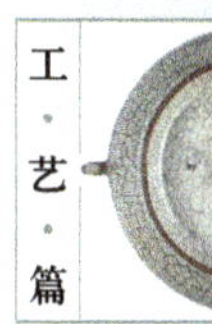

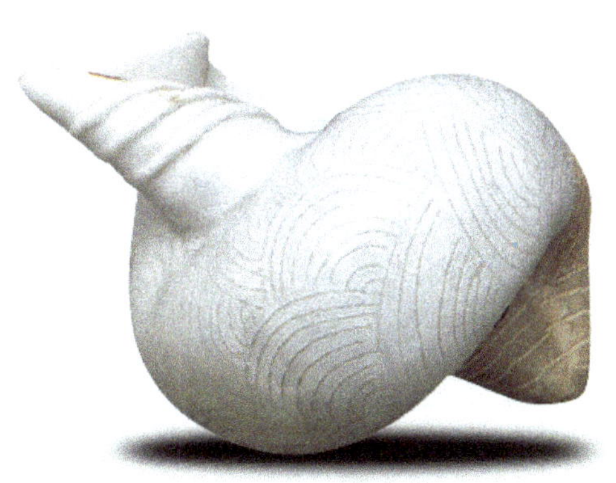

北宋划花水波纹海螺

高 19.8 厘米，口径 8 厘米

纹作为陪衬。定窑白瓷也大量使用划花手法，纹饰较为简练。

陶瓷珍珠地划花是划花工艺的一种。宋元时期，在瓷胎上刻画花纹图案时，常于空隙处填刻细密的珍珠纹，被称为“珍珠地划花”。

42. 为什么说有些器皿有芒？

业内将碗盘等器皿口沿处没有釉称为“有芒”。主要指定窑等窑口由于采用覆烧工艺，将盘碗之类器皿反过来烧。

覆烧工艺是河北曲阳定窑首先创造成的。在使用覆烧法以前，定窑使用匣钵，即一件匣钵装烧一件器物；改用覆烧方法后，用垫圈组合的匣钵取代普通匣钵，每一垫圈的高度只占普通匣钵高度的五分之一，因此用同样的窑炉，耗用同

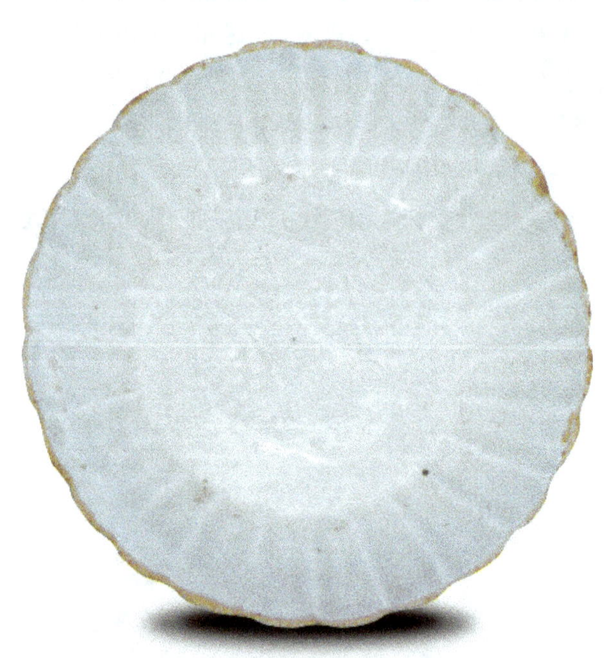

定窑双鱼小盘
直径10.5厘米，底径6厘米

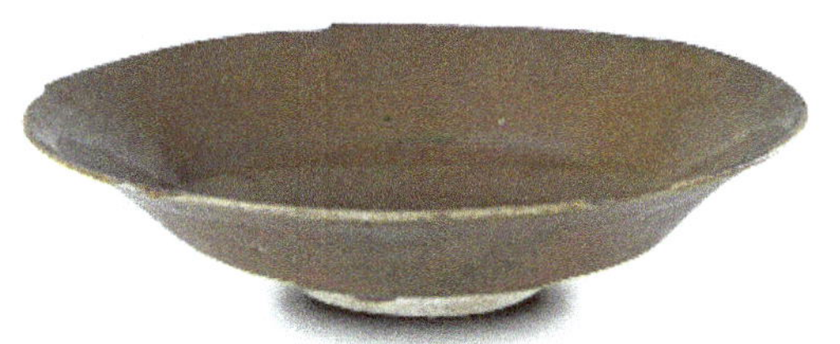

宋定窑紫金釉葵瓣口盘

高 3.5 厘米，口径 17.9 厘米，足径 5.9 厘米

样的燃料，烧一次窑比用普通匣钵产量高许多，这就是覆烧方法为什么得到普遍推广的主要原因。这种烧法对北方及江南地区青白瓷窑有很大影响。但覆烧使得所产器物沿口无釉，像似有芒，曾经被当作是定窑器皿的一大缺陷，后来又成为鉴定这类器皿的重要依据之一。

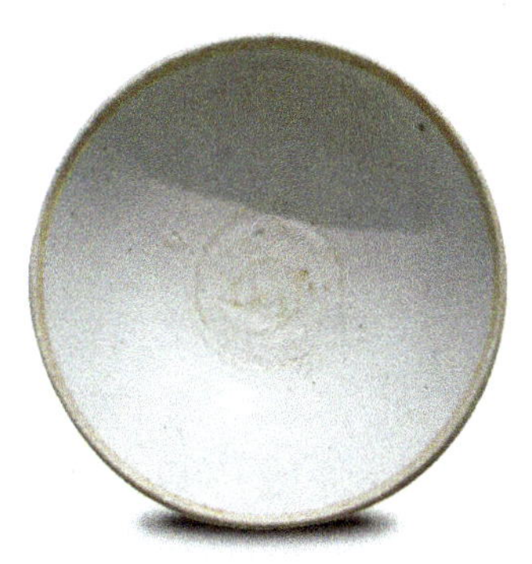

南宋影青有芒碗

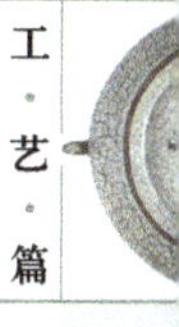

43. 什么叫“后刻阴款”和“后作阳文款”？

后刻阴款指将已经挂釉的器物烧成后用钻石刻刀工具直接在器物上刻款识，不再重新挂釉；或者刻后在款识处再次施釉并入窑焙烧。后刻字的釉切面通常有些不齐。原刻字的釉边有坡度并且比较光滑。

后作阳文款指在已经挂釉并烧制成型的器物底部，用钻石刻刀工具刻阳文款识，并在字上填釉后再入窑烧成，或者直接用釉料堆写款识再入窑烧成。直接用釉料堆写的款识常常不够清晰，因为入窑烧制时釉料会呈熔融状态，再凝固后就会影响字的笔画清晰度。

五、釉彩

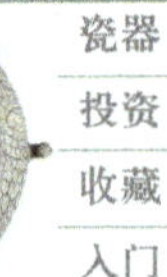

44. 何谓青花釉里红?

青花釉里红为瓷器釉下彩品种之一，俗称“青花加紫”，是青花、釉里红二者同施于一器的装饰方法。青花瓷和釉里红瓷本来都是元代景德镇的杰出创造，但把二者合一，烧制的难度非常大，所以品种、产量非常少。这也是青花釉里红能成为古瓷珍品的原因。

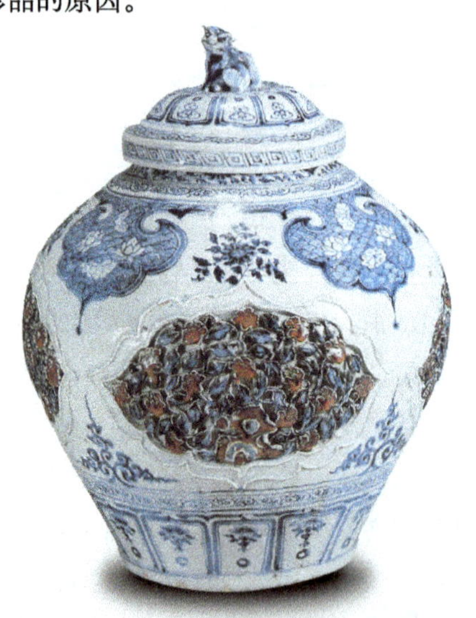

元釉里红开光镂花盖罐

高 41.2 厘米，口径 15.5 厘米，足径 18.5 厘米

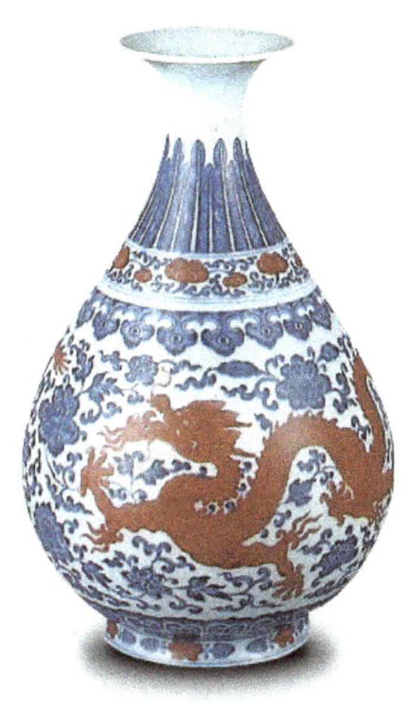

清乾隆青花釉里红龙纹玉壶春瓶

青花的着色剂是钴，釉里红的着色剂是铜，两者性质不同，烧成温度以及对窑室气氛的要求也不同，因此青花釉里红烧制成功实属不易，但烧成的作品既有青花的典雅，又有釉里红的富贵，不能不为人所青睐。青花釉里红始于元代，明代也有，直到清雍正时期才成功烧制出青花釉里红器物。乾隆时期的青花釉里红色调稳定鲜艳，釉里红有深浅不同的层次。

45. 为什么五彩被称作“硬彩”，粉彩被称作“软彩”，两者有什么区别？

五彩又称“古彩”，为瓷器釉上彩品种之一，主要着色剂为铜、铁、锰等金属盐类，五彩主要指黄、青、白、红、黑，也泛指各种颜色，有丰富多彩、五色斑斓的意义。五彩器皿是在已烧成的素色器皿上，用多种彩料绘画图案，再在炉中经 770 ～ 800 ℃低温二次烧成。烧成后的色彩成玻璃状，有坚硬的质感，不像粉彩那么柔和，所以又称“硬彩”。

五彩是景德镇窑在宋元釉上彩器的基础上发展而来的。明代洪武时期已有青白釉红绿彩标本，宣德时期采用了釉下青花与釉上五彩相结合的方法，成化五彩多为釉上彩，嘉靖五彩主要是青花五彩，万历五彩以色泽浓艳著称。清代五彩以康熙朝为最佳，这时期还用新配制的釉上蓝彩代替了釉下青花，并广泛应用金彩和黑彩，雍正以后因为粉彩的盛行，五彩很少被烧造，少量的五彩瓷生产常常是为仿制明代五彩而出现。

粉彩于清康熙末期创烧，是五彩进一步发展与升华的结果，其中有珐琅彩的影响因素。在已经烧成的白胎上用墨线起稿，然后在图案内填上一层既可作熔剂又可作白彩的“玻璃白”，再把用芸香油调和的彩料施于玻璃白上，用画、填、洗、扒、吹、点等手法将颜色以深浅不同的层次晕开，使纹饰有明暗浓淡层次，再入窑经 720 ～ 750 ℃低温二次烧成。由于掺入粉质，改变了五彩单线平涂的生硬色调，瓷面光泽透亮，柔丽淡雅，视觉上比五彩柔和，所以又称为“软彩”。

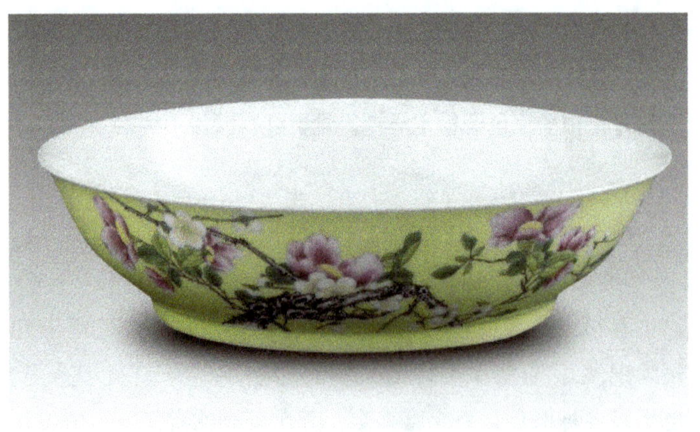

清雍正粉彩花卉盘

高 4.4 厘米，口径 17.2 厘米

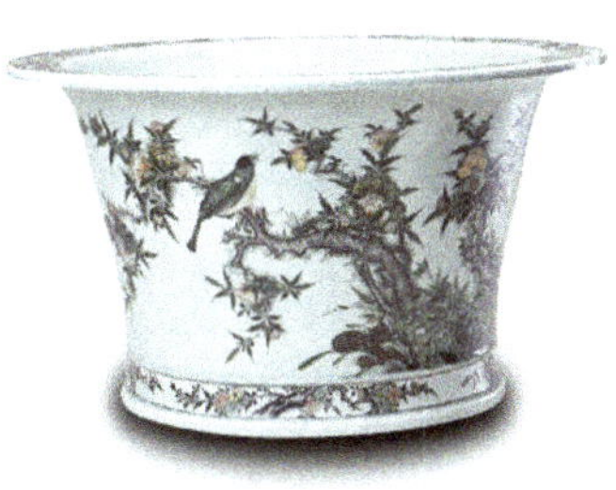

清康熙冬青釉五彩加金花鸟纹大花盆
高 33.3 厘米，口径 61 厘米，
足径 39 厘米

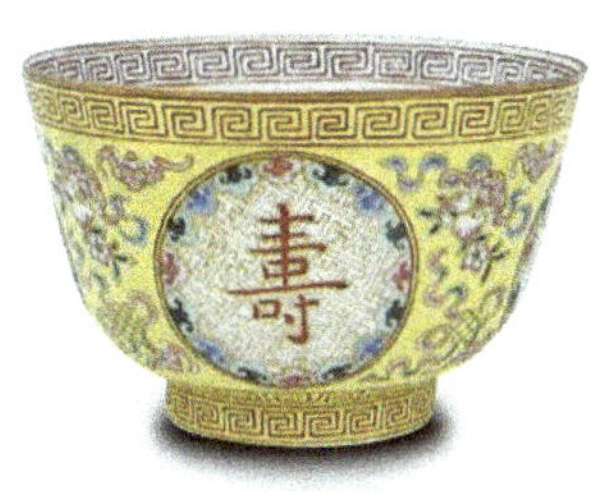

清同治黄地粉彩开光“万寿无疆”碗
高 8.1 厘米，口径 13 厘米，
足径 6.2 厘米

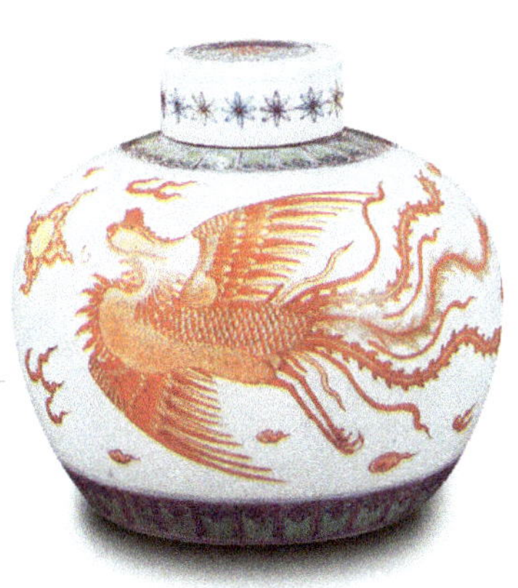

清康熙五彩龙凤纹盖罐
高 13.1 厘米，口径 4.9 厘米
器底青花书“大清康熙年制”
双行楷书款，外加双圆圈

46. 什么是斗彩?

斗彩，又称“逗彩”，是釉下青花与釉上彩结合的一种彩瓷，创烧于明宣德年间，成熟于成化年间，并在当时就已获得极高评价，流传至今的更被视为珍品。其工艺是先在胎上画好图案的青花部分，罩上透明釉，然后入窑焙烧；烧成出窑后，在留出的空白处用彩料填绘，再入窑二次低温烘烤即制成斗彩瓷。

陶瓷史上最负盛名的斗彩是明代成化斗彩，成化斗彩大多数造型比较小，尤其以斗彩鸡缸杯最为精美绝伦，这与成化瓷器修胎极精致细薄和施釉极晶莹润白有关。斗彩瓷的生

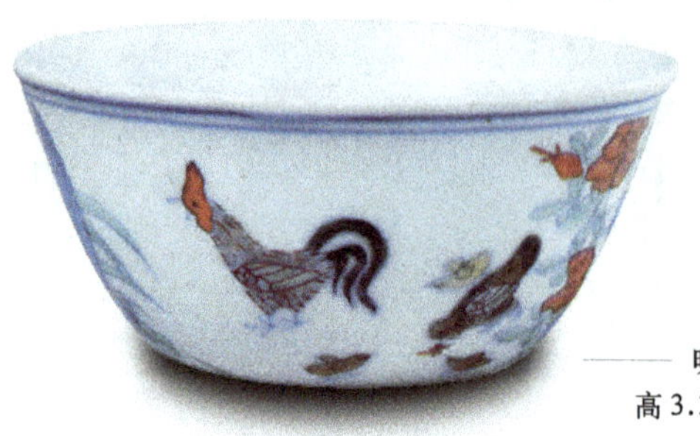

明成化斗彩鸡缸杯
高 3.3 厘米，口径 8.3 厘米

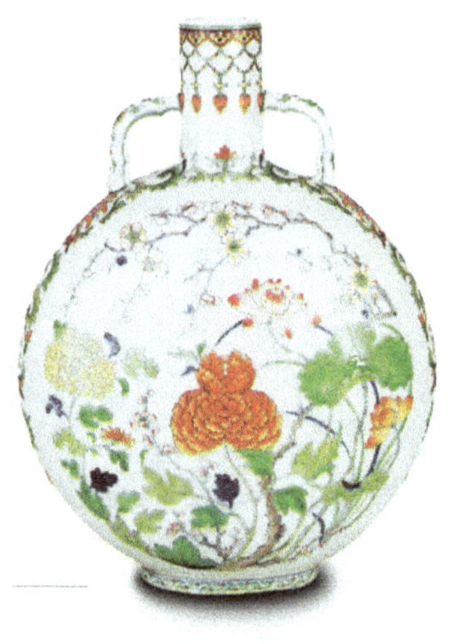

清雍正斗彩花卉双耳宝月瓶
高 26.7 厘米

产在清代得到了大力推广，清雍正、乾隆时期的斗彩则竭力模仿成化时期的遗风，施彩单薄，填彩准确，制作精细，造型千姿百态。清康雍乾三朝也都有艺术价值极高的斗彩瓷器制作。2014 年 4 月，一只明成化斗彩鸡缸杯在香港苏富比春拍中以 2.8 亿多港元成交。

47. 什么是仿古铜彩？

仿古铜彩是颜色釉彩品种之一，也称“古铜彩”。在褐色的釉上加施古铜色或绿色锈斑及金彩，以求烧制出青铜器

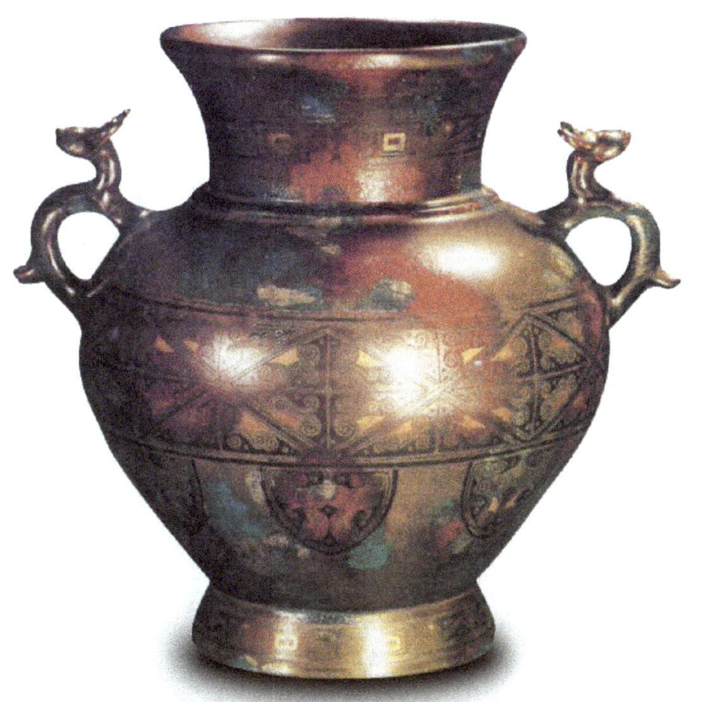

清乾隆仿古釉牺耳尊
高 7.4 厘米，口径 15.2 厘米，足径 6.9 厘米

锈迹斑驳的效果，或者用金彩描绘璀璨的错金银效果，在彩色和纹饰方面模仿古代青铜器，故称为“古铜彩”，为创烧于清乾隆时景德镇御窑厂的特殊品种之一，具有古朴典雅、工艺精致考究的特点。

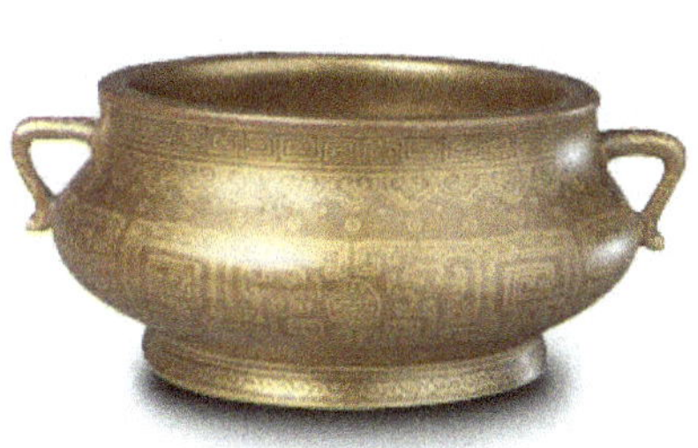

清乾隆古铜彩双耳炉
高 4.9 厘米，口径 8.9 厘米，足径 7.3 厘米

48. 孔雀绿釉有什么特点？

孔雀绿釉又称“珐翠釉”、“珐绿釉”、“翡翠釉”、“吉翠釉”，因极似孔雀羽毛之绿色而得名，有深、浅两种。最早见于宋代磁州窑产品。元代孔雀绿釉烧成温度不高，釉层没有很好地与胎体结合，很容易剥落。明代早期，孔雀绿釉烧制工艺逐渐成熟，器皿色彩如孔雀羽毛的碧绿雅致之色，这是为了克服釉面易剥落的缺点采用二次覆烧工艺而出现的。明代正德时孔雀绿釉烧制达到最高水平，色泽青翠如孔雀尾羽。成化、正德时期都有非常精彩的孔雀绿釉器皿传世。清代康熙时孔雀绿釉非常盛行，釉色浓郁葱翠。清雍正朝孔雀绿釉釉面玻璃质感强，光照下泛蛤蜊光泽。清代乾隆朝孔雀绿釉器物造型较以前丰富，施釉也较以前更薄。以后各朝烧制的孔雀绿都不能达到同样水平。孔雀绿釉最明显的特点是：各个朝代的器物，尽管釉面厚薄不同，但均有细碎的开片，釉内有少量气泡。

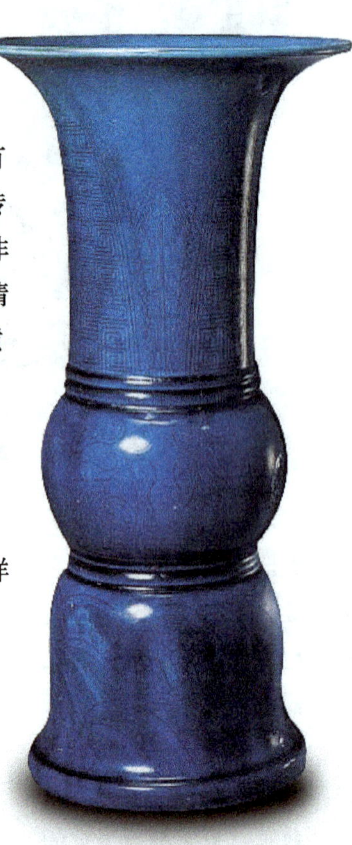

清康熙孔雀绿釉暗花蕉叶饕餮纹尊
高 49 厘米，口径 21.7 厘米，
足径 19.6 厘米

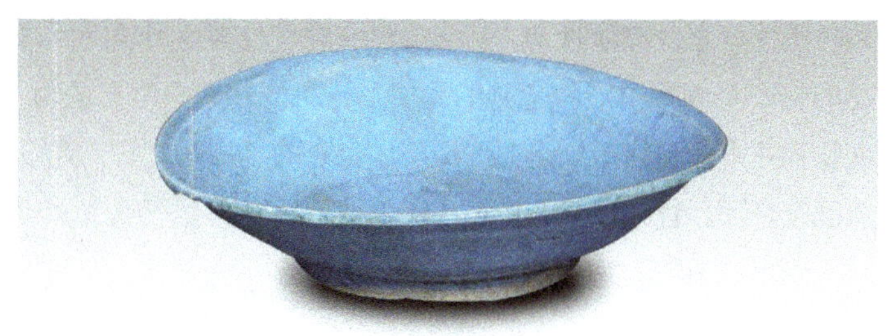

明正德景德镇窑孔雀绿釉碟

高 2.7 厘米，口径 10.7 厘米，底径 5.5 厘米

49. 广彩是指瓷器的色彩丰富吗?

广彩并非针对色彩而言，而是广州织金彩瓷的简称，是吸收传统古彩技艺仿西洋金胎烧珐琅表现手法，创造出的铜胎烧珐琅技法，后来又广泛用于在白瓷胎上彩绘并烧制而成的彩瓷。当时为适应外销的需要，广东商人将景德镇所产素白瓷运到广州，按外国人的意愿加以彩绘，在 700 ～ 750 ℃低温二次烧成，专供出口。广彩瓷源于明代的广州三彩瓷，到清代发展为五彩瓷，清康熙年间真正开始烧制这种低温广彩，

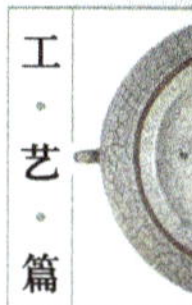

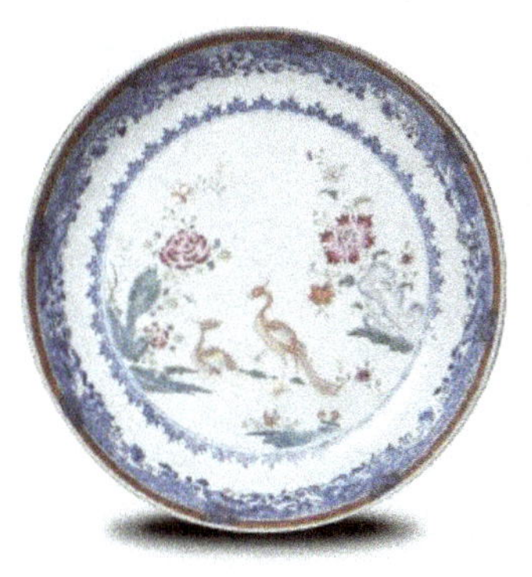

清雍正广彩花鸟纹盘

高 4.1 厘米，口径 25.2 厘米，足径 15 厘米

清乾隆广彩人物纹盘

高 2.7 厘米，口径 12.6 厘米，足径 7.3 厘米

盛行于清雍正、乾隆时期。广彩生产有碗、盘等日用器，最常见的构图是画面由形状各异的几何形格组成，其中绘有景物、人物和花卉等，格四周设花边图案。也有的不用几何格，直接绘满花卉的，犹如百花齐放，精彩纷呈。

50. 窑变釉为什么曾被视作“怪胎”？

窑变釉为瓷器颜色釉品种之一，早在唐代以前的青釉瓷器上就有出现（也有人认为西周浙江地区烧制的原始青瓷上已经有的乳光斑就是窑变的结果）。

窑变产生的原因是器皿在烧制过程中会发生复杂的物理、化学变化，但古人解释不清这类奇妙现象，就产生了各种猜测，甚至以为窑变釉是怪物，是不吉祥的征兆等。

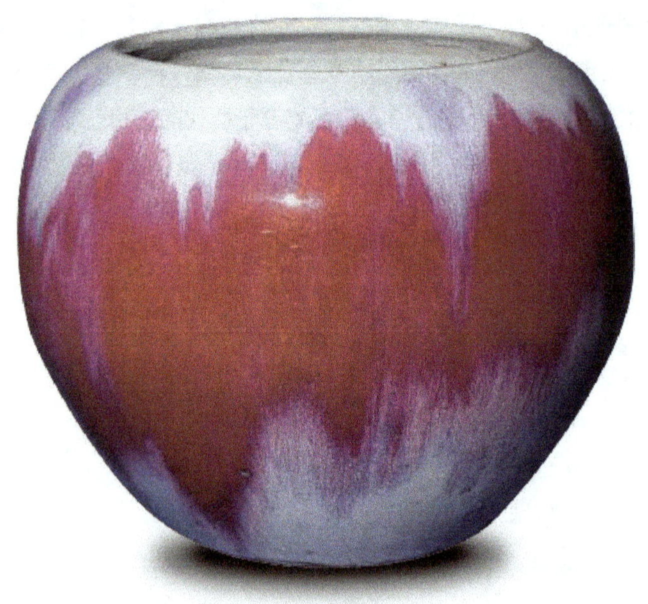

清乾隆窑变釉钵式缸

高 33.2 厘米，口径 31.2 厘米，足径 20.7 厘米

景德镇生产窑变釉始见于宋代，但清代以前景德镇的窑变釉瓷都不是人为烧制的，偶尔烧制出的窑变釉也未流传下来，这与当时人们认为窑变釉瓷是“怪胎”，出现窑变即预示不祥，多将其捣毁有关。但经过长期实践和研究，人们逐渐认识到窑变这一特殊现象的价值并开始有意识加以利用。清代景德镇的窑变釉已作为著名色釉而专门生产，已经能够人为地配置釉料，控制火候，可以说基本上掌握了窑变的规律，成功地烧制出大批窑变釉瓷。窑变釉所呈现的色彩变幻不定，尤其以火焰状的色彩和千姿百态的图案令人叹为观止。

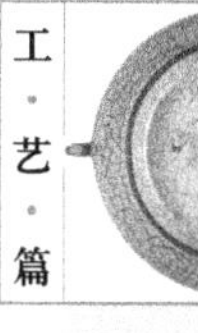

51. 何谓失亮?

失亮指器物釉面因长期使用经久磨损或者因为埋藏地下经土壤长期腐蚀而失去光泽的现象。但仅仅因为瓷器失亮就断定为历史久远也是不合适的，因为失亮现象早就被瓷器的作伪者所了解，他们常常会采用各种手段从亮度、光泽方面模仿古代器物。主要手段有两种：其一是用酸、碱、盐等化学品腐蚀新器物或者用茶水煮、药浸、土埋或者用毛皮等较软的东西反复摩擦釉面等多种方法去掉新烧器皿表面的“火光”、“浮光”来模仿古瓷器的“失亮”；其二是用打蜡或者抹油的方法使新器物变得润泽光亮，模仿古瓷表面那种如脂如玉的“荧光”或“酥光”。

52. 什么是棕眼?

棕眼也称“针孔”、“猪毛孔”，是釉面呈现的毛细管一样的小孔。关于棕眼形成的原因，一种观点是：器物釉层较厚，里面含有较多杂质，焙烧时因为有物理、化学反应发生，处于熔融状态的釉层会出现一些小孔，烧成出窑后，釉面温度降低时，釉汁还来不及将小孔填平补齐，釉面就凝固了，于是就留下了许多棕眼。另一种说法是：因为较厚的釉层中含有较多的水分子，焙烧时坯体内水分子大量逸出，从而使熔融状态的釉层出现小孔。

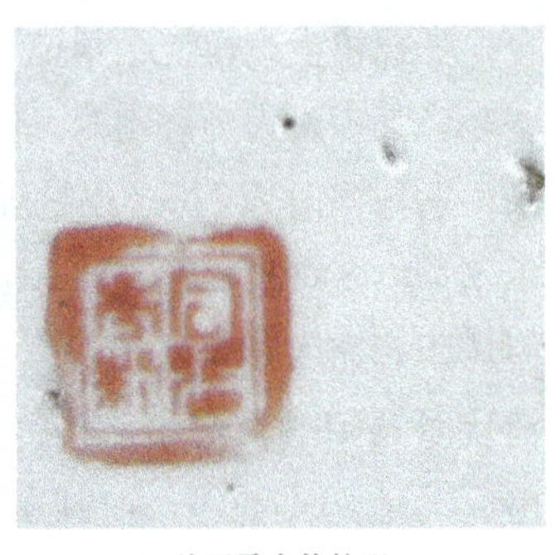

釉面露出的棕眼

棕眼是明代永乐、宣德年间的瓷器釉面的显著特征之一，后代的仿品往往烧不出同样的棕眼。

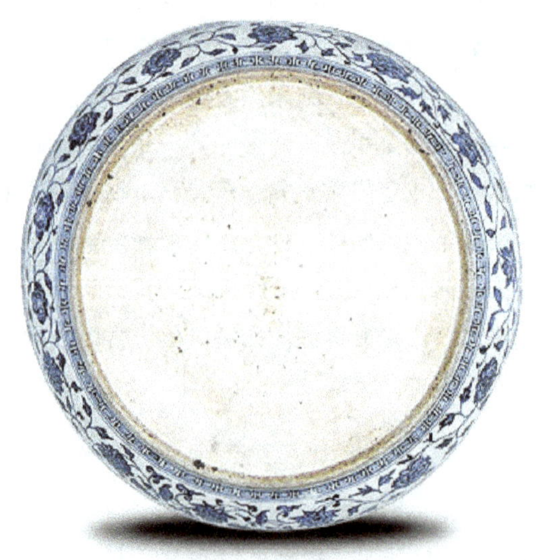

明宣德青花把莲纹盘底细密的棕眼

六、瓷器作伪手段的辨识

53. 何谓假出土？

假出土是瓷器作假的方法之一，将仿古器物有意长期埋入地下，有的还故意涂上红、黄土疤，以期整新如旧，冒充出土文物；也有的是用泥浆或者泥灰加胶水粘在瓷器表面；还有用泥浆涂在已经烧好的器皿表面，等泥浆晾干后再二次入窑烧制而成（行话叫“复烧器”）。

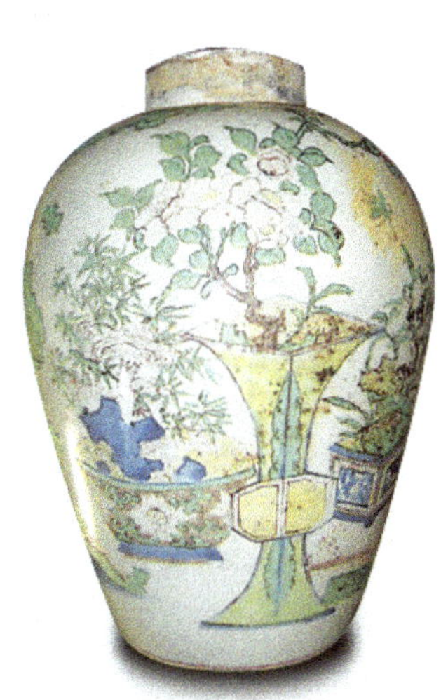
假出土盖罐

一般的假出土器物不难辨认，有些人为涂上的泥一触即掉，而真出土文物表面的泥可能会深深渗入釉胎而无法分开。有些假出土器物的制作手段非常高明，光凭肉眼很难辨认，但借助放大镜等工具还是能看出破绽。比如用30倍的放大镜看复烧器表面，就能看到泥表面的气泡，而不是泥浆状，这与真出土器物是显然不同的。

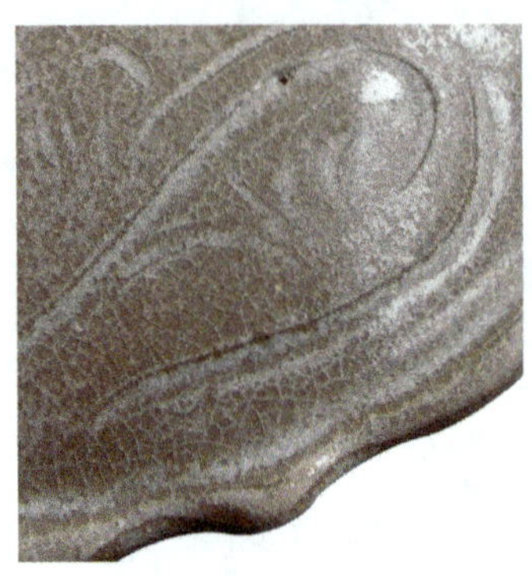

假出土瓷器局部

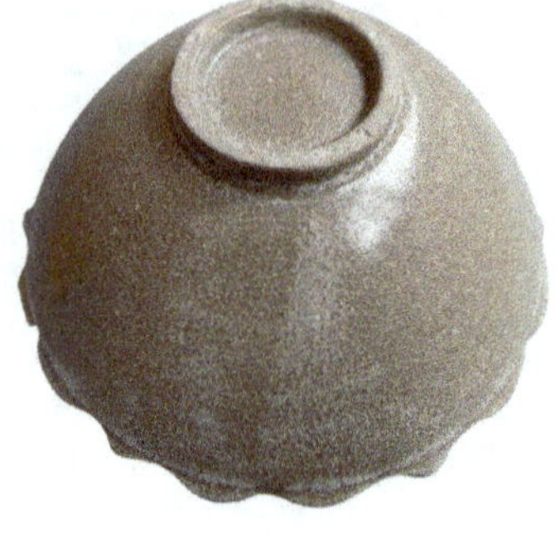

假出土瓷器

54. 何谓茶水煮？

茶水煮是清代以来常用的瓷器作伪方法。就是把新烧器皿用掺有红土的茶水煮泡（也有说用很次的茶叶末水煮泡），使器物釉面失亮，并附上红褐的茶锈痕，以模仿出土器物的土锈痕迹。还有的仿古瓷在刚出窑时就用小锤敲击罐内瓷釉，使之出现细小的裂纹，然后再用茶水煮，以模仿某些古瓷的“鸡爪纹”效果。

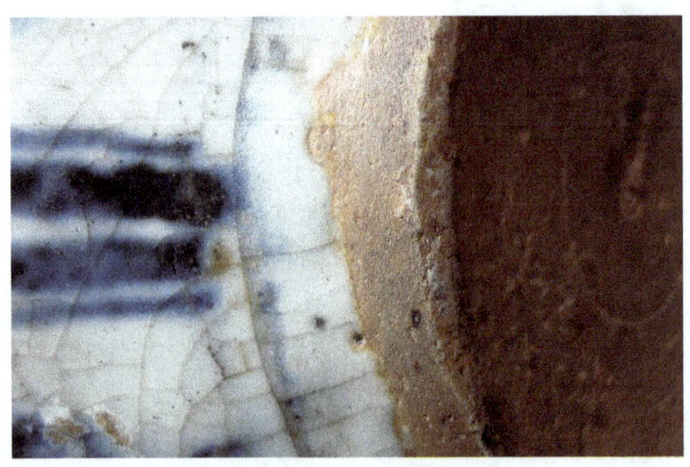

仿元青花罐底，有人为作旧的痕迹

55. 烟熏通常用来仿造什么效果?

新瓷的釉光是浮而散的，行内人称之为“贼光”。去掉贼光是仿古瓷要过的第一关。一旦去光过度，釉面变哑色，内行人一看便能识破，而如果去光不到位，浮光仍在，亦易被人识破。去浮光的主要方法：用碱、酸等化学物质按比例掺清水泡浸仿古瓷或涂抹，使釉表面由青灰变成白中闪黄，从而达到去掉贼光的目的。此外，用茶叶水长期泡浸或高温煮都是陶瓷做旧最快捷的方法。还有的是将新瓷放置在油烟大的地方，使之长期处于油烟熏的环境，加快釉面老化。往往用窑炉或烤箱，柴烟或者油烟进行作伪。熏完将浮尘拭掉，留于裂隙和花纹中的烟油杂质与表面的浅黄使器物有古玉的效果。最耗时的方法则是用带油渍的毛巾，经常擦摸瓷器的表面，使之去掉新仿瓷表面的光亮。专家说：“这种方法对釉面及彩不易造成损害，感觉最为自然，但非一二天功夫可为。”

一般烟熏过的器物呈灰褐色或灰黄色，有油质感、烟味，真器无油痕。

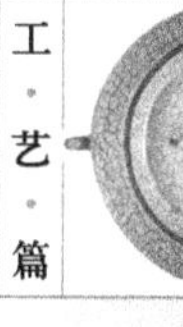

56. 何谓后挂彩?

后挂彩原意是后人将景德镇窑厂库存的前朝素白瓷器加以彩绘，二次烧制成彩绘瓷器。后挂彩自光绪以来比较多见，民国时期古董行风行这种做法。后挂彩因为用的是前朝库存素白瓷，往往对断定瓷器的烧造年代造成影响，也给区分后挂彩和现代仿品带来了障碍。一件器皿是否后挂彩可以从以下几个方面来看。

一是后挂彩的彩色一般光泽比釉面强。

二是彩绘纹样等反映出来的风格与胎釉体现的年代不一致。

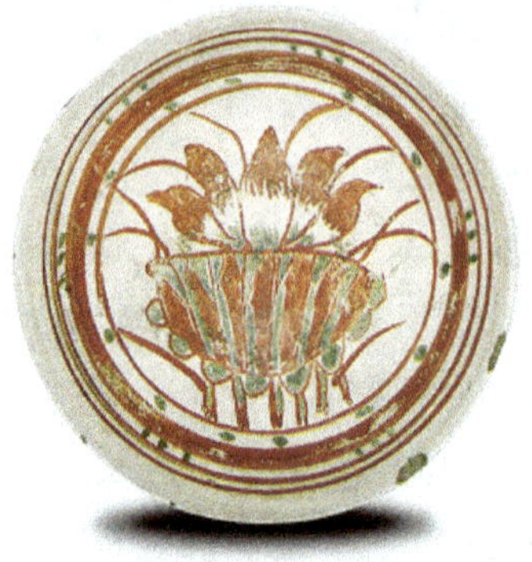

— 金代胎民国挂红绿彩花卉纹碗 —

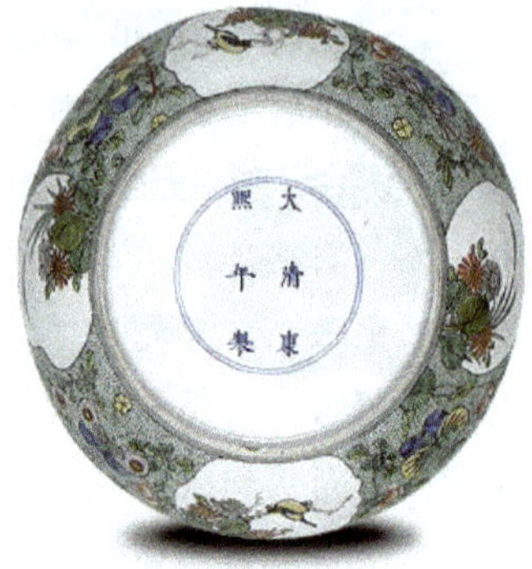

— 康熙胎民国挂五彩花鸟纹盘 —

三是后挂彩一般显得拘谨，有些甚至有意压着釉面的伤痕，试图遮盖胎釉上的缺陷。

57. 何谓磨款?

磨款，即故意磨去器物底足的青花、红彩等款，露出胎底，有时还会重新刻上其他年代的款识，冒充其他年代的瓷器。明清官窑或新器都有这样的做法。磨款痕迹通常容易被识别。

58. 如何辨识瓷器磨损痕迹的真伪?

许多古瓷是日常用器，在长期的使用过程中，底足、内部和器身都有自然的磨损痕迹。特别是底足的磨损痕迹，是常常放在桌子等木器上多次缓慢磨损的结果，用手摸时有光滑舒适的感觉。容器内部的磨损一般是杂乱无规律的，由于长期使用，釉面有失亮现象。同时，器身的磨损擦痕也是毫无规律的，星星点点，若隐若现。这种器物表面自然磨损的情况，在古瓷鉴定中的参考作用很大。这种痕迹是在很漫长的过程中逐次形成的，因而非常自然。新仿的瓷器，由于流通、使用时间很短，一般没有古瓷那种自然的使用磨损痕迹，即使在流通过程中产生少量的磨损痕迹，也无法与古瓷的磨损痕迹相比。人为有意做出某些磨损使用痕迹，往往也是不自然的。

瓷器最容易产生使用痕迹的地方是器物的底足，器物的口沿，碗、盘、盆、洗类器物的底心，器物突出的边角部位等。这些地方是我们观察使用痕迹的主要部位。新仿古瓷常常用砂轮打磨、毛皮摩擦或者直接在地板、石板上摩擦的方法制造磨损痕迹，因而磨损痕迹往往出现以下某方面特征。

第一，磨损痕迹出现在不该出现的地方；第二，磨损痕迹过于有规律；第三，磨损痕迹成网状或者其他形状；第四，有磨损痕迹，但器物手感不光滑；第五，磨损痕迹不匹配，如底足有磨损而器身却没有。

掌握了使用磨损痕迹作伪的特点，我们就可以在鉴定一件瓷器是真古瓷还是新仿瓷的过程中把磨损痕迹作为重要的依据之一。

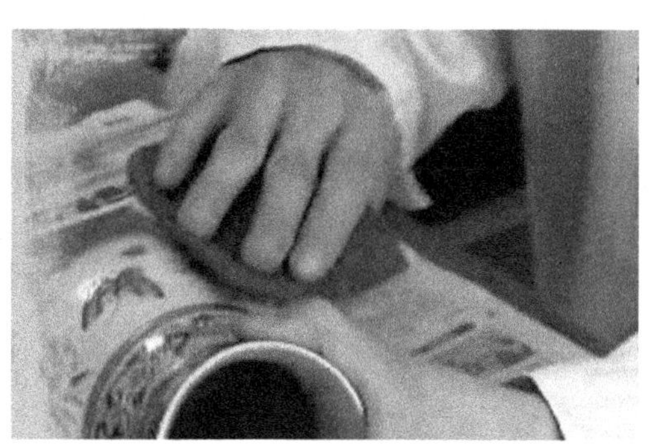

瓷器作伪方法之一：用牛皮打磨瓷器，使之出现磨损痕迹

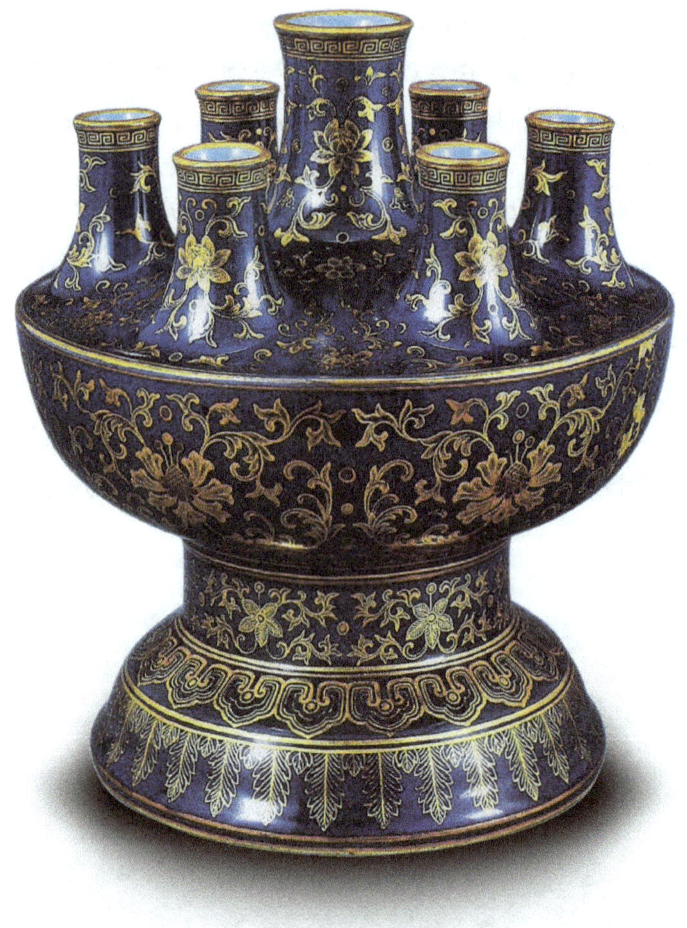

清乾隆霁青描金花卉七管花插

高 25.3 厘米，口径 5 厘米

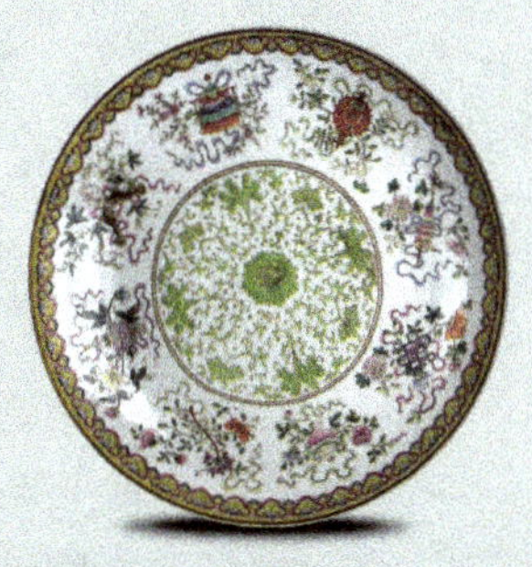

品类篇

七、器型

59. 瓷器主要有哪些器型?

瓷器的器型就是指器物的外观形状，如口部、颈部、肩部、底部以及足部的形状，可以据此来判断它烧造的时代和窑口，这些是鉴定瓷器的重要方面。瓷器不仅釉色种类繁多，器型也是多种多样，常见的主要有：碗、杯、盘、壶、罐、盆、瓶、炉、盒、匜、枕、洗、尊等，现分别介绍如下。

碗：造型特点是敞口、深腹、平底或圈足，主要包括以下类型。

第一种，宫碗。口沿外撇，腹部宽深丰圆，多为皇宫用器。明正德时烧制最为著名，有“正德碗”之称。

第二种，注碗。温酒用具，与注子配套使用。宋代南北瓷窑均有烧造，以南方居多。

第三种，盏。瓷碗的一种样式，饮茶用器。敞口、斜身、深腹、圈足，体略小。宋代有黑、白、酱、青和青白釉茶盏，以黑釉为贵。兔毫盏、玳瑁盏为斗茶之上品。

第四种，茶船。放茶盏的用具，形似船。明清时景德镇窑烧制有仿官窑粉彩茶船。

盘：造型有敞口、撇口、敛口、洗口、卷沿、板沿、折腰式、葵瓣式、荷叶式、方形转角式和花形攒盘等。六朝时已有青瓷刻莲花纹盘，以后又出现多种单色釉盘。也有在单色釉上饰以印花、刻花和划花纹饰的。明清景德镇窑又烧制了斗彩、五彩、粉彩、红绿彩、矾红彩装饰的盘。主要类型有攒盘、高足盘等。

杯：主要有以下几种类型。

第一种，高足杯。杯身小，下承以高足。明代景德镇窑烧制青花高足杯、斗彩高足杯。宣德青花海水红龙纹高足杯、成化斗彩缠枝莲纹、葡萄纹高足杯是精粹之品。清代以青花高足杯居多。

第二种，羽觞。器身椭圆、浅腹、平底，腹两侧面置半月形双耳，亦称“耳杯”。古代饮酒用具。东汉时有绿釉陶羽觞。两晋时有大量青瓷羽觞，南北朝时羽觞数量减少，形状如两端微尖略上翘的船形。

第三种，压手杯。是明永乐时独有的名贵器物。口平坦而外撇，腹壁近于竖直，自下腹壁内收，圈足。握于手中时，微微外撇的口沿正好压合于手缘，体积大小适中，分量轻重适度，稳帖合手，故称“压手杯”。杯身绘青花缠枝莲纹饰，杯内心书“永乐年制”四字篆款。款型有花心、鸳鸯心、双狮戏球三种。

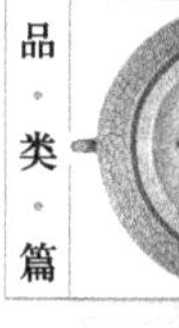

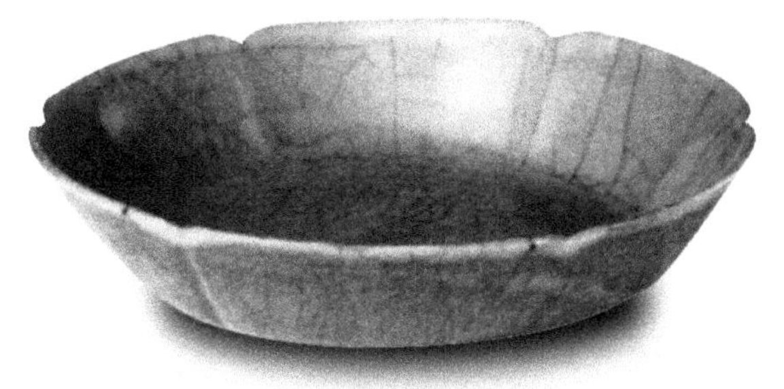

宋官窑花口盘

高 4.2 厘米，口径 17.3 厘米，足径 9.9 厘米

故宫博物院藏

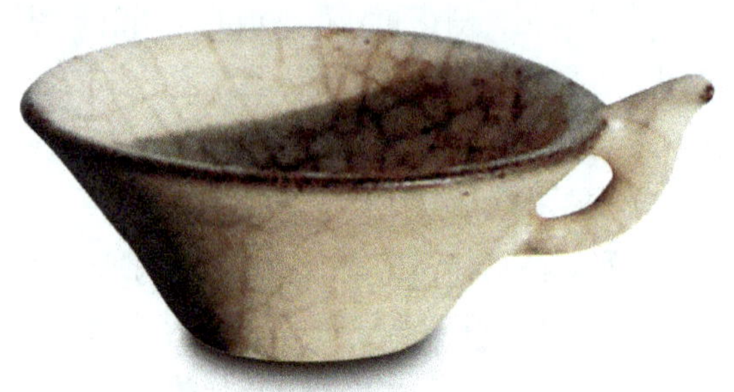

南宋官窑单把杯
高 3.1 厘米，口径 7.6 厘米，足径 2.8 厘米
安徽省博物馆藏

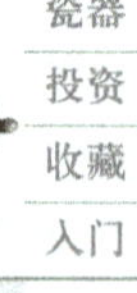

第四种，高士杯。所谓高士杯是杯身绘有文人行乐的图画，如王羲之爱鹅、陶渊明爱菊等，明成化斗彩杯之一，为饮酒用具。直口沿边微撇，口以下渐收敛，浅圈足造型小巧丰腴。

第五种，三秋杯。明成化斗彩杯的一种，敞口、浅斜式腹壁、圈足，杯身以秋菊、蝶、草组成画面，故名。色彩以青花勾勒花草和飞蝶轮廓，以鹅黄、紫红等点染飞蝶和花蕊。杯形秀巧，画面素雅，为明瓷珍品。

第六种，爵杯。仿青铜器造型酒具，口沿外撇、圆腹略深、前尖后翘，下承三高足，口沿两侧有对称立柱，一旁有耳。明清两代均有烧造，有青花、白釉、蓝釉及粉彩等品种。

瓶：唐代越窑青釉瓶、邢窑白釉瓶，工艺精细、釉色纯正。宋代南北各地瓷窑大量烧制青、白、黑、青白、白地黑花、白地褐花、三彩和黑地铁锈花等装饰的瓶。造型有玉壶春瓶、梅瓶、筋瓶、净瓶、卷口瓶、盘口瓶、直径瓶、穿带瓶、弦纹瓶、瓜棱瓶、橄榄瓶、胆式瓶、葫芦瓶、双鱼瓶、多管瓶、蟠龙瓶、贯耳瓶等。元代的八方瓶、四系扁瓶为独创之作，明代有天球瓶、葫芦扁瓶、宝月瓶、象耳折方瓶、鹅颈瓶、蒜头瓶，清代有棒槌瓶、柳叶瓶、凤尾瓶、灯笼瓶、象腿瓶、双陆瓶、转心瓶、转颈瓶等形式各异的品种。

盒：一种由盖、底组合成或如抽屉的盛器，装放食物、药品或化妆品用具等。按用途分，有食品盒、香盒、粉盒、药盒、镜盒、油盒、黛盒、文具盒、棋盒等。其形制有圆形、长方形、八角形、瓜形、石榴式、桃式、双鸟式、方胜式、银锭式、朵花式、镂空式、倭角式、菊瓣式、筒式等。还有在大盒内套小盒的子母盒和多节套装的套盒等。唐代以后各地广为烧制。以宋代景德镇窑烧制的青白釉盒产量最大，盒底部多印有某家盒子记的作坊标记。

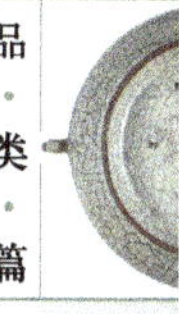

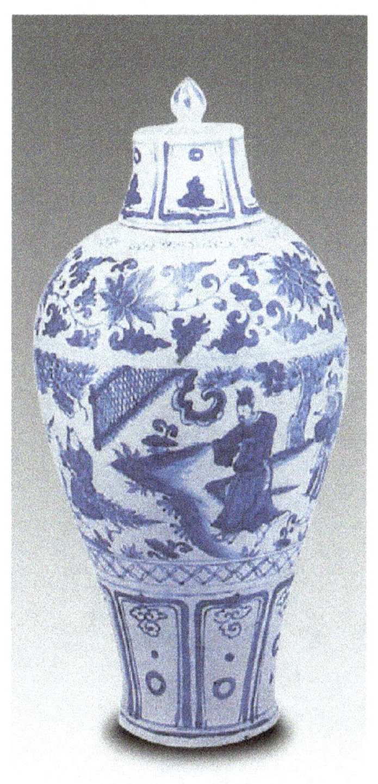

元青花三顾茅庐人物带盖梅瓶

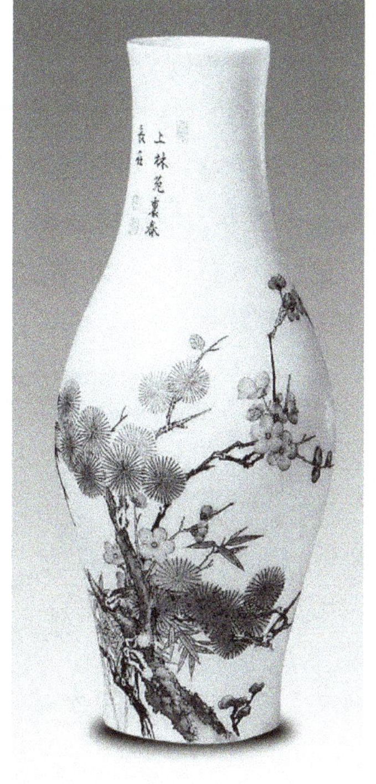

清雍正珐琅彩松竹梅图橄榄式瓶

罐：用以盛放或烹煮食物。造型特点是口径大腹丰且深，胫部内收，大底足。明清时期景德镇烧制了多种式样、多种装饰的瓷罐。如瓜棱罐、折方罐、鸡心罐、天字罐、撞罐、月牙罐、冰梅罐、蟋蟀罐、鼓式罐等。以青釉、白釉、青花、五彩、粉彩、斗彩等装饰，精致华美。

壶：汉晋时瓷质壶开始流行，历代烧制有大量同形制的壶，如西晋的扁壶、鸡头壶、唾壶，唐代的凤头壶、皮囊壶，辽代的鸡冠壶、马镫壶等。壶式的演变是：早期壶形由口颈、腹、足构成，有的加双耳、无流与柄。六朝后盛放汁液的壶，在腹部置流和曲柄，如西晋时的鸡首流、羊首流，唐代的短颈管状流、八方流，宋代细长而弯曲的流。柄式有管形曲柄、龙柄、凤柄、曲带式柄等。

尊：其形制为敞口、粗颈、深腹、圜底、圈足。商代有原始青瓷尊，北朝青釉仰覆莲花尊形体高大精美，颇为富丽。宋以后瓷尊盛行，用于盛酒或做宫廷陈设用器，如汝窑三足尊、出戟尊。清景德镇窑产品丰富，有苹果尊、鱼篓尊、石榴尊、太白尊、马蹄尊、络子尊、百尊、萝卜尊、观音尊、牛头尊等。

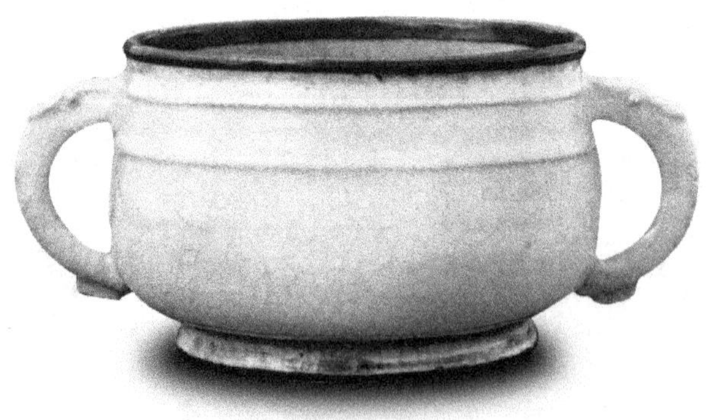

宋官窑簋式炉
高 12.7 厘米
台北故宫博物院藏

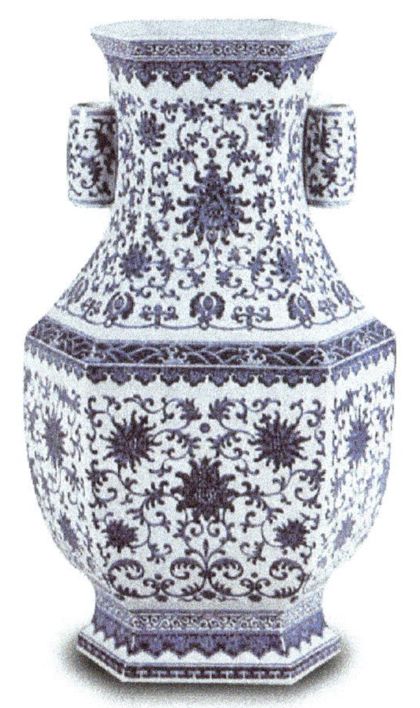

清乾隆青花缠枝莲纹六角贯耳瓶
高 46.7 厘米，口径 19.4 厘米

匜：古代浣洗用具之一。造型为圆形，口部前侧有较宽的出水流，平底或圈足。最早见于汉代，此后历代瓷窑多有烧制。元代景德镇的蓝釉描金、釉里红雁纹、蓝釉白花，都是稀世珍品。

洗：最早见于西晋青釉制品，敞口、宽折沿、阔腹直壁、平底。洗沿和里心多刻画水波纹。宋代以后均有烧制。如仿古铜器式样的青釉双鱼洗、鼓钉洗、圆洗、单柄洗、葵瓣洗、委角洗、蔗段洗、莲花洗、桃式洗、叶式洗等。

炉：焚香用具，多用做生活燃香用具或佛前供器。造型多样，西汉时有陶质熏炉和博山炉，两晋时有青瓷熏炉，宋代南北瓷窑烧有鱼耳炉、鼓钉炉、乳钉炉、莲瓣炉；明清时期景德镇窑烧制青花炉，以明宣德青花海水纹双耳三足炉为最。

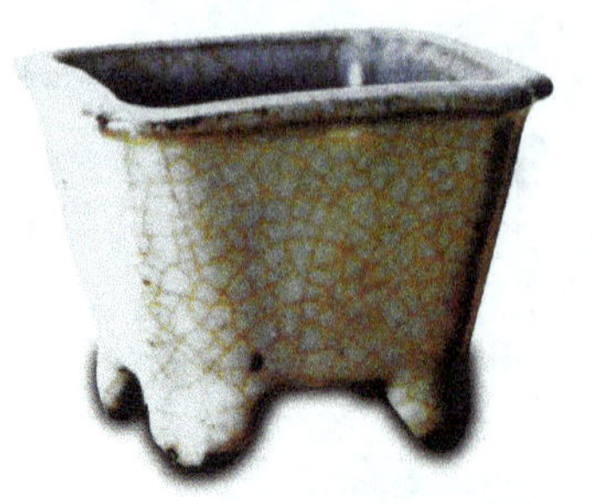

南宋官窑四足斗式方盆

高 7.8 厘米，口长 14 厘米，口宽 10 厘米，足长 8.5 厘米，足宽 7 厘米

倭角折沿方口，方腹斜直下收，四角连如意云纹式盆足。釉色灰青，蟹爪纹开片。故宫博物院藏

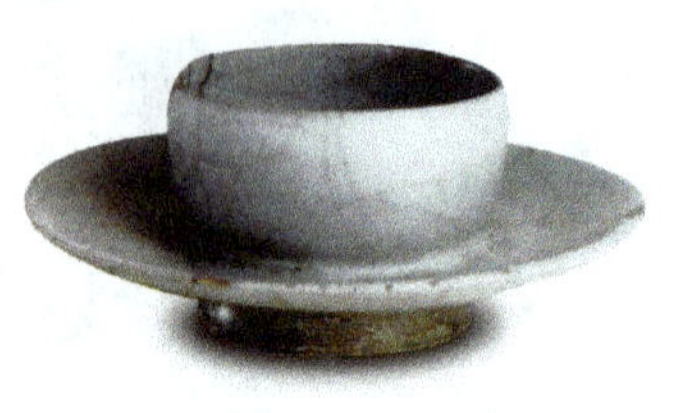

宋官窑盏托

高 5.7 厘米，口径 8.1 厘米，足径 6.7 厘米

敛口，鼓腹，宽托盘，下承外撇圈足。釉色青灰，开片长而疏朗。故宫博物院藏

灯：造型特点为上有油碗，中间承以支柱，下有底盘，盘下有足。灯柱的形式较多，有筒形、螺旋形、兽形等。明清时期景德镇烧制青花和彩绘高足烛台，因以蜡烛照明，故灯的造型变化较大。上有金属扦以插蜡烛。洗式小扦盘下接以长柄、中间承以洗式托盘再接以高圈足。

枕：有脉枕与生活用枕两类，后者最多，此外还有专供

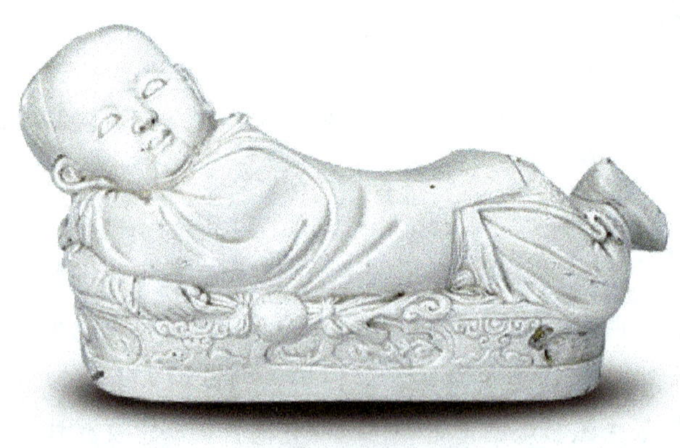

宋定窑白釉孩儿枕

高 18.3 厘米，长 30 厘米，宽 11.8 厘米

殉葬用的尸枕。唐代枕形体较小，以长方形为多。宋代南北窑广为烧制，产品多，造型丰富，有长方、腰圆、云头、花瓣、椭圆、八方、银锭、鸡心以及婴孩、卧女、伏虎、双狮等形式，尤以磁州窑枕数量多，彩绘生动、民间生活气息浓郁。宋代瓷枕较唐代增多，元代瓷枕枕身更有长达40厘米以上者。瓷枕枕底一般有作坊标记。

60. 交泰瓶是什么样的器皿？

“交泰”之意出自《易经》“天地交泰”，即天地相交，时运亨通之意。其后以“交泰”来形容天地之气和谐。

交泰瓶是清代乾隆朝的特殊制品，是御窑厂督陶官唐英刻意制作专供皇帝赏玩的器物。它的奇特之处在于瓶体腹部镂空成上下错落的“T”字形二方连续纹饰形成子母扣连接，他们相互勾套但又互不黏连，上下镂空间有一定间隙可以稍稍活动，但又不能完全拆开，胎际都涂金色，巧妙无比。

据清宫档案记载，交泰瓶是唐英为讨好皇帝欢心，别出心裁而设计的，当时共烧出9件不同釉色及纹饰的交泰瓶。目前仅知故宫博物院藏有两件，一件青釉暗花镂空云头纹交泰瓶及一件黄地青花镂空“T”字形纹交泰瓶，撇口收颈，扁腹胎体上下两部镂以“T”形隔离套，制作巧妙，又称“天地交泰瓶”。台北故宫博物院藏有一件镂空回字形纹葫芦式交泰瓶，可谓稀世之宝。

黄地青花缠枝莲纹交泰瓶
高19.8厘米，口径9.2厘米，足径11.3厘米

61. 军持是一种什么样的瓷器？

军持是古代泉州的一种外销瓷器，又名“君迟”、“群迟”、“净瓶”等。“军持”一词来源于印度梵语，意即水瓶。原为印度佛教僧人云游四方携带的贮水瓶。伊斯兰教传入南洋群岛和中国后，军持又为伊斯兰教徒所采用，用以盛水作为礼拜前的小净之用。因此军持成为伊斯兰教流行地区的一种销量很大的瓷器。主要器形为：长颈，颈上部突出一条宽棱，肩部和腹部丰满，肩、腹之间置流，平底无柄。但不同时期的军持造型有所不同。宋代军持腹部鼓圆或扁圆，上部有细长圆管，肩部有一上翘短流；元代造型为喇叭口，腹部扁圆为主，器体较矮；明清时一般腹部鼓圆，直颈较粗短，流为丰满的乳房状，尖端圆滑。

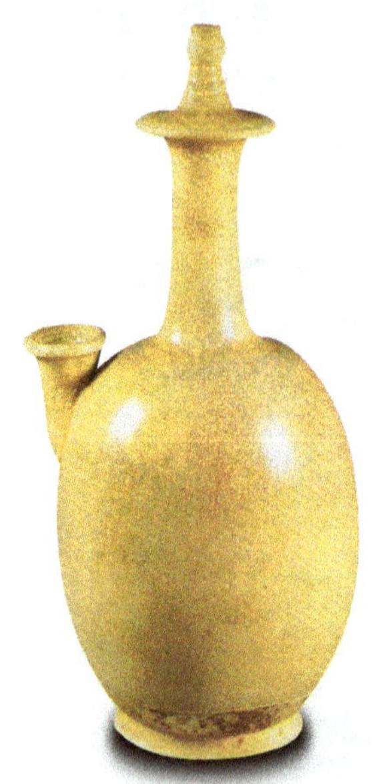

唐（618～907年）黄釉军持
高25.3厘米，腹径11.4厘米，底径7.2厘米

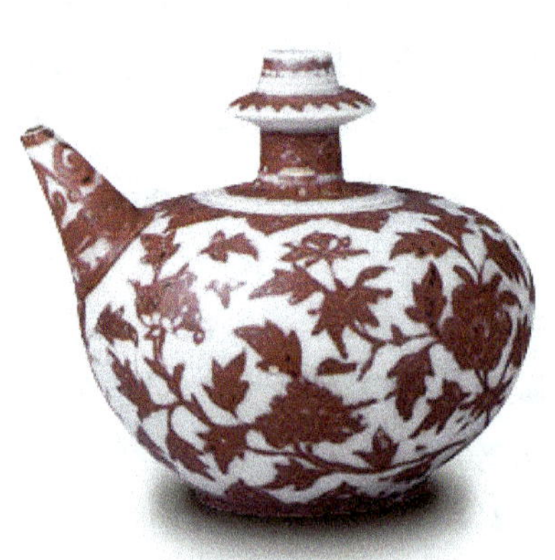

釉里红牡丹纹军持
高14厘米，口径2.3厘米，足径7.1厘米

62. 什么样的瓶称为“洗口瓶”？

以瓶口似浅洗而得名，流行于宋代，南北窑场都有这种瓶式，以龙泉窑烧制量最大。器形归纳起来大体可分为直颈、垂圆腹、圈足，直颈、折肩、筒式腹、浅圈足及长颈、扁圆腹、圈足三种。一般说南方作品修长，北方作品圆浑。以明万历五彩镂空洗口瓶为精。通体以数道弦纹装饰。

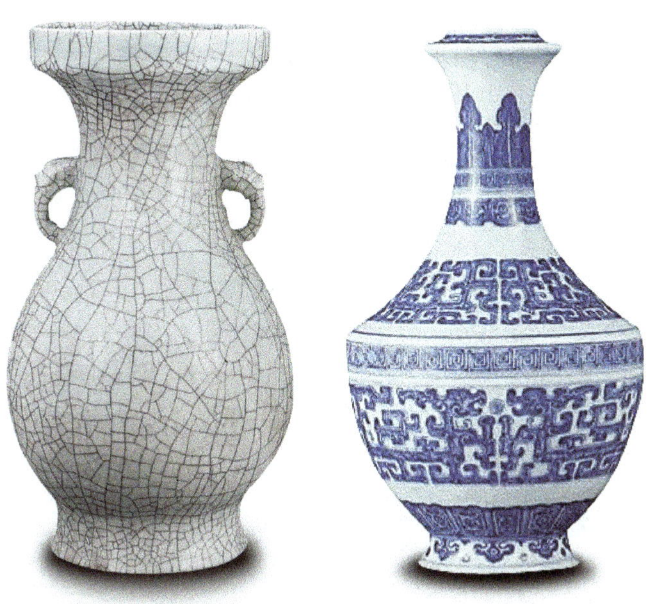

哥窑双耳洗口瓶　　清乾隆青花夔龙纹折肩洗口瓶

63. 秘色瓷是因其特殊色彩而得名的吗？

“秘色”一名最早见于唐代诗人陆龟蒙的《秘色越器》诗中，诗云：“九秋风露越窑开，夺得千峰翠色来。好向中宵盛沆瀣，共嵇中散斗遗杯”。虽然有这样美妙的诗歌、文献描述，人们却长期未能弄清秘色瓷到底是什么样的，很多人去考证、猜想，于是出现了各种各样的说法。而秘色瓷究竟“秘”在何处，知道的人却越来越少，也就越发加剧了这种瓷器的神秘感。

所谓秘色，据宋人解释是：吴越国钱氏割据政权控制了越窑场，命令这些瓷窑专烧供奉用的瓷器，秘不示人，庶民不得使用；且釉药配方、制作工艺保密，故名“秘色”。因而它不是简单表示某类瓷器的特殊色彩，而是指古代名窑进贡朝廷的一种特制瓷器精品，简称“秘瓷”。

关于秘色瓷的质地和色泽，清人说是“其色似越器，而清亮过之”。从出土的典型秘色瓷看，其质地细腻，原料处理精细，多呈灰或浅灰色。胎壁较薄，表面光滑，器型规整，施釉均匀。从釉色来说，五代早期仍以黄为主，滋润光泽，呈半透明状；但青绿的比重较晚唐有所增加。其后便以青绿为主，黄色较为少见。

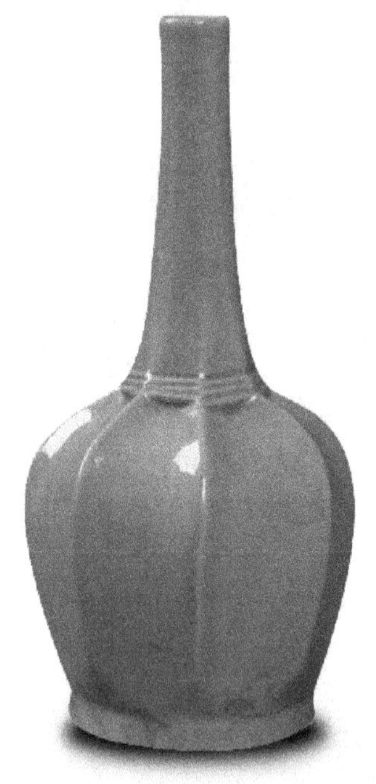

唐秘色瓷八棱净水瓶
高 21.7 厘米，口径 2.3 厘米

秘色瓷之所以被抬到一个神秘的地位，主要是制作技术上难度极高。青瓷的釉色如何，除了釉料配方，几乎全靠窑炉火候的把握。不同的火候、气氛，釉色可以相去很远。要想使釉色青翠、

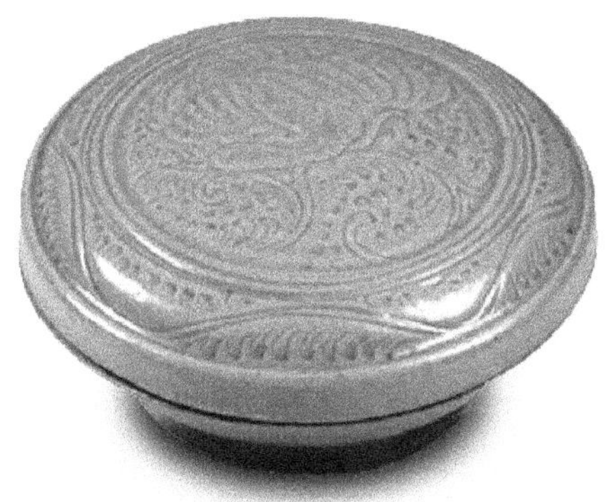

北宋越窑秘色凤凰纹粉盒

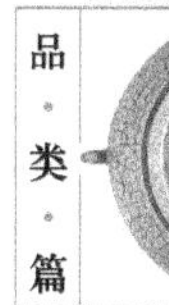

匀净，而且稳定地烧出同样的釉色，那种高难技术一定是秘不示人的。

陕西法门寺出土的十几件器皿为秘色瓷的典型代表，它们的出土终于揭开了秘色瓷的神秘面纱。

1987 年 4 月陕西省考古工作者在扶风县法门寺塔唐代地宫发掘出 14 件越窑青瓷器，其中 13 件记录在法门寺皇室供奉器物的物帐碑上，明确这批瓷器名为“瓷秘色”，从而使人们进一步认识了秘色瓷。这批秘色瓷色泽绿黄，晶莹润泽，尤其是其中两个银棱秘色瓷碗，高 7 厘米，口径 23.7 厘米，碗口为五瓣葵花形，斜壁，平底，内土黄色釉，外黑色漆皮，贴金双鸟和银白团花五朵，非常精美；其余釉面青碧，晶莹润泽，犹如湖面一般清澈碧绿；造型精巧端庄，胎壁薄而均匀。法门寺秘色瓷的出土，解决了陶瓷界长期以来对秘色瓷各种议论不休的问题，同时有力地说明了秘色瓷晚唐时开始烧造，五代时达到高峰。这些秘色瓷器的发现在我国陶瓷考古史上具有突破性的意义，为鉴定秘色瓷的时代和特点提供了标准器。

八、款识

64. 什么是干支款？

干支即天干地支，用天干和地支相配纪年是我国古代的纪年方法，这种纪年方法一直沿用到现代。

天干为：甲、乙、丙、丁、戊、己、庚、辛、壬、癸十干。地支为：子、丑、寅、卯、辰、巳、午、未、申、酉、戌、亥十二支。

十干同十二支按固定顺序循环相配纪年，从甲子到癸亥，六十年一循环，周而复始，组成了干支纪年法，也称“六十花甲子”。

干支款是以干支年号作为瓷器的底款，最早见于明代弘治时期，清代早期的干支款以康熙朝较多。晚清和民国时代干支款识运用普遍，多见于彩瓷画的题跋，且其中以民窑产品居多。

干 支 款

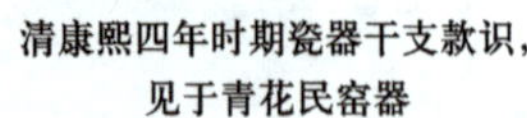

清康熙四年时期瓷器干支款识，见于青花民窑器

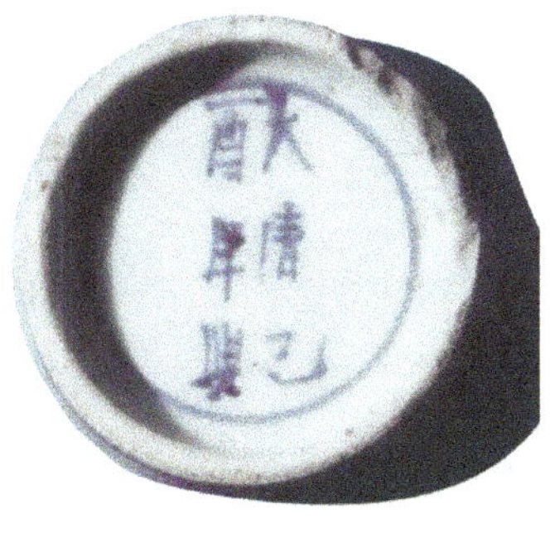

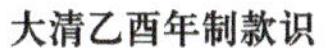

大清乙酉年制款识

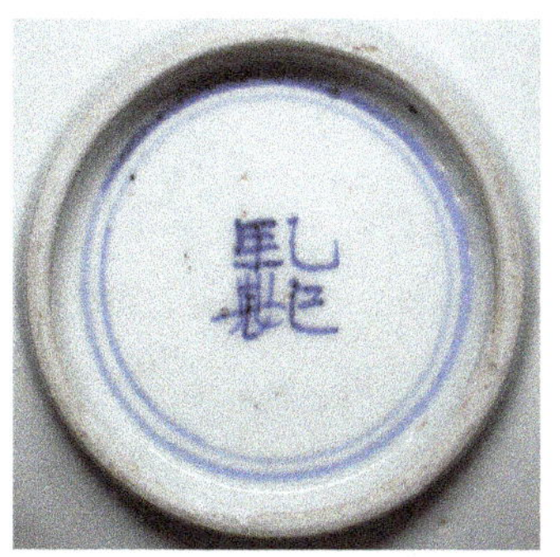

干 支 款

65. 什么是花押款？

花押款，又称“花样款”。花押原指旧时文书契约结尾处的草书签名或代替签名的特种符号。花押款专指在瓷器器物底部所绘的签名似的文字或纹样。

花押款最早见于明代晚期的瓷器，主要有两种形式：一种如秦汉时代古玺中的印章款，青花双线框或单线框内有类似行草书体的文字，难以辨识其内容；另一种为类似窗格的款识，青花单线框内以横竖线条组成图形，似窗格图案，虽类似文字，但仍难以识读。

明代景德镇窑瓷器上不常见到花押款，部分有花押款的器物中，花押款形式主要是小型动物或花卉。清代花押款的形式较为多样，有博古图案，如八卦、太极圈、八宝等；佛教符号，如八吉祥纹；动物图案，如龙、凤、鹿、鹤、龟等；植物图案，如松、竹、梅、菊等。

清代瓷器上刻、印、绘制的文字纹样图案或记号，文字外多见四方双线框，四方双线框外一般又有大的双圆圈框，文字款多数为民窑所用，明末清初最为流行。

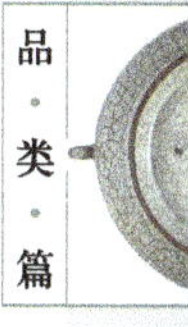

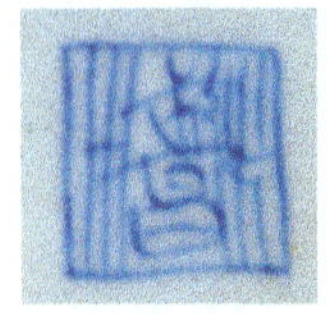

同治花押款

康熙花押款

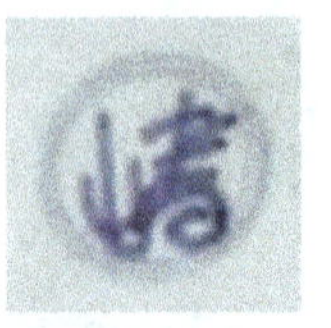

清代早期花押款

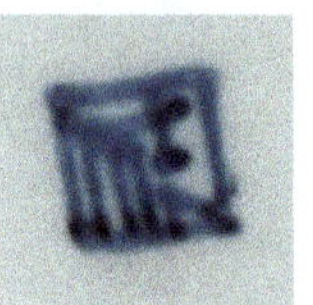

清早期花押款

66. 什么是吉祥款（吉语款）？

吉语款指瓷器上以刻、印、书写的吉祥语或者吉祥图案作为款识，表示赞颂、祝福。晚明至清代最为流行，如“万福攸同”、“富贵佳器”、“天下太平”、“福寿康宁”等。也有只题一个字的，如“福”、“寿”等。

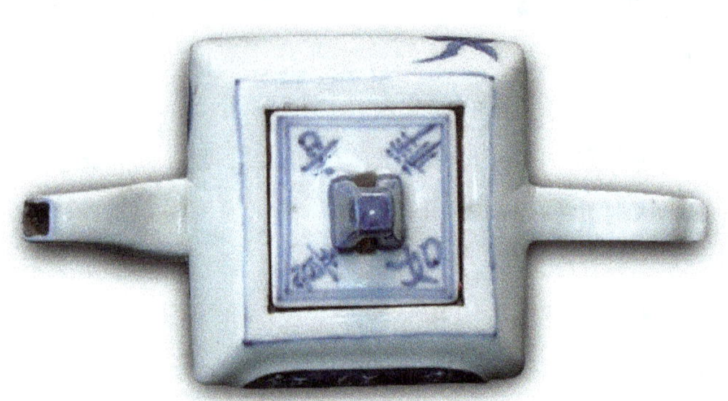

吉语款青花方壶

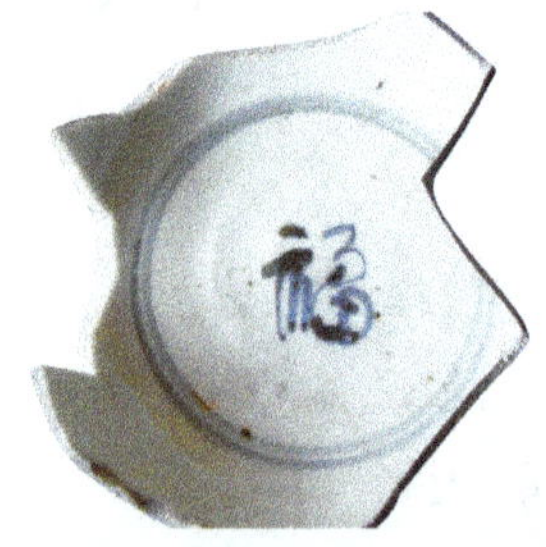

“福”字吉语款瓷片

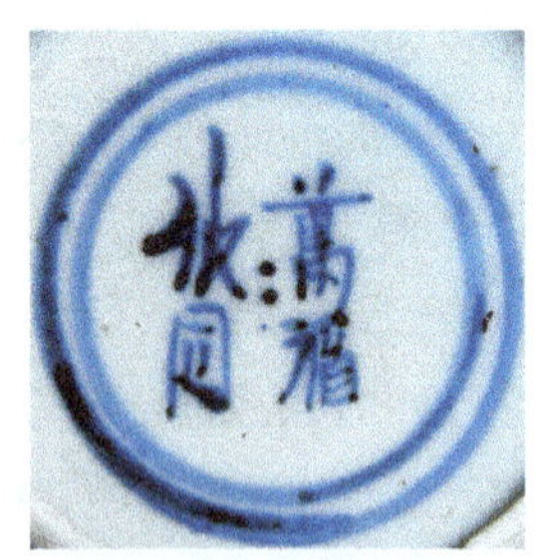

万福攸同（嘉靖～万历）

"永庆长春"（民国仿）是清末光绪时官窑瓷器吉语款，清慈禧太后制瓷名"大雅斋"，旁有"天地一家春"印章，底有"永庆长春"4个字，亦有"大雅斋"款字在底

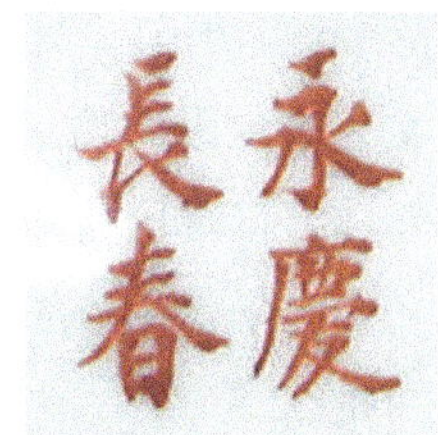

67. 什么是斋堂款？

堂名、斋名一般是文人士大夫的居室之名，这种风气在清代尤为盛行。据《清人室名别称字号索引》一书记载，当时有据可查的斋名、室名就有数千个。清代帝王也常将自己居住的地方冠以书斋、堂名，以明其志、抒其怀。这种堂名、斋名之风在瓷器款识上也有所表现，斋堂款就是以堂名、斋名题写的款识。尤其以民窑瓷器题写斋堂款比较多见，如"兴裕堂制"、"笔花斋制"、"养性轩制"等。

说瓷器的斋堂款，还应该提到"古月轩"瓷。一般将有精细入微的彩绘且画面常常配以诗、印，并有料书乾隆皇帝年号款的珐琅彩瓷称为"古月轩"瓷。

关于古月轩名称的来历，清末即有多种说法，一说清代乾隆皇帝在位（1736 ~ 1796 年）时，宫内有轩名"古月轩"；

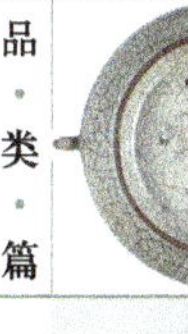

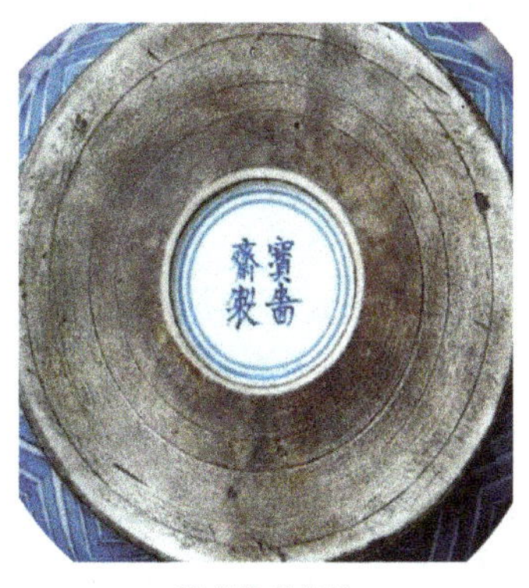

器底的斋堂款

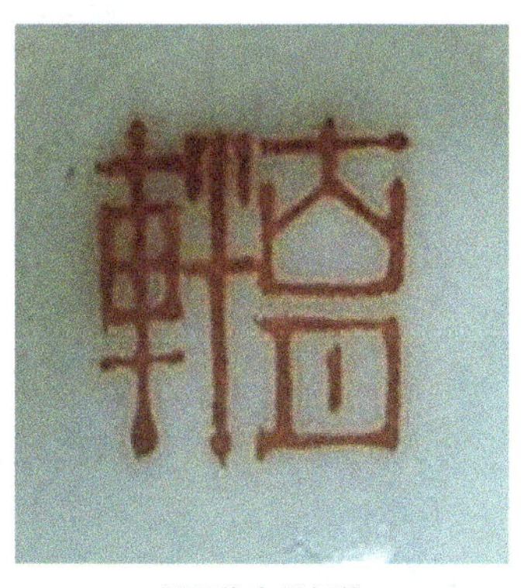

民国仿古月轩款

另一说古月轩是一位胡姓匠师所制作的精美料器，后来被皇家官窑加以模仿；还有一种说法认为从未有过古月轩料器，而是出自古玩商的臆造，还有说是内务府主事海望将自己的名字融于其中形成的。近来有人还提出瓷胎画珐琅即古月轩的观点。

现在一般认为，凡落“古月轩”款的制品均为清末民初赝品。凡器身题写“郎世宁制”款识底书雍正乾隆官款者，也均应为民国仿制。因为至今没有见到一件书“古月轩”或“郎世宁制”的瓷器真品。

部分斋堂款样式

68. 什么是人名款？

人名款指工匠或私人定烧陶瓷上所刻、印、书写的姓氏、名字或别名。如三国时越窑青瓷虎子上的“师袁宜作”，唐代长沙窑“郑家小口”，宋代磁州窑“张家造”瓷枕等。

明清时期多见，如“沈氏”、“天启元年米石隐造”、“蜗寄唐英制”、“俊公自制”等。

丁义盛造

戴寿山，清末至民国时期瓷器彩绘艺人，善于画粉彩仕女、婴戏图

人名款

陈渭岩，乳名胜，学名陈鸿彬，又名惠南，号养云居士，别号诚一道人，壹隐老人。祖籍石湾魁龙里，教师出身，清末民初石湾著名陶瓷艺人。生于光绪年间，卒于民国十七年（1928年），又说卒于民国十三年（1924年）

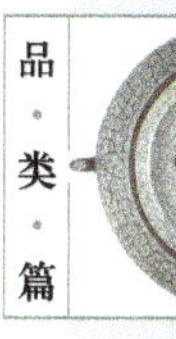

69. 什么是图记款?

在器物上（多在器底）描画一些动物、吉祥物，或图案化的事物，表达某种寓意，也作为一种标记，称为“图记款”。此种款元代即有出现，盛行于晚明天启到清初康熙时期，以后少见。内容有龙形、花鸟、松树、荷花等，也有杂宝、爵、角、秋叶、方胜、团鹤、团凤等，还有画笔、银锭、如意的，含意为必定如意。

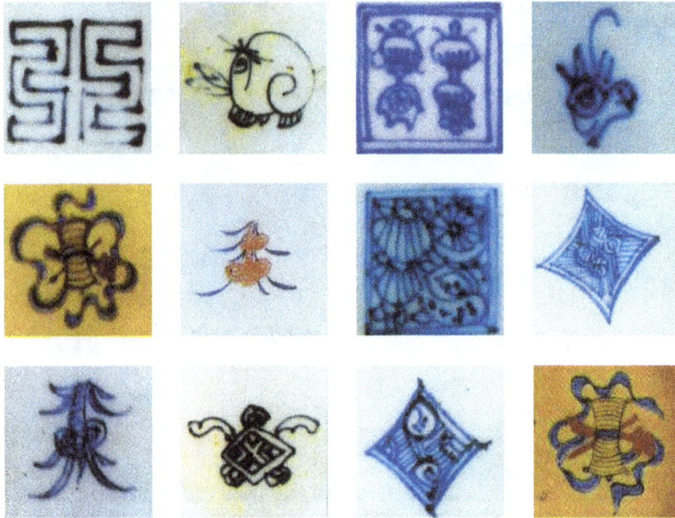

图记款款式

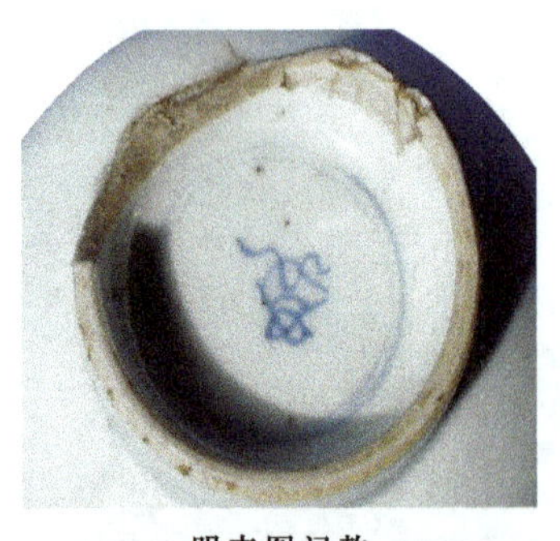

明末图记款

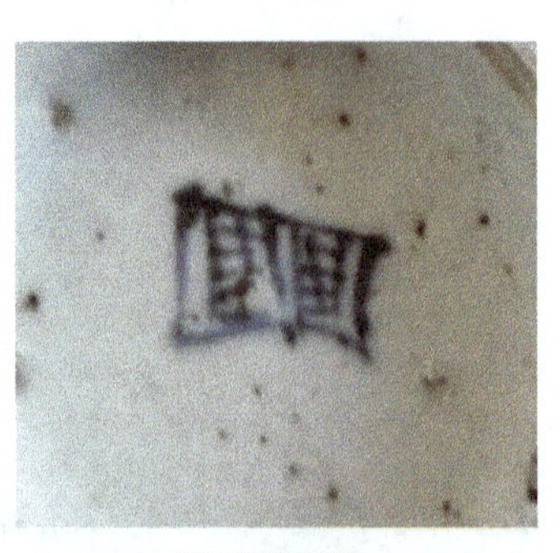

明万历图记款

70. 什么是年号款?

年号款一般出现在官窑瓷器上，即以帝王年号为纪年的款识，是标明瓷器制作年代的一种款识，又称为“朝代款”。年号款始于明永乐朝，但永乐带款瓷器很少见。宣德时期官窑署款之风盛行，除了器物底部，口沿、圈足内侧、盖内等处都可见。年号款在 1911 年随着帝制的推翻而结束，但 1916 年被袁世凯宣称为洪宪元年虽然仅 100 多天，却留下了一些以“洪宪年制”，“洪宪御制”为款识的瓷器。

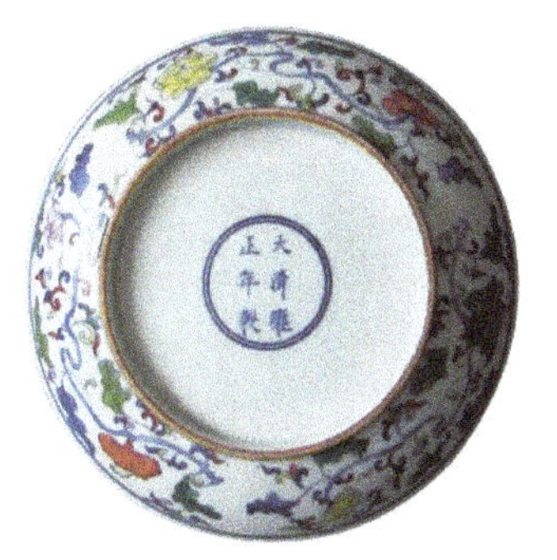

雍正年号款

大明嘉靖款识

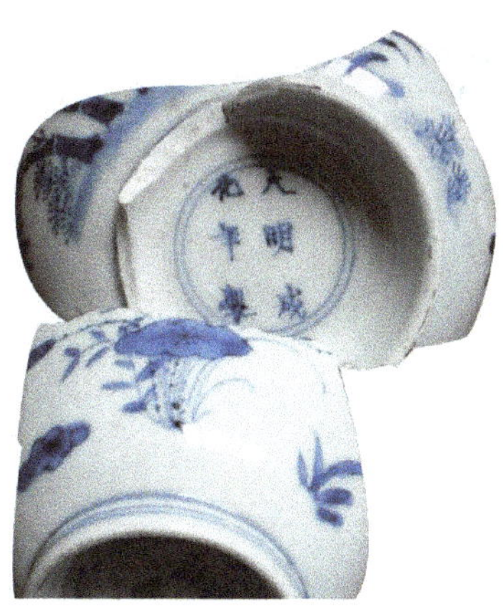

明代成化年号款

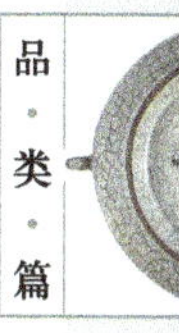

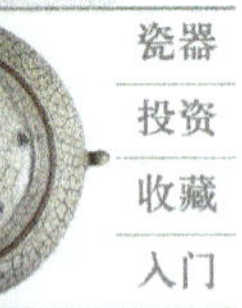

71. 什么是纪年款？

纪年款是标明瓷器烧造年代的一种款识。纪年款可分为两类：一种用当时帝王年号，称“年号款”，如“大明宣德年制”、“大清康熙年制”等；另一种用天干与地支组合的，称“干支纪年款”，如“皇明天启年丙寅吉旦”、“乾隆丙午”等。纪年款以官窑瓷器为多，但部分民窑亦有书写纪年款的。民窑纪年款字体较草率，远不及官窑规整。瓷器上用干支纪年款的以明清时期较多。

明清瓷器纪年款

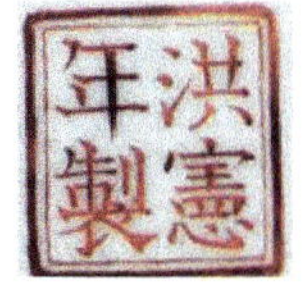

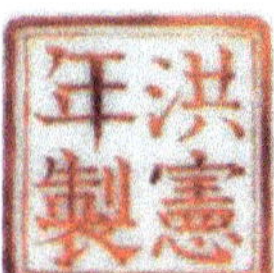

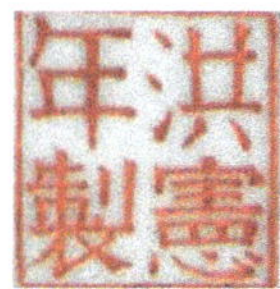

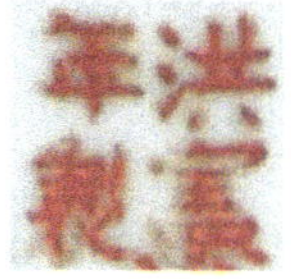

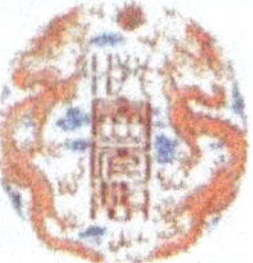

“洪宪年制”款识

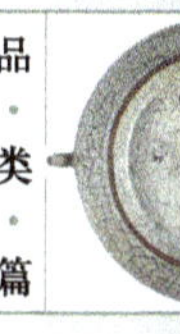

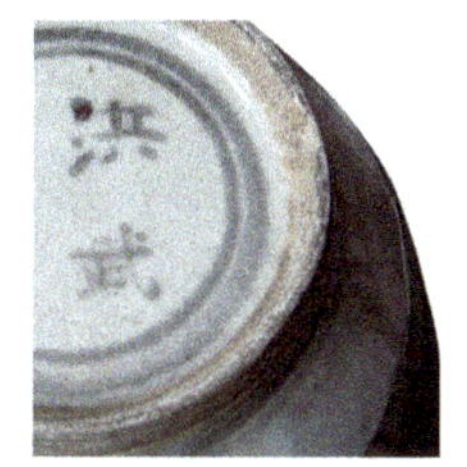

明洪武瓷器纪年款

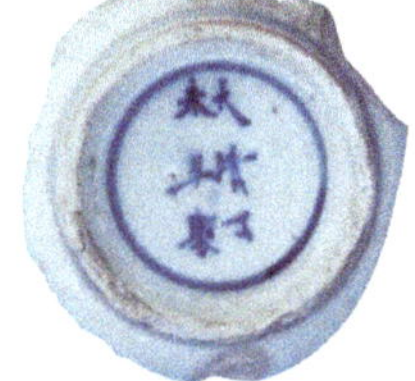

“大清丁未年制”款识

“大明嘉靖年制”款识

72. 什么是赞颂款?

赞颂款即表达对瓷器的赞颂、欣赏的款识，寄托了陶瓷艺术家对瓷器的喜爱之情。虽然早在唐代的长沙窑就有“郑家小口天下有名”、“卞家小口天下第一”的赞颂款铭，但赞颂款的流行却是在明清两代。明代的瓷器上有“玉堂佳器”、“上品佳器”、“昆山美玉”、“昌江美玉”等四字款，也有“美玉”、“雅珍”等二字款。

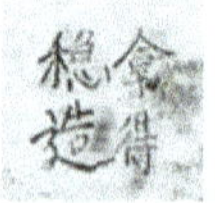
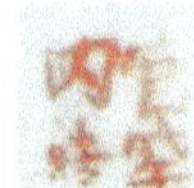
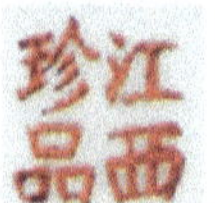

赞颂款

晚明赞颂款多带“佳器”二字。清代有赞颂款的瓷器，多属私人，故又称“私家款”，如“美玉雅玩”、“奇珍如玉”、“珍藏”、“雅玩”、“玉”、“古”、“珍”等；字数比较多者，则有“奇玉宝鼎之珍”、“其石宝鼎之珍”等。

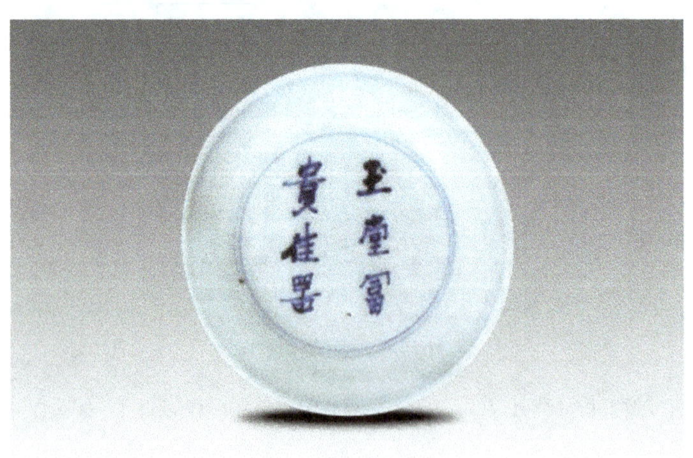

“玉堂富贵佳器”赞颂款

73. 什么是印章款或图章款？

嘉庆时兴起一种篆书带方框的款式，篆书比较工整，框线整齐，似图章印鉴，故俗名“印章款”或“图章款”。虽为嘉庆时期兴起的款识，但除了“大清嘉庆年制”，也有些瓷器依旧署前朝“大清乾隆年制”款识。

嘉庆民窑款识篆、楷均有，有“大清嘉庆年制”六字篆书款，也有“嘉庆年制”四字篆书款，有的带方框，但字体草率与官窑款相差甚远，并出现图章式的篆书款。

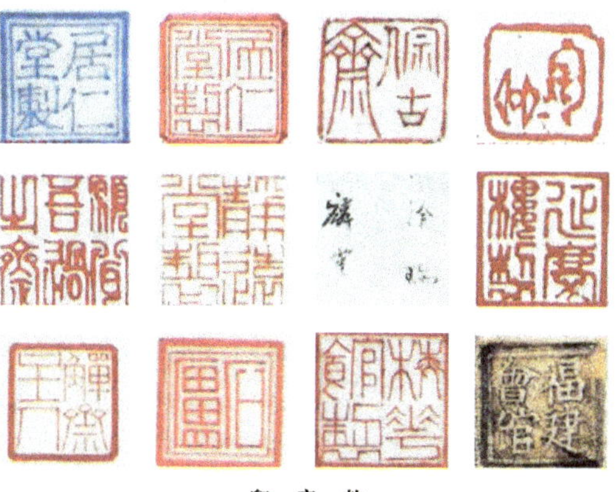

印 章 款

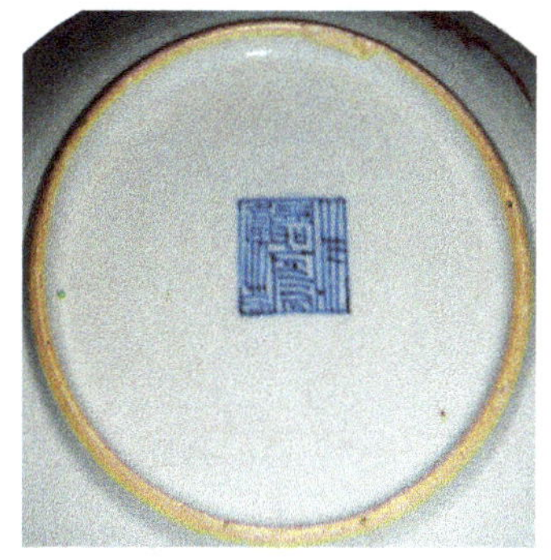

大清嘉庆年制（民窑款）

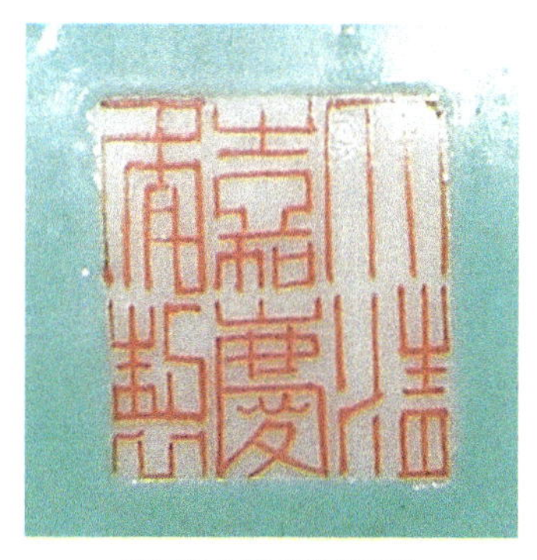

民国仿大清嘉庆年制款

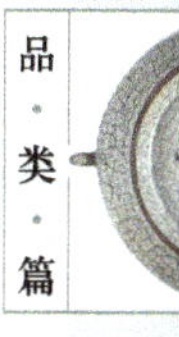

九、纹饰

74. 一路连科图包含哪几种图形？

一路连科图是清代瓷器上经常绘制的图案，常用鹭鸶、莲花、芦苇等作为象征物。根据“鹭”与“路”，“莲”与“连”，“芦”与“路”等谐音寓意：连中三元，高登榜首。

我国古代科举考试分乡试、会试、殿试三等，乡试列为首者为“解元”，会试第一称“会元”，殿试夺魁称“状元”，连续考中谓之“连科”。一路连科是科举时代对赶考学生的祝颂语，也体现人们对美好未来的期望。

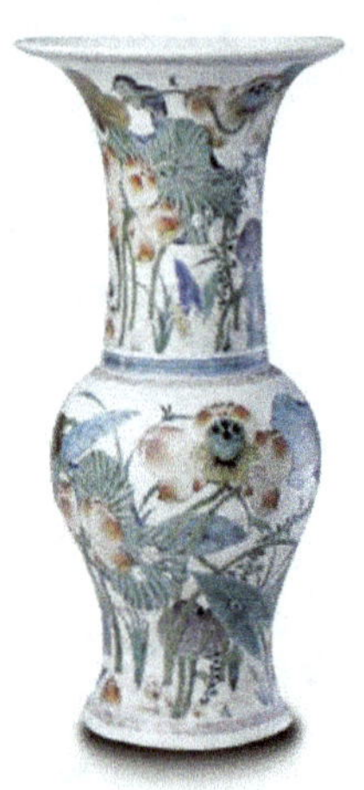

五彩加金鹭莲纹尊

高 44 厘米，口径 22.4 厘米，足径 14.2 厘米

清木釉加粉彩一路连科图盘

75. 平升三级图饰有何寓意？

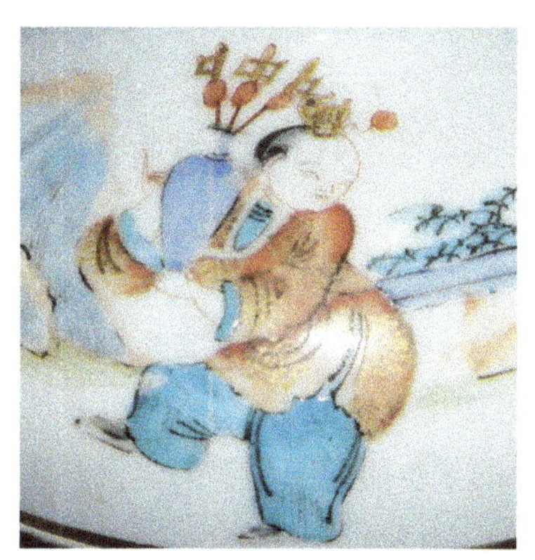

清光绪粉彩平升三级图

平升三级也作“连升三级”，是封建社会祝颂亲友官运亨通之颂辞。瓶、芦笙与三支戟与平升三级谐音，清代瓷器用瓶、笙、戟图案以寓此意，通常绘制于器身上。一般画一只花瓶中插三支短戟，在旁边加上芦笙，也有的不绘芦笙。

明天启青花平升三级六方玉壶春瓶主题纹饰为一童子手托插戟立瓶，将其呈献给衣着文官服饰的须眉男子，寓意“平升三级”，发色靛蓝清丽，笔调写意传神，为明代瓷画中较为典型的吉祥画面。

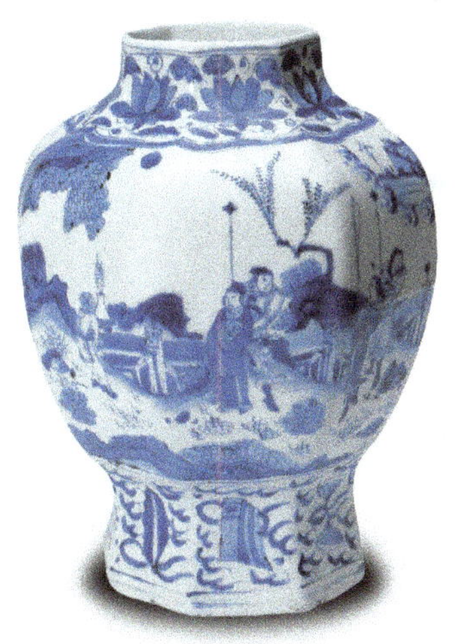

明天启青花平升三级图八方罐
高 30 厘米

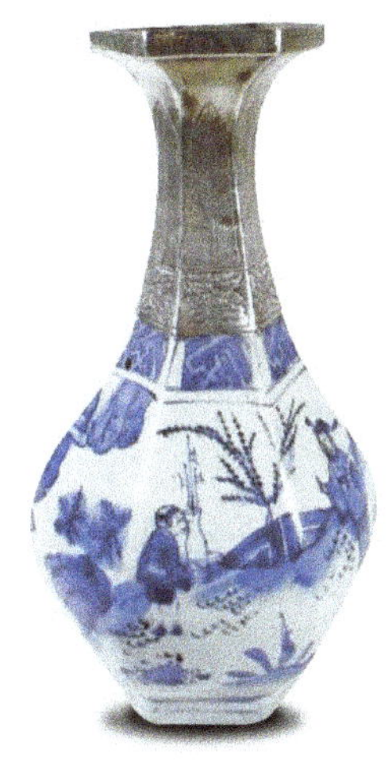

明天启青花平升三级六方玉壶春瓶

76. 喜相逢图饰有何寓意?

寓意型的喜相逢图案为梧桐、喜鹊。桐与同谐音，喜与喜同字，同音，故称“同喜”。如图案为一只豹和一只喜鹊，寓意“报喜”；如图案为梅花枝头落一只喜鹊，就寓意“喜上眉梢”。清代瓷画上多有这类图案。

民间俗语所说的喜相逢图又泛指成对（相对）出现的吉祥图案，如一对蝴蝶、一对鱼、一对鸾凤等，常常以“S”形曲线为轴线串起，成为一种图案骨骼形式。一种说法认为这种图案格式源于太极图中的“负阴抱阳”图形，民间也称“阴阳鱼”。代表相互依存又相对独立的两部分。《易经·系

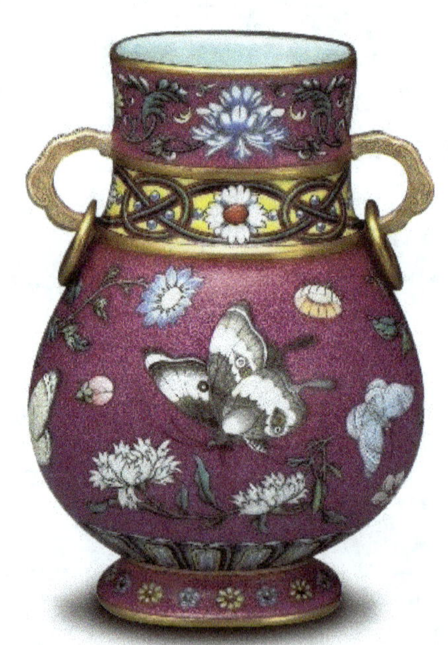

清乾隆磁胎洋彩锦上添花喜相逢双环腰圆瓶

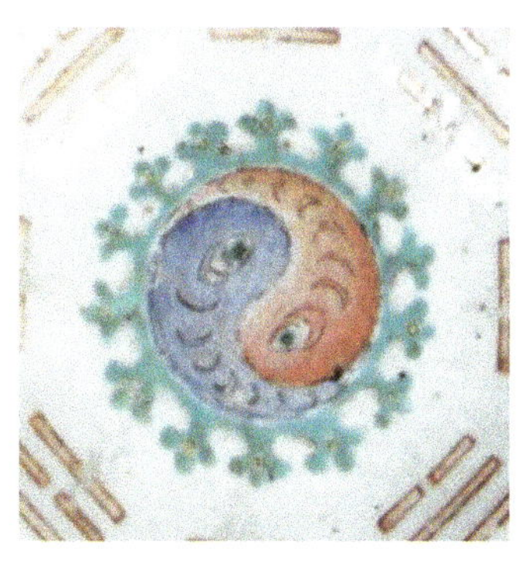

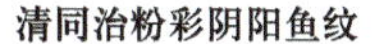

清同治粉彩阴阳鱼纹

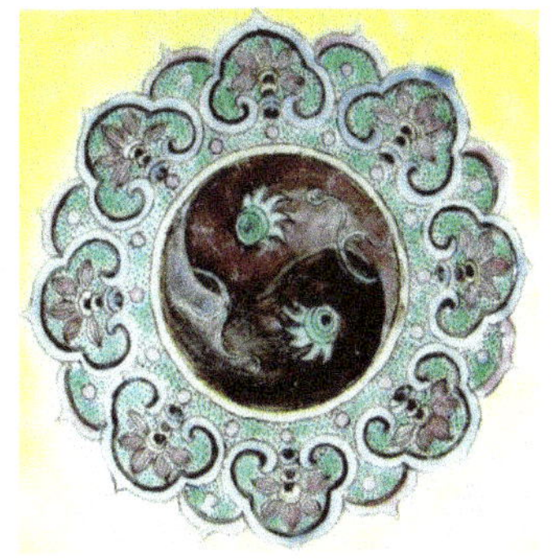

民国粉彩阴阳鱼

辞上》曰："易有太极，是生两仪，两仪生四象，四象生八卦"，在中国传统哲学中，太极是派生万物的本源。明清景德镇窑瓷器上有装饰太极图的。形象为将圆形以"S"形线分为一黑一白两半，黑白二色代表阴阳两方、天地两部，寓意阴阳相生。

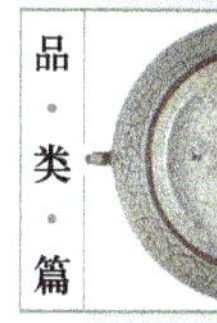

77. 三阳开泰的主图案是什么？

三阳开泰图的主图案是三只羊，也作"三羊开泰"。以羊寓阳，"三羊"为"三阳"，与日纹和山坡、松柏、小树、小草等组成纹样，或者配以松竹梅为背景。

三阳开泰图寓意大地回春，万象更新。"三阳"依照字面来解释，即三个太阳：早阳、正阳、晚阳。"朝阳启明，其台光荧；正阳中天，其台宣朗；夕阳辉照，其台腾射"，均含勃勃生机之意。明清时期，民间传说曾用青阳、红阳、白阳分别代表过去、现在和将来。"泰"是卦名，"乾上坤下，天地交而万物通也"，是大吉利的象征。羊，也有吉祥之意，在中国古代"吉祥"常被写作"吉羊"。

《易经》以正月为泰卦。古人认为是阴气渐去阳气始生。

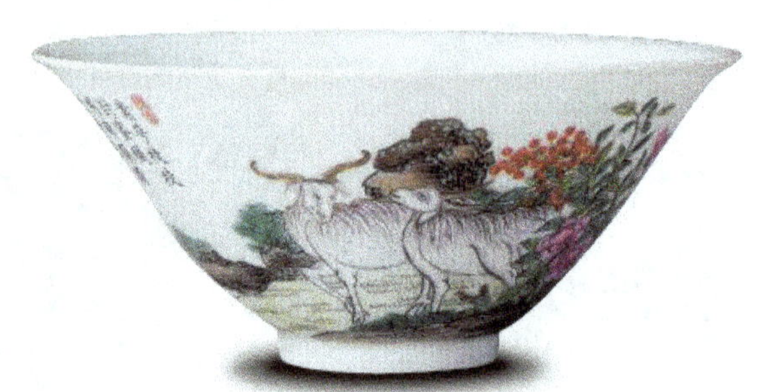

清嘉庆粉彩三阳开泰图碗

高 6.1 厘米，口径 13.6 厘米，足径 4.2 厘米

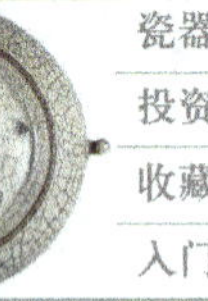

农历十一月冬至那天白昼最短，往后白昼渐长，故认为冬至是“一阳生”，十二月是“二阳生”，正月则是“三阳开泰”，指冬去春来，阴消阳长，是吉利的象征。明清瓷器上经常绘三只羊，题“三阳开泰”、“三羊开泰”或“三阳启泰”；绘九只羊，题“九阳启泰”（九阳也是《易经》上说的九个阳数），均为岁首称颂之辞，喻意新年来临，天地交，万事兴旺，一切安泰。

民间喜用的“三阳开泰”除了表示大地回春、万象更新的意义，也是兴旺发达、诸事顺遂的祝颂。

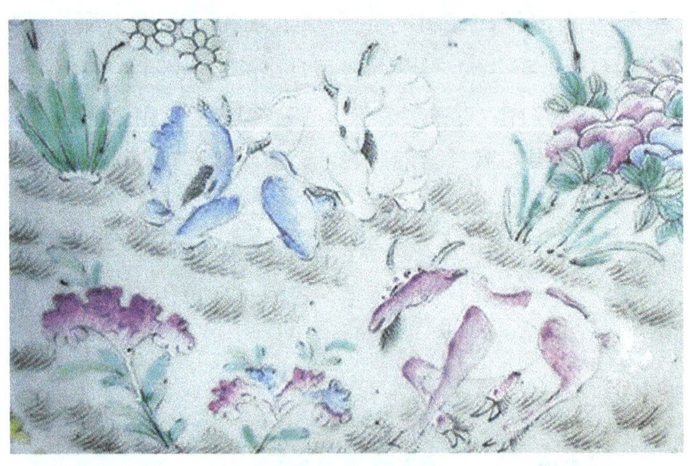

清同治粉彩三羊开泰纹

78. 五福捧寿图饰有何寓意？

盛行于明清时期的五福捧寿，图案一般为五只蝙蝠环绕寿字或者寿桃飞舞，彰显以长寿为中心的五福观念。也有以蝙蝠环绕寿桃表达“五福捧寿”寓意的。据《尚书·洪范》记载，“五福”指的是“寿、富、康宁、好德、善终”。也有较为夸张的“百福捧寿图”。五福捧寿纹始创于清康熙景德镇窑，于清乾隆朝颇为盛行。

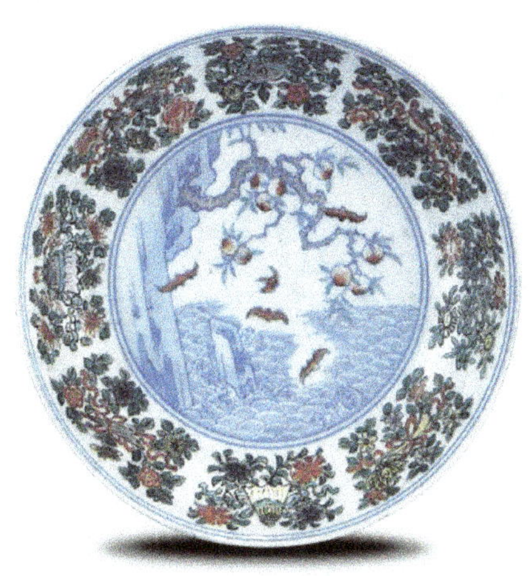

清雍正五彩五福捧寿图盘

通高3厘米，口径15.4厘米，底径9.5厘米，敞口，弧形腹，圈足

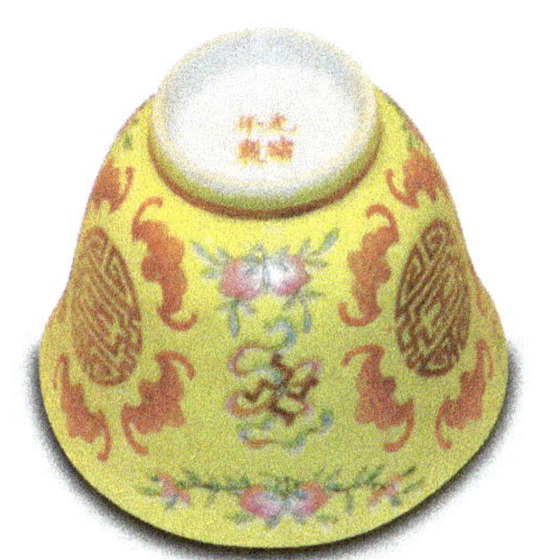

清光绪粉彩五福捧寿纹杯

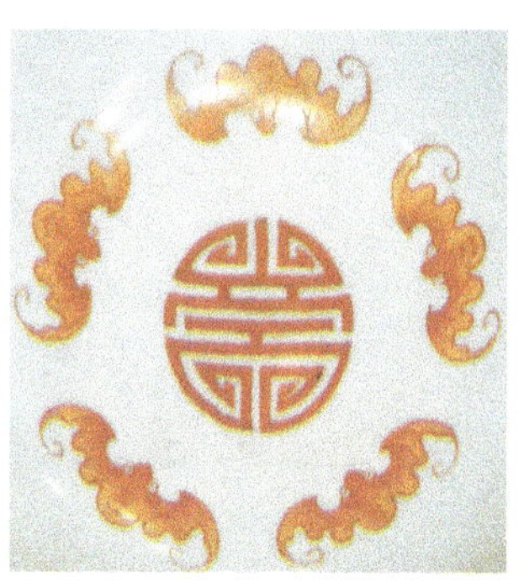

清嘉庆粉彩五福捧寿图

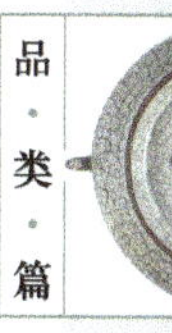

79. 福禄寿图饰中主要绘制哪些动植物图形?

福禄寿图饰中的动物包括蝙蝠、鹿、猫、蝴蝶、龟、鹤、绶带鸟等。

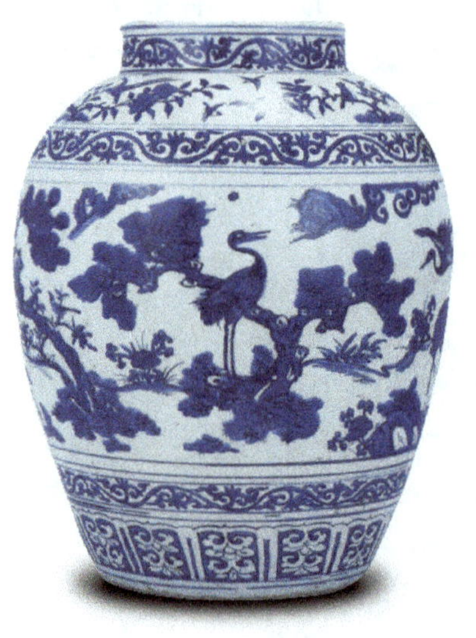

明嘉靖青花鹿鹤长春图大罐

描绘这些动物形象多数是想通过谐音表达吉祥的含义,“蝠”即“福”,“鹿”即“禄”,“猫和蝴蝶”即“耄耋”,“绶”即“寿”等;龟、鹤等动物则是因为传说寿命很长而入画的。

福禄寿图饰中的植物主要有松、桃、枸杞、菊花、佛手、水仙、竹、灵芝、梧桐等。

福禄寿图饰中的植物多是取材于中华文化中具象征意义的那些形象,如桃与松,是中国传统文化中长寿的象征;菊花被中国百姓称作“长寿之花”;枸杞有着长寿延年的作用;仙桃、佛手、石榴三种植物被称为“福寿三多”等。

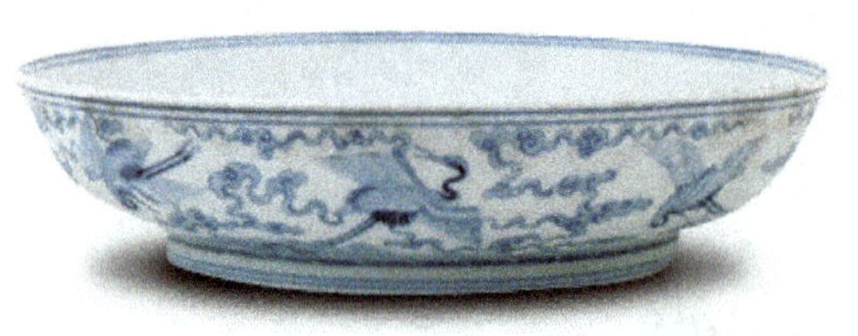

清雍正青花云鹤九桃纹盘

高 5.1 厘米,口径 21.5 厘米,足径 13.5 厘米

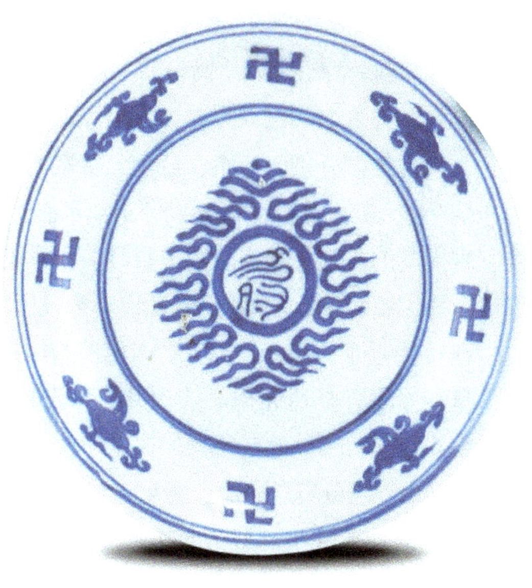

明嘉靖青花万寿纹盘

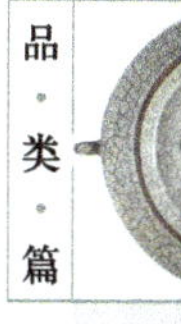

福禄寿图饰在瓷器上被大量应用，充分寄托了古人对于人生社会的美好理想，表达了渴望生活幸福、生命长久、子孙满堂的文化心态。

80. 八吉祥指的是什么？

八吉祥也称“吉祥八宝”、“八宝纹”，其纹样由西藏喇嘛教流传而来，包括法轮、法螺、宝伞、宝盖、莲花、宝瓶、金鱼、盘长（也有的说：轮、螺、伞、盖、花、罐、鱼、肠）八种吉祥物组成，是佛家常用的象征吉祥的八件器物，排列有一定的规律。偶有用火珠状吉祥物代替其中之一。另外也有仙家八宝，即八仙之护身法宝。为渔鼓、宝剑、花篮、放篱、葫芦、扇子、阴阳板、横笛共八件宝器，也称为“八宝”。

有专门以八吉祥纹样制作的瓷质供器和法器，也有装饰八吉祥纹的其他类型瓷器，后者主要是景德镇窑烧制的产品。

八吉祥图，藏语称“扎西达杰”，是藏族绘画里最常见而又赋予深刻内涵的一种组合式绘画精品。大多运用在壁画、金银铜雕、木雕和塑造上，这八种吉祥物的标志与佛陀或佛法息息相关。八吉祥图分别为宝伞、金鱼、宝瓶、莲花、白海螺、吉祥结、胜利幢和金轮。现分别介绍如下。

宝伞：古印度的贵族、皇室成员出行时，以伞蔽阳，后演化为仪仗器具，寓意为至上权威。佛教以伞象征遮蔽魔障，守护佛法。藏传佛教亦认为，宝伞象征着佛陀教诲的权威。

金鱼：鱼行水中，畅通无碍。佛教以其喻示超越世间、自由豁达得解脱的修行者。藏传佛教中，常以一对金鱼象征解脱的境地，又象征着复苏、永生、再生等意。

宝瓶：藏传佛教寺院中的瓶内装净水（甘露）和宝石，

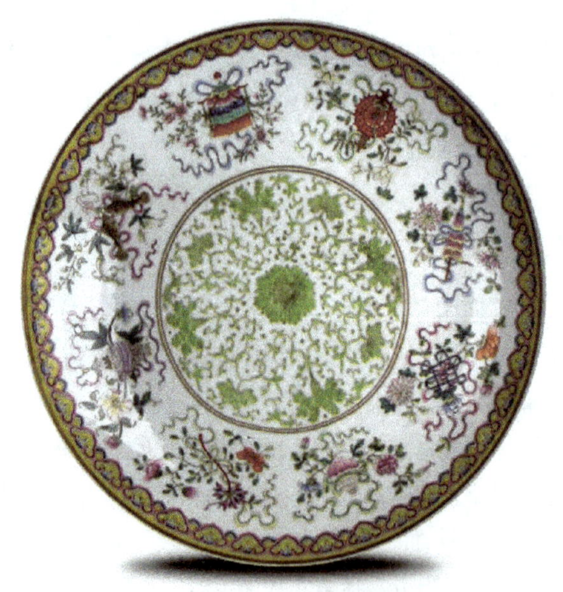

清光绪官窑粉彩八吉祥大盘

高6.2厘米，直径38.2厘米

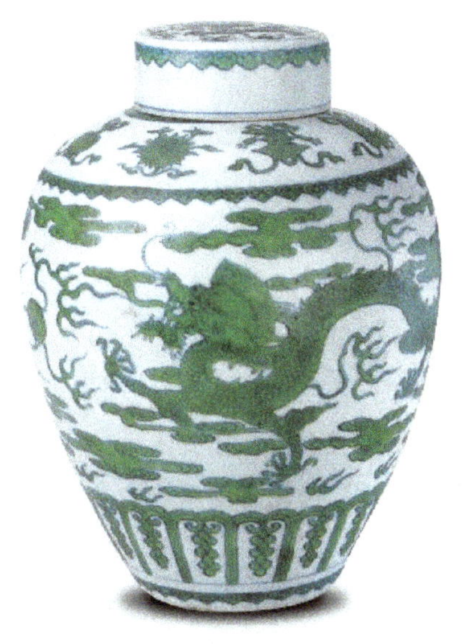

清康熙斗彩八吉祥云龙纹盖罐

通高22.5厘米，口径6.3厘米，足径7.8厘米

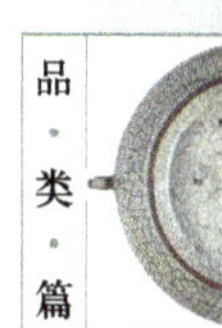

瓶中插有孔雀翎或如意树，既象征着吉祥、清净和财运，又象征着俱宝无漏、福智圆满、永生不死。

莲花：莲花出污泥而不染，至清至纯。藏传佛教认为莲花象征着最终的目标，即修成正果。

白海螺：《佛经》载，释迦牟尼说法时声震四方，如海螺之音。故今法会之际常吹鸣海螺。在西藏，以右旋白海螺最受尊崇，被视为名声远扬三千世界之象征，也即象征着达摩回荡（乐曲十分动人）不息的声音。

吉祥结：较为原初的意义象征爱情和献身。佛教的解释，吉祥结还象征着如若跟随佛陀，就有能力从生存的海洋中打捞起智慧珍珠和觉悟珍宝。

胜利幢：为古印度时的一种军旗。佛教用幢寓意烦恼孽根得以解脱，觉悟得正果。藏传佛教更用其比喻十一种烦恼对治力，即戒、定、慧、解脱、大悲、空无相、无愿、方便、无我、悟缘起、离偏见，受佛之加持得心情清净。

金轮：古印度时，轮是一种杀伤力强大的武器，后为佛教借用，象征佛法像轮子一样旋转不停，永不停息。

这八个图案可以单独成形，也可堆成一个整体图案，这种整体图案在藏语中称“达杰朋苏”，意为吉祥八图宝瓶状。

八吉祥纹最早见于元代龙泉窑青瓷和景德镇窑卵白釉瓷上，表现技法为印花，纹样排列尚无一定规则。明清时期较为流行，常与莲花组成图案，作折枝莲或缠枝莲托起八吉祥的构图，也有以八吉祥捧团寿的图样。多用作主题纹饰，也有作为辅助纹饰于器物肩部的。明清时期景德镇窑多以青花、斗彩、五彩、粉彩描绘八吉祥纹，纹样排列规范化。明代早中期排列次序为：轮、螺、伞、盖、花、鱼、瓶（罐）、盘长；明代晚期至清代排列次序为：轮、螺、伞、盖、花、瓶（罐）、鱼、盘长。清乾隆以后又见有打乱上述次序的八吉祥纹，并烧制出各自独立的粉彩八吉祥供器，八吉祥皆配以莲花柱形底座，显得庄重肃穆。

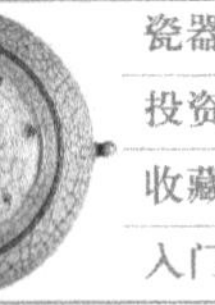

81. 博古纹通常包括什么纹饰？

博古一词源于北宋时期王黼编撰的《宣和博古图》一书，在该书中专指古代铜器。后人将博古的含义进一步引申为“用作装饰的古董、花瓶、文房四宝以及天文仪器之类的器物”。明末至清代的景德镇窑瓷器上流行绘制博古图，寓意品味高雅。

博古纹产生于宋代，并广泛用于各种工艺品，然而博古纹作为瓷器装饰纹样历史并不悠久，大约兴起于明末万历、崇祯年间，清代康熙博古纹的艺术成就最高，雍正朝始创的

清康熙五彩博古纹

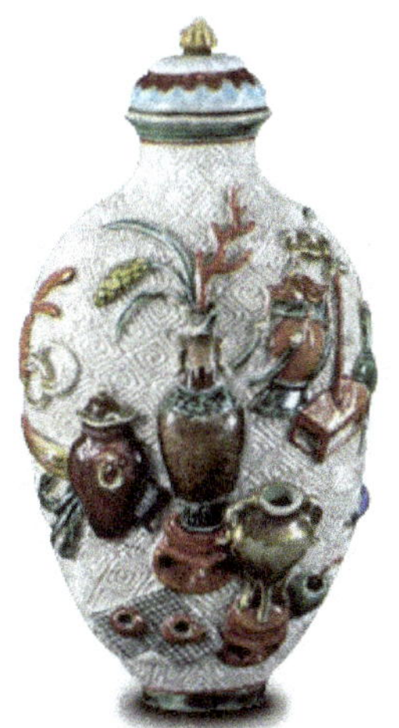

清乾隆粉彩雕瓷博古图鼻烟壶
通高 8 厘米，腹径 4.3 厘米

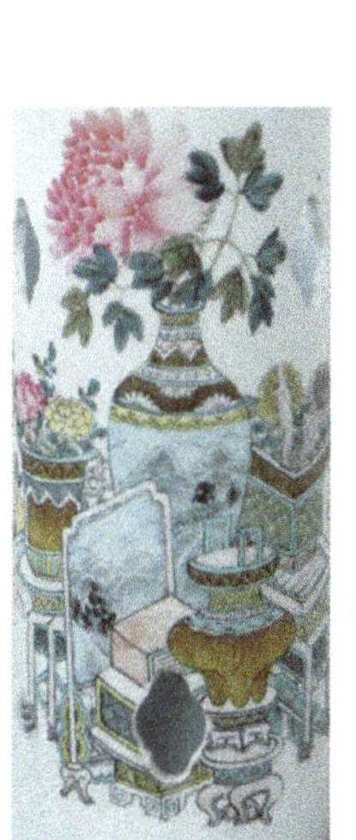

民国粉彩博古纹

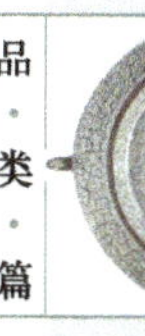

淡描青花博古纹亦颇为新颖别致。道光博古纹瓷较嘉庆时更为多见。博古纹有的被用作主题纹饰，有的用作边饰，将博古图塑贴在器物上的也不少见。

82. 金丝铁线是一种装饰方法吗?

金丝铁线是瓷器表面冰裂纹片的一种，又叫“鳝血”。宋代哥窑开片瓷器的特殊纹饰，因开片有大小之分，大开片呈深灰色似铁青色，小开片呈酱褐色，似金丝线而得名。明清仿哥窑器物，通体由大而深和小而浅两种纹片交织组成，也称“金丝铁线”。

一般认为哥窑器皿的金丝铁线是经过人工着色形成的，即把烧制的开片器皿放入墨汁、茶叶汁等深色液体中，裂纹较大的地方就会染成黑色或者近似黑色的深色，就是“铁线”，而裂纹较小的地方染的颜色较少，呈黄色，就形成了“金丝”。也有人认为是分两次用不同色料着色的结果。

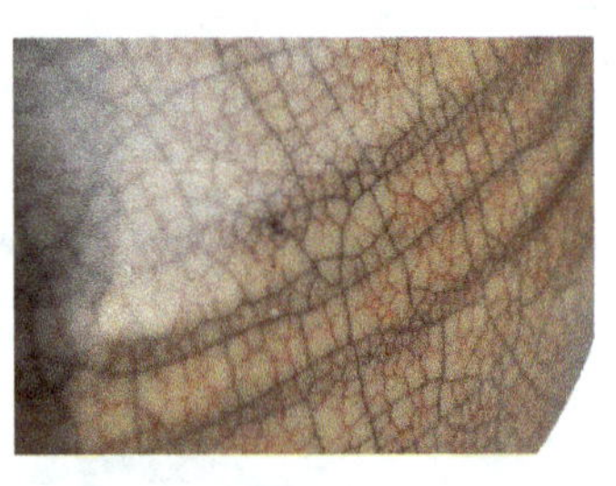

宋哥窑弦纹穿带瓶瓶身遍布细密的开片（俗称“百圾碎”），开片呈金丝铁线，放大镜下状似蟹爪在沙滩上爬过留下的痕迹，俗称“蟹爪纹”

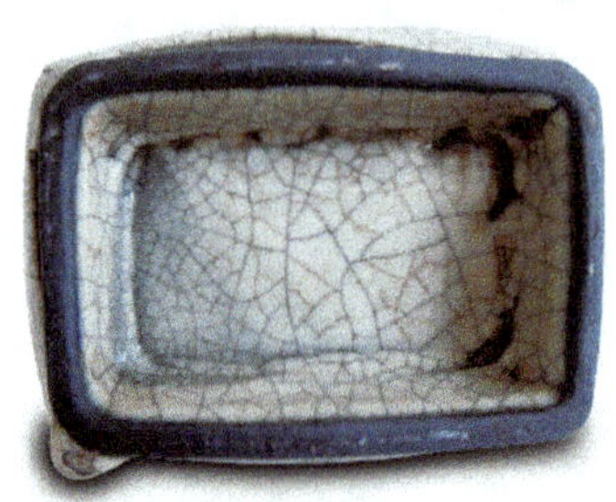

哥窑贯耳扁瓶底足上的金丝铁线纹

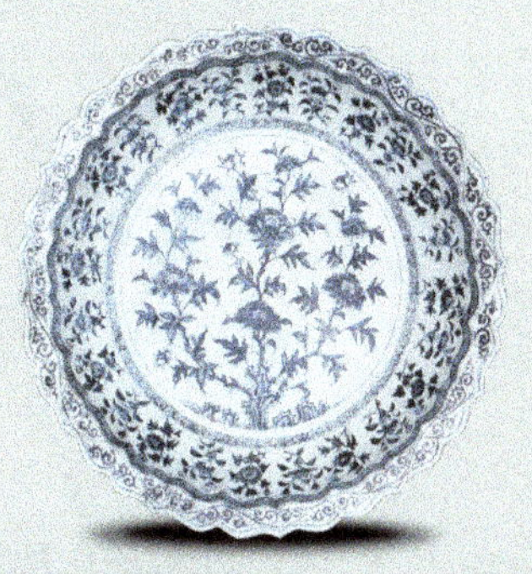

历史篇

十、宋代以前

83. 原始瓷是什么时代制作的瓷器?

中国最早的原始瓷出现在大约公元前16世纪的商代中期。原始瓷是在通过改进陶器的胎釉原料成分、提高烧制温度的基础上制成的。改进后的原始瓷虽然已经明显与陶器不同，但无论在胎质、釉质，还是施釉、烧制等关键工艺上都还不成熟，显得有些粗糙，烧制温度与后世真正的瓷器相比也还偏低，表现出原始性和过渡性特征，所以被称为“原始瓷”。

之所以说原始瓷已经是瓷而不是陶，是因为它具备了瓷的一些特征：首先，已经采用瓷土而不是陶土作胎；其次，在表面施有一层玻璃质的釉；第三，烧成温度已经远远高于陶器的烧制温度；第四，不同于陶器有吸水性，原始瓷已经基本不吸水或吸水性很弱；第五，在物理性能方面，如相对密度、硬度都和以后的瓷器更为接近，敲击起来也有清脆的金属声。

原始瓷器和白陶器与印纹硬陶器相比，有坚硬耐用，器表有釉不易污染及美观等优点。前者烧成温度稍高和器表有釉，后者多数温度较低而器表无釉，两者是有着明显区别的。而原始瓷器和以灰陶为主的其他各种泥质陶器与夹砂陶器相比，也有着本质的区别。即陶器是用熔黏土（陶土）烧制成功的，这种黏土含有大量的熔剂，而原始瓷器则是选用含有较小熔剂的黏土（也称高岭土或瓷土）制成的。高岭土是一种主要由高岭石组成的黏土。长石经过完全风化之后，生成高岭土、石英和可溶性盐类；再随雨水、河川漂流转于它处并再次沉积，这时石英和可溶性盐类已分离，即可得高岭土。由于原料不同这就使得陶器的烧成温度一般在 900 ℃左右，高者也不过 1 000 ℃左右，如果温度再高器物就会变形或成熔融状态。而原始瓷器所用的原料则可烧到更高温度，一般要 1 200 ℃以上。

原始瓷器是在制陶技术的基础上发展而来的，是一种用含铁量在 2% 左右的黏土成型，经过人工施釉，有 1 200 ℃左右的高温烧成的青釉制品。器物大多是尊、罍、簋、壶、匜、盂、豆、罐、鼎、杯等盛器，至春秋、战国时期也有一部分钟、錞于等仿青铜礼器。这类器物曾被命名为“釉陶”、“青釉器”等不同名称。目前学术界基本一致认为，距今 3 500 年左右商代的高温青釉器物应该是瓷器。它们胎体坚硬，烧成温度高，不吸水或基本不吸水，物理性能更接近于瓷器，只是原料处理欠精，烧结程度稍差，故可称为“原始瓷”。

原始瓷制坯的原料多数不作处理，胎质较粗，制作时通常采用泥条盘筑的方法，辅助手工捏或者轮制，器形不规整，

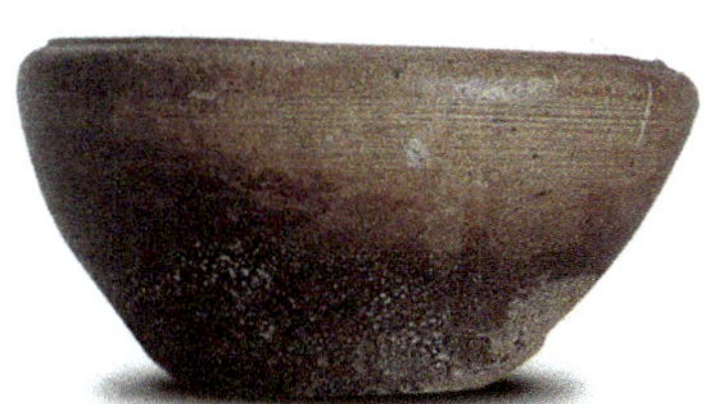

商青釉钵
高 6.7 厘米，口径 13.2 厘米，底径 5.5 厘米

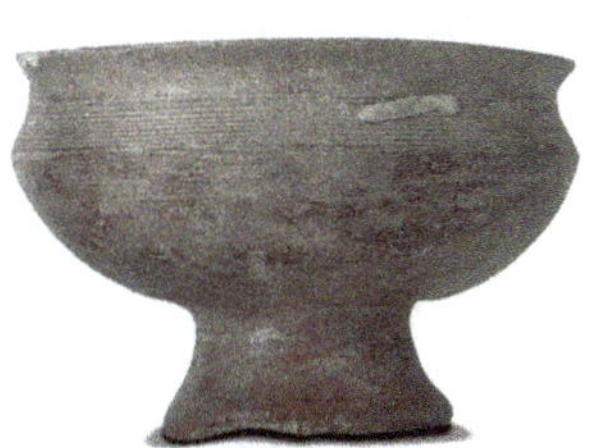

商青釉弦纹豆
高 7 厘米，口径 10.8 厘米，底径 5.3 厘米

胎体厚薄不匀，器物内外施有薄釉，釉色有青、青黄、青绿、黄绿、绿褐、茶黄等；常见的纹饰有方格纹、篮纹、叶脉纹、锯齿纹、弦纹、席纹、圆圈纹以及绳纹，与同期印纹硬陶的装饰风格极为类似。到了东汉时期，原始瓷逐渐被成熟的青瓷取代，开始出现了现在人们所说的瓷器，这时的瓷器采用瓷石或高岭土作胎体坯料，在 1 180 ℃以上的高温下烧成，胎体施釉，釉胎结合紧密。

中国目前发现最早的原始瓷器为商代早期的，其成分是高岭土，釉色施在器表和部分口沿内，呈玻璃质面，以青绿色釉为主，少数呈褐色和黄绿色。胎骨细腻，以灰白色居多，烧成温度在 1 200 ℃左右，质地硬，没有显著的吸水性。河南、河北、湖北、江西、山东等地都有商代原始瓷器出土，且以南方为多。

84. 中国从什么时候开始有真正的瓷器？

中国出现真正的瓷器是在东汉时期（23 ~ 220 年）。首先出现在南方的浙江省。浙江绍兴上虞县上浦小仙坛发现东汉晚期瓷窑址和青瓷等。瓷片质地细腻，釉面有光泽，胎釉结合紧密牢固。从显微照相可见，青瓷残片釉下已无残留石英。这种釉无论在外貌上，或是显微结构上，都已摆脱了原始青瓷的原始性，已符合真正的瓷器标准了。

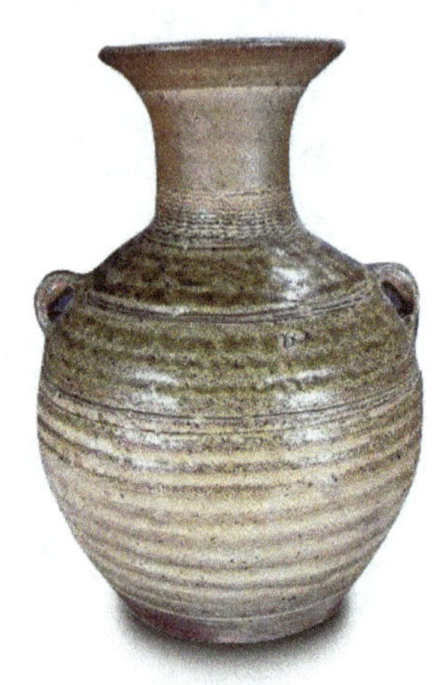

东汉青釉双系划花壶
高 22 厘米

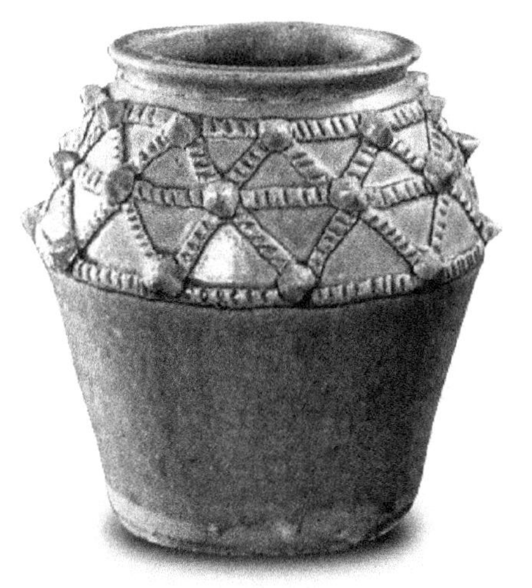

东汉清釉网纹罐
高 17.5 厘米，底径 11.2 ~ 11.5 厘米，口径 11.1 ~ 11.4 厘米
1978 年浙江奉化出土，奉化县文物管理委员会藏

85. 魏晋六朝时期的缥瓷究竟是什么?

缥，原是晋代一种淡青色的丝帛，晋代浙江温州一带的瓯窑所产青瓷，颜色很像这种缥，故当时人们借缥以名瓷，称为“缥瓷”。缥瓷胎骨细腻，呈色较白，白中略泛灰色；釉色淡青，釉层薄而透明，硬度高，瓷声脆，造型秀雅。据考证，缥瓷可能是当时瓯窑生产的胎白中略带灰色、釉色淡青的瓷器。清代蓝浦《景德镇陶录》曰：“瓯，越也，昔属闽地，今为浙江温州府。自晋已陶，其瓷青，当时著尚。”

缥瓷是瓯窑青瓷中的上品，瓯窑所产的青瓷，最早记载出于晋代潘岳《笙赋》中：“披黄苞以授甘，倾缥瓷以酌酃”。历史上的记载说明缥瓷的颜色淡青或浅青色。这种色泽是瓯窑青瓷的代表，浅浅的透明釉泛着青色，可与越窑的青瓷媲美。

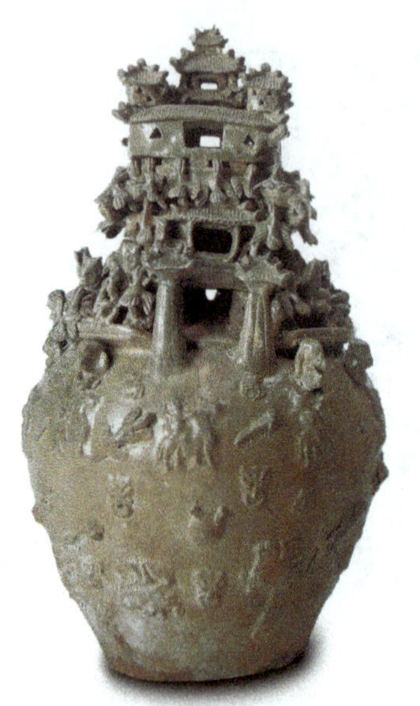

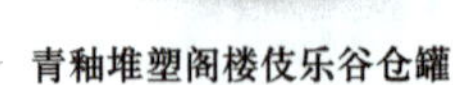

青釉堆塑阁楼伎乐谷仓罐

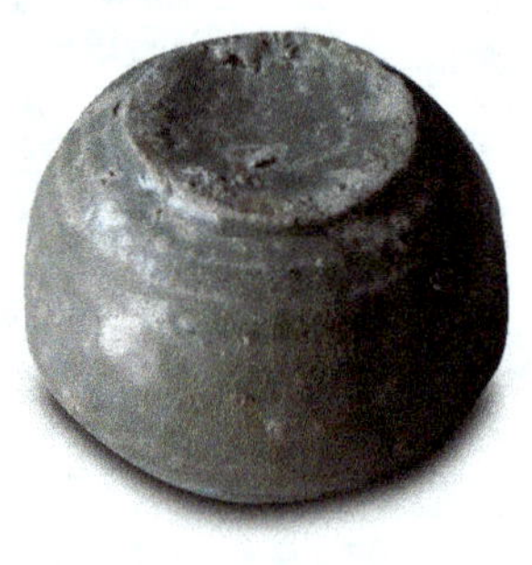

晋越窑小钵

高 4.5 厘米，口径 8 厘米

两晋南朝，瓯窑产品釉色淡青，晶莹滋润，被称为“缥瓷”，窑址仍在楠溪江畔的东岸罗溪等地。晚唐、五代、北宋，瓯瓷胎骨细密，釉色光泽如玉，造型新颖活泼，并饰有莲、荷、葵、菊、卷草、牡丹等花卉图案以及褐彩装饰，窑址从楠溪江下游发展至今温州市郊、瑞安、苍南、泰顺、乐清等地，以温州市郊的西山窑规模最大，窑场蜿蜒数里，产品淡雅晶莹，颇负盛名。

关于缥瓷的产地尚有不同看法，有人据隋《北堂书钞》引进《荈赋》文字为“器择陶简，出自东隅。”这里既没有提到东瓯，更没有把缥瓷与东瓯联系起来。而到目前为止，温州也没有发现值得称道的晋代瓷窑，而这时瓷业发达的是越窑，东隅有东方之意，这时东方的青瓷堪称一绝的是越窑，因而认为缥瓷指越窑青瓷。再一种认为“缥”字本身即是文学词藻，本意谓青白色，实系泛指青瓷。晋代南方青瓷业发达，但尚不能以某一种颜色绝对概括之，因而缥色不能狭义理解为某种特殊颜色，而是泛指青色，这与当时的社会时尚一致。而“东隅”则指大概的方位，当时东南地区浙江青瓷业发达，“器择陶简，出自东隅”本身即是泛指浙江的青瓷，因而缥瓷应理解为指晋代的青瓷而没有特指瓯窑或越窑。

86. 东晋时期有哪些代表性的瓷器种类？

东晋时期的代表性瓷器是青釉和黑釉系列器物，有洗、尊、槅、罐（谷仓）壶、虎子等。造型上的典型特征是器型由西晋以来的矮胖向瘦高发展，肩部的系多为桥形系，某些器物的口沿、肩部和腹部或者动物眼睛等处以褐色斑点作为装饰。莲瓣纹是这一时期器物的主要装饰纹样。

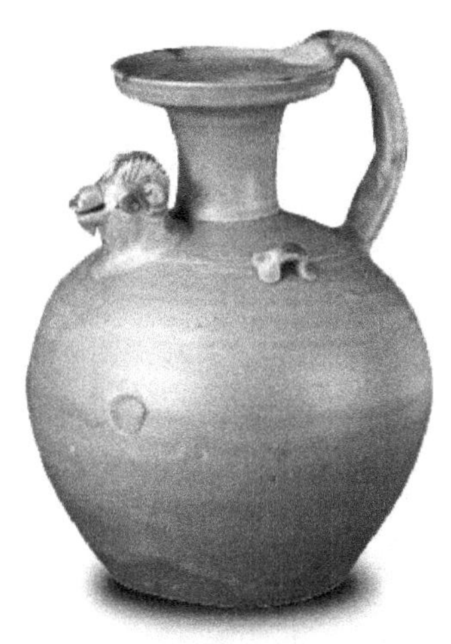

青釉褐斑羊头壶

高 23.8 厘米，口径 10.8 厘米，底径 10.8 厘米

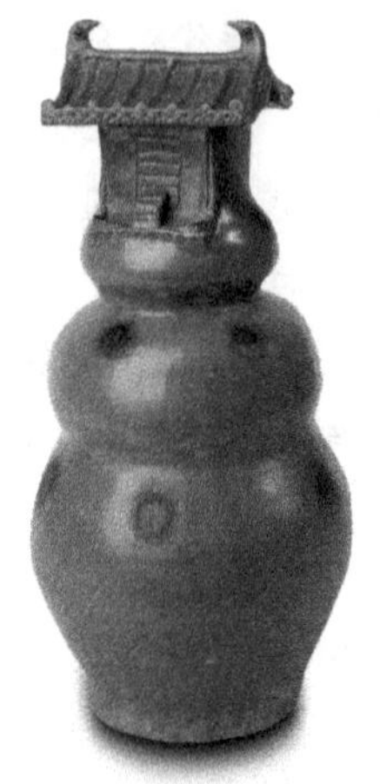

东晋越窑青釉褐斑魂瓶
高 39.8 厘米，宽 18.4 厘米

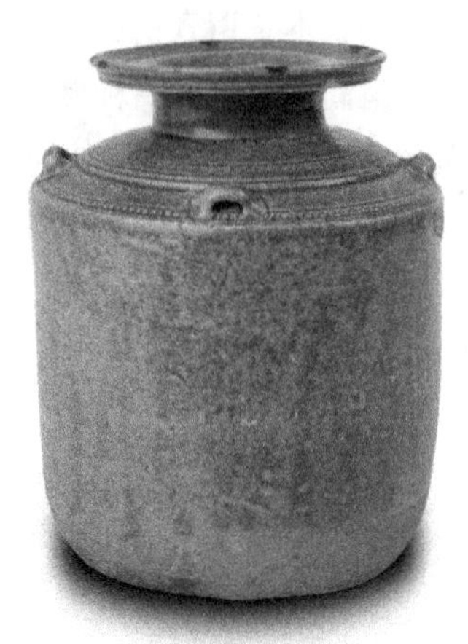

东晋越窑青釉褐斑四系罐
高 19.5 厘米，底径 13.5 厘米

87. 隋唐五代瓷器有哪些主要种类？

隋唐五代时期，作为中国瓷器史上最重要的史实就是形成了“南青北白”的制瓷局面，南方出现了工艺精湛、声名远扬的浙江越窑青瓷和色彩艳丽、装饰精巧的湖南长沙窑釉下彩瓷等。北方出现了以河北邢窑为代表的类银似雪的白瓷，这一时期瓷器制作工艺上的重要突破是窑具“匣钵”得到了普及发展，使瓷器制作与造型发生了很大变化，胎壁由厚重变得轻薄，底足除了平底、饼形足还增加了玉璧形底、圈足，釉面色泽变得纯净，器物造型越来越轻巧精美。

这时还出现了绞胎瓷、花釉瓷、秘色瓷等高级品类。

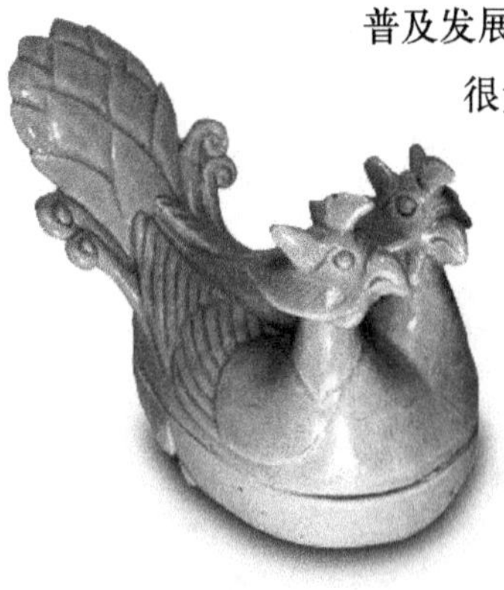

五代越窑秘色双凤粉盒

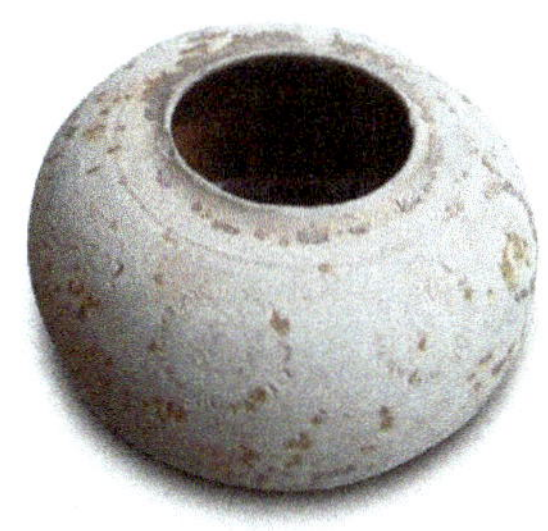

洪州窑罐

隋代和唐代早期的器物底足是平足(坦足，饼足)，唐代晚期开始出现玉璧足和矮圈足

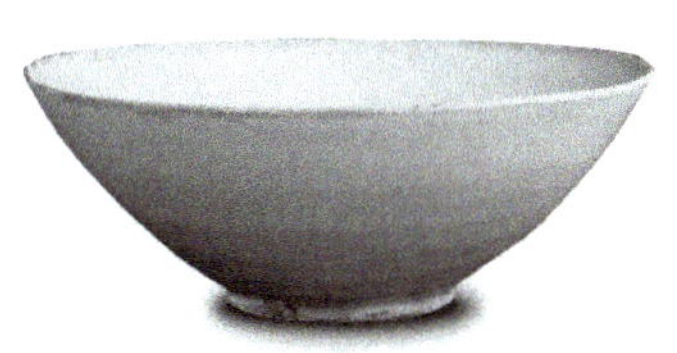

五代定窑白釉官字款碗

高6.6厘米，口径17厘米，足径6厘米

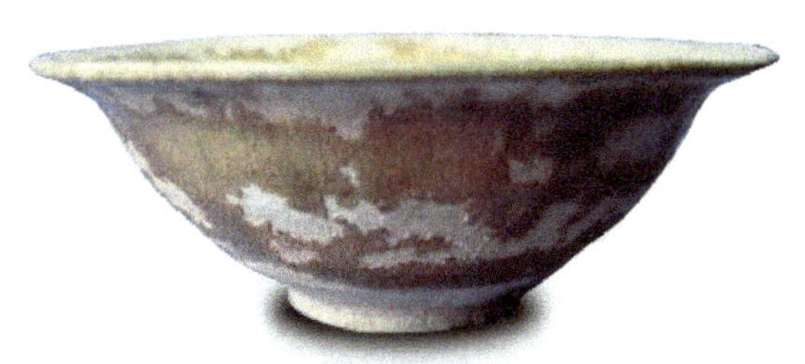

洪州窑罐碗

隋唐时期的洪州窑陶瓷罩釉特点是器物挂半釉，挂半釉即釉不到底，挂器物的五分之一或四分之一，并非挂一半釉，器物底足常见露胎，常见灰胎器物，属石灰釉，常见流釉痕。由于时间久远，胎釉结合不致密，器物常见开片、脱釉、剥落现象。釉色常见青釉，酱黄釉

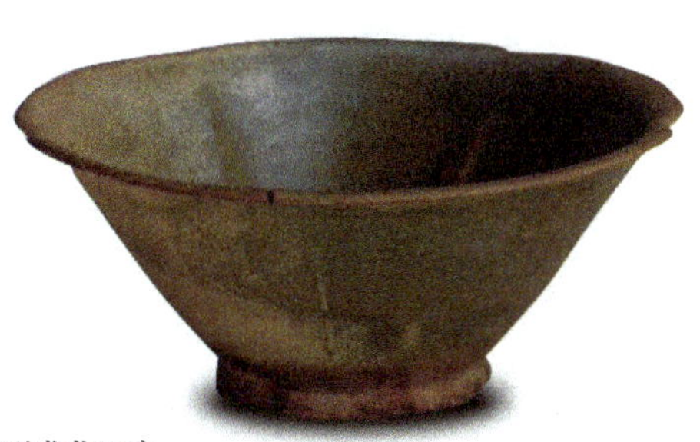

五代耀州窑青釉葵花口碗

高7.5厘米，口径18.4厘米，足径7.6厘米

88. 唐代白瓷的主要特征是什么?

唐代北方盛行白瓷，白瓷器物腹部丰满，一般为平底，到唐代晚期，才出现少量圈足器物。唐代白瓷窑口主要有河北的定窑、邢窑，河南的巩（县）窑、密（县）窑，山西的浑源窑、平定窑，陕西的黄堡镇窑等。

定窑白瓷胎质在唐代初期呈青灰色，到中期因为胎土淘洗精细变成纯白，后期变得更为精细，胎壁变得薄而精巧；唐初器物多数内施满釉，外施半釉，积釉处釉呈灰色；中期釉色乳白，积釉处呈灰绿色或者浅青白色；唐晚期器物多施满釉（除底足外），釉呈乳白色。

邢窑白瓷多数是素面，没有什么装饰，唐中期以后才用雕塑、堆贴、印花、刻花、压边等方式进行装饰。邢窑白瓷按胎质的差别可以分为粗胎白瓷和细胎白瓷。粗胎白瓷的胎色灰白，细胎白瓷胎色较淡，表面往往施白色的化妆土。釉质也有粗细之分。粗质釉的釉色灰白或者乳白，还有黄白色，有些还有细小的纹片。细质釉的釉色纯白或者微泛青色，器

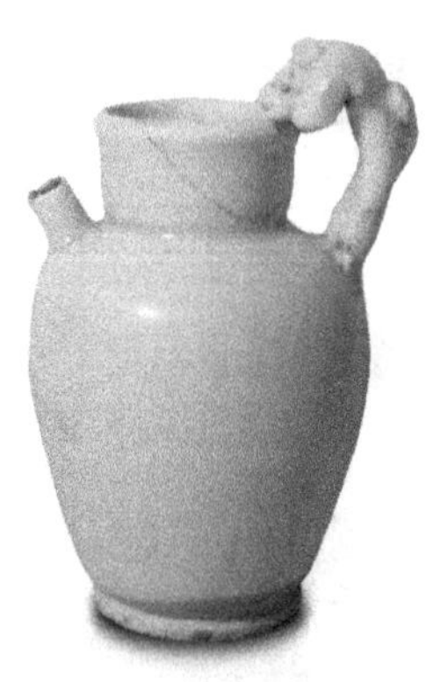

唐邢窑白瓷执壶

高 28 厘米

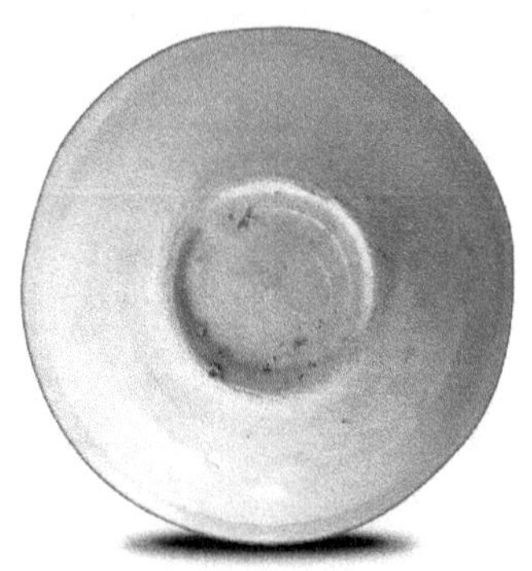

唐定窑唇口碗

属于邢窑向定窑转变时期，直径 13 厘米，唇口（唇内空心），釉白，胎细，规整，器物完整

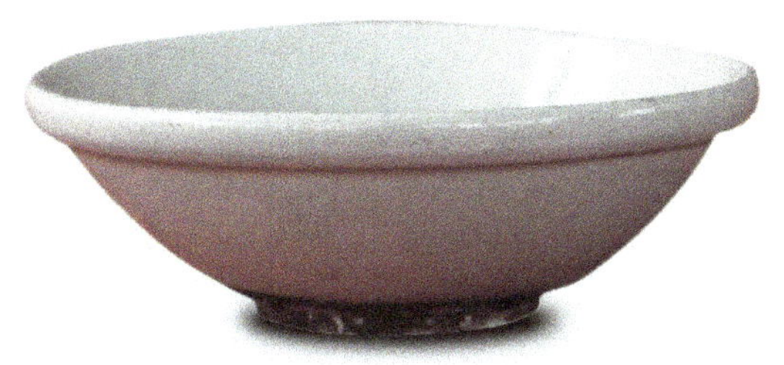

唐邢窑白碗

物多施满釉。

四出口、五出口的花口也是唐代部分白瓷的重要特征之一，特别是在盘、碗一类的器皿上。花口是在胎半干时用工具按出几条线，外为阴线，里为阳线。唐中期以前碗为四出口，器里凸起四条线。唐后期开始出现五出口，直至五代。器物口部六出口的是北宋器物。

89. 宋五大名窑是哪些，出产的瓷器有何主要特征？

宋代五大名窑是指汝窑、官窑、哥窑、定窑、钧窑，现分别介绍如下。

汝窑：因地处汝州（今河南汝州）而得名，以烧制青瓷为主，并烧造宫廷用瓷，传世品不多。器型以撇扣碗、十瓣葵花碗、椭圆水仙盘、玉壶春瓶、胆式瓶、三足洗、碟等为主。胎质坚细，胎骨较薄，呈香灰色，制作较规整，器物通体施釉。正色釉为天青色，青中稍带蓝，并有卵青、粉青、冻青、茶青等色。釉层薄而莹润，釉泡大且稀疏，釉质较硬，釉面有极细密的开片，无纹片者较少。烧造方法主要有支烧和垫烧，用支钉支烧的器物通体施釉，底部有支钉痕迹，多数为 5 个支钉，靠近圈足内墙，断面呈白色；用垫圈或者垫饼垫烧的器物足底没有釉，这类器物较少。

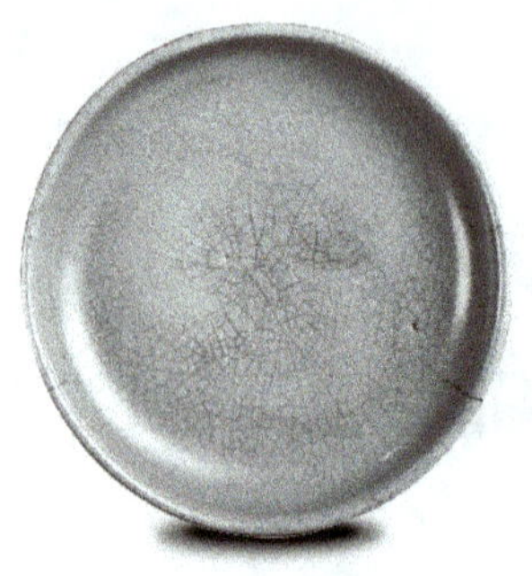

宋汝窑盘
高3.5厘米，口径19.3厘米，足径12.6厘米

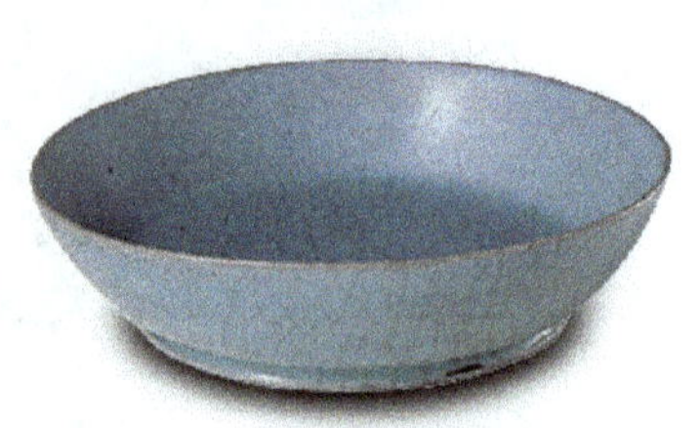

北宋汝窑圆洗
高3.3厘米，口径13厘米，足径8.9厘米

官窑：有南北官窑之分。据文献记载，北宋末徽宗政和至宣和年间，官府设窑烧造青瓷，称“北宋官窑”，但目前还没有发掘出北宋官窑的遗址，所以北宋官窑的地理位置仍有争议。宋室南迁杭州后，在浙江杭州凤凰山下设窑，名“修内司窑”，也称“内窑”。后又在今杭州市南郊的乌龟山别立新窑，即郊坛下官窑，以上统称“南宋官窑”。北宋官窑传世器皿不多，形质和工艺与汝窑有相似之处，胎体较厚，胎骨深灰、紫色或者黑色；釉色有淡青、粉青、月白等，釉面开大裂纹片；底有文钉支烧的痕迹，有“紫口铁足”特征。南宋官窑瓷胎为黑、深灰、浅灰、米黄色等，厚薄胎器物均有。釉面乳浊，“蟹爪纹”开片，釉色有粉青、淡青、灰青、月白、米黄等。器口及底部露胎处呈灰或铁色，为典型的“紫口铁足”。

哥窑：器物以纹片著名，纹片多为黑色，俗称“金丝铁线”。按颜色分有：血、黑蓝、浅黄；按形状分有：网形纹、梅花纹、细碎纹等。哥窑开片总的特点是：平整紧密，片纹裂开成上紧下宽状；黑色纹片中有时闪现蓝色。哥窑的器形有各式瓶、炉、鼎洗、盘、碗等；胎质有瓷胎、砂胎之分；胎色有黑灰、深灰、浅灰、土黄等几种色调；釉色有粉青、月白、

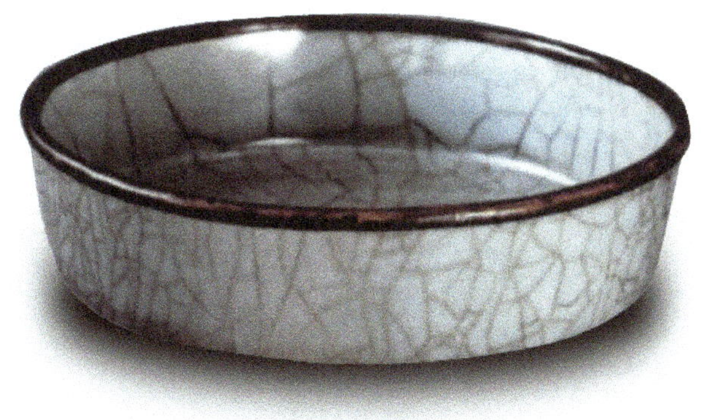

宋官窑暗龙纹圆洗

高 5.6 厘米，口径 19.5 厘米，底径 12.3 厘米，唇口，浅直腹，平底，矮圈足。釉色粉青，金丝铁线开片

天津艺术博物馆藏

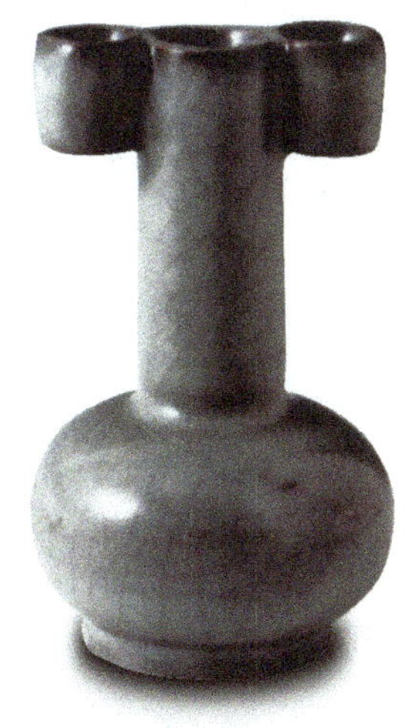

宋官窑贯耳瓶

直口，长颈，圆鼓腹，圈足，齐口贴管状耳一对。釉色粉青，紫口铁足

1953年上海市青浦县任氏墓出土，中国历史博物馆藏

油灰、青黄各色。哥窑的窑址至今没有发现，对其地点的推测尚未统一。

定窑：窑址在今河北曲阳县境内，唐代属定州管辖，故称“定窑”。定窑原为民窑，北宋中后期开始烧造宫廷用瓷。定窑以烧制刻花、划花、印花白瓷闻名于世，瓷质细腻，胎质薄而轻，微黄；釉色润泽如玉一般，呈米色，一些堆积起来的釉料如泪痕，被称为“蜡泪痕”。施釉极薄，透过釉可以见到胎上的旋坯痕迹，俗称“竹丝刷

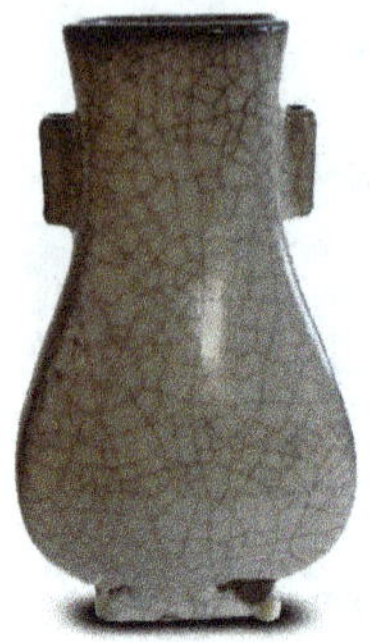
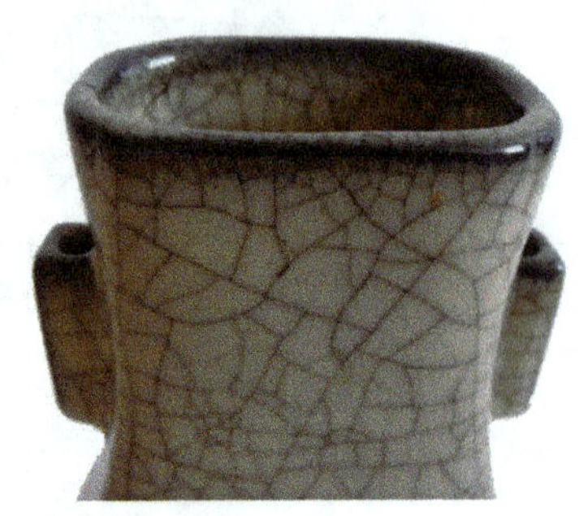

哥窑贯耳扁瓶

纹”。因为是民窑，定窑生产规模很大，所产器型主要是盘、碗，其次是梅瓶、枕、盒等。故宫博物院所藏白瓷孩儿枕就是定窑的代表作品。除了生产白瓷，定窑也产黑釉、绿釉、酱釉以及绘花、剔划花等瓷器。装饰图案简练、生动、华丽而不繁琐，纹样秀丽典雅，以莲瓣纹最为常见。

钧窑：广泛分布于均州（今河南禹县），属北方青瓷系统，其独特之处是使用一种乳浊釉。由于釉内含有一定数量的铜，烧制过程中产生窑变，烧成后釉色红、蓝、白、紫等多色交汇，

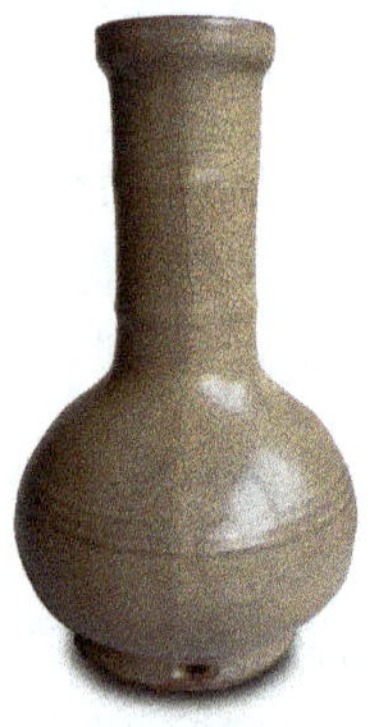

宋哥窑弦纹穿带瓶
高度约 21 厘米

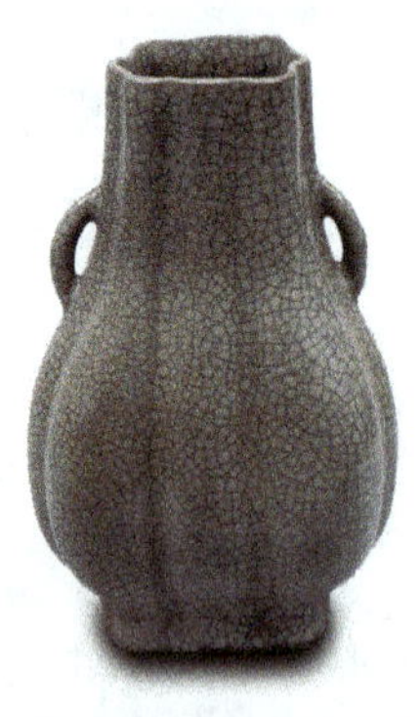

南宋哥窑米黄釉扁平瓜棱双耳瓶
高 17.8 厘米，口径 5 ~ 6 厘米，底径 5.2 ~ 7 厘米

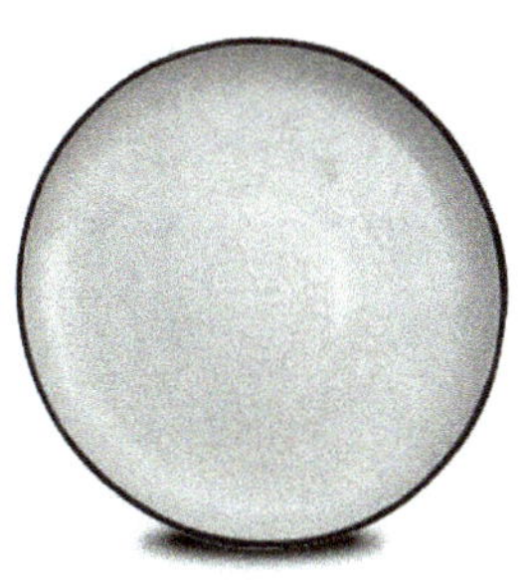

宋定窑印花缠枝牡丹莲花盘
高 5.4 厘米，口径 30.4 厘米，
足径 13.6 厘米

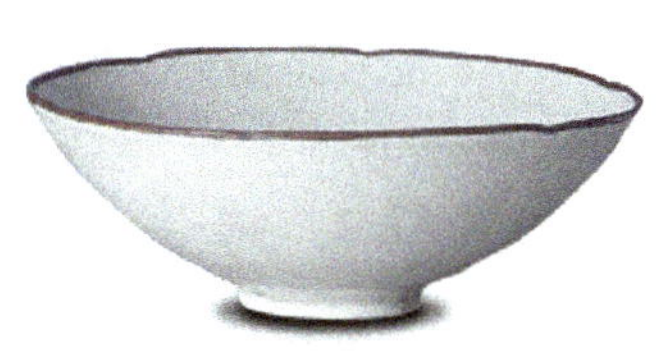

宋定窑划花缠枝莲纹葵瓣口碗
高 6.8 厘米，口径 19.2 厘米，
足径 5.7 厘米

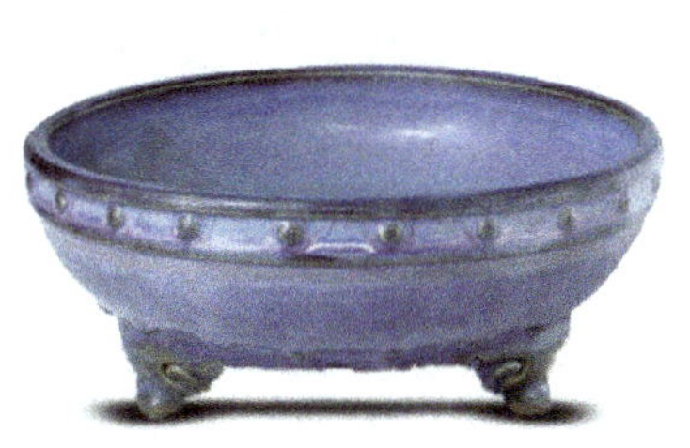

钧窑鼓钉三足洗
高 9.4 厘米，口径 23.5 厘米，
足距 9.5 厘米

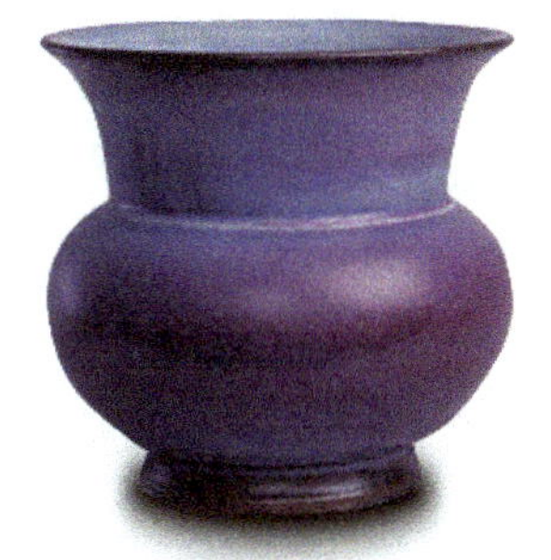

宋钧窑玫瑰紫釉花盆
高 18.4 厘米，口径 20.1 厘米，
足径 12 厘米

犹如蓝天中的晚霞，即所谓钧红。另外釉中有“蚯蚓走泥纹”的曲折线，像蚯蚓在泥土中爬行的痕迹，也是钧釉的特征之一。钧窑器物坯体厚重，胎质细密坚硬，呈灰白、灰黄、灰褐等色。釉厚而润，有细平与橘皮釉之分。

90. 宋六大民窑分别是哪些？

宋六大民窑是指定窑、耀州窑、钧窑、磁州窑、龙泉青瓷窑、景德镇青瓷窑，现分别介绍如下。

定窑：河北曲阳定窑是民窑，也是五大名窑之一，以其奔逸典雅的纹饰及“白如玉、薄如纸、声如磬”的白瓷而闻名世界。北宋晚期定窑器物口缘多不施釉，称为“芒口”，芒口处常常镶金、银、铜质边圈，以掩饰芒口缺陷，此为定窑一大特色。定窑器以其丰富多彩的纹样装饰而深受人们喜爱。装饰技法以白釉印花、白釉刻花和白釉划花为主；还有白釉剔花和金彩描花，纹样秀丽典雅。装饰图案常用印花、划花和堆花手法。印花图案自然，形态轻巧、构图严谨；刻划花，较印花更活泼生动，别具一格。

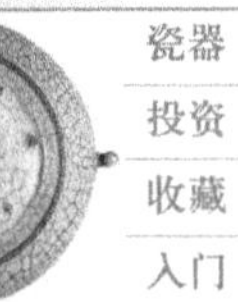

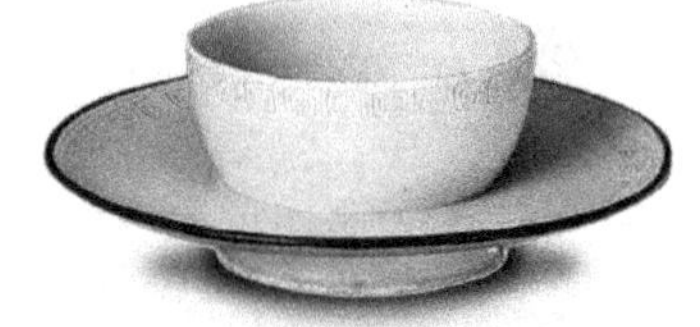

宋定窑白釉盏托
高 6.5 厘米，口径 8.6 厘米，足径 8.2 厘米

宋定窑紫金釉葵瓣口盘
高 3.5 厘米，口径 17.9 厘米，足径 5.9 厘米

耀州窑：耀州窑历史上曾一度被列入六大名窑。窑址在陕西铜川市黄堡镇，铜川古称“同官”，宋时属耀州，故称“耀州窑”。在宋代我国南北青瓷两大体系中，代表着北方青瓷的最高成就。创烧于唐代，盛于北宋中晚期，终于明代嘉靖年间，有 700 多年历史。耀州窑精品在北宋时常被官府选用。耀州窑瓷，胎色泛灰白，有深色与浅色两类。烧成温度在 1 300 ℃左右。碗类胎薄质坚，极少变形、开裂，硬度大。其釉色青中闪黄者居多，釉中气泡小于汝州青瓷，釉面润泽光亮，胎釉结合紧密。圈足直立，讲究修胎。造型有碗、瓶、盘、杯、碟、瓶、壶、罐、炉、盒、香熏、注壶、注碗、盏、钵、灯、枕等，装饰技法主要有刻花、印花，直刻，斜刻并

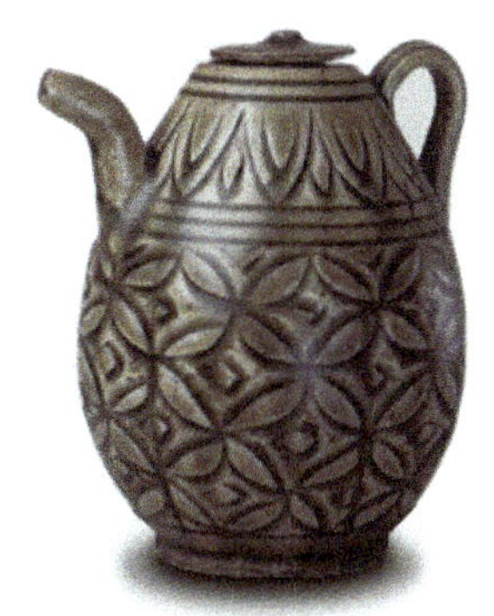

金耀州窑钱纹小壶
高 13 厘米，口径 4 厘米，足径 6 厘米

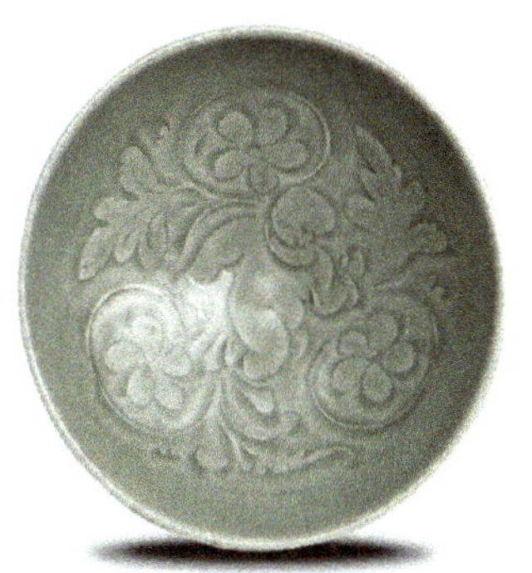

宋耀州窑青釉刻花婴戏纹碗
高 8.5 厘米，口径 20.8 厘米，足径 4.8 厘米

用，刀法犀利，线条刚劲流畅，纹样清晰。耀州窑的青釉刻花瓷器，以在器内外布满刻、印或划的花卉为典型特征。

钧窑：宋五大名窑之一，在今河南禹州八卦洞与钧台一带。始烧于唐，盛于北宋，金元时继续烧造，以烧制乳浊釉瓷为主，兼烧黑瓷及白地黑花瓷。以其入窑一色，出窑万彩的神奇窑变而闻名，北宋徽宗定为御用珍品。钧窑烧造的瓷器品种较多,以钧瓷最为有名。钧瓷胎质细腻坚硬,较为沉重,呈灰白、灰黑、灰黄、灰褐等色。其釉分两种，基本釉色是各种浓淡不一的蓝色乳光釉，其他还有玫瑰紫、海棠红、茄色紫、梅子青、深紫、米色、天蓝、胭脂红、朱砂红、葱翠青，以及窑变的各种颜色。相传以胭脂红为最美。釉中有兔丝纹与蟹爪纹，华丽雅致，钧瓷釉的调配技法相当独特，致使其釉上纹路与众不同。早期釉上有显著的牛毛纹；盛期则多

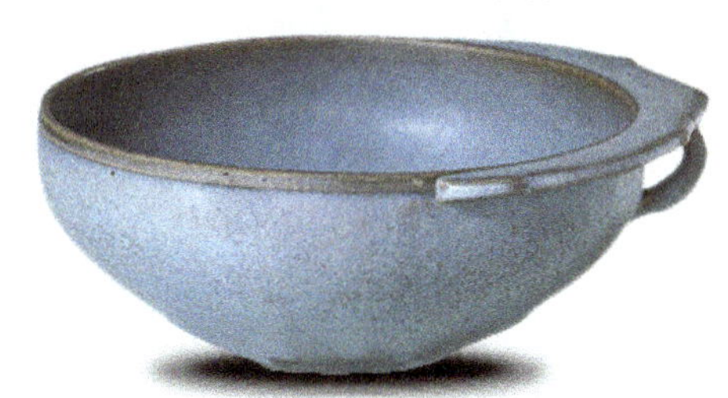

宋钧窑月白釉单柄洗
高 7.3 厘米，口径 20 厘米，底径 6.7 厘米

为离合状态的条纹和粗如滴露的泪痕，以及盘曲蜿蜒的蚯蚓走泥纹，这也是钧瓷的重要特征之一。钧瓷造型有尊、钵、洗、炉、花盆、盆托、奁等。

磁州窑：是我国北方规模最大，延续生产时间最悠久的著名民窑，也是河北境内三大名窑（邢窑、定窑、磁州窑）之一。窑址在今河北邯郸磁县的观台镇与彭城镇一带。磁县宋代属磁州，故名。磁州窑以生产白釉黑彩瓷器著称于世，黑白对比，强烈鲜明，图案十分醒目，刻、划、剔、填彩兼用，并且将中国书画的技法与制瓷工艺相结合，画面生动活泼，独具特色。风格独特的磁州窑瓷器精细粗犷并存，豪放工致兼有，其作品更具浓厚的民间情趣，装饰形神兼备。磁州瓷器的胎质有两种，一是胎质坚细，呈灰白色；另一是胎质粗松，呈红褐色。白色釉中似有油性，釉层均匀不透明，普遍使用化妆土。磁州窑器物的手感很重，而民国及近代仿品普遍是坚硬偏厚重。品种以民间日用陶瓷器皿为主，制坯技艺也丰富多样，有雕塑、拉坯、印坯等。磁州窑兴于隋，盛于宋。在明代朝廷以景德镇为官窑，于是就有“南有景德、北有彭城”

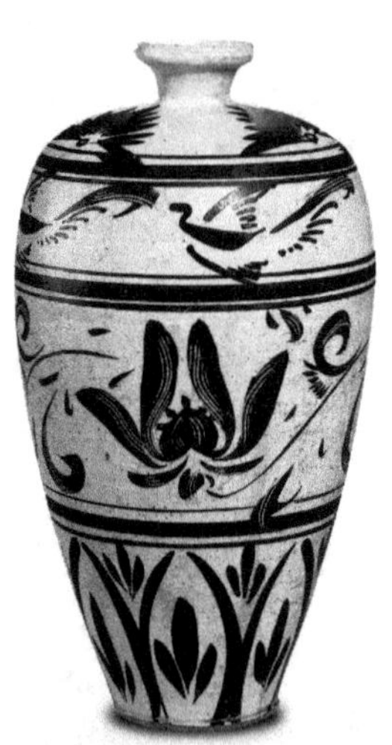

宋、金磁州窑花鸟纹梅瓶
高 27 厘米

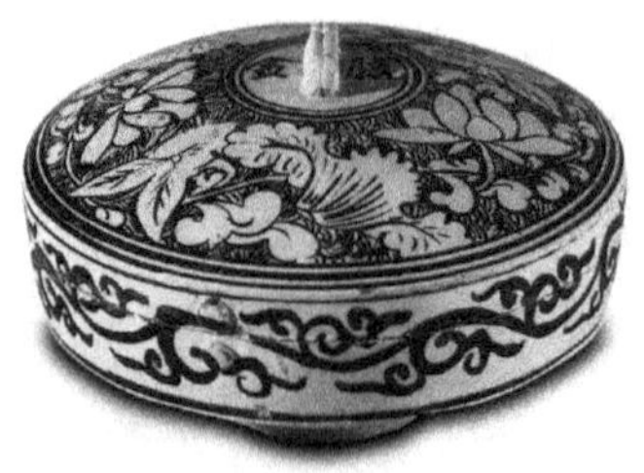

北宋磁州窑白釉黑花瓷镜盒
通高 12.2 厘米，口径 19.3 厘米

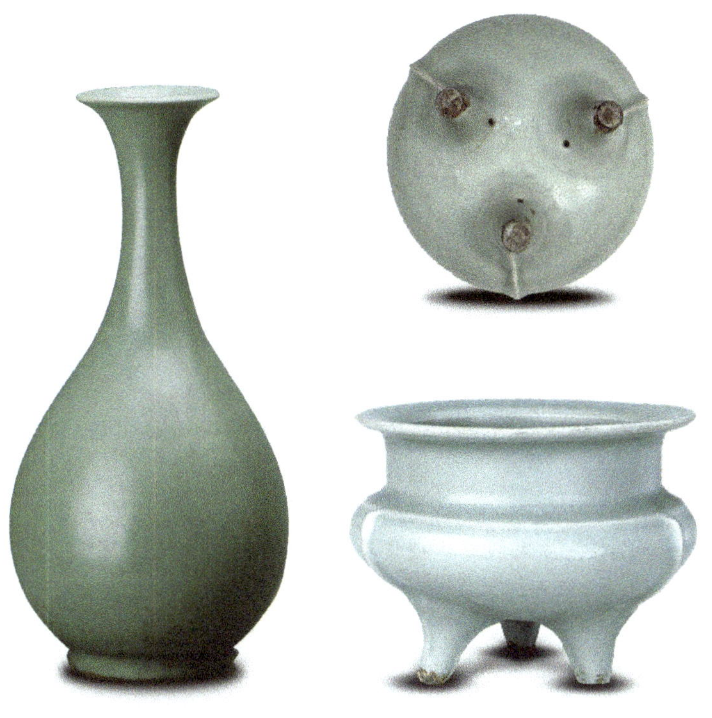

南宋龙泉窑青釉玉壶春瓶

宋龙泉窑鬲式炉

高 10.2 厘米，口径 13.7 厘米，足距 7 厘米

的说法，彭城镇便有北方瓷都之称。

龙泉青瓷窑：龙泉市位于浙江省西南，为浙江省历史文化名城。龙泉青瓷以民间日用器为主。北宋中晚期随着越窑的衰落而兴起，成为南方青瓷的重要产地，南宋为其鼎盛时期。龙泉青瓷的主要特点是厚釉，有些器皿施釉多至数十遍，釉层厚度甚至大大超过了胎体厚度，由此而使得该青瓷釉器晶莹滋润。龙泉青瓷分为哥窑与弟窑。哥窑为宋代五大名窑之一，其产品为黑胎厚釉，青灰淡雅，釉面布满纹片，紫口铁足，古雅端庄；弟窑胎白釉青，釉色有月白、豆青、青灰、蟹壳青、灰黄、炒米茶和茶叶末等不同色调，最为珍贵的是

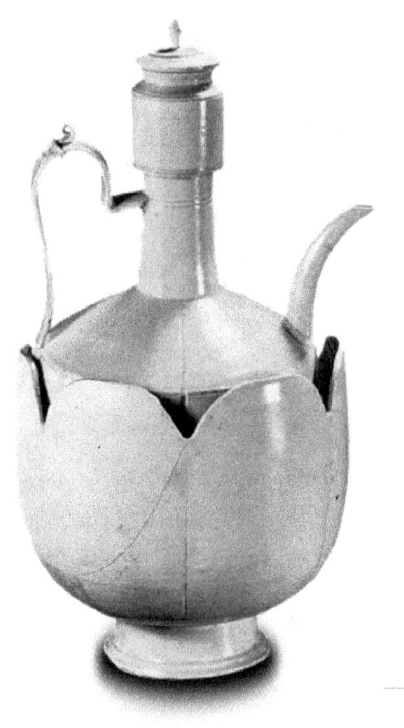

宋景德镇青白瓷注子注碗

宋景德镇窑青白釉印花莲纹盘

通高3.5厘米，口径18.3厘米，底径8.5厘米

1964年北京丰台区金代瓦窑塔基出土

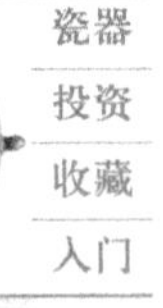

粉青和梅子青。

景德镇青瓷窑：江西景德镇在五代时受越窑影响烧制青瓷，北宋时期，创烧青白瓷，后世称为“影青瓷”，釉色接近白色，在积釉处显出湖绿色的青色，且若有若无。景德镇烧制的青白瓷以日用器皿为主，有饮食用器如碟、盘、碗；酒具如注子、注碗、杯、杯托；盥洗具如钵、洗以及灯、盒、佛像、瓶等。景德镇窑在北宋前期烧制的青白瓷多数素面无纹，后期开始用刻花等手法加以装饰，并用覆烧法烧制，南宋后盛行印花装饰。景德镇瓷器胎质洁白，器壁极薄，纹饰精美，叩之清脆有声，历来有“白如玉、明如镜、薄如纸、声如磬”的说法。

十一、明代至民国

91. 明代瓷器纹饰有什么显著的特点？

明代瓷器纹饰的特征主要表现在景德镇的各类瓷器上，这时期开始以彩绘（绘画）为主，不同于前朝以刻花、划花、印花、雕塑等为主的方法。明代早期绘画风格极为生动豪放、富有画意；后期以写实为主，画面简约轻快，富有漫画韵味；釉色淳朴浑厚、丰富多彩。官窑瓷器的纹饰绘制相对工整、细致，民窑器物纹饰绘制得潇洒、自由。明代瓷器纹饰题材丰富，人物、花鸟、飞禽走兽无所不有，画面或取材于民间图案，或借鉴锦缎上的纹饰，或受小说插图影响。

明代纹饰中以龙凤纹占主要比重，并贯穿于整个明清时代。明初龙纹画得张牙舞爪，中期比较温和，晚期有的龙鳞画得草率，龙爪如蟹爪，蜷身似蛇。明代瓷器上所画的人物

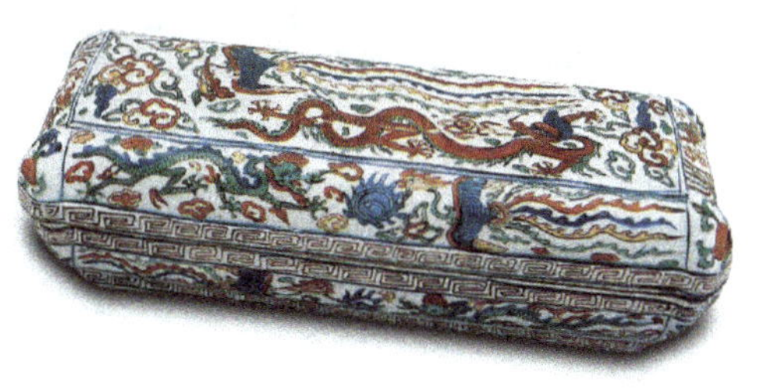

明万历五彩龙凤纹笔盒
通高 8.9 厘米，口径 29.9 厘米

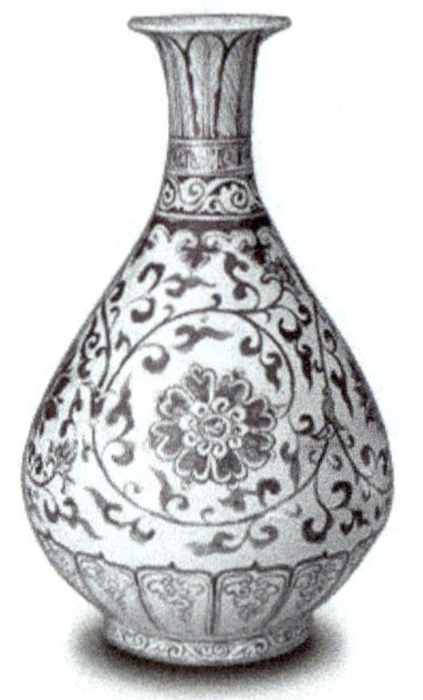

明洪武釉里红缠枝花纹玉壶春瓶

高 32.6 厘米，口径 8.6 厘米，足径 11.5 厘米

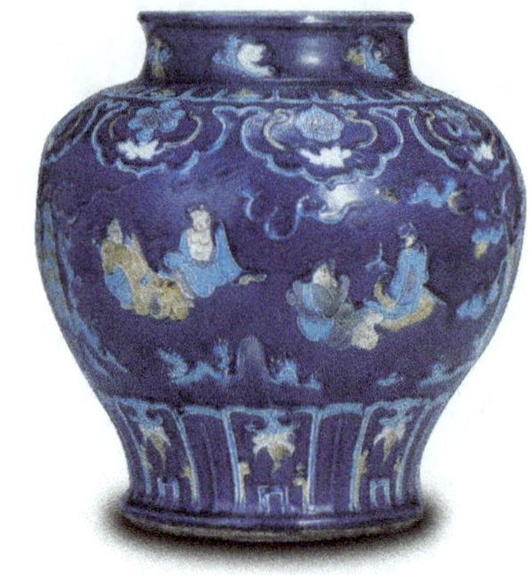

明中期法华醉八仙图大罐

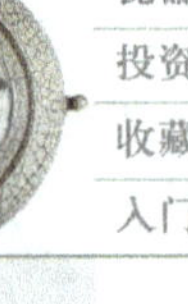

也经历了从初期的优雅脱俗到中后期的拙劣变形。

明代瓷器上也有以文字作为纹饰装饰内容的，如梵文、阿拉伯文、寿字、福字等。永乐、宣德青花瓷器在造型、纹饰上受到了西亚银器、铜器的影响，执壶、花浇、折沿盆、烛台、钵等都具有西亚作风。部分外销瓷为迎合外国人的口味，还以郁金香之类国内少见的纹饰作装饰。

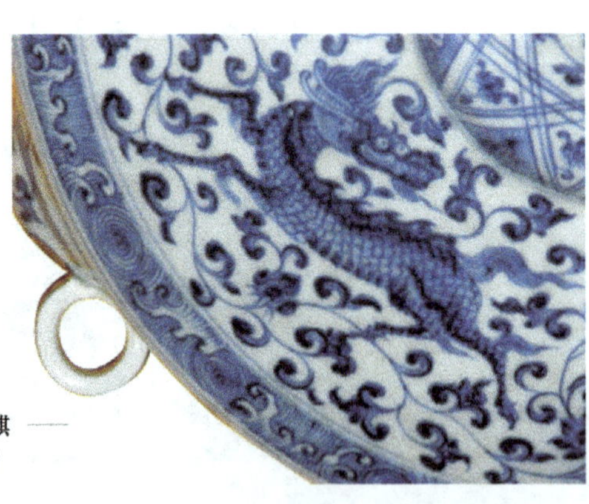

明永乐青花缠枝莲麒麟纹扁瓶局部特写

92. 明代瓷器款识的主要特征是什么？

明代瓷器的款识形式一般是书写的，很少有刻印的。专家总结明代瓷器款识规律是："永乐款少，宣德款多，成化款肥，弘治款秀，正德款恭，嘉靖款杂"。

永乐之前鲜见署年款的瓷器，仅见一件署"洪武七年二月二十七日造此"年款的青白瓷罐。

永乐瓷器的款识为"永乐年制"，开了在瓷器上书写帝王年号款的先河。"永乐年制"四字为篆书，竖行书写（两行），写于器里心。青花器用青花书写；白釉器、青白釉器多为印款；红釉、青釉器多为刻款。永乐年号款无论刻、印、写，"永乐年制"四篆体字的字体均较小。永乐年号款只有四字篆书一种形式。凡见楷书四字、篆书六字或楷书六字，皆为伪托款。四字篆书款后来也有仿的，但仿品款识的字体笔道多为生硬折角，无柔和圆润之感。永乐民窑器上的吉祥款较多，有福、禄、寿、辰等，字体由洪武时的草书为主，发展到隶、草、行三种写款皆有。另外，永乐朝也有少量的图章款。

宣德年间，帝王年号款突然多起来，款识不像永乐年只书写在器皿里心，而是比较随意地出现在很多部位，即"宣德款识器满身"。在形式上，宣德款有楷书也有篆书，其中楷书占了绝大部分。字数上，有六字"大明宣德年制"和四字"宣德年制"，且以六字为主。还有"大德吉祥场"，"敬权"等款识。款识的写法，有六字双竖行加双圈，也有六字一行（横竖均有）、四字一行横写或双竖行。有用毛笔书写的，也有刻写的。宣德民窑器仍有一些草书或隶书的福、寿字，也是多写于器心。还有写"大明宣德年造"的，十分特别。

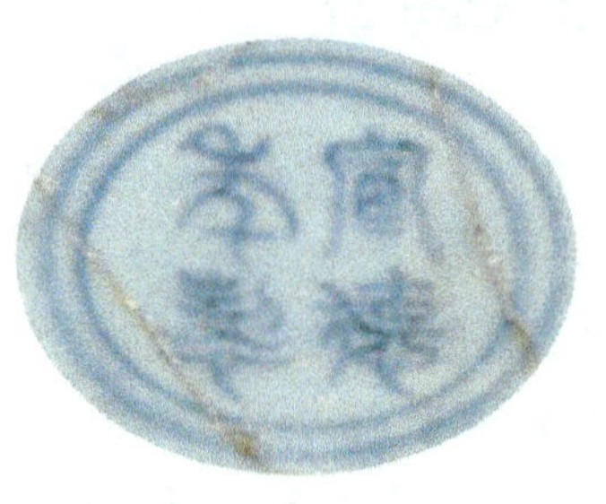

明宣德款识

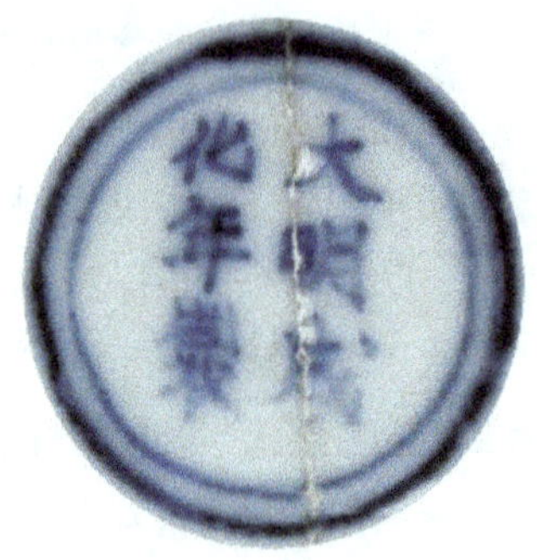

明成化款识

正统、景泰、天顺三朝所见带年款的器物仅6件，非常稀少。

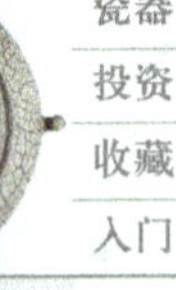

成化官窑器年号款以青花楷书六字双竖行“大明成化年制”为主，有加双圈、双方框、也有无圈框的，款的位置也大多数在器物底部。除六字楷书双行款外，还有少量“大明年制”四字双行楷书款。官窑有在底足写“天”字款的罐，人称“天字款罐”，天字极其有特色，字体极其肥胖。民窑款识也有写“大明成化年造”、“大明年造”的。但无论官民窑产品，成化真品均无“成化年造”、“成化年制”四字款。

弘治官窑瓷器款识大体同于成化，是青花楷书“大明弘治年制”六字双行款为主，写于器底。有少量篆书四字双行刻款“弘治年制”，多位于器里心。还有少量红彩楷书“弘治年制”和“上用”款。弘治民窑器的款也较多，有“福”、“正”、“金玉满堂”、“长命富贵”等吉语款，也有“壬子年造”等干支款。

正德官窑年号款以青花楷书六字双行“大明正德年制”和四字双行“正德年制”为主，以四字款居多。有书写款，也有刻画款。

款字的青花色泽有浓有淡，色淡者显得灰暗。另有红彩书写的楷书双行“正德年制”款，色泽深者黑红，浅者十分艳丽。此时的花盆、炉、洗等彩瓷，多为楷书四字一行刻款，位于器口沿下，也有刻于器底者。除了用汉文，还有用阿拉伯文和红彩梵文书写的款识。民窑器上年号款常见“正德年造”、“大明年造”及“天下太平”、“长命富贵”等吉语款。

嘉靖官窑年号款全为楷体，以六字双行“大明嘉靖年制”为主。也有六字一横行、六字环行、四字钱文十字排列的。款识位置主要位于器底，也有写于器口沿下边的，还有写于器物肩部的。除写款外，也有少量刻款。款式有青花、红彩、刻字涂金等多种。民窑器上除了“大明年造”、“嘉靖年造”等年号款外，赞颂款、吉语款较前朝兴盛，如“福寿康宁”、“国泰民安”等；人名款数量大增，如“陈守贵造”、“邓奎自造”等；且开始出现堂名款，如“滋树堂”、“松柏草堂”、“郭仁堂”等。

隆庆官窑年款都写“大明隆庆年造”六字两行楷书，“隆庆年造”四字两行款比较少见。款识外围一般围以双圈或者方框，有青花和红彩两种颜色。

万历官窑款识以楷书六字双行“大明万历年制”为主，也有六字一行、三行或者环形的，还有四字双行、四

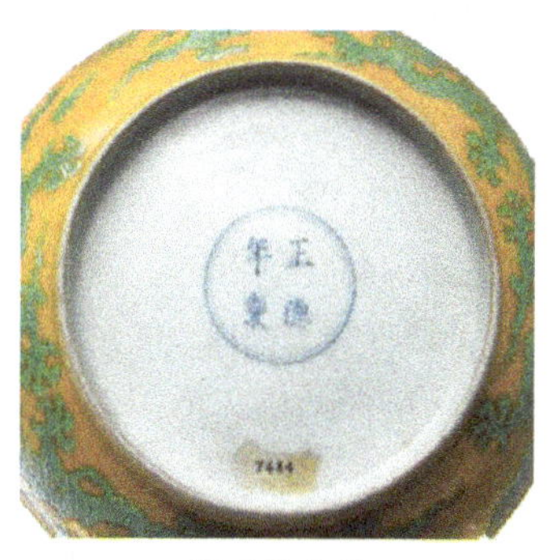

明正德款识

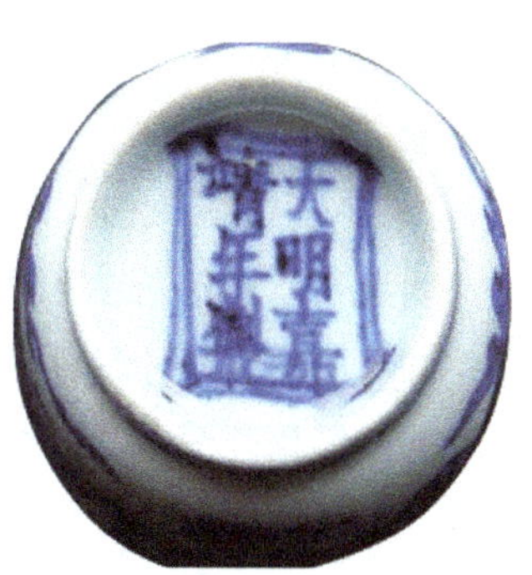

明嘉靖款识

明万历款识

字环行、四字钱文十字排列的。有带双圈的，也有不带圈的。款的书写位置也很不固定。万历各类民窑款大为增多，人名款如“程廷梓造”；斋堂款如“玄阴堂”、“芝兰斋”等；吉祥款如“万福攸同”、“德化长春”、“福寿康宁”等；赞颂吉祥款如“玉堂佳器”、“天禄器”、“天禄佳器”、“上品佳器”等。

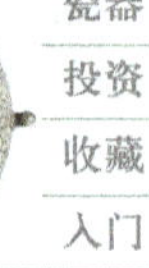

天启官窑器以“大明天启年制”六字两行楷书款为主，也有“天启年制”四字款。民窑纪年款有“天启元年”、“天启八年”、“天启三年唐氏制”等，堂名款有“竹石居”、“白玉堂”，赞颂款有“同乐佳器”、“仁波佳器”等，还有图案款，如兔子、灵芝、方胜等。

崇祯时期官款器物少见，有“大明崇祯年制”及“崇祯丁丑”等。民窑盛行堂名款、人名款、吉语款。

明末天启、崇祯年间，署本朝年号款的官窑器少，署前朝年号款的却较多。不过，这些署前朝年号款的瓷器多为民窑粗制滥造，款识字体十分草率，排列杂乱。

93. 明洪武瓷的纹饰与元瓷纹饰有什么差异?

明洪武瓷与元瓷的纹饰多见缠枝菊，但元代的菊花瓣是单层的，而明洪武时期的则是双层的，大多使用扁菊纹。牡丹花的绘制也有差别，元代牡丹花瓣边缘呈串珠状，好似一排排晶亮的露珠，叶子或大而肥硕或像葫芦叶；明洪武时期的牡丹花瓣边缘则以留白显示瓣与瓣之间的层次，这就是洪武著名的“花卉留白边”（即“缺刻”）现象，没有露珠，叶子比元代的要小，画法娴熟简洁。

作为边饰的仰莲瓣、覆莲瓣（一般在器物的底部或肩部），元代的基本是方角，瓣与瓣之间有缝隙，瓣中多画火纹、折枝花卉、垂云、八宝、杂宝等，而洪武时的莲瓣是长圆形的，没有棱角，瓣与瓣相连，没有缝隙，瓣内画宝相团花或如意云头纹。

元代回纹由单体回纹以间断排列的形式组成边饰，或者呈规矩的方形，或者为减笔式回纹，或者以变形手法绘制。洪武官窑改变元代回纹的独立（单体）间断排列形式，为一正一反两方相连的回纹边饰。

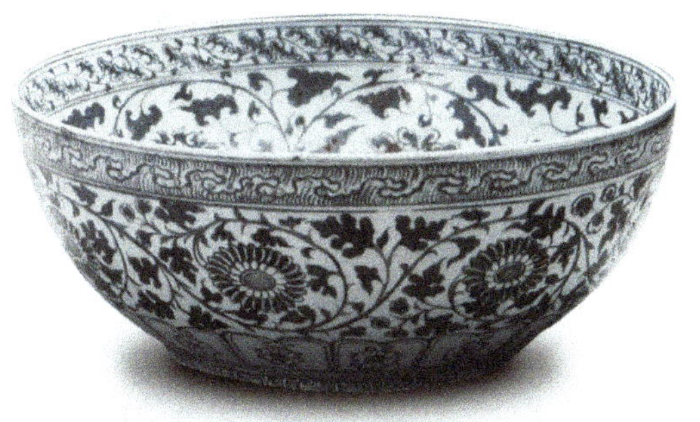

明洪武景德镇窑釉里红缠枝菊纹大碗

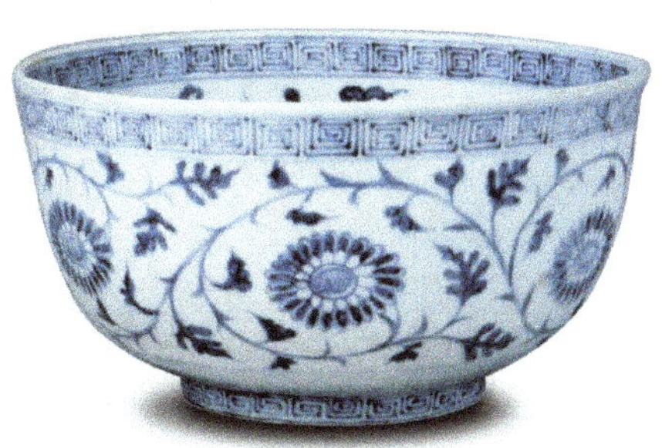

明洪武青花缠枝菊纹碗
高 10.4 厘米，口径 20.5 厘米，足径 10 厘米

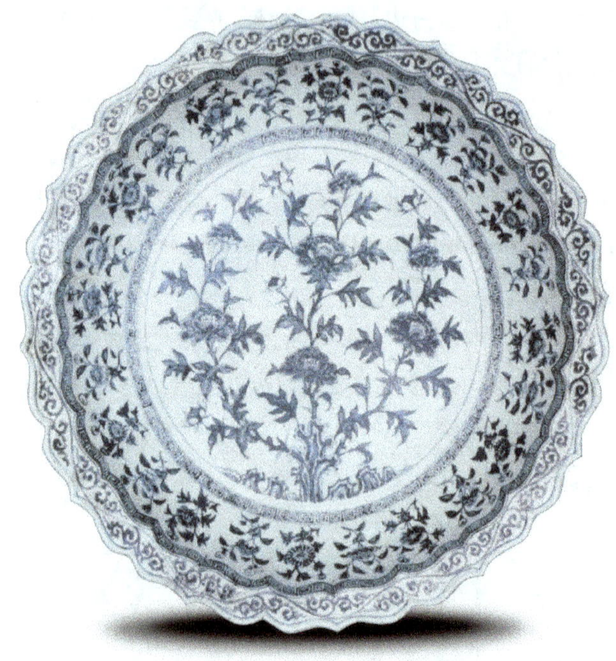

明洪武青花山石牡丹纹花口盘

高 4.4 厘米，口径 55.8 厘米，足径 34.8 厘米

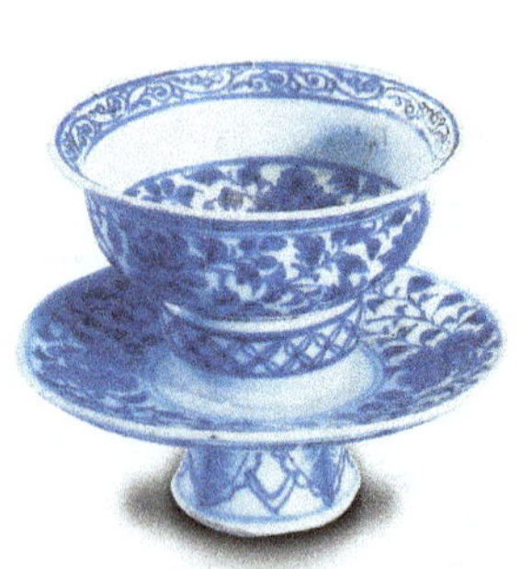

元青花缠枝花盏托

通高 9 厘米

北京元大都遗址出土

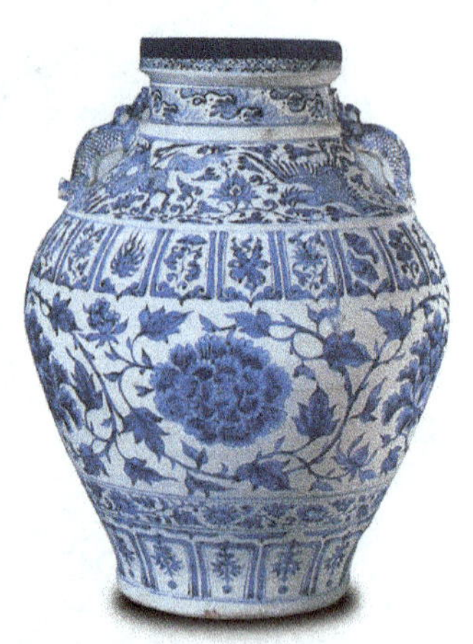

元青花缠枝牡兽耳大罐

高 47.8 厘米

94. 明嘉靖五彩瓷与万历五彩瓷的纹饰有什么不同?

明代嘉靖五彩瓷的装饰纹样多为图案式构图，并以开光形式突出主题纹样，题材主要以龙、凤、鹤、鱼藻、莲池鸳鸯、花鸟、八仙、八宝、八扑、婴戏、天马，配以山石、花果、荷叶、缠枝莲以及璎珞、回纹等辅助纹饰，道教题材的图案尤其多。正面龙形和用羊作为形象的“三阳开泰”图开始出现，鱼藻纹使用普遍，鱼体肥大。出现团福、团寿、花托字、龙托字或锦地开光字等。

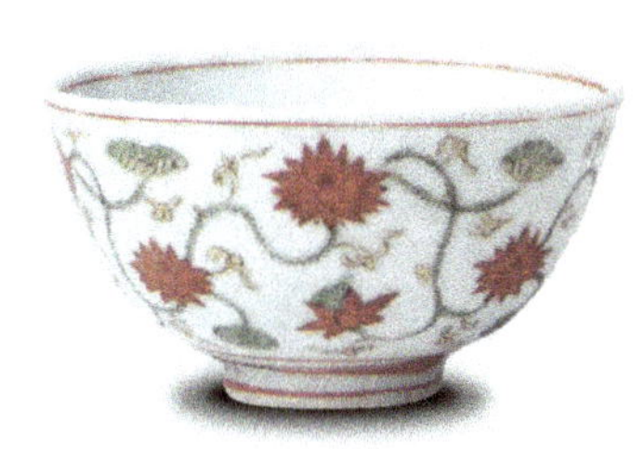

明嘉靖五彩缠枝莲纹碗

高 6.5 厘米，口径 12.2 厘米，足径 4.6 厘米

此外，还开始出现以树干盘出“寿”字的吉祥纹，寓意国泰民安、五谷丰登、万寿康宁。

万历五彩瓷的主题纹饰多承袭嘉靖时期，但其构图方式“改前朝清新疏朗的风格，以图案纹饰繁密为主”。特别是采用镂空（透雕）工艺使这种情况更为普遍。纹饰仍以龙凤、花草为主，也有婴戏图案及八仙、百鹿等道教色彩的图案。常用开光图案，也有以吉祥内容为题材的纹饰如“福”、“禄”、“寿”等吉语。绘画技法主要特色是青花淡描、铁线描和勾筋淡水点染，但往往绘画草率。纹饰中以青花勾线但色彩常常涂出轮廓线外，致使纹饰显得粗率而模糊。所画人物、动物形

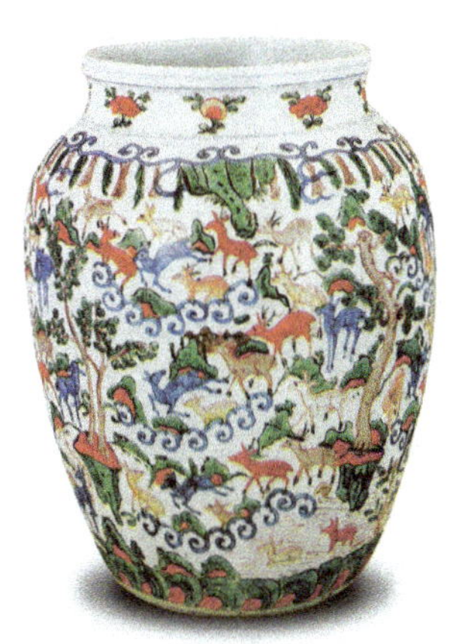

明万历五彩白鹿纹盖罐

高 25.5 厘米

象往往头大身小，比例失调，主要靠色彩来烘托主题。龙凤等纹饰缺乏变化，比较单调。

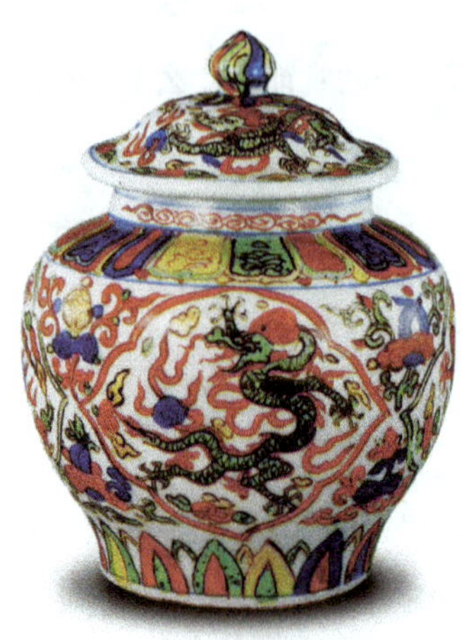

明万历五彩龙纹盖罐
高 14 厘米，深 9.5 厘米，口径 6.4 厘米

95. 明万历瓷器的署款形式有什么特点？

明万历官窑器署款很多，款识多以“大明万历年制”六字行楷署款为主，兼有篆书，多用青料书写。前期青花官窑款色调浓艳；中期除部分浓重外，大多出现浅淡或灰暗的色调。款识的布局继承嘉靖官窑的遗风，字与字之间的距离宽松；有的上以覆莲映衬，下以折枝莲托护，好像一块招牌；有的则用花形来表现。字体端庄中寓瘦劲，但写款时往往横画轻，竖画重，显得拘谨刻板。落款的位置变化较多，有的写在足边，有的写在口边，有的写在肩部，有的写在器底。民窑款有“大明万历年制”和“大明万历年造”两种，字体写法受官窑影响，

明万历年制六字双行竖款带双圈

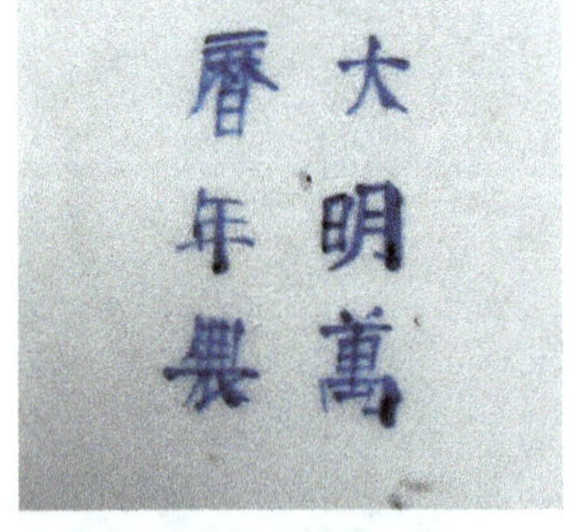

明万历年制六字双行竖款

大多行书带草。万历朝的吉祥语也很常见,除传统的“福、寿、天下太平”外，赞美器物的赞颂款也大量出现，常常是堂名和赞美语连缀，如“番府佳器”、“郝府佳器”等。还有一种是祝福语与赞美语连缀，如“富贵佳器”、“玉堂佳器”、“上品佳器”等。

96. 明万历青花瓷的纹饰有什么特征?

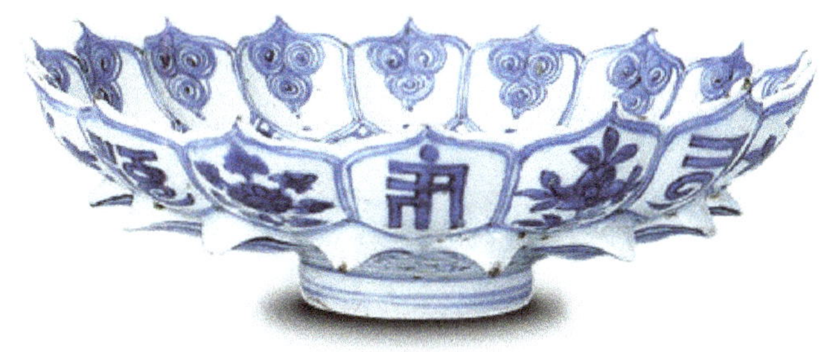

明万历青花梵文莲花式盘
高 5.3 厘米，口径 19.2 厘米，足径 5.4 厘米

明万历青花瓷纹饰华丽繁缛，有的器物内外满饰图案，大多采用多层装饰的方法，从两层三层一直多到八九层的都有，每层内容都很丰富，有些画面显得拥挤凌乱。还有的青花瓷用镂空纹饰，别具一格。

在绘画技法上，早期近似嘉靖，线条颇细，有深浅阴阳之分；晚期则简单潦草，还开创了淡描、铁线描和淡水点染技法，有较强的水墨效果。大量采用开光构图，“锦地开光”是当时一大特色。

纹饰题材以龙凤、婴戏、花卉、人物故事纹为主。花卉纹有牡丹、月季、石榴、桃实、番莲、葵花、菊花、梅花、莲花等。花卉纹与瓜果纹常与“福”、“万”、“寿”字结合组

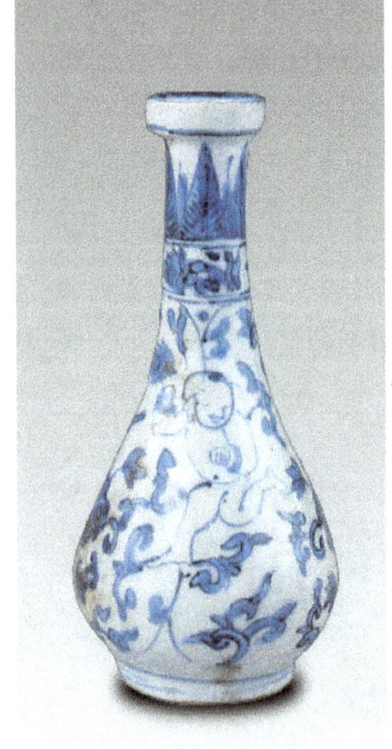

明万历青花婴戏纹长颈瓶

高 14.8 厘米，口径 2.7 厘米

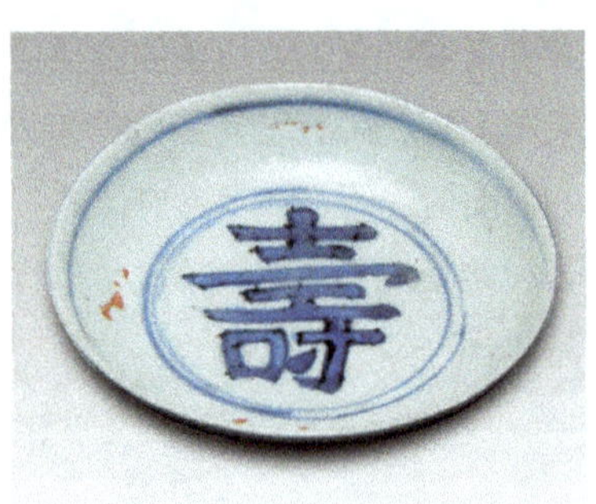

明万历景德镇窑青花“寿”字纹碟

高 2.5 厘米，口径 10.3 厘米，底径 6 厘米

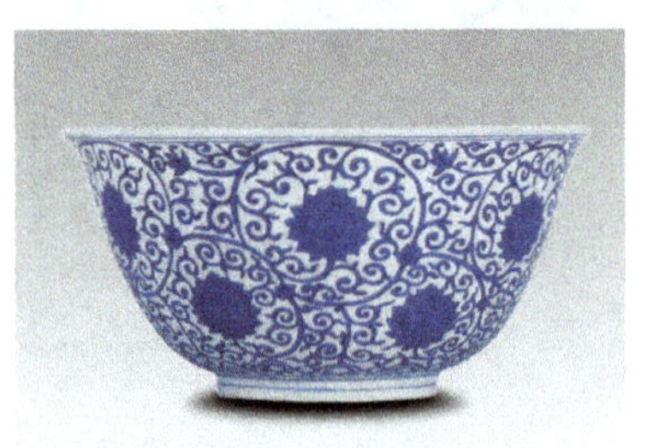

明万历青花缠枝莲纹大碗

成装饰画面。人物纹有婴戏、高士、仙人、四妃十六子、河图洛书、南极仙翁等。仙翁的脑门很高，像冬瓜。小孩儿的头大，后脑勺大，和身体不成比例。配以山石、八字、八卦、梵文。后来逐渐摒弃道教纹样，增加梵文等佛教题材，这与万历皇帝崇尚佛教密宗有关。

戏曲故事的减少和神话内容的增加是万历青花瓷人物纹的特点。龙纹为细身，龙首上颚突出，龙鳞多简化成锯齿形，也有成方格形，大多是侧身龙，也有正面龙，头如狮子头，鼻尖成如意状，龙嘴画得比前朝更长，龙口张开，似猪嘴，称为“猪嘴龙”，龙纹画得比较草率，龙形大多呆滞，气势不足。

另外，还有富有吉祥寓意的纹饰，多为福、禄、寿等内容，如寿山福海、云里百蝠等，多见于民窑器中。具有时代特征的纹样还有娃娃攀花纹、狮子穿花纹、灵芝纹、天宫麋鹿图等。天宫麋鹿图等绘于器心，意为厚禄。山水风景画面，绝大多数是背景。

97. 明天启青花瓷与崇祯青花瓷有什么异同?

首先，从器形看。明天启青花瓷器型，大件器物多欠规整，胎体一般粗糙，小件器物仍然很精细，有万历遗风，器足多不施釉，为白砂底，可见跳刀痕，并粘有砂粒。崇祯青花瓷器型不规整的现象比较普遍，一般胎体厚重，修足粗糙，底足常有跳刀痕和刮削痕，并且多粘砂。

其次，从纹饰题材看。明天启青花瓷的纹饰题材包括八仙、罗汉、吉象、牧童骑牛、双鹿、双狮戏球、人物仙鹤、白兔、葡萄、梅花、缠枝花卉、桃猿图、高僧图等，很多是诗画相配。天启民窑青花纹饰中有一些特殊之处，如人物脚下画链状纹，器心画鱼、蟹，碗心灵芝托“喜”字或“寿”字纹饰，灵芝成菱米状（万历灵芝呈椭圆形），碗心莲花托“寿”字纹饰等。崇祯青花装饰题材广泛，内容丰富。图案纹饰多富寓意。山水画是这一时期最多见的题材，内容极富生活气息，画意具有明末国画的风韵，也有许多是诗画相配、茅屋、草亭、舟桥、渔翁、樵夫、高士等。传统题材的纹饰如云龙纹、凤鸟纹、瑞兽纹、动物纹、植物纹、吉祥纹样等也很常见。崇祯青花还有一些独特的装饰纹样，如《赤壁赋》全文并东坡游赤壁图、芦汀野鸭、鹅掌形（三角形）叶牡丹花、扁圆形较大的折枝果、云脚内侧加点的“卍”字云、变体飞丝龙纹饰带、雨雪松球锦纹带、填满藤蔓的缠枝葡萄、枯木寒鸦、盛开的兰花花朵等。

第三，从绘画技法看。天启瓷器绘画技法较多，且各有特点。其中豪放夸张的减笔写意画与万历时华丽繁缛的风格形成鲜明对比。崇祯瓷独有的特征是以涂抹技法绘制人物，衣裤有碎花表面纹，开创了类似中国画中淡墨水彩的皴点法用笔，画面极富诗意，对清初影响很大。单线平涂手法也使用较多。

第四，从釉色看。天启青花的色调复杂，有的呈鲜艳的浅蓝色，有的青中泛浅灰色，有的呈色不稳定、纹饰线条与釉面呈熔融现象，有的色调浓重，泛蓝黑或灰黑色。釉质一般比较稀薄，有的器物口沿施酱釉色。崇祯瓷器釉面有青白、白中闪青、白中闪灰等多种色调，釉层却均显稀薄，与明代中期肥厚的釉面有很大差别。器口普遍施酱黄色釉。

为了外销日本，天启和崇祯瓷器出现了很多日本工艺风格的造型和纹饰，尤其民窑作品中更为明显，如四方、六方、八方、花口斜方、扇面形、菱花式等各种造型及扇面纹、皮球花纹等，均与外销日本相关。

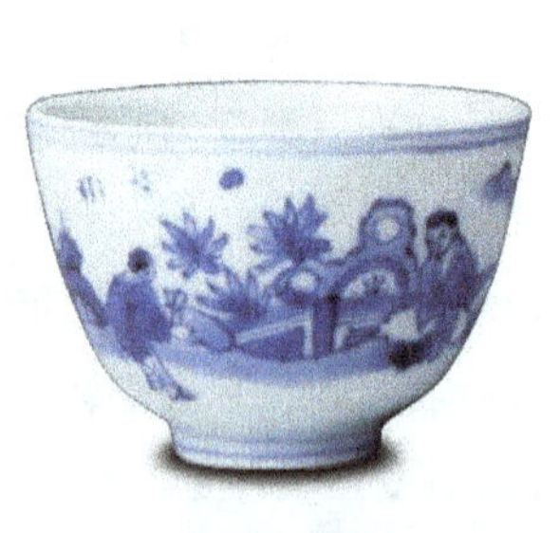

明天启青花高士图杯
高 4.7 厘米，口径 6.8 厘米，足径 2.7 厘米

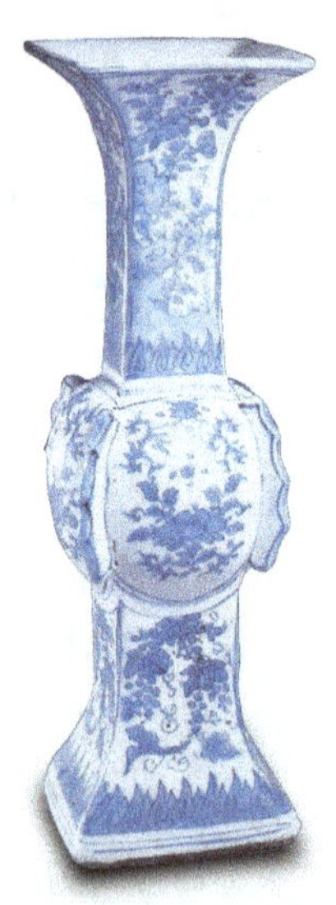

明天启青花花卉出戟花觚
高 32 厘米，口径 10.2 厘米

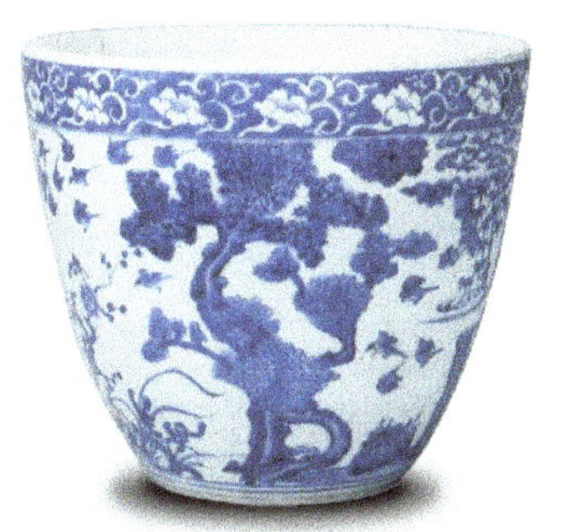

明崇祯青花百鸟图缸
高 17.3 厘米，口径 22 厘米，足径 11.5 厘米

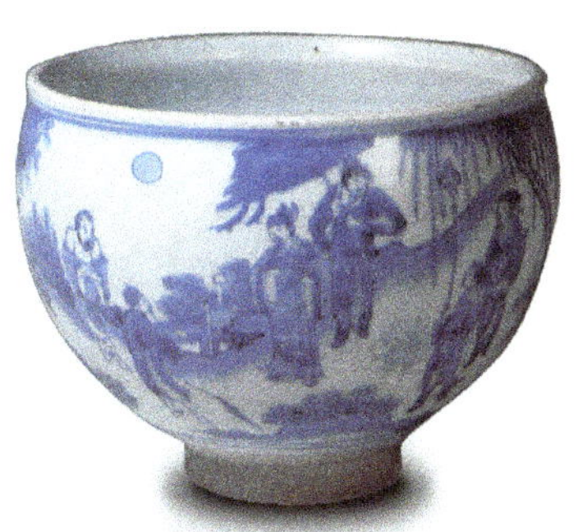

明崇祯青花净水碗
高 15.3 厘米，口径 19.3 厘米

98. 明清酱釉瓷分别有何明显特点？

酱釉是酱色、褐红色、赭色、柿红色等釉色的统称，因为其色泽光亮如紫金，显得素洁高雅，所以又被称为“紫金釉”。

明洪武时酱釉器釉色均匀，永乐釉色与今日的芝麻酱色相差无几。宣德官窑酱釉的釉色稳定，釉面较洪武时亮而匀润，釉色光洁滋润，釉面肥厚，对光斜视可见釉面泛有橘皮纹。民窑酱釉器多为外酱釉内白釉，外酱釉内青花，釉面光洁有橘皮纹。成化时期酱釉有撇口碗，器物的胎质细腻纯净，釉面较宣德时更为肥腴，器物口沿下有流釉形成的不太明显的堆釉痕迹。正德时有盘类等酱釉器，与成化相差不大。嘉靖时，釉色纯正，较成化时略浅，釉面匀净，光泽度较高，釉质细润。万历官窑酱釉器胎体较嘉靖时厚重，胎质较为粗松，

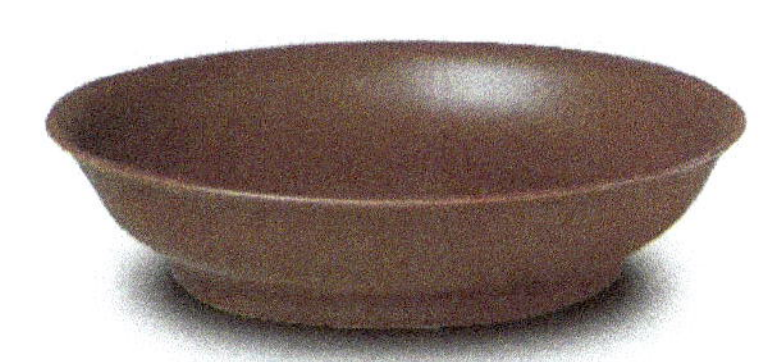

明宣德酱釉盘
高 4.4 厘米，口径 19.6 厘米，足径 12.4 厘米

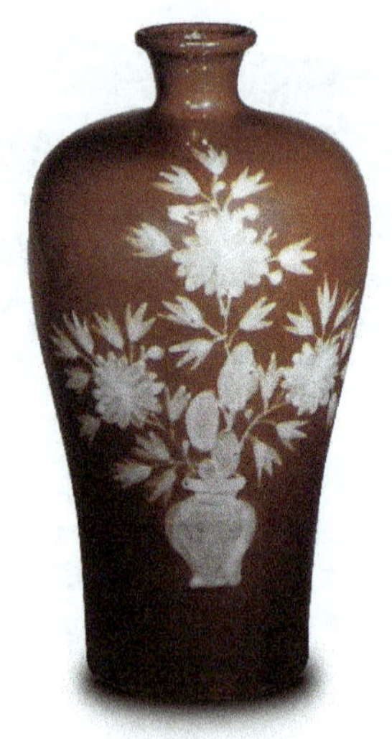

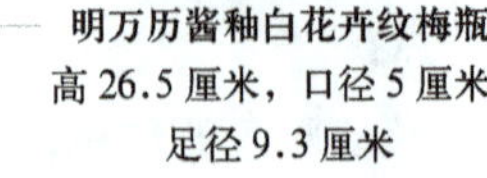

明万历酱釉白花卉纹梅瓶
高 26.5 厘米，口径 5 厘米，
足径 9.3 厘米

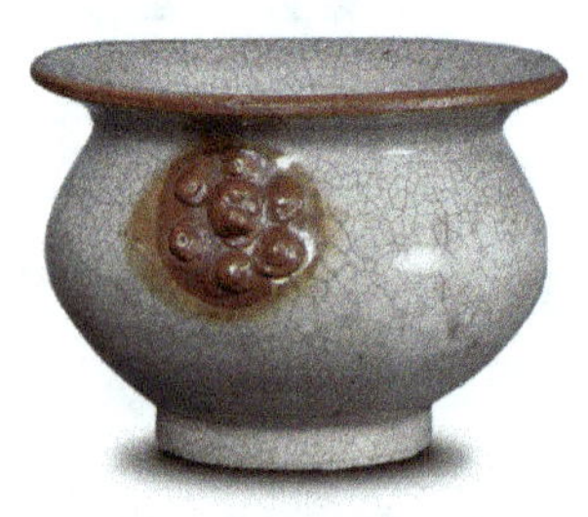

清道光景德镇哥窑酱釉彩贴饰炉
高 10.7 厘米，口径 15.3 厘米，
底径 8 厘米

釉面肥厚，万历民窑酱釉以酱釉白花较为流行，其釉色浅淡，釉面光亮。

清代酱釉器物以康熙、雍正、乾隆三朝为多。清顺治酱釉器胎质较粗，平润光滑，釉色微微闪红，釉下有密集的气泡。康熙酱釉器较明代及顺治时期的成色有很大提高，民窑纯粹的酱釉器物较为少见，多为酱釉开光彩绘。雍正时期酱釉烧造达到最高水平，雍正酱釉色泽纯正，施釉厚而匀净，与康熙酱釉不同的是釉面隐有黄色斑点，有素洁高雅之感。康熙、雍正两朝酱釉瓷常常署宣德款识。乾隆酱釉釉色深沉稳重，施釉匀净，釉面不见有雍正时的黄斑，光泽度较强。

99. 清代瓷器的总体特点是什么？

第一，造型特点。顺治、康熙朝的古拙、丰满、浑厚、雍正时的秀巧隽永，乾隆时则显规整，嘉庆、道光以后则稚拙笨重。大件器物和早期器物，多为光滑的砂底。顺治、康熙时瓷器足型较为多样，有双圈层底、斜削式底、二层台式底、卧底、滚圆泥鳅背形足等。

第二，胎体特点。明代瓷器露盈处，常泛火石红，到清代已基本消失。琢器类一般薄厚适中，圆器类则有厚有薄。康熙时，胎体体重，质地坚硬细密。雍正时胎质轻薄，细润，洁白度高。道光以后的胎体厚笨，质地粗松。清代的琢器类腹、颈部接痕极为少见。

第三，釉面特点。不及明代肥腴光亮，施釉稀薄，色泽略显青白。顺治、康熙两朝，釉面平整细腻，胎釉结合紧密，釉面分别呈青白、粉白、酱白、硬亮青等几种色泽。雍正时

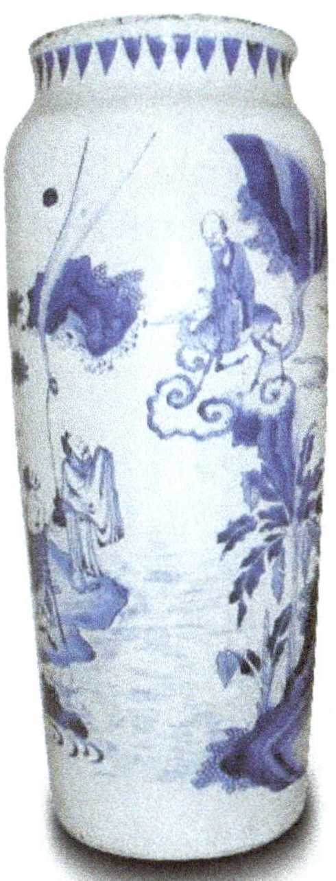

清顺治青花筒式瓶

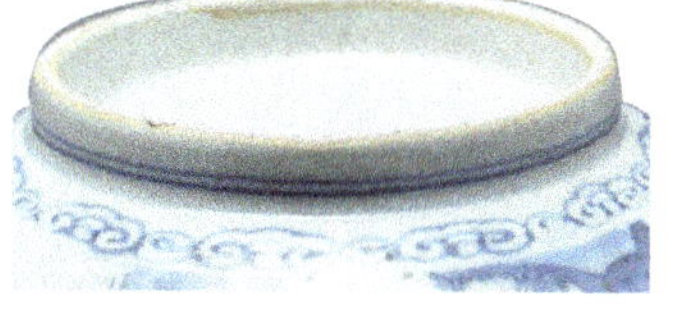

清康熙瓷器圈足上的火石红已经比明代器底上的火石红明显减淡

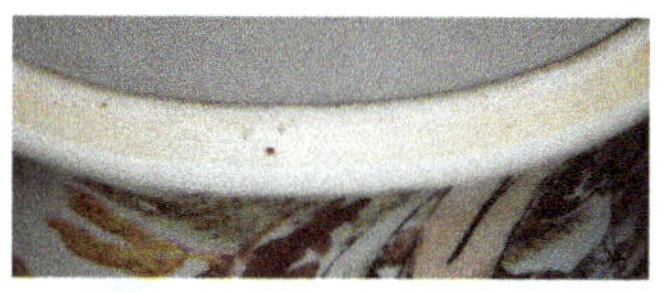

清光绪彩瓷上的淡黄色火石红

釉面细白莹润，多有橘皮纹。乾隆时釉面平整泛青色，嘉庆、道光以后的不够平整，呈波浪状。晚清时施釉稀薄，釉质粗松，不够坚实。

第四，纹饰特点。清代瓷器的纹饰深受同时期绘画的影响。官窑瓷器图案比较规范，用笔细致入微，构图拘泥、繁缛、板滞。民窑瓷器写意写实并存，用笔豪放自如。早期纹饰中的山水、树木多采用斧劈皴，并加皴点，古装仕女高髻秀丽，以没骨画法描绘花卉的柔弱感。晚期纹饰中的人物面部无神，鼻部隆大。这一时期龙纹形态不一，既有方头大额，正肃苍劲的，也有纤柔细身的，一般为狮子头，龙发较多，龙脚明显突出，两脚立体感强，龙身体粗笨，一般画为四爪和五爪，像鸡爪一样。

第五，题材特点。在清代，由于瓷器工艺受到了西方绘画艺术的影响，因而在瓷器上出现了具有西方绘画风格特点的花纹图案。如在珐琅瓷器和部分出口瓷器上，时常可以看到一些绘画西洋人物、楼房、船和狗之类的花纹图案。

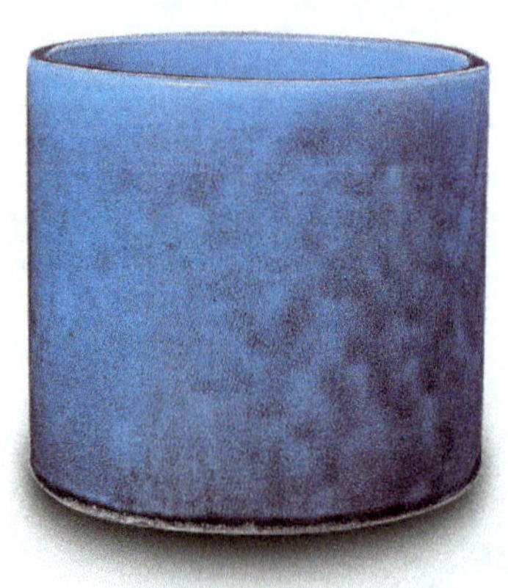

清雍正孔雀蓝釉笔筒

高 16.3 厘米，口径 19 厘米

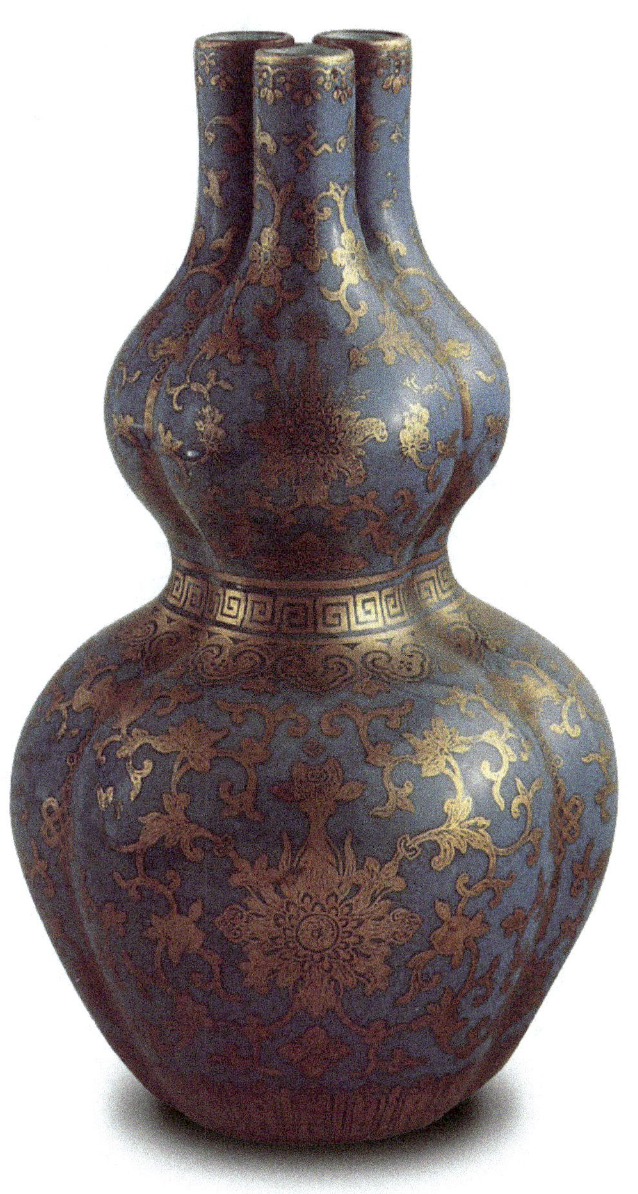

清咸丰蓝釉描金花卉纹三联葫芦瓶
高 28.1 厘米

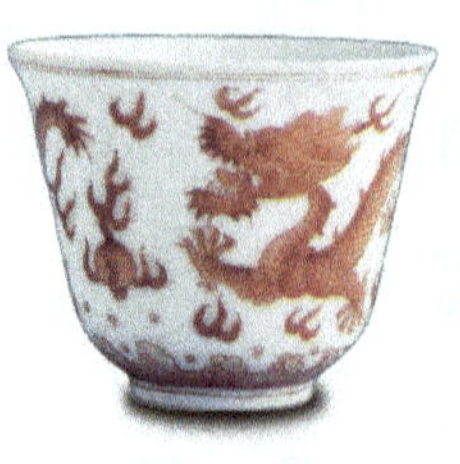

清同治矾红彩双龙纹杯
高 4.7 厘米，口径 6 厘米

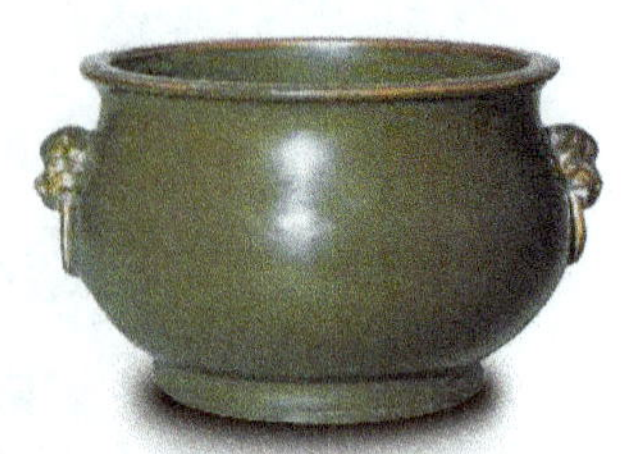

清咸丰厂官釉兽耳炉
高 7.7 厘米，口径 11.7 厘米，足径 9.6 厘米

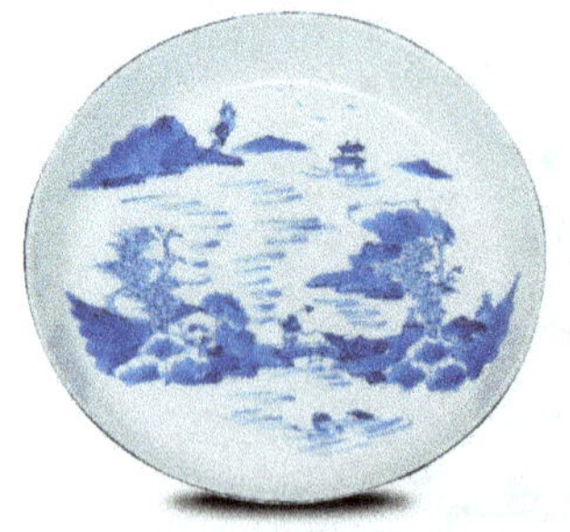

清光绪景德镇窑青花渔樵耕读纹镶铜边洗
高 3.3 厘米，口径 16 厘米，底径 10.5 厘米

清康熙黄地珐琅彩牡丹纹碗
高 7.1 厘米，口径 15.3 厘米，足径 5.7 厘米

100. 清代各朝瓷器的款识主要有哪些特征？

清代瓷器款识多种多样，青花书款，阴、阳刻款，楷、篆均有；除康熙初期外，官窑民窑大多留有款识。

顺治时期的官窑瓷器，年号款不多见，主要有楷书六字双行“大清顺治年制”、楷书四字双行“顺治年制”，均为青花书写，青花色泽比较深浓沉稳。所见最早的顺治年款是一件青花人物罐上的“顺治丙戌年”题款。另有少量“大清年造”、“大清年制”的，是受明朝影响的结果。顺治民窑以各种吉祥款、斋堂款、人名款为多。吉祥款如“雅”等，斋堂款如“望仙楼”、“百花斋”等，人名款如“许世文亢公制”等。

康熙早期款识字体以楷书款为主。“大清康熙年制”之类的帝王年号款比较少见。多为干支纪年款、斋堂款、图记款、花押款。款识排列多种多样，有六字三行、六字双行、四字双行，四字十字形钱文排列等。中期仍以楷体字为主，且大量出现帝王年号款。排列形式也趋向统一，以六字双行为主。晚期则以楷书为主，另有少量篆书，排列形式也以六字双行为主。康熙民窑器极少写年号款、纪年款的，大多数为赞颂款、吉祥款，尤其多斋堂款、图记款。康熙时期仿明代款识比较多，主要有“大明永乐年制”、“大明宣德年制”、“大明成化年制”、“大明嘉靖年制”、“大明隆庆年制”、“大明万历年制”等，一般是楷书。

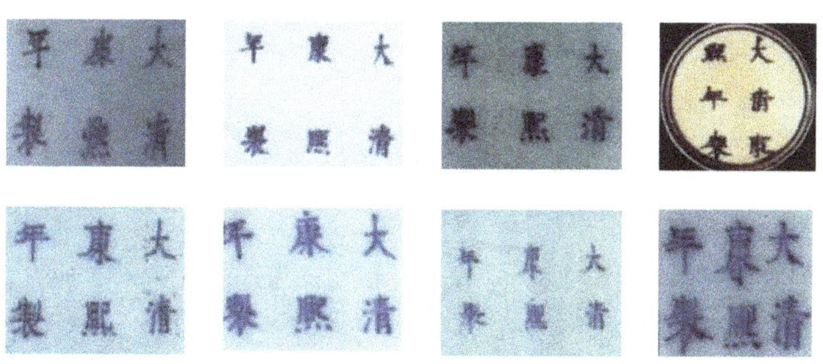

清康熙款识

雍正款识以楷书“大清雍正年制”六字两行和“康熙年制”四字四行为主，有少量六字三行和六字一行的，多数写在器皿的底足内。此时篆书款也逐渐地多起来，有四字双行，六字双行，六字三行多种形式。大件器皿普遍书写六字篆书款，中小件器物多写楷书款。也有仿明代款识，还有些仿明代器物不写款。雍正时期的官窑款识字体清晰、工整、清秀，字间比较紧密。雍正民窑器仍以斋堂款居多，但官窑斋堂款比前朝要少得多。

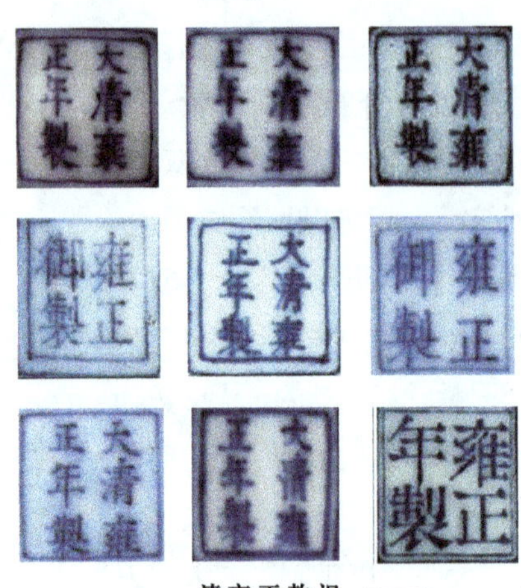

清雍正款识

乾隆时期的款识由康雍时期的楷书为主变为以篆书为主。主要是“大清乾隆年制”六字篆书款，排列由前朝常见的六字双行为主变为以六字三行为主。四字款识极为少见。书写材料除青花外，多种材料并用。乾隆时期的斋堂款比雍正时候稍多。仿明朝款识主要有“大明宣德年制”、“大明成化年制”、“大明嘉靖年制”等。乾隆民窑除大量吉祥款、赞颂款外，也有不少写年号款的，但一般字体草率，有的甚至只是半边字，难以识别。

嘉庆款识也以篆书“大清嘉庆年制”六字三行的年号款为主，也有一些四字款。多用青花书写，也有红彩、金彩及刻款的。款字无边框，书写工整，笔画较为纤细。除了年号款，嘉庆时还有斋堂款、干支纪年款等。嘉庆时期还兴起了一种

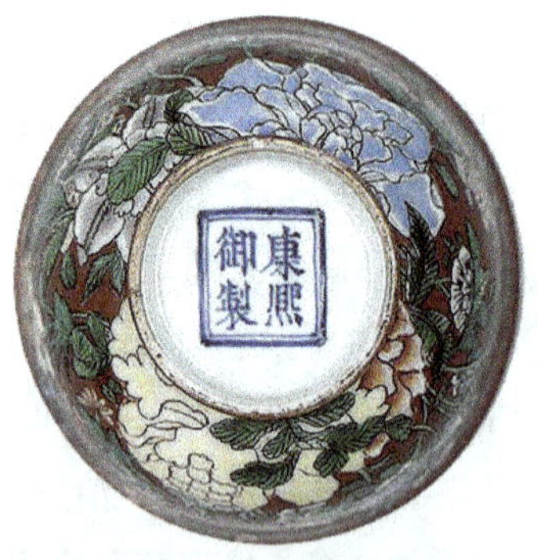

清康熙红地珐琅彩花卉纹碗

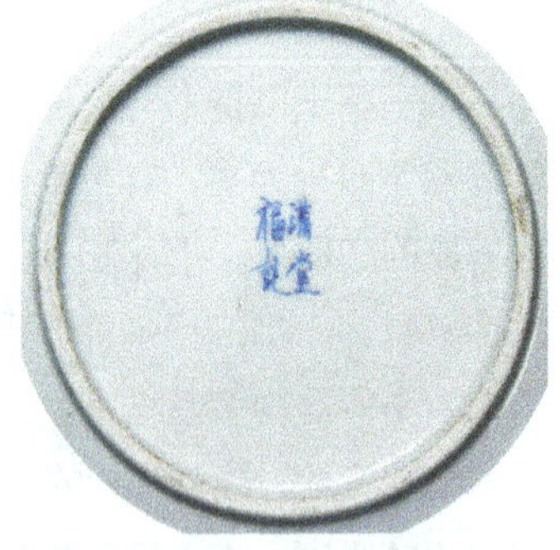

清光绪景德镇窑青花渔樵耕读纹镶铜边折腰洗（底款）

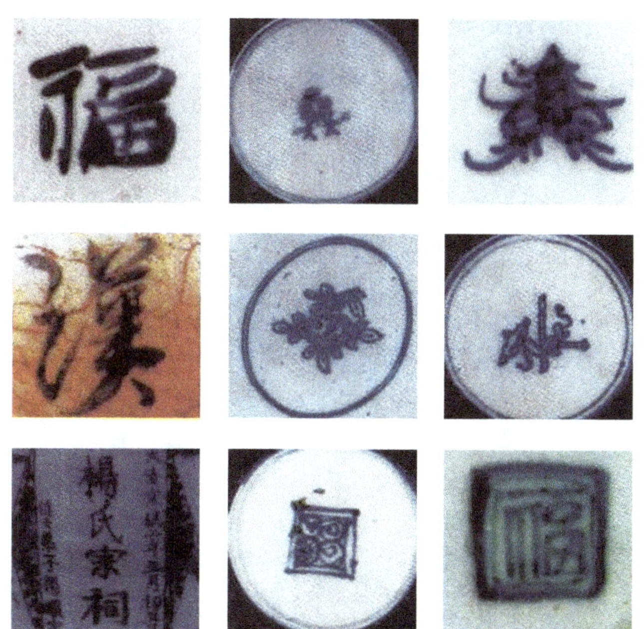

清代民窑款识

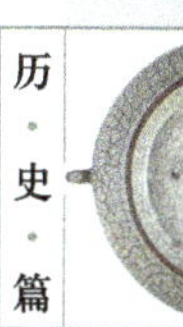

篆书带方框的款式。篆书工整、框线整齐，似图章印鉴，故俗名“印章款”或“图章款”。民窑款识多为吉祥款、赞颂款、斋堂款之类，书写工整。也有写年号款的，字体草率，难以识别。民窑书“喜”字的罐类器皿较多。

道光官窑款以篆书为主，大多为“大清道光年制”六字三行式排列，也有极少一字横列的。多用青花，也有红彩、描金及刻款。极少数粉彩器皿上有“道光年制”四字红底描金篆书款识。斋堂款较为盛行，其中“慎德堂”无框红楷书款被后世（光绪、民国）大量仿制。道光民窑器中，部分王公大臣烧制的斋堂款器质量颇高，款字书写也见功力。

咸丰官窑款识楷篆并用，以楷书为主。款式则有“大清咸丰年制”六字三行、六字双行等。字体秀丽柔美，通常没有边框或者圈。这时期的斋堂款很少，嘉庆朝始兴的篆书图

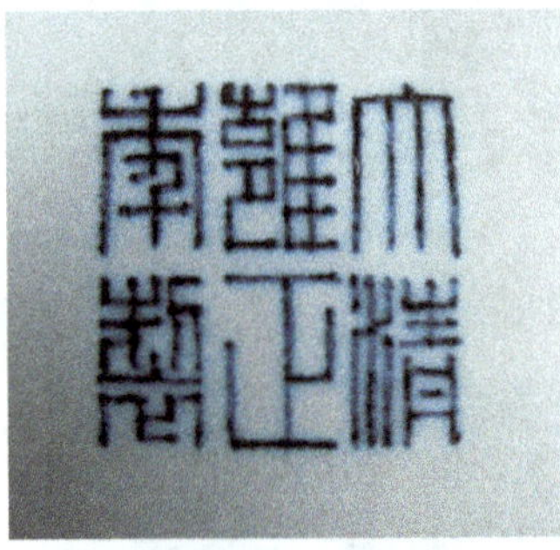

清雍正年制六字双行款

清乾隆年制六字双行款

清道光年制四字双行款

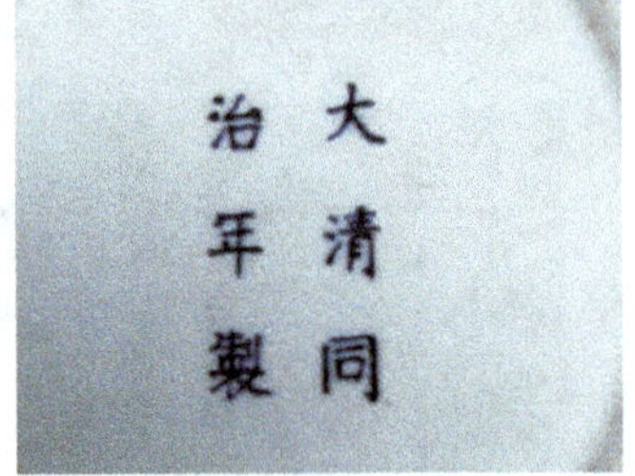

清同治年制六字双行竖款

章式款，此时大为盛行。民窑有“大清咸丰年制”年号款，楷篆并用，有些较草率，甚至连笔画都不全。

同治官窑款识以楷书六字两行“大清同治年制”为主，书写工整清秀，用笔拘谨。青花色调浓艳，略有晕散。也有“同治年制”四字两行楷书款，写得大而肥，笔画较拙。还有一些慈禧专用瓷，署款“大雅斋”、“体和殿制”、“天地一家春”等。书写方正谨严，以红彩居多。民窑器除大量吉祥款外，也多年号款、印章款。年号款多为“大清同治年制”六字双行，也有“同治年制”四字双行者，均为红彩印章或篆书款，大多字迹潦草。

光绪官窑款识楷篆并用，以楷为主。楷书字体修长，工整中略显清秀，款式多为“大清光绪年制”六字双行。多用青花书写，色泽深者较多。民窑器多为篆书图章式款，篆书十分草率。民窑器中的斋堂款器制作上乘，款识也较精。仿前朝（如仿康熙）瓷器的款识也比较逼真。

宣统在位仅3年，存世官瓷极少，官窑款仅见楷书“大清宣统年制”六字双行，以青花书写为主，也有抹红款及墨彩款；字体工整秀丽，青花色泽明快，无圈框。

101. 青花瓷到底是什么瓷器？

青花又称“白地青花瓷器”，它是用含氧化钴的钴矿为原料，在陶瓷坯体上描绘纹饰，再罩上一层透明釉，经高温还原焰一次烧成。钴料烧成后呈蓝色，具有着色力强、发色鲜艳、烧成率高、呈色稳定的特点。目前发现最早的青花瓷标本是唐代的，元代景德镇烧制青花瓷技术趋于成熟，明代宣德时期青花瓷在烧造技术上达到了相当高的水平，青花瓷成为瓷器的主要品种，清康熙时发展到了巅峰。明清时期，还创烧了青花红彩、孔雀绿釉青花、豆青釉青花、青花红彩、黄地青花、哥釉青花等品种。

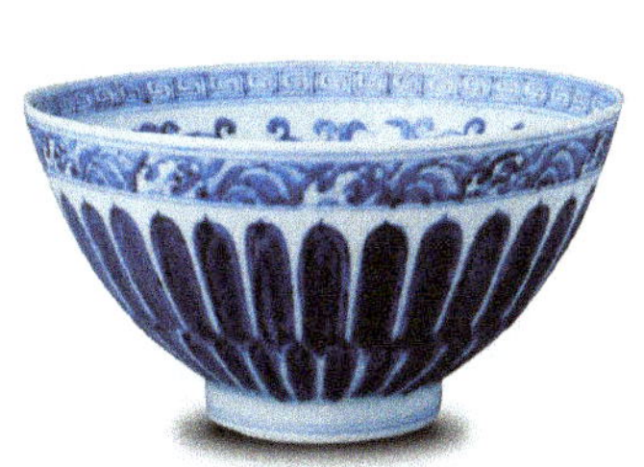

明宣德青花菊瓣纹碗
高10.5厘米，口径20.9厘米，足径7.9厘米

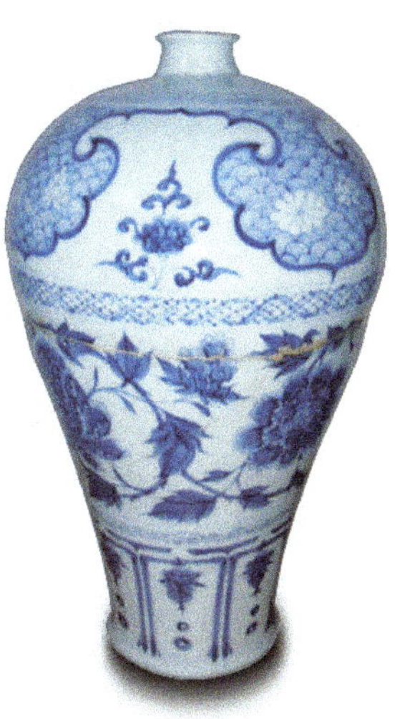

元代青花梅瓶
高46厘米，直径26.5厘米

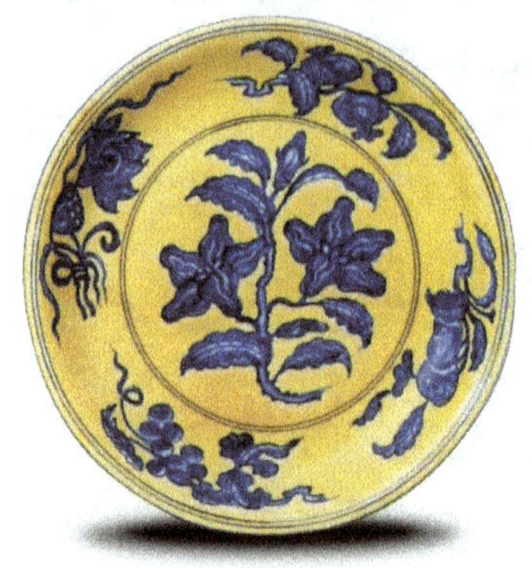

明弘治黄地青花折枝花果纹盘

高 4.2 厘米，口径 26.2 厘米，足径 16.5 厘米

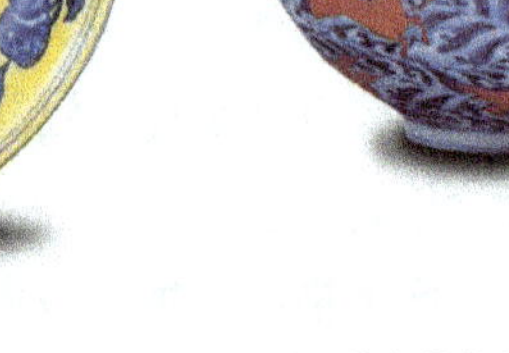

明正德青花抹红海兽鱼涛纹碗

高 9.6 厘米，口径 16.4 厘米

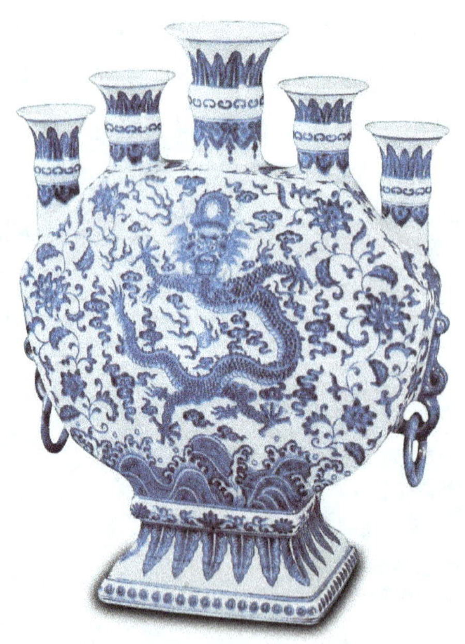

清乾隆青花云龙纹五管扁瓶

高 29.2 厘米，口径 7 厘米

102. 民国瓷器的主要特征是什么？

首先，民国时为了提高生产效率，各窑厂均不同程度地采用了机械化或半机械化的加工程序，采料、炼泥、制坯、晾晒、成型等各个环节均基本上采取流水作业，因此制作出来的坯体整齐划一、厚薄均匀、旋削切割精准、干净利索、胎土细润。一些薄胎器皿的胎甚至比清代雍正时期的胎还要薄。因为成型工艺的影响，民国瓷器的瓷板常常不够平整，从而导致釉面有类似于晚清波浪釉的不平滑现象。窑炉通常均已采用各种类型的隧道窑，燃料多用煤、气、油，因此窑温提高、温差小、窑内器物受火均匀。这样烧成的瓷器一般胎土完全瓷化，不易变形，釉面光润，胎体坚致，以手弹之，其声音清脆而有余韵。

其次，民国除了生产日用瓷器外，还生产了大量仿古器皿，不仅仿制历代名窑陶瓷，还有民国后期仿民国前期的现象。

第三，釉料均机械处理，故釉面均匀明净，细若凝脂，光亮柔和不刺眼，在放大镜下观察可见薄薄的一层气泡排列

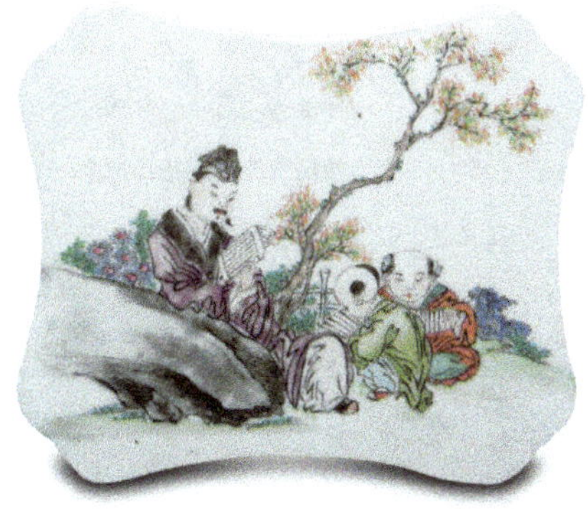

民国景德镇窑浅降彩课读图瓷板
长 16 厘米，宽 13 厘米

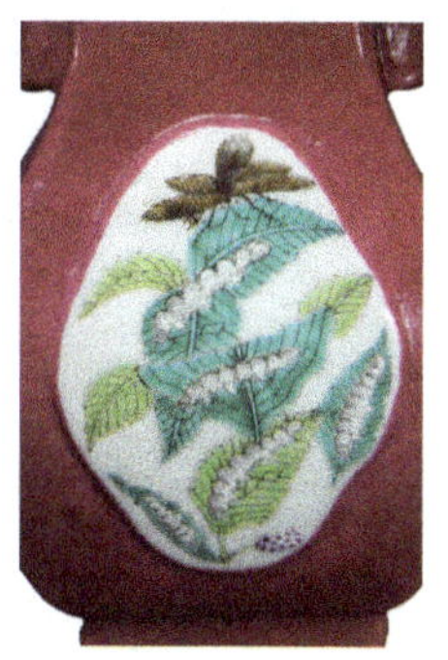

清末民初胭脂红地开光五彩桑蚕纹贯耳方瓶
高 21.6 厘米，口径 5.5 厘米 ×7.8 厘米，底径 5.8 厘米 ×8.3 厘米

非常均匀，且大小也相一致。民国陈设瓷釉质通常比胎质质量要好。

第四，各种彩料通常采用科学配制而不是采用传统的矿物颜料，因此彩料纯度提高，少有杂质，颜色鲜嫩有光泽。鲜艳的色彩无漂浮之感，浅淡的颜色又不至于苍白。光绪末期出现的晕暗发蓝的青花颜色洋蓝以及水彩都延续到了民国，如果发现蓝色花纹面上留有爆釉点自釉里向外爆破的痕迹，其制作年代应为近百年内。水彩还与新出现的贴花瓷器相结合使用。民国时的五彩瓷，其色彩艳丽，大红大绿的品种多见，很容易与前期的品种区分。

第五，民国瓷器在造型上沿袭前朝，多为生活用品，如盘、碗、把杯、鼻烟瓶、帽筒、掸瓶、冬瓜罐等，品种单调，

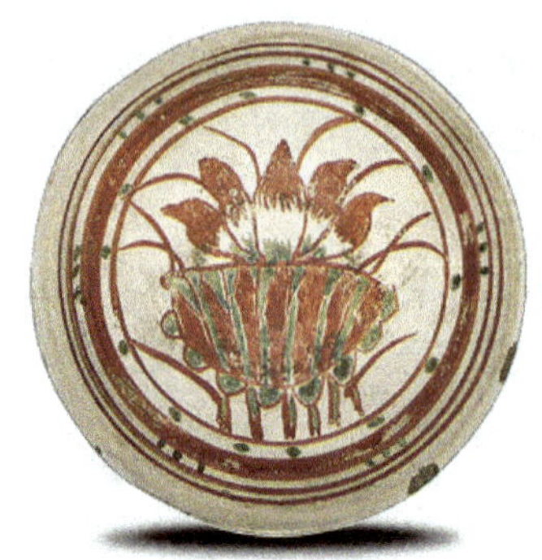

金代胎民国挂红绿彩花卉纹碗

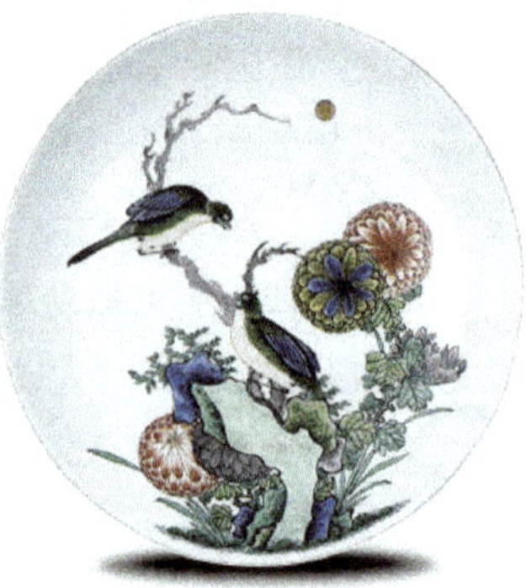

康熙胎民国挂五彩花鸟纹盘

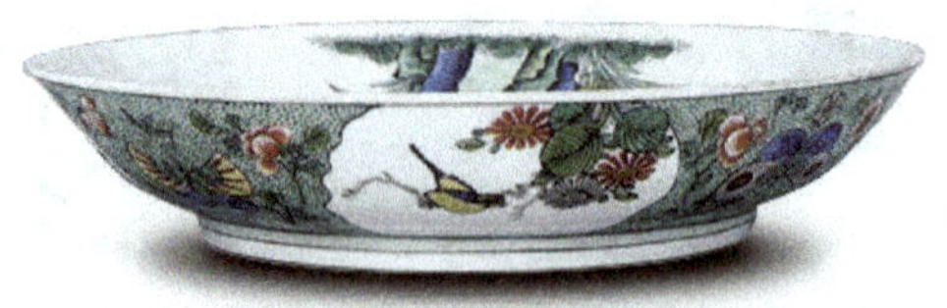

康熙胎民国挂五彩花鸟纹盘

高 3.8 厘米，口径 24.4 厘米，足径 13.5 厘米

器型丧失了过去浑厚朴素的风格，显得笨拙。瓶类器型线条轮廓没有同治、光绪时分明，瓶双耳由前朝双狮耳简化成为回形耳、花耳，耳的装饰性越来越差。

第六，民国瓷器上的纹饰画工草率，如天女散花、喜字、龙凤、花鸟等。喜字写得粗大，不规整，龙纹画得软弱无力，龙鳞多呈网格状，五爪龙多了起来。龙是獠牙。光绪时（香炉、碗等）器的足部边饰海水纹还有一点动感，到了民国则是风平浪静。火焰纹、云纹光绪时比较细，有一定的飘浮感，而到了民国似乎凝固，呈条块状。

第七，民国瓷器款识丰富，堂名款、公司款、人名款、吉语款、纪年款和仿写款各具特色。堂名款有徐世昌用的“静远堂制”四字青花篆书款，郭世五用的“解斋”红彩篆书或楷书款及“颐寿堂”，都著称一时。公司款“江西瓷业公司”是首次出现。纪年款有“洪宪年制”、“康德四年”等。因当时盛行仿乾隆时期的作品，故以“乾隆年制”最为多见。吉语款有仿康熙的“洪福齐天”，仿雍正的“千秋如意”等。人名款较为著名的有郭世五“陶务监督郭葆昌制”及“汪平野亭”、“许人出品”等。

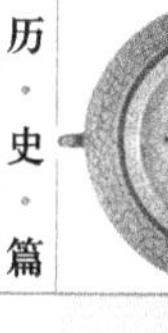

103. 民国仿前朝瓷器有些什么特点？

仿古是民国瓷器生产的一大特点。清末民初仿古风盛行，对古代各大名窑无所不仿，仿古范围包括瓷胎、釉色、彩绘及款识等各方面，青花器也不例外。少数器物几乎做到了以假乱真。

仿三国、两晋、南北朝青瓷：仿品器物施釉和胎质结合不够紧密；不采用真品的支烧法；仿品器物手感较轻，不如真品手感重；仿品胎质密度差，不够坚实。

仿隋唐五代白瓷：仿品较多仿邢窑和赵州窑产品。真品的特点是胎土细腻、洁白、坚硬，釉为润白色，带一点乳白色。仿品胎骨过于白皙，釉光较亮。

仿宋元时期名窑瓷器：仿品粗糙，颜色不正，釉泡较多，釉质粗，如仿钧窑的彩斑但不像，施釉较薄；汝窑的“蜡泪痕”不易仿制；仿品虽能仿制釉面开片，但难以仿制出哥窑瓷的“金丝铁线”的效果。

仿明代永乐、宣德、成化、弘治瓷器：明代瓷器特征是

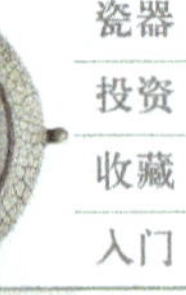

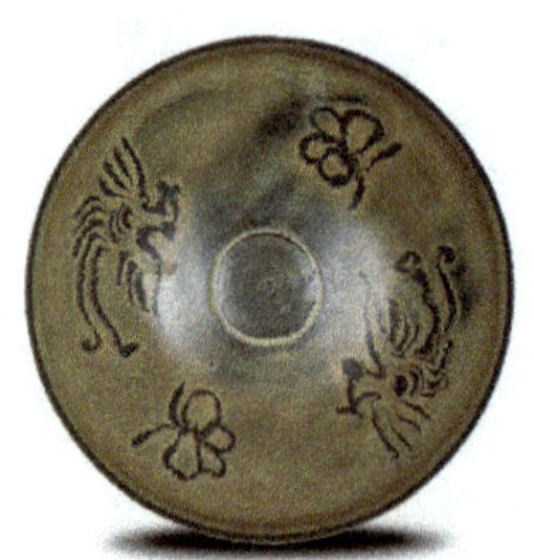

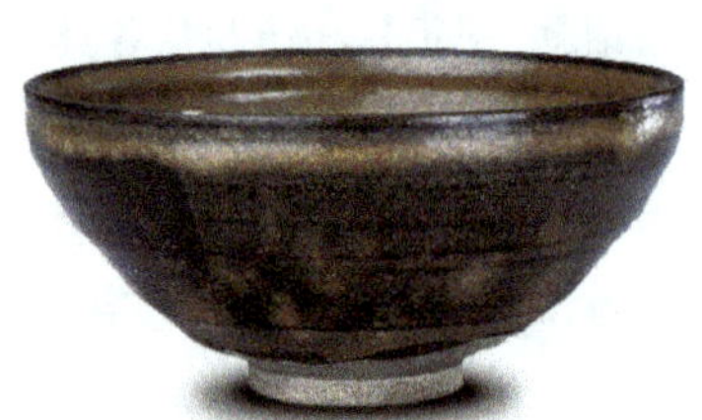

民国仿宋吉州窑剪纸贴花双凤纹盏
高 5.9 厘米，口径 13.1 厘米，足径 4.4 厘米

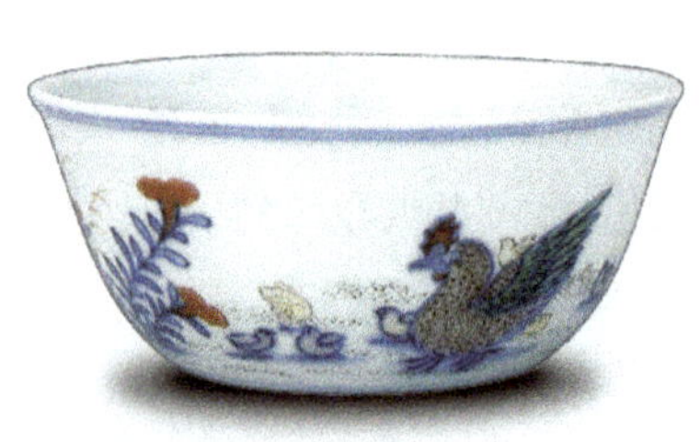

民国仿明成化斗彩鸡缸杯
高 3.8 厘米，口径 9 厘米，足径 4.9 厘米

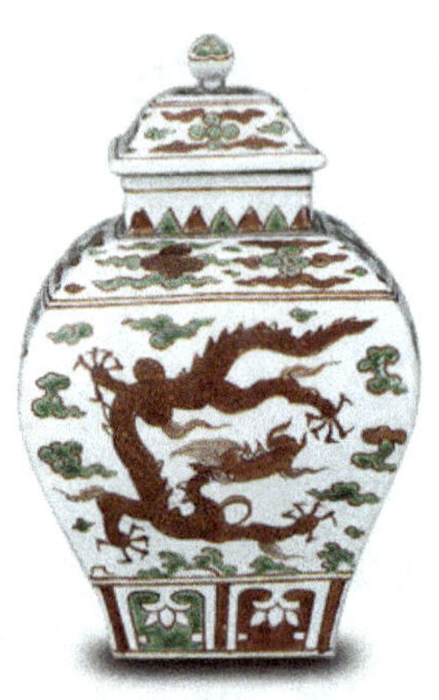

民国仿明嘉靖红绿彩云龙纹方盖罐
高 15 厘米，口径 4.9 厘米，足径 5.8 厘米

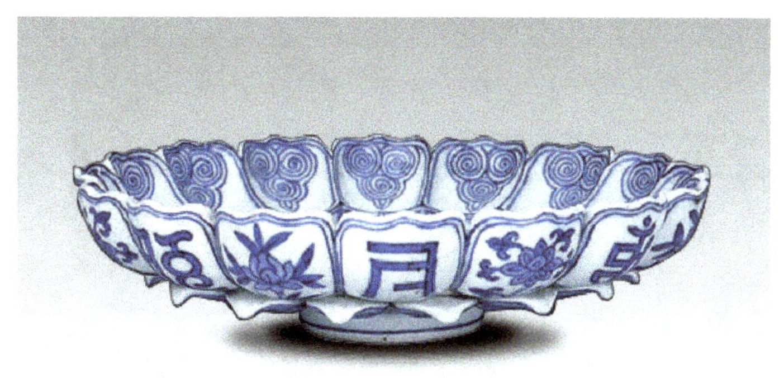

民国仿明万历青花梵文莲花式盘

高 4.6 厘米，口径 19.7 厘米，足径 5.5 厘米

造型丰满，浑厚、古朴、庄重，胎体也较民国时期厚重。永乐、宣德瓷器的里子很规矩，俗称“净里”，仿品则无此种效果；弘治以前注重修胎，接口不大明显，正德以后到嘉靖、隆庆、万历及明末各朝，胎体接痕显露，民窑器物尤甚，仿品器物一般无接痕；明代瓷器底足露胎处，多有火石红斑，到清代已逐渐消失，到民国时期瓷器底足大多数挂釉，砂底的很少，仿火石红斑不像真品那样明显；一些仿品署“大明弘治年制”楷字款，而字体无弘治款清秀、纤细柔和；仿嘉靖青花器，往往底部有明显的旋纹，青花色调灰暗，有飘浮感，全无明代风格；仿制的天啟青花鱼藻纹鱼缸和署“大明天启年制”款的青花缠枝花盘，虽造型逼真，但胎体较重，青花色调有现代青花器的特点。

仿清代康熙、雍正、乾隆瓷器：由于时代不同，用的青花料也不同，因此，民国时期的仿制品，表现青花层次不像，显得死板、呆滞，没有青翠、艳丽之感。

康熙青花资器，绘画层次较多，仿品绘画的层次较少。康熙后期出现了郎窑红瓷器，口沿有“灯草口”，仿品在釉色上不如真品柔和协调；康熙五彩中，黑彩上面有一层亮釉，

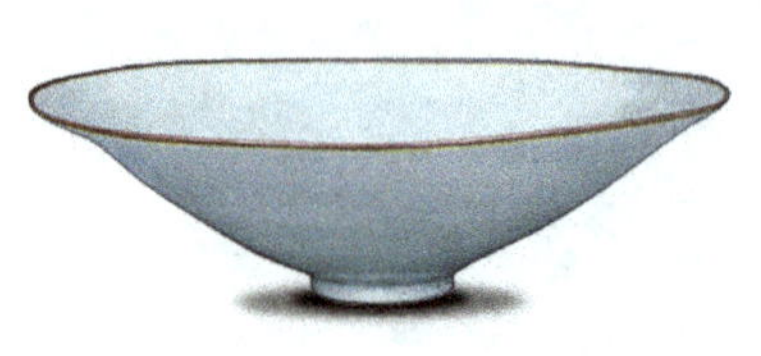

民国仿宋影青刻花斗笠碗
高 5.9 厘米，口径 20 厘米，足径 4.2 厘米

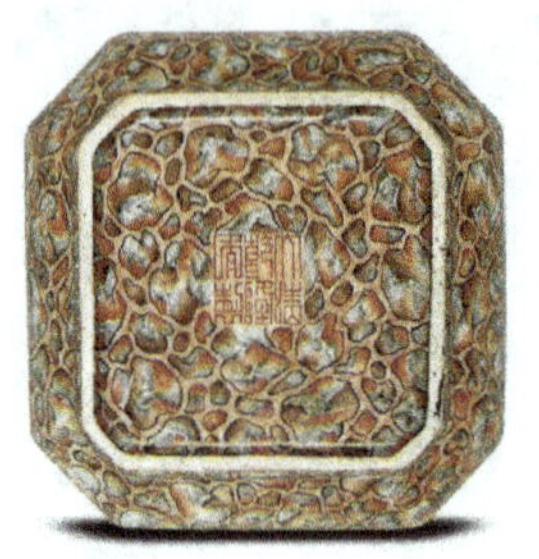

民国仿清乾隆款仿石釉印泥盒

仿品黑彩不黑不亮，有点发乌；某些器物青花色泽、纹饰近似康熙，而胎体无康熙时坚细、厚重，修胎不够规整，特别是口沿、底足处理草率。

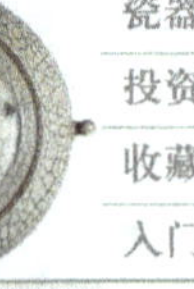

雍正时期，瓷器造型隽秀尔雅，小巧玲珑，器型比例适度协调，有曲线美的特点，民国仿雍正器型外观显得笨拙，胎体过于厚重，比例不协调；雍正粉彩柔和而不艳，粉彩纹饰细腻，色调淡雅，立体感强，雍正以后各朝代都有仿制，但民国时期的仿品施铅粉较多，彩料浓厚，就像涂上一层油漆一样，表现非常死板，分不出层次，立体感不强；雍正时珐琅彩(俗称“古月轩”)，胎质细腻、洁白，彩色艳丽华美，层次清晰，类似西方油画的立体效果，表现极为生动形象，清末民初，竞相仿制，有的仿品甚至比真品还要精细，署“古月轩”

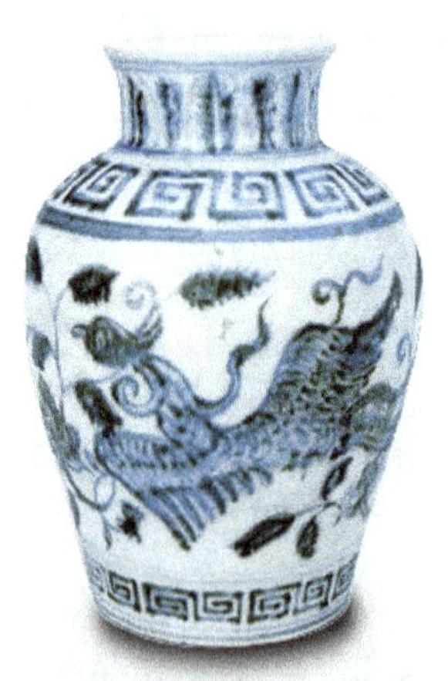

民国仿明宣德青花双凤穿花纹罐
高 13.9 厘米，口径 5.7 厘米，足径 6.7 厘米

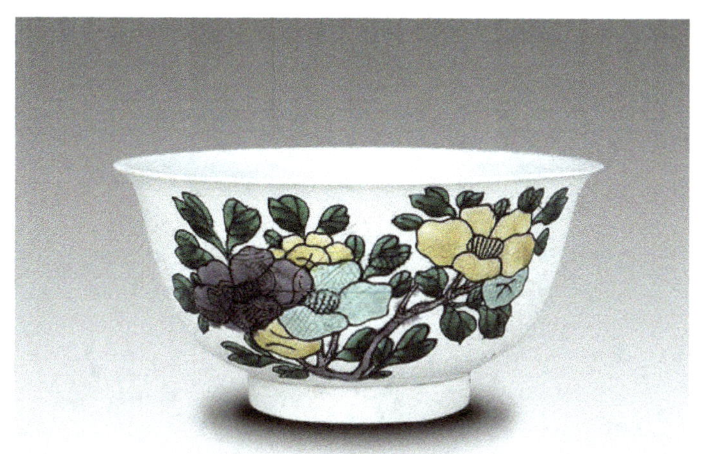

民国仿清康熙素三彩折枝花蝶暗云龙纹碗
高 7.4 厘米，口径 15.2 厘米，足径 6.9 厘米

款的器物和鼻烟壶等多系仿制品；雍正时开始出现窑变红釉，是由红和蓝交织在一起，多数是蓝多于红，仿品则红与黑交织在一起。

乾隆时制器工艺水平很高，一般仿品都达不到以假乱真的程度。乾隆时期瓷器造型外观曲线不及雍正时优美，但比嘉道时期要秀丽，中小件器物更加精细，以后各朝各代的造型风格除嘉庆外，各朝几乎是越来越草率，到民国时期根本就不能同日而语了。乾隆时的青花瓷，呈色虽有多种表现，但以稳定的纯蓝居多，色调沉着，纹饰清晰。仿品由于用料不同，青花的颜色往往不够纯正。乾隆时瓷器装饰图案，时代感较强，绘画工细，层次清晰，画风严谨、细腻，仿品一般都表现不出来。

民国时期对乾隆以后各朝瓷器也有仿制，但数量不多，当时以仿制清前三代瓷器为主。

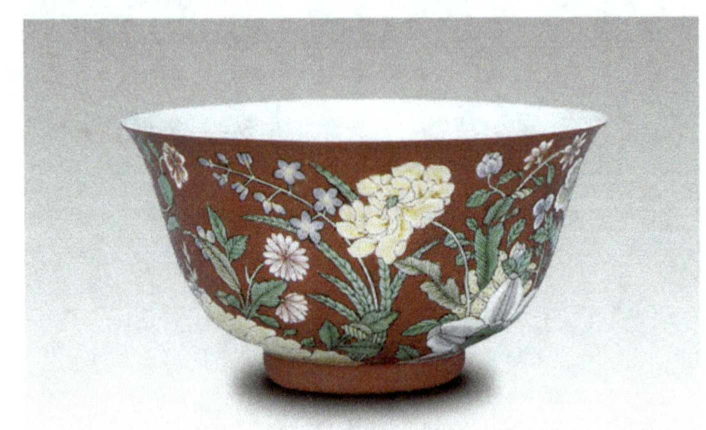

民国仿清康熙红地珐琅彩花卉纹碗

高 6.2 厘米，口径 12.2 厘米，足径 5 厘米

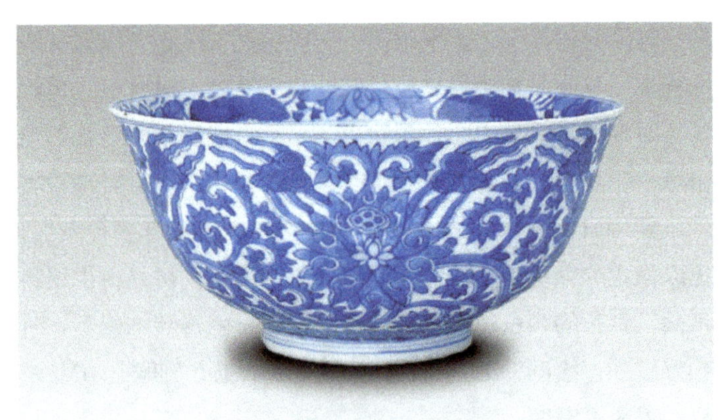

民国仿清康熙青花缠枝莲纹碗

高 8.9 厘米，口径 19.8 厘米，足径 8 厘米

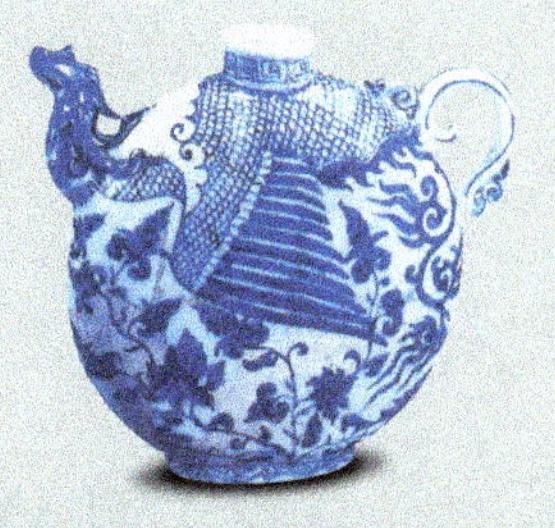

投资篇

十二、瓷器收藏基础

104. 何谓捡漏？

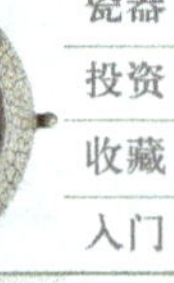

捡漏是卖方误将真品、珍品当赝品、下品出售，被识货人购去，意即捡到遗漏的真品。

在摆满了古玩的旧货市场，凭借个人掌握的知识、锐利的洞察力和出色的眼力，从赝品中挑出真品，从被埋没的真品中挑出珍品，这就叫“捡漏”。不过，对于初学者而言，想要靠碰运气捡漏得到物美价廉的瓷器几乎是不可能的，应该脚踏实地，先掌握好瓷器鉴定的基本知识才行。

105. 何谓打眼？

打眼是指在交易中因走了眼，将赝品当珍品购进。在古玩业中，打眼后一般人不便声张，怕被同行知道了，讥笑自己眼力不济，有失面子，大多甘愿吃哑巴亏。

打眼往往会在经济上吃亏，谁也不愿意。但如果打眼买到了后世仿品，也并不完全是坏事。后世仿品固然没有真品“老”，但也有些仿品是稀罕之物，有升值的空间。最关键的是由此可以增长不少见识。

106. 何谓掌眼？

请行家、里手帮忙鉴定器物的真伪、品位称“请人掌眼”。初涉收藏领域，不知如何入门，拜个师傅多多指教，师傅便为你“掌眼”。对于初涉收藏之门的人，请人掌眼可以适当避免打眼，也可以增长见识。但搞收藏光靠别人掌眼是不够的，自己必须多看多学习。

107. 何谓九方五法？

著名文物鉴定、修复专家王敨泰先生提出瓷器鉴定的“九方五法”。“九方”是指胎、型、釉、彩、绘、足、款、社会和神；“五法”是闻、问、望、切、听，也就是用这五种方法察看器物的这九个方面，从而断定瓷器的品种、生产年代、窑口，确定瓷器的价值。

108. 衡量古瓷价值高低的主要尺度是什么？

衡量古瓷的价值主要包括七大因素，即：年代的长短、名窑与非名窑、名品与非名品、典型器物与非典型器物、出土情况是否清楚、能否成为断代的标尺和鉴定的标准器、存世量（即稀有程度如何）等。

那种仅仅依据年代长短来衡量瓷器价值的观念是非常初级、不在行的。衡量某件瓷器的价值，

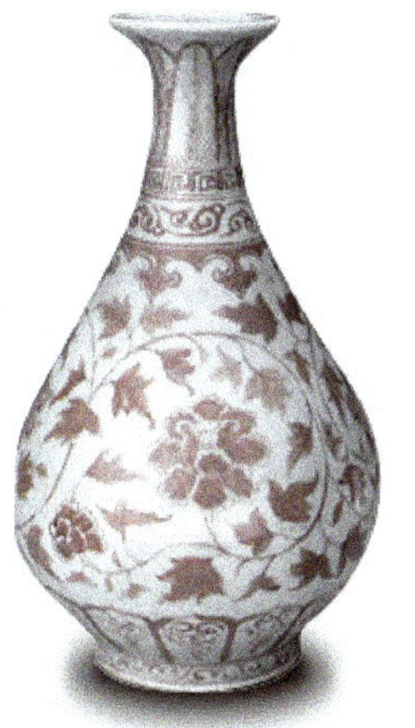

现代仿明洪武釉里红缠枝花纹玉壶春瓶
高 32 厘米，口径 8.5 厘米，足径 10.8 厘米

应该综合上述各方面因素。有些器物尽管历史不长，甚至还是后世仿前朝的仿品，但因为传世极少，而且是名家仿品，也有可能价值连城。一些具有时代特征的标准器，也往往比常见的前朝民窑器物更有价值。

109. 仿古瓷有收藏价值吗？

古玩真品历史悠久、传世量有限，其价值无可非议，而有些后代仿品实际上也有一定的价值。而且，在陶瓷史上，后世仿前朝的现象很常见，很多仿品本身就是精品，甚至也是具有时代特征的标准器，因此历代仿古瓷也是值得收藏的。目前市场上晚清、民国初的仿古瓷，尤其是洪宪瓷的价格飞涨，其大、中件的精品价格都非常可观，而一般仿古器皿往往也价格不菲。

另外，即使是当代仿古瓷，很多也是具有收藏价值的。

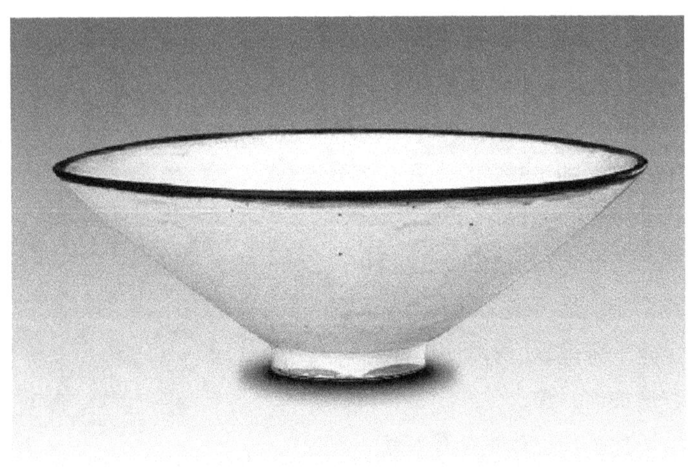

明仿宋定窑印花斗笠碗
高 7.3 厘米，口径 20.8 厘米，足径 5.3 厘米

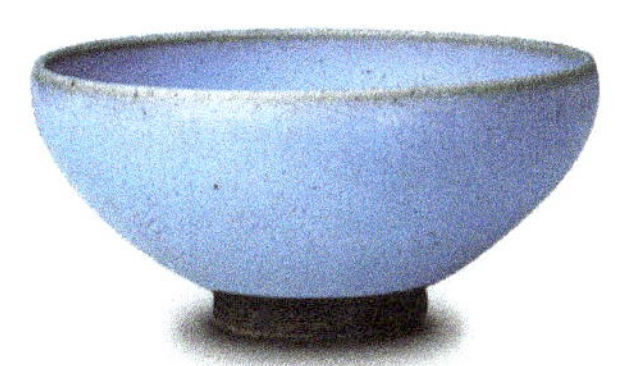

清光绪仿元钧窑碗
高 7.2 厘米，口径 15.8 厘米，
足径 6.1 厘米

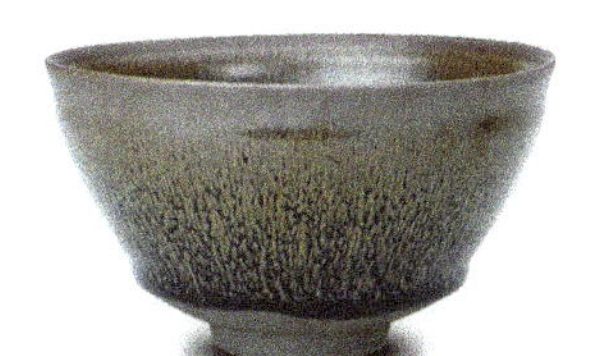

新仿宋建窑兔毫盏
高 6.7 厘米，口径 12.3 厘米，
足径 4 厘米

一些当代高仿古瓷，用料昂贵，耗工巨大、工艺精湛，本身已经是一件珍贵的艺术品了。而且，明清官窑等瓷器存世量少，价格高昂，不可多得，仿古瓷也可以为我们学习鉴定古瓷器提供一定的参考。因此，在有条件、有选择的情况下也可以收藏一些当代仿古瓷。

110. 瓷器投资有什么秘笈？

投资瓷器最好先从收藏开始，以自己的兴趣爱好为导向，经常参加一些拍卖会，多逛逛古玩店、博物馆、地摊，抽时间到外地的收藏品市场或一些古玩生意人的家中学习。多看、多听、多聊、少买。特别是初涉此领域者，无论有钱没钱，不要还没看几件瓷器就开始买，要先使自己的鉴赏水平在不断的观摩中得到一定的积累和提高，然后逐步向投资发展。

投资收藏不能贪图便宜，但也不要还没入门就投资高价值的古瓷。收藏捡漏的事情不是没有，但绝对不会来得非常容易。特别是对于一般的收藏投资者来说，想捡漏的侥幸心理往往会导致上当受骗。

投资本来是为了获利，但投资瓷器不能过于急功近利。急功近利的心态往往容易导致“打眼”事件发生，也可能导致一些增值潜力大的器物从眼前溜走。

投资收藏最需要的是经验，所以不要一开始就打算购买到无限增值潜力的器皿，即使已经读了很多的书，也还是要谦虚地向有经验的人请教，逐步学习。

收藏瓷器，不能忽略瓷器的艺术价值。古瓷除了具有考古和历史方面的价值，艺术价值也是投资增值的重要因素，特别是对于那些存世量较大，或者历史不太悠久的瓷器，艺术性强的往往更有快速增值的可能。现代瓷的收藏就更应该重视其艺术价值了。

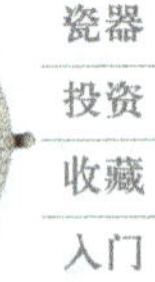

111. 瓷片有收藏价值吗?

有人说，陶瓷史几乎就是一部几千年的华夏文明史。从某种意义上来说，确实如此。不像其他艺术品和日用品，瓷器是艺术与实用的完美结合，常常能反映各个时代的生活、工艺、技术和艺术的多方面特征。这恐怕也是瓷器收藏成为重要的收藏门类的原因。然而，古瓷的传世量是有限的，又由于瓷器易损，可供收藏的古瓷只能是越来越少。一些大型

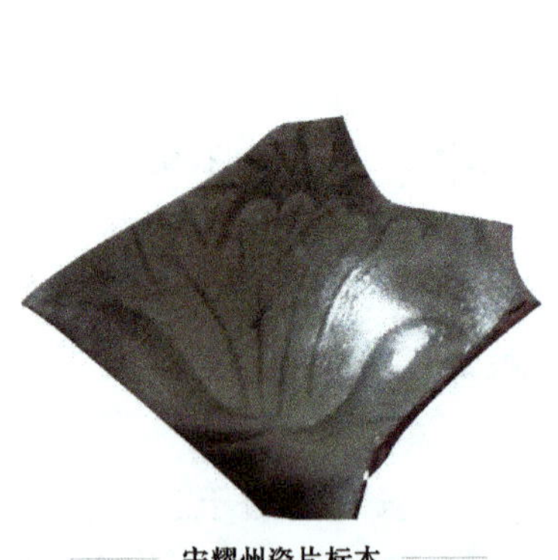

宋耀州瓷片标本

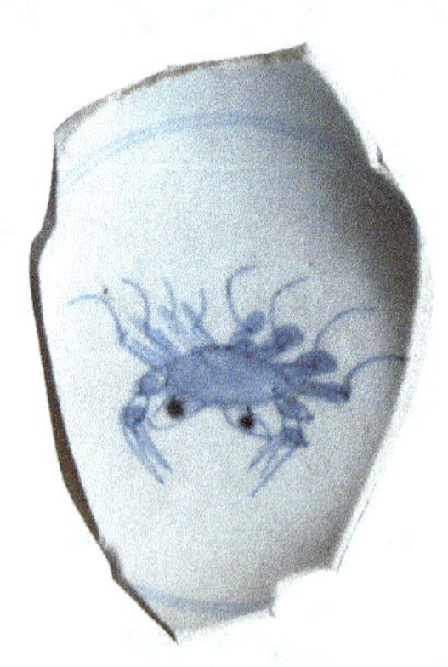

明清青花瓷片

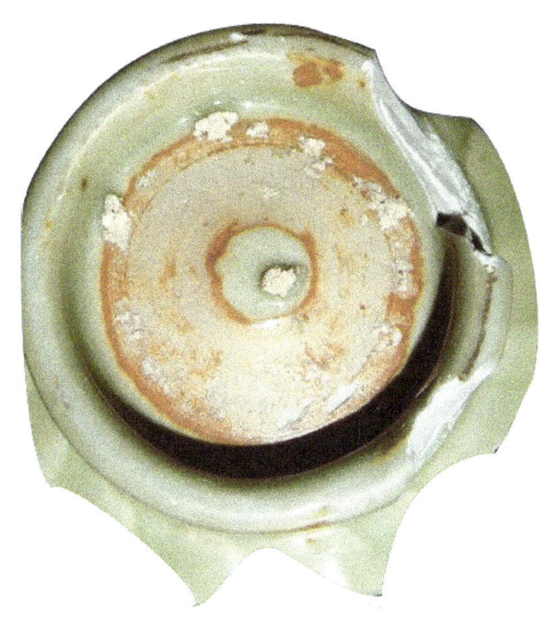

青瓷瓷片

的博物馆和大藏家已经把多数传世品作为永久性收藏品，新藏家如果非要去竞购那些非常有限的拍卖品，投资风险是很大的。

虽然收藏界历来有“瓷器带毛，不值分毫”的说法。但实际上从收藏的角度来说，瓷片的价值不容忽视。

首先，古瓷片是学习鉴定知识最好的源头。从破碎的古瓷片虽然看不到完整的器形，但釉质釉色、胎质胎色、彩料呈色、表面光泽、纹饰特征、烧制工艺以及明代以来各朝官窑、民窑器的款识花押等，都能得到直接的感性认知，是鉴赏、研究和学习古瓷的重要物件，属于古瓷“标本”的范畴。很多古瓷的完整件现在保存在博物馆，一般人看到尚且不容易，更别说想通过把玩、揣摩来学习瓷器鉴定了。而古瓷片数量多、品种全，能给我们提供较为完整的古瓷标本信息。积累古瓷鉴定经验，先从古瓷片开始，不失为一种好方法。

其次，古瓷片仿品、伪品较少。就像假币一样大额面值的比较多，仿古瓷和作旧瓷也往往是整件的器皿比较多而瓷片较少。在今天古瓷仿品泛滥成灾的现实状况之下，收藏瓷片对于初学者来说，打眼的可能性相对较小。加上它的价格比较低，比较适合入门者作为进入收藏实践的通道。

再次，跟古瓷完整器皿一样，古瓷碎片也带有历史、考古、艺术等方面的价值，本身也具有升值的可能性，值得收藏。一些有记载却无完整器传世的古瓷，其碎片甚至和其他古瓷完整器一样具有非常高的学术研究价值和收藏价值，值得关注。

112. 用放大镜可以在瓷器表面看出哪些信息?

肉眼的辨识能力是有限的，真品和仿品瓷器的某些差别仅凭肉眼几乎看不出来，所以很多瓷器鉴定者会借助 30 倍以上，甚至 80 ~ 100 倍的放大镜来察看瓷器。

通过观察气泡鉴定瓷器的真伪。瓷器大多有釉下气泡，气泡的形成与瓷器的釉质成分、胎的干湿程度、厚度、烧造时的温度等因素有着密切的关系。尽管每一件瓷器的釉下气泡都有差别，但气泡仍然能帮助我们判断年代和识别仿品。不同年代的古陶瓷，采用不同的制胎、施釉和烧造工艺，胎质和釉质的差别会影响气泡的形成，烧造气氛的不同也会影响气泡的形成。比如柴窑和电窑、气窑烧造器物的气泡分布及大小就是不尽相同的，可以作为辨识瓷器的重要依据。对于一些作伪器物，比如“老底新接”、“补洞”器皿，因为工艺的不同，仿品甚至因为使用化工原料根本没有气泡，这些通过放大镜是很容易看出来的。

通过放大镜能帮助我们分辨出古陶瓷的老化及裂变程度。许多高仿品用肉眼看，在器型、纹饰、款识等方面几乎可以以假乱真，但无法仿出古陶瓷因年代久远而自然风化所产生的物理、化学变化。肉眼也看不出陶瓷上细微的剥釉、开片等现象，用放大镜却往往能看得出来。

借助放大镜能帮助我们区分胎骨的新老差别。陶瓷不仅有表面的釉和彩，还有胎。古代和现代制作瓷胎所用的泥往往差别很大，加上炼泥工艺的不同，胎质的差别也会很大，这些通常要借助放大镜才能看出来。

总之，借助放大镜能帮助我们看清瓷器精彩的“釉下世界”。对瓷器鉴定有着重要的辅助作用。不仅是初学者，有些老专家，在对某些器皿有疑惑时或者需要慎重鉴别的时候，通常都会借助放大镜。当然，借助放大镜也离不开鉴定者的见识和经验。古陶瓷的“釉下世界”异常丰富多彩，其特征用一两句话是说不尽的，需要不断地积累经验。

113. 瓷器上到底有哪些“光”？

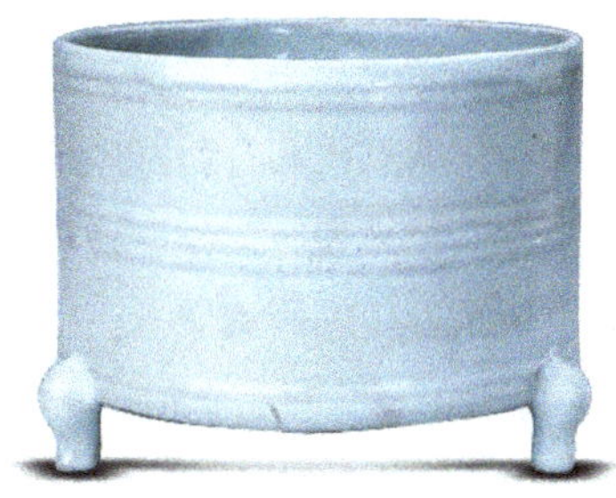

表面浮光闪烁的新仿宋汝窑三足樽
高 12.9 厘米，口径 17.7 厘米，
底径 17.5 厘米，足距 15.5 厘米

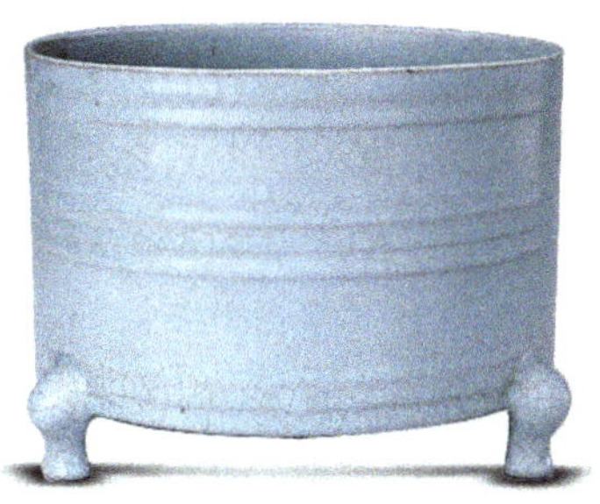

宋汝窑三足樽
高 12.9 厘米，口径 18 厘米，
底径 17.8 厘米，足距 15 厘米
表面光泽匀润、柔和、自然、不刺眼

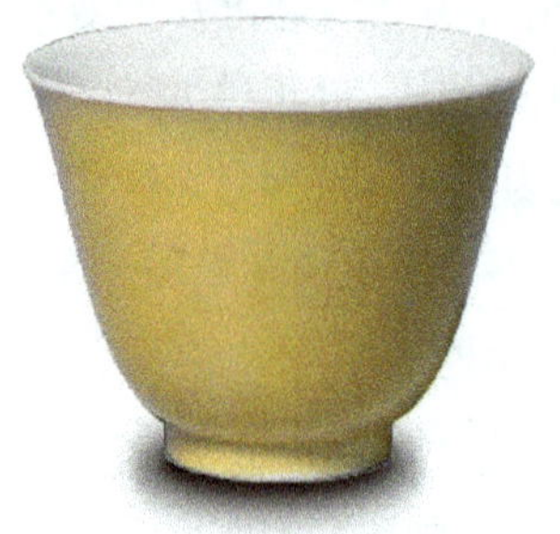

清雍正款黄釉盅

口径6.7厘米，足径2.9厘米，高5厘米

胎质精良的雍正单色釉器皿，表面温润如玉

作为区分新老瓷器的重要依据，瓷器表面的各种光历来为藏家所重视，现介绍如下。

贼光：或称“新光”、“火光”、“浮光”，是一种发于瓷器表面炯炯刺目的光，出窑不久的新瓷釉面一般都会发出这种光。有这种光的瓷器一般被认为是新近出产的瓷器。然而现实中也有反面的例子：有些从烧制出来就包装完好，从未使用也从未启封的老瓷器，一旦被发现，打开完好的包装箱时，其表面光泽依然美丽闪亮。故宫旧藏的很多瓷器就从未使用过，就属于这类古瓷。所以，表面光泽新的瓷器不一定不是古瓷。鉴别瓷器必须辩证地看待，不能一刀切，不是任何一件有这种所谓贼光的都是新瓷器。

宝光：一种由内而发的温润鲜嫩、如脂如玉的光泽。具有这种宝光的老瓷都是瓷质精良、胎釉优秀的上乘之作，它能经得起氧化物的侵袭及人为磨损的考验。一般来说，瓷器表面的宝光是自然形成的，在数百年的氧化和自然摩擦过程中，瓷器表面刺目的光逐渐消失，变得柔和、润泽。这种光会让人觉得非常舒服，就是藏家所谓养眼的因素之一。这种自然的光泽一般无法仿制。

无光：虽然暗淡、失亮，反射不出明显的光来，但也可以看作是光的一种类型。表面失亮无光的瓷器常常被认为是年代久远的古瓷。比如商周古瓷、两晋瓷器很多表面都失去了光泽。由最初的有光变为后来的无光，可能是因氧气对瓷

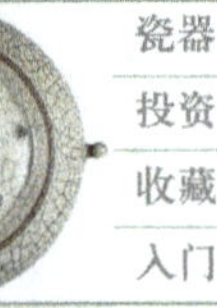

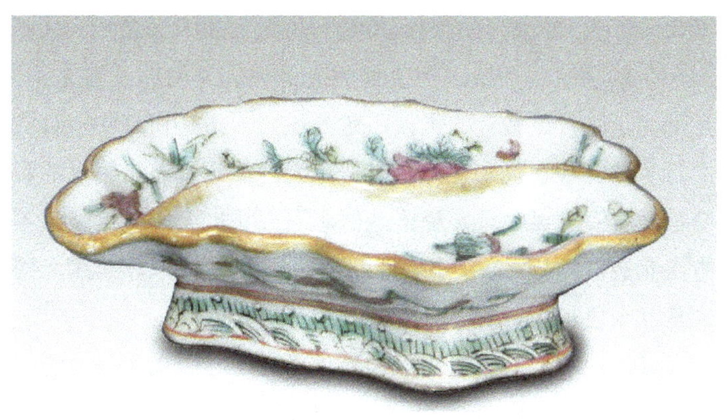

清同治景德镇窑粉彩虫草纹叶形笔掭
高 3.1 厘米，长 11.3 厘米
表面泛蛤蜊光，使得这类彩器看起来格外光彩夺目

器长期的氧化作用及人们长期使用摩擦其表面的结果，也有可能因为土壤的侵蚀作用而导致其失亮。但是瓷器鉴定一定要注意“新的不一定不老，老的不一定不新”。有些新瓷仿品，通过对表面进行人为处理，也可以去除其釉面的浮光，将它变成无光的瓷器。当然这种无光和真正古瓷表面的失亮还是有较大区别的，富有经验的鉴定者通常能看出二者的差别。

玻璃光：是一种类似玻璃表面的光泽，又有点像酥油或者翡翠上反射出来的光。它不同于前面所说的宝光，亮度较高。具有这种玻璃光的瓷器能经得起历史的考验、不易失亮，有的即使埋在土中历经千年土壤的侵蚀，依然光亮闪耀。此类瓷器尤以宋代哥窑制品及景德镇影青瓷制品为最。

蛤蜊光：蛤蜊本是生在浅海的长约 3 厘米的软体动物，壳卵圆形，淡赭色，周围紫色。蛤蜊光是瓷器表面出现的一种类似于蛤蜊壳上比较少见的多彩光泽。蛤蜊光通常出现于彩瓷和含铅瓷上，而一般不会出现在青花瓷器上。蛤蜊光到底是一种什么样的光，目前还没有确定的说法。有人视蛤蜊光为淡红色之光，有的则认为是一种无色的闪烁之光，是瓷面产生的膜状物所致。产生蛤蜊光的原因之所以没有定论，在于它是一种比较让人捉摸不定的现象，不是在每件古彩瓷上都有，有些现代彩瓷上也有蛤蜊光，故不是有蛤蜊光的彩瓷都是古瓷真品。现在瓷器造假者可以用电光水、镀膜法等方法制造假蛤蜊光。蛤蜊光要多少年才能形成以及蛤蜊光到底是什么色彩之类的问题都需要进一步研究。

必须说明的是，上述五种光泽不会同时出现在一件瓷器上，一般只有一两种光泽。学习收藏的人应该通过多看、多揣摩、多对比真实器皿，练就正确认识和辨识瓷器光泽的火眼金睛，才能真正借助瓷器表面的光泽进行瓷器鉴定。

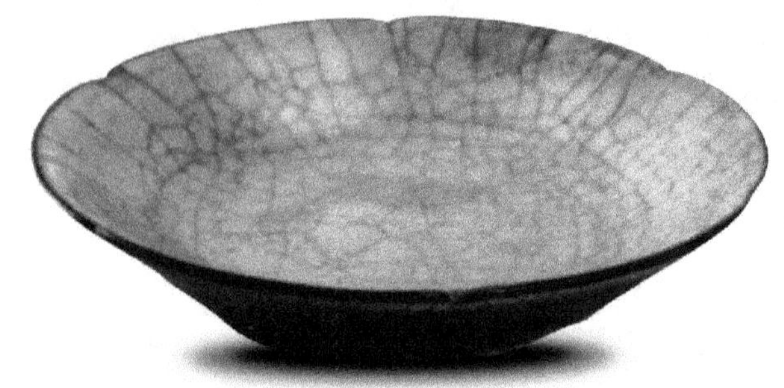

南宋官窑葵口碟

高 2.5 厘米，口径 14.4 厘米

葵瓣口，浅弧腹，大圈足；广东民间工艺博物馆藏的此件器物釉色灰青，蟹爪纹开片，因年代久远而光泽不强，瓷器表面无光，但仍然比较润泽，也很自然，不同于人工作旧器物的那种做作痕迹

114. 学习瓷器鉴定应具备哪些基本知识？

首先，应具备瓷器的历史知识。瓷器是特定历史条件下的产物，每件瓷器都与它出产的时代分不开，要想科学、准确地鉴定瓷器，首先必须要对中国瓷器发展历史有所了解。缺乏应有的历史知识，就无法对瓷器进行断代，也就无从考量瓷器的价值了。

其次，应具备与瓷器相关的地理知识。古代陶瓷生产受地域影响很大，江西景德镇之所以成为名扬中外的著名制瓷中心，与其盛产优质瓷土——高岭土是分不开的。历史上那些著名的古代制瓷窑口，也往往与当地出产瓷土有关。因此，有良好的地理知识，对断定瓷器出产的窑口会有很大的帮助。

第三，应具备瓷器烧造的工艺知识。我国陶瓷生产历史悠久，烧瓷技术世代相传，并从低级向高级逐步发展，各个时代瓷器特征的形成，与窑炉的结构、使用的窑具、原料的加工、器物的成型等方面是分不开的，所以懂得古代烧瓷工艺是科学鉴定所不可少的条件。瓷器的烧造除了窑炉以外，也与窑具的发展与演变、器物成型技术以及烧窑科学地控制窑内气氛等技术有密切关系。这些烧造技术是形成各个时期陶瓷器不同特征的重要因素，这些都是我们进行断代、断窑口的重要依据。

第四，应具备特定时代的社会背景、艺术和文化知识。瓷器鉴定不仅涉及许多技术和工艺，其中的艺术和文化因素也不能忽略。一些珍贵的古瓷器，本身也是极为精美的艺术品，鉴赏者要有品味艺术品的眼光。另外，瓷器的纹饰、绘画手法与特定时代的社会背景、风俗习惯和艺术风格往往有着千丝万缕的联系，瓷器鉴定者应该尽可能增加自己这方面的相关知识，才能对瓷器进行准确的断代。

第五，应具备瓷器修复与作伪的相关知识。古瓷的种类过于繁复，要全部了解是很困难的。掌握瓷器修复和作伪的手段、方法，有助于准确辨识仿品和伪品不同于真品的某些特征，所谓“知己知彼，方能百战不殆”。一些现代伪品、仿品因为使用高技术手段，非常具有迷惑性，懂得这些手段，有助于提高警惕，防止被欺骗。

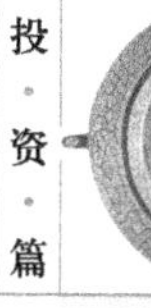

115. 学习瓷器收藏的基本方法是什么？

学习收藏，不妨从读书开始，既要读一些瓷器基础知识的书籍，比如陶瓷史、瓷器制作工艺、陶瓷鉴赏之类的书籍，也要读一些收藏家的心得体会之类的书籍。读书是获取知识最快捷的方法。多读书，建立起基本的瓷器知识体系是学习瓷器收藏的第一步，当然，对书籍的选择也很重要，可以先易后难，先从自己能理解的书读起。

学习收藏，要多接触历代瓷器的实物。对大多数初学的古瓷爱好者来说，学习伊始，就购买大量的古瓷完整器作参考资料是不现实的，从伤残古瓷器和古瓷片入手进行古瓷鉴定知识的学习，是一种非常有效、便捷、经济的途径。“纸上得来终觉浅”，学习瓷器收藏必须多观察实物。观察的方法，可以通过参观博物馆和收藏家的展览入手，这类展览展示的通常都是标准器，对形成基本的感性知识有很大帮助。其次是逛古玩市场和地摊，这些地方一般真品少、赝品多，经常看看也能了解许多赝品共有的特征，避免将来鉴别瓷器的时候“打眼”。逛古玩市场，也经常能看到别人是怎么鉴别瓷器的，可以现场请教并验证自己的眼力。另外，学习瓷器收藏也不能忽视日常生活中的观察。瓷器在日常生活中随处可见，虽然是新瓷，但经常观察、揣摩也能让我们领会到釉色、瓷胎方面的很多内涵，对进行瓷器鉴定很有好处。

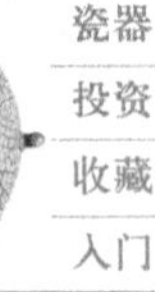

另外，还要多拜访名师，请教有经验的行家里手。瓷器鉴定的很多知识离不开经验的累积，瓷器鉴定者中有很多人凭借的是见多识广，听他们介绍有时候能让人茅塞顿开。

现在有不少网站汇集了一些瓷器鉴定行家的交流意见，而且常常附有大量图片，经常上这类网站看看，也可以增长不少知识，是学习瓷器收藏的方法之一。

116. 瓷器收藏有哪些途径?

严格来说，瓷器收藏没有特定的途径。经常性的经营场所有拍卖行、古玩艺术品市场、地摊等，也有通过网络销售的商店和个人。此外，到瓷器产地和主动上门拜访一些收藏家和瓷器艺术家也不失为收藏购买瓷器的一种好途径。

一般来说，拍卖行拍卖的物品价格比较昂贵，不是普通藏家所能接受的。但拍卖行的拍卖品多数经过了专家的鉴定，有些还有鉴定证书，可信度比较高，很多都是非常珍贵的器物。当然，近几年也有拍卖行拍卖赝品的消息，加上从拍卖行购进古瓷往往要花很高的价钱，有任何闪失都可能造成巨大的经济损失，所以参加拍卖行的瓷器竞拍不应该盲目跟风，而应该对拍卖的器物进行详细的了解和鉴定。不过，从某种意义上来说，拍卖行的价格引领着古玩行业的风向，多了解拍卖的市场行情对投资者是有所裨益的。

古玩艺术品市场品类繁多，良莠不齐。经常逛古玩市场可以积累瓷器鉴别的经验，一些大藏家往往都是古玩市场的

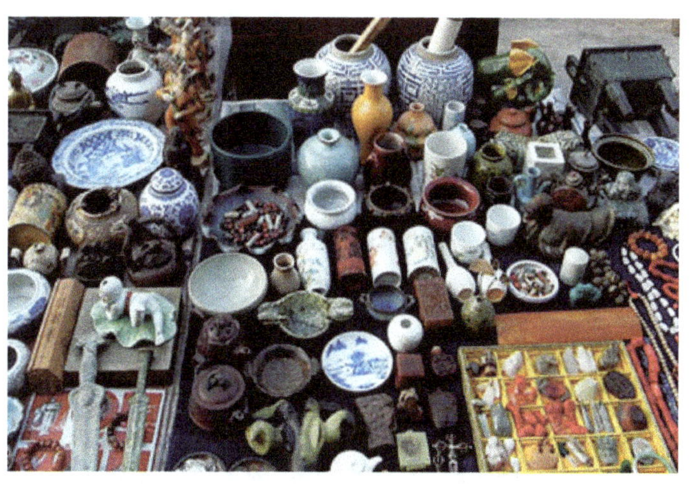

古玩市场的器物永远是堆成山的，要从里面淘到宝贝可不太容易

常客。对于初学者而言，古玩市场更多的是学习的场所，轻易不要出手为好。才入门就想在古玩市场“捡漏”是应该避讳的。

有些路边地摊也经常会有古玩出售，多数情况都是伪品、仿品，极少有真品出现，价格也不会便宜，古玩爱好者不妨把逛地摊当作检验自己鉴别瓷器能力的场所，看自己能不能看出破绽。一些收藏家有时候也会转让他们的部分藏品，上门求购是比较好的机会。因为考虑到个人信誉，大收藏家一般不会用赝品当真品蒙骗上门的客户，但价格上往往不会有什么“油水”可捞。到瓷器产地和拜访制瓷专家、艺术家们往往能购买到一些好的现代瓷和仿古瓷。同时，瓷器产地的仿品制造能力又是最强的，如果没有良好的鉴赏能力，想在景德镇这样的地方买到又便宜又好的古瓷（瓷片）是不现实的。

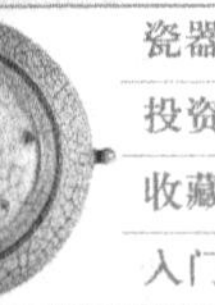

还有些人喜欢到偏远的山村去收购古瓷。以前也真有以极低的价格从村民手中购进价值连城的古瓷的事例，但现在这种情况基本上不存在了。民间的稀罕物越来越少的同时，大量的伪仿品也逐渐走入民间，等待着想“钓鱼”的人们上钩呢。所以，收藏瓷器最重要的还是要先练就一双“火眼金睛”。

117. 瓷器的运输和保养应注意些什么？

瓷器运输时包装要牢固，物品衬垫材料要充实，做到不易晃动、挤压。装载时小心轻放，严禁滚翻、重压，避免剧烈振动。

瓷器理想的储存方法是把瓷器放在专门定做的、大小适当的盒子里，盒子里有海绵或泡沫垫，不要把两件瓷器放在一起，如果非得放在一起一定要用泡沫隔开。若要陈列，最好是放在固定的木架子（比如实木做的博古架）上，玻璃做的陈列架最好不用。瓷器易磕碰，在展示珍贵瓷器时可用透明尼龙线固定其上部。

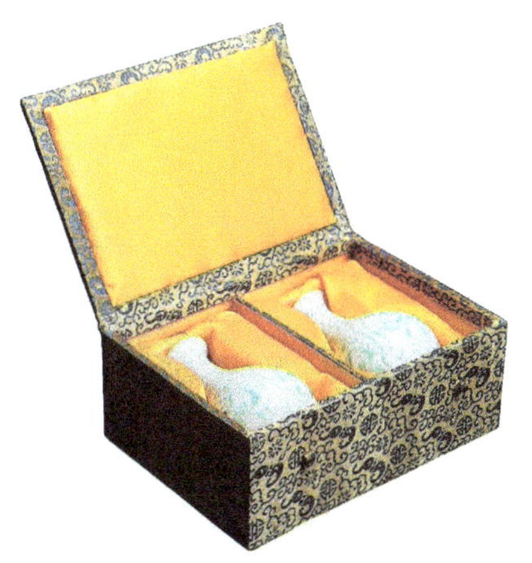
瓷器的包装方式

在把玩瓷器的时候双手应该保持洁净和干燥，取下戒指（因为戒指会划伤瓷器的釉面）。拿瓷器时不要戴手套，因为这样瓷器很容易从手中滑落。器形大的瓶、尊一般都是两段拼接而成的，所以移动时不能光用一只手提物件上部的脖子，而应该一手托住底，一手拿住脖子，以免使原来拼接起来的两节分离。有的瓶、尊装饰有双耳，取放时不能仅提双耳，以免折断和损坏。要抓住器物的主体，而不要抓把手或瓷器佩饰部件等，因为这些地方都很容易断裂，或者把手是粘上去的，仅抓把手就很容易再次折断。在拿起一件带座、带盖的瓷器时，应将座、盖和主体分别单拿单放，不能连盖带座一起端，要把能分开的部分先取下，防止移动时脱落打碎。

洗刷瓷器要注意水的温度应适宜，避免因为水温的变化使瓷胎爆裂。釉上彩器皿不能用酸、碱性液体擦洗。描金彩瓷不能用鸡毛掸子之类的工具清洁，以免伤及表面的描金。保存瓷器最好能做到防尘，因为经常对瓷器表面除尘也会破坏瓷器釉面，影响瓷器表面的光泽。

十三、瓷器真伪鉴别综合方法

118. 瓷器鉴定的要点包括哪些方面?

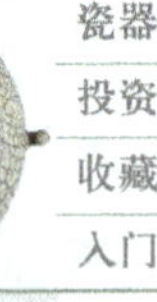

第一,辨别真伪。就是辨识故意仿制古瓷的赝品,即把伪、仿器皿与真器辨别开来。中国历代陶瓷生产，特别是明清以来，仿制前朝瓷器或者署前朝款识的现象经常出现，有时甚至是大量仿制前朝名窑器物。明代正德时的瓷器常常署“宣德年制”等寄托款，嘉靖、万历以来更盛。清朝雍正、乾隆时期仿古瓷的制作水平很高，唐英所督造的御窑厂“仿肖古名窑诸器，无不媲美，仿各种名釉，无不巧合。”(《景德镇陶录》)。清末和民国，仿古生产有不少专门的制瓷作坊，有的几乎达到了以假乱真的程度。现代制瓷行业，因为利益的驱使及其他各种原因，仿古瓷器的制造大有愈演愈烈之势，很多仿品还动用了高科技手段，这就需要瓷器投资收藏者能够具有识别真假的慧眼，善于辨别真伪瓷器。

著名鉴定专家张浦生先生将所见仿古瓷分成臆造型、模拟型、复制型三种不同形式。

臆造型的特点是无形无神。由于它属作伪者随意拼凑的东西，不模仿古器，没有时代特征。此类瓷器容易让初学者或好胜者上当,出售者往往用激将法,说这种东西难得、少见,连大博物馆都没有，怕你也看不懂等。

摹拟型的特点是有形无神。这类器物往往根据古瓷图片制作，不仅形象与古瓷基本没什么差别，而且连尺寸大小都比较一致，质量也不差。那些仅仅具备书本知识的人容易被此类瓷所骗。出售者往往会拿出书本作为佐证，使人深信不疑。但这类瓷器的底足不过关（因不少图录上常常没有底足照片），釉质也不对，有的“太白”，有的“过亮”，缺乏古器的宝光。因此，鉴定瓷器要特别注意观察底足、釉面，要对真品有感受。同时，还要警惕老足新胎的赝品。

复制型的特点是有形有神。由于它不仅对照实物，请专家分头合作精工细作制成，而且还有专门做旧的工序，故而惟妙惟肖，几乎可以以假乱真。此类瓷器俗称“高仿品”，新名词叫“克隆瓷”。高仿品本来常常是博物馆用来作为贵重器物之替代展示品的，一旦被不法之徒利用，杀伤力是非常大的。此类器皿常常会让那些贪心暴利的投资者或占有欲较强的大收藏家上钩。

所以，张浦生先生提出五种瓷器不能收藏的忠告。

一是器形不规整，古里古怪的不能收藏。历代古瓷的器形，都有一定的形制，而器形太规整的也不能要，那是用现代灌浆工艺制成的。

二是绘画看上去不顺眼的不能收藏，说明作者绘画水平的低下；而绘画画得太好的也不要，因为它超越了时代的水准。

三是胎体分量太重的不能收藏，古瓷分量一般也有规范，例如：明代永乐瓷轻，宣德瓷重，成化瓷又轻；清代康熙瓷重，雍正瓷轻，乾隆瓷比雍正瓷重，但较康熙瓷轻；而胎体分量过轻的也不能要，说明瓷胎质量有问题。

四是釉面光泽太亮的不能收藏，这是瓷器刚出窑炉的现象；但釉面光泽不亮的也不能要，它是人为用酸处理的结果。

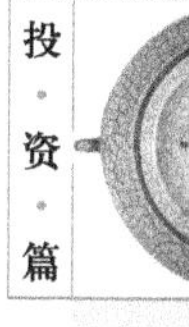

五是款字书法不像样的不能收藏，因现代人惯用圆珠笔，不善于书写毛笔字的缘故；而款字书法写得太逼真的也不能要，那很可能是通过电脑做出来的。

除此之外，还有瓷器扣之声音过于响亮的不能要，因为这是用现代高温窑炉烧成的；元末明初瓷器底部涩胎上火石红非常明显的不能要；瓶、罐一类琢器的器身接口过于明显的不能要，因为这些都是作伪者故弄玄虚、画蛇添足的做法而已。

第二，确定年代。即鉴别某件古瓷的相对烧造年代，又叫“分期断代”、“器物排队”。古瓷中，多数器物上没有落年款，有些器物上落有年款。对真古瓷要断代，对后世仿品也要考察仿品的仿造年代。一些现代技术可以帮助断代，但有的会对瓷器造成破坏，因而不常用。因为瓷器所具的特征是随着新工艺新材料的出现、人们审美观和生活习惯的变化、工匠们一代代传承更新而逐渐发展变化的，是沿着继承、创新、再继承、再创新的发展规律演变的。所以我们在断代时，只要掌握了瓷器发展演变的总趋势，再结合各个时代的标准器皿的特征，是能确定古瓷器的烧造年代的。

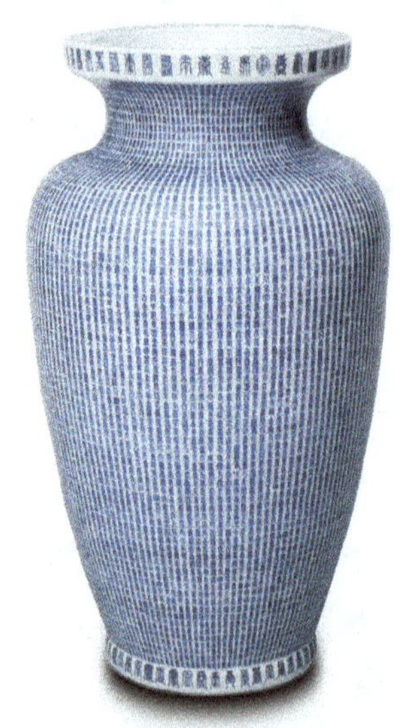

清康熙青花万寿纹尊

高 76.5 厘米，口径 37.5 厘米，足径 28 厘米

第三，分辨优劣。即鉴别古瓷的质量和价值。质量除了指古瓷器烧造时的品质优劣，也指古瓷本身是否存在使用过程中所

造成的种种毛病，如变形、裂痕、冲口、阴黄、黏釉、磨釉、缩釉、剥釉、剥彩、脱彩、漏彩、补彩等。古瓷的价值主要指某古瓷在历史、科技、艺术方面的意义。历史价值主要指该器物带有绝对的烧造年代或知道了相对的烧造年代，可作为给其他器皿断代的依据；能证明某一品种的创烧年代或衰落年代；能证实中外技艺交流或反映某一历史事实等。科技价值是说该产品能反映古代制瓷技艺发展进程和瓷业科学技术成果的；能反映瓷业的革新、创造和高超的技艺等。艺术价值是看构成产品美的三个基本要素：瓷质、器型、装饰的艺术处理是否高，三者之间是否和谐统一，能否代表某时期的陶瓷艺术水平和艺术风格。此外，传世稀少的产品也是成为珍贵品的理由。

第四，确定窑口。即鉴别瓷器的产地。唐代陆羽《茶经》在品茶时同时评论了不同产瓷地区的茶碗，说："碗，越州上，鼎州次，婺州次，岳州次，寿州次，洪州次……邢瓷类银，越瓷类玉，邢不如越一也。若邢瓷类雪，则越瓷类冰，邢不如越二也。邢瓷白而茶色丹，越瓷青而茶色绿，邢不如越三也……"这是在古文献中较早以瓷产地来评价产品的记载。随着瓷业的发展，窑口的命名方法也越来越多，归纳起来主要有四种方法。一是以烧造地点来命名。如浙江龙泉窑，福建德化窑、江西吉州窑，景德镇湖田窑等，这种命名方法较为普遍。二是以某窑的主技者的姓氏来命名。如景德镇唐代的陶（玉）窑、霍（仲初）窑，明代的崔公窑、周（丹泉）窑，清代的郎（廷极）窑、年（希尧）窑、唐（英）窑等。三是按烧造年代来命名。如景德镇明代御窑通常分别叫永乐窑、宣德窑、成化窑等。四是按产品使用者的身份来命名，如官窑、民窑、枢府窑等。所谓官窑，是生产专供朝廷和皇家使用（包括皇帝用来赏赐入贡国及使臣，或赏赐群臣、亲贵）的各种

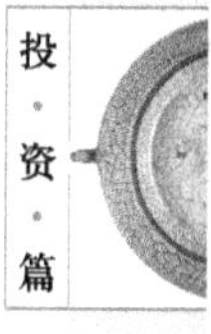

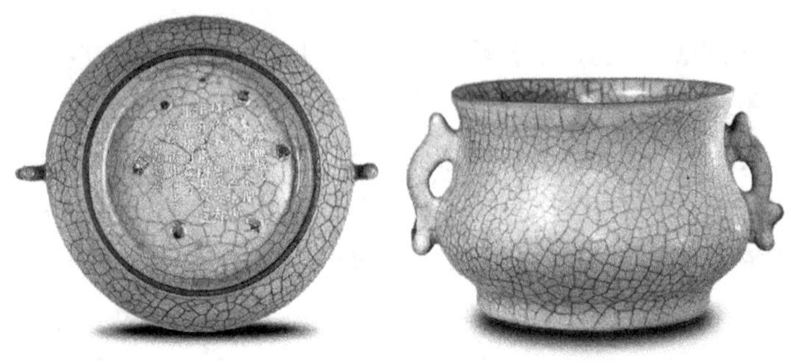

宋哥窑鱼耳炉

高 9 厘米，口径 11.8 厘米，足径 9.6 厘米

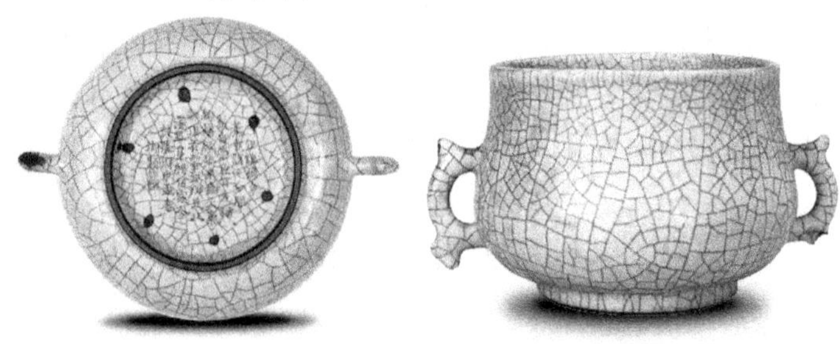

明仿宋哥窑鱼耳炉

高 8.9 厘米，口径 10.5 厘米，足径 7.8 厘米

瓷器的窑，也称“御窑”。如北宋的汴京官御、南宋的杭州官窑，景德镇元代的御土窑、枢府窑，明、清的御窑（又叫“官窑”、“厂官窑”）。所谓民窑，是为了满足国内外广大人民生活需要而生产民间用瓷的民营手工业作坊。

古代瓷器往往窑口特征明显，同一窑口不同年代的产品也有差别，因而断窑口是确定瓷器烧造年代和判定古瓷器价值的重要依据，根据窑口特征来辨识古瓷也是相对比较容易掌握的方法，对瓷器鉴定具有非同寻常的意义。

另外，古瓷鉴定不能存在侥幸心理，年代、纹饰、窑口等各方面只要有与当时的时代特征不相符的，就不应该认为是真品。现代仿制手段多种多样，有时候可能很多方面都看不出破绽，鉴定时一定要仔细。

119. 如何鉴别宋哥窑瓷和仿宋哥窑瓷?

鉴定哥窑瓷主要从造型、胎骨、釉色等方面着眼。属于青瓷系的哥窑器，以釉色取胜，浓淡不一，多呈两种以上的色泽，有粉青、月白、油灰等，釉面浑厚滋润，开有大小纹片。金丝铁线是哥窑开片的重要特色。其胎质呈深色，细腻、坚实，口部的紫色胎与足部的黑色釉合称“紫口铁足”，也是哥窑器的重要特征之一。

哥窑器物以纹片著名，按颜色分有鳝血、黑蓝、浅黄鱼子纹；按形状分有网形纹、梅花纹、细碎纹等。哥窑开片总的特点是：平整紧密，片纹裂开成上紧下宽状；黑色纹片中

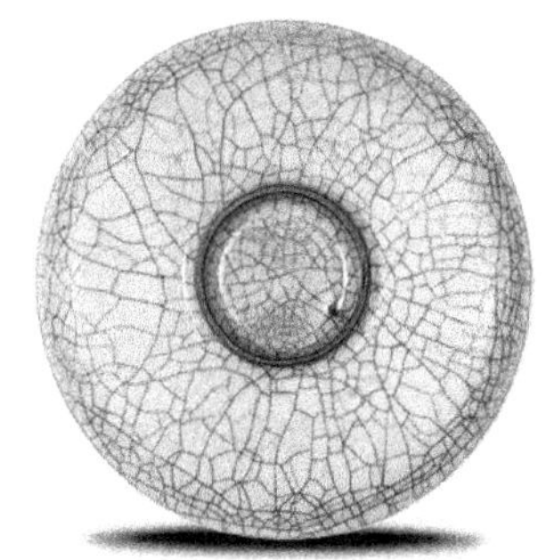

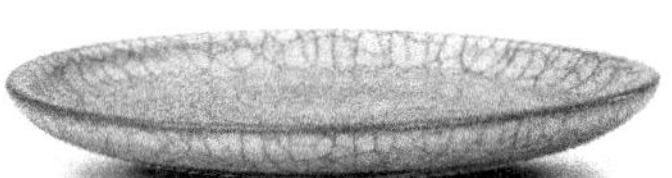

宋哥窑盘

高 2.8 厘米，口径 15.3 厘米，足径 5.4 厘米

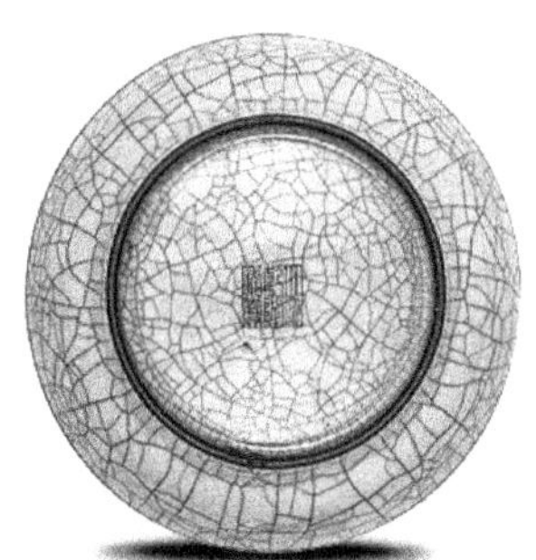

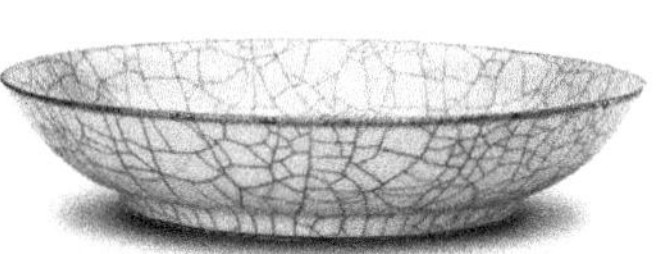

清乾隆仿宋哥窑盘

高 3.8 厘米，口径 19.9 厘米，足径 12.3 厘米

有时闪蓝色。

另外，哥窑器皿鉴别不能忽略的一点，就是状如“攒珠聚球”的釉下气泡。这往往是仿品难以做到的。

仿哥窑瓷与哥窑瓷相比胎体不是过重就是过轻，这是因为仿制品与真品所用胎料不同，也不可能相同。胎质、釉质一般过细，造型失去古物风格。轮廓线条生硬，无使用后的光滑感。釉面光泽太强，不细腻，比较粗松。白釉太白，白中泛蓝而不是泛青。造型、纹饰方面的有些特征太强烈、太过分，看上去极不自然。彩太鲜，没有真品的时代特色和彩色意蕴。仿品纹饰的绘画不自然，笔力拘谨，线条不流畅，有些拙劣的仿品纹饰粗糙。款识书法无力，字体做作不舒展自然，有些连边圈边框都明显不规整，线条粗细不匀。

120. 怎样鉴定宋钧窑瓷？

宋钧窑仿品和真品的最大区别在于釉面。真品釉面有标准的蚯蚓走泥纹，仿品釉面则无此特征。蚯蚓走泥纹系因多次施釉，多层厚釉相叠，烧成过程中釉层开裂，相互渗透熔

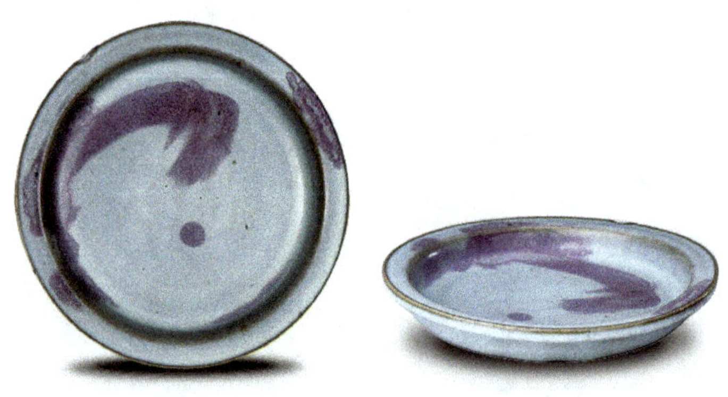

宋钧窑盘

高 3.5 厘米，口径 18 厘米，足径 7.9 厘米

融所致。所有仿品在烧成时，均未掌握此工艺要点，故都不会有这种自然流淌渗透的蚯蚓走泥纹。包括近现代新仿钧窑产品，尽管造型、釉色近似，但始终未掌握好施釉工艺的要点，故其釉色都不得神韵。这是鉴定后仿钧窑瓷器最重要的依据之一。

历史上仿钧窑比较成功的作品有清光绪年间芦氏兄弟烧制的雨过天晴器，其精品几乎达到了以假乱真的地步，但还是没有仿制出蚯蚓走泥纹，窑变也不及钧瓷自然。

制作工艺上，钧瓷主要采用手拉坯工艺，生产的器物往往底部较厚，向上逐渐趋薄，器物的口沿处胎体最薄。在器物的圈足露釉处还可以看到细密的旋纹，器壁薄釉处有轮指痕。现代仿钧瓷器采用某种材料做成模具，然后用注浆法灌注成型，瓷器胎壁厚薄均匀，分量较轻。更有粗制滥造者，由于修坯不精细，在器物的两侧可以触摸到模具的接缝痕。或者在注浆法成型的器物内壁故意做出轮指痕，但仔细观察就可以看出与真正手拉坯均匀的指痕不同，仿造出的轮指痕不仅粗糙，而且每一圈与每一圈的轮指痕分布极不均匀。

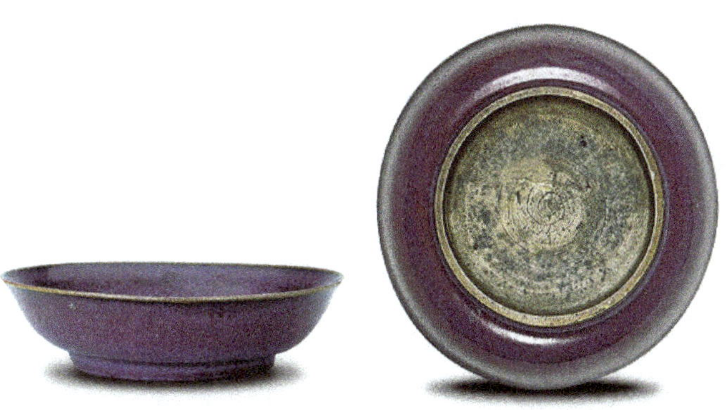

明宣德仿宋钧釉盘

高 4 厘米，口径 15.9 厘米，足径 9.2 厘米

宋代钧窑瓷器的天青、天蓝、月白釉，匀净莹润，乳光内含，虽然距今已有近千年的历史，都很少有大块土锈黏结的现象，令人赏心悦目。现代仿钧器不管是仿宋钧的造型，还是仿金、元时期钧瓷的特征，其釉色多为天蓝，很少有天青、月白釉。而且为了达到与出土钧瓷相近的釉质，刻意伪造土锈或作去浮光的处理，但其效果适得其反，给人的感觉是釉色发乌，不自然，看上去极不舒服。

钧瓷真品釉面上的块状窑变斑为紫红色；仿品的窑变斑不是偏浅就是过深，胎色较之真品也稍浅。

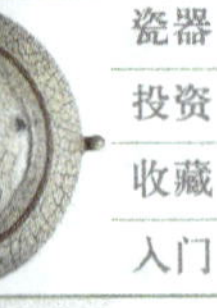

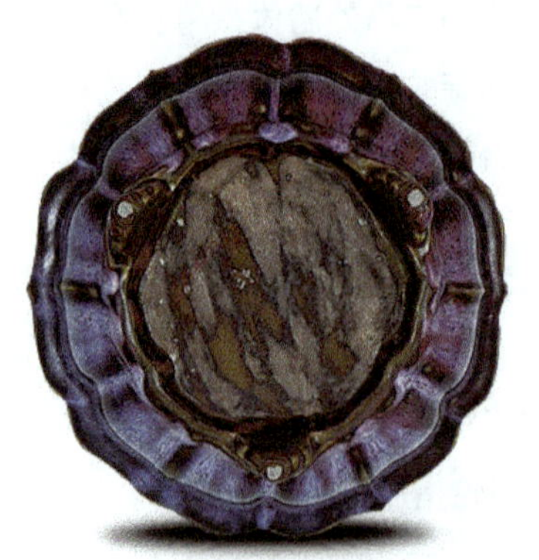

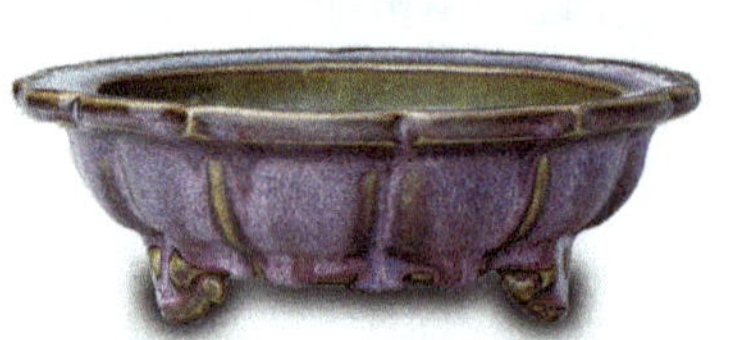

宋钧窑玫瑰紫釉菱花式花盆托

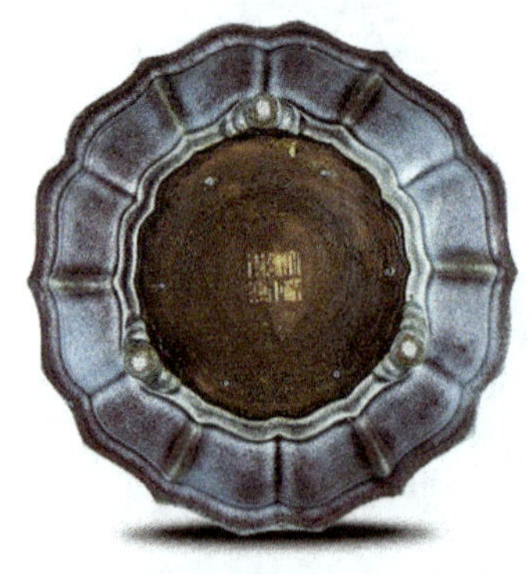

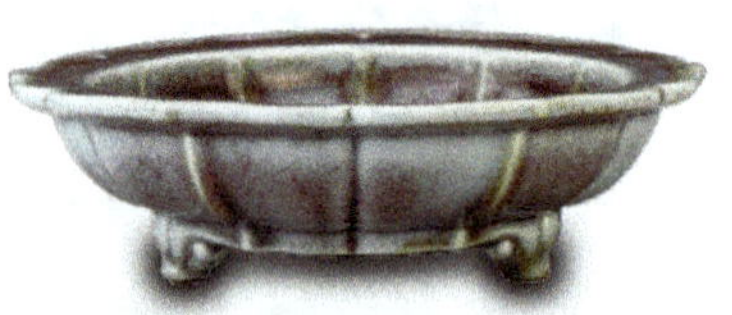

清雍正仿钧釉菱花式花盆托
高 6.3 厘米，口径 24.2 厘米，足距 11.5 厘米

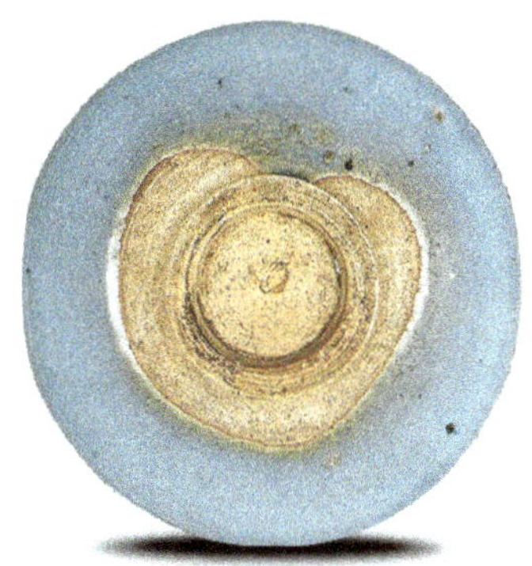
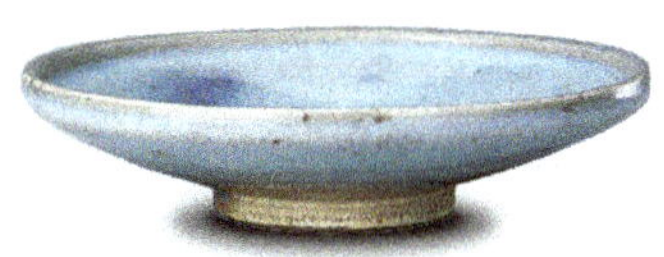

元代钧窑盘
高 3.9 厘米，口径 16.4 厘米，足径 6.3 厘米

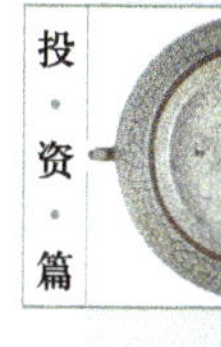

121. 鉴别宋磁州窑瓷要注意哪些方面？

磁州窑是宋代北方民窑的代表，造型品种丰富，装饰风格多彩，体现出民间艺术自由奔放的活泼情趣。磁州窑明代曾烧贡瓷，主要为酒缸、酒坛。但在宋代因为窑场多，产量大，且以民用瓷为主，并不为人们所重视。它的真正艺术价值，直到 21 世纪初才被人们发现，尤其是那一气呵成的娴熟画艺，令许多艺术大师叹为观止。鉴定磁州窑仿品的根本要领，是记住古代磁州窑瓷器是民用商品，一气呵成的画风，一挥而就的草率修坯均与商品市场密切相关。此外，鉴定磁州窑瓷器还要注意以下几方面特征。

首先，磁州窑器皿的胎土质量不够白，胎色发灰，甚至呈赭灰色。可能是为了弥补胎体色彩不白的问题，磁州窑普遍使用化妆土，因而胎面显得洁白光滑，与胎骨有明显的差别。

其次，磁州窑器物的手感不重，而近代的仿品则给人以坚实厚重的感觉。

第三，作为民窑，磁州窑胎泥淘炼不够精细，烧制时的温度不够高，致使器皿瓷化度不高，轻轻敲击基本没有瓷器

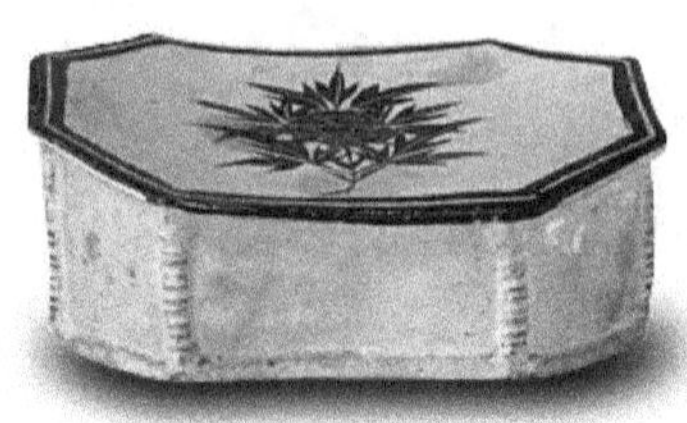

宋磁州窑白地黑花八方枕
高 12 厘米，枕面长 32 厘米，宽 23 厘米；
底长 31 厘米，宽 21.5 厘米

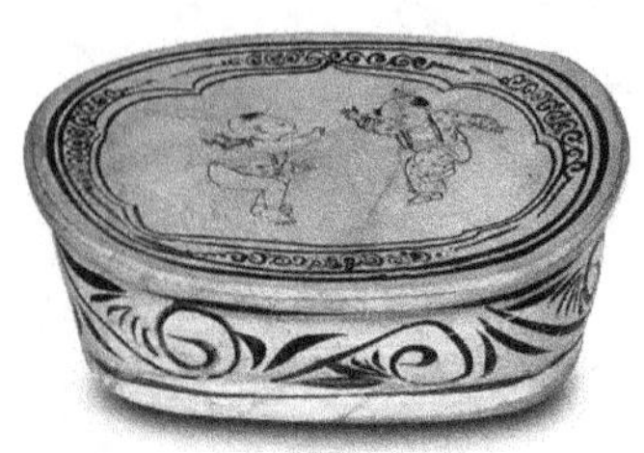

宋磁州窑白地黑花婴戏纹枕
高 10.4 厘米，长 29.9 厘米，
宽 22.5 厘米

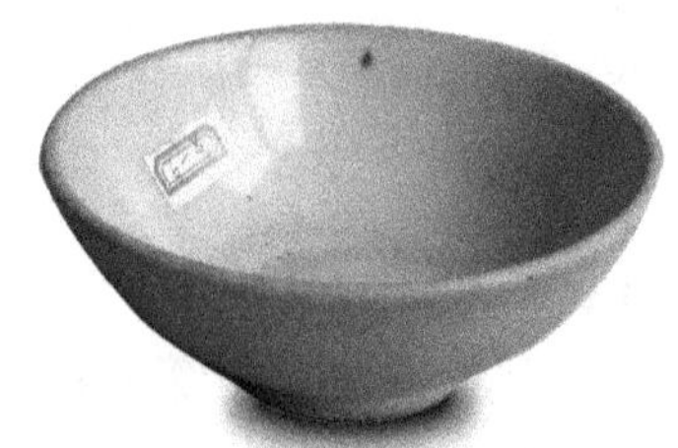

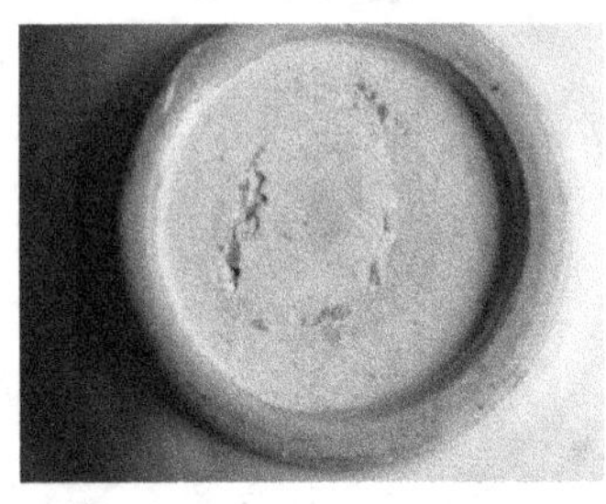

宋磁州窑白釉碗
口径 13.7 厘米

常有的清脆之音。

第四，磁州窑的纹饰具有明显的民间色彩，无论是人物、动物、植物，均表现出浓厚的乡土风情。而仿品虽刻意模仿，但笔力滞涩，矫揉造作之感常常表现出来。

122. 如何鉴别越窑仿古瓷器？

首先，从器物造型与纹饰看。造型与装饰往往密切联系，东汉晚期瓷器的造型，多来自原始瓷制品的延续，主要有：垒、五联罐、钟、虎子、香熏等。垒器身的肩部、腹部拍印席纹、蝶形纹、梳纹、方格纹、菱形纹、蛛网纹、叶脉纹、网格纹等，从工艺角度观察，这类纹样多见于泥条盘筑的制品。

唐代越窑的造型，从总体上看廓线明快，秀雅端巧。碗的造型，从早期越窑的深腹型，逐步演变为敞口（侈口）、斜腹的浅腹型。初唐的平底器或假圈足到了中唐时，在假圈足中挖一个小浅孔，圈足形似玉璧，俗称“玉璧底”，同时开始出现矮圈足的环底碗。晚唐时碗的造型不但沿用了玉璧底、大环底，而且出现了端巧美观的花口。特征是口沿做成四出口、五出口不等，在腹部与缺口相对位置压有突筋。主要有凹底盘、碗、刻莲瓣瓶、双凤盖盒、鸡冠执壶、双蝶盘等，从底足的变化发展到口沿的变化，使碗的造型轻巧端雅，线条流利美观。唐代晚期，碗类的器内刻画各类荷花、朵花，模印鹤、鱼等动物，形象生动活泼。

北宋中期，流行双线开光，在开光内划花卉，盛行模印的小系。

仿制的器形往往形似而神不似，纹样线条不流畅，显得呆板、僵硬。

其次，从装烧工艺的特点看。在中唐晚期以前，是承早期越窑的明火迭烧工艺，中唐元和朝发明匣钵装烧，这是一次装烧工艺的革命。越窑的匣烧工艺，不仅促使产量提高，

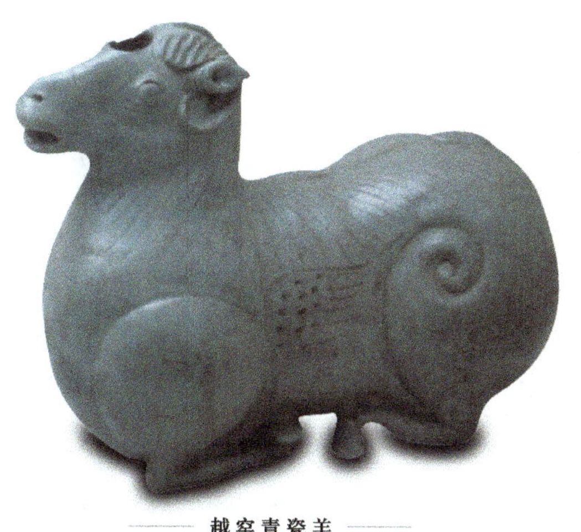

越窑青瓷羊

而且使越窑烧制的制品质量上了一个新的台阶。

匣烧工艺，使越窑产品形成了两个明显的特点：第一，早期越窑的器内支烧印痕在使用匣烧后消失了，器物内壁变得光洁美观，这是元和朝以后制品的特征；第二，匣烧工艺烧制的器物，其外底部都应该有支烧泥点的印痕，这个印痕的大小与形式对我们了解它的制作年代，有十分重要的参考价值。

因使用装烧工具不同，越窑器在每一个时代所形成的印痕特征也不一样，尤其是支烧印痕的形式与排列规律也不同，仿制者往往忽视这方面的细节。有的干脆涂上或者粘上印痕，一洗刮就能显现，因此，胎体烧制过程中形成的印痕，是鉴定是否支烧的一个重要标尺。

第三，从胎骨与釉色看。早期越窑的胎体，胎质青灰，由于烧成温度的影响，胎体从东汉晚期到隋代，可以说变化不大。

早期越窑的釉多为青色，也有青灰，青黄和黑釉制品。早期越窑的施釉都不到底，在无釉的胎体上，可以见到淡红

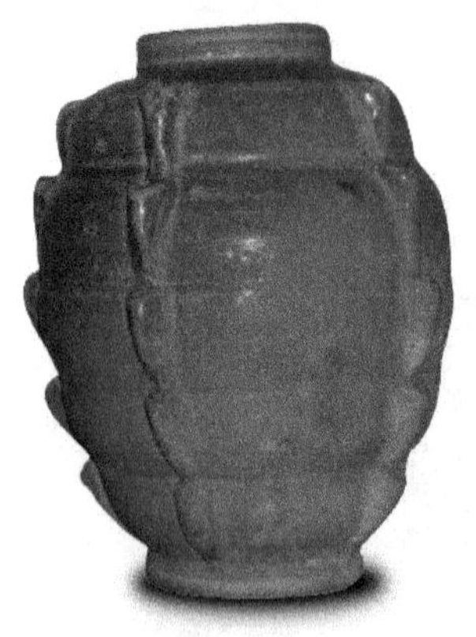

越窑五棱瓶

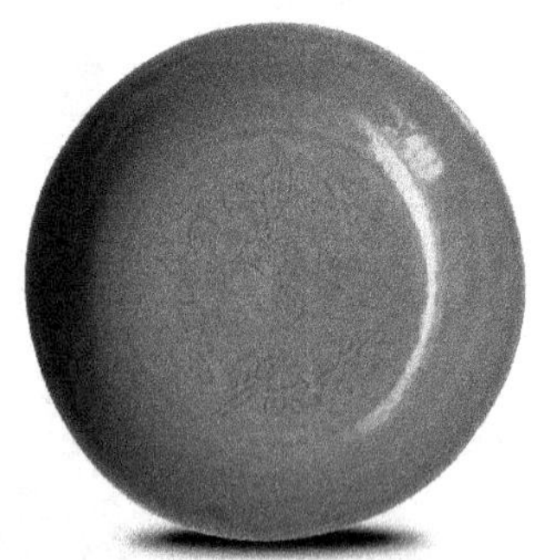

五代晚期至北宋早期越窑“秘色瓷”划花卉纹洗

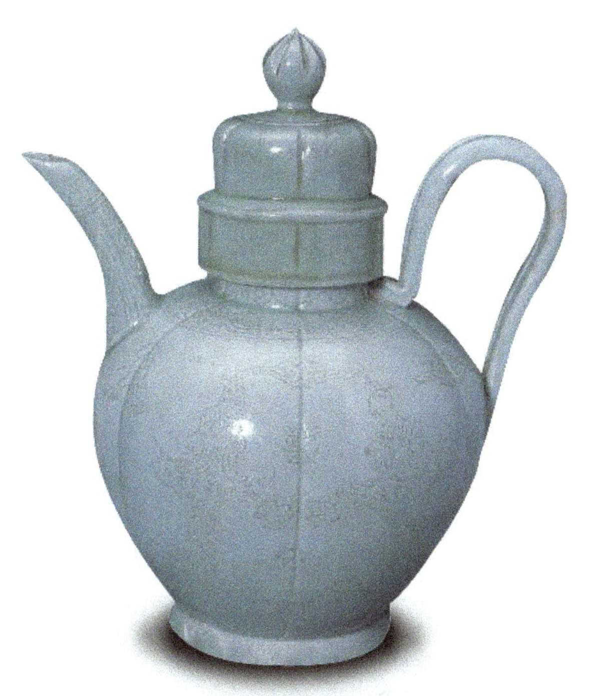

北宋越窑刻人物纹秘色瓷注
高 20 厘米，底径 8 厘米，器宽 19 厘米

色的胎体，现在仿制品则无法做到这一点，这对鉴定越窑器皿真伪是很重要的参考标准之一。

初唐，越窑虽然在窑炉结构上获得了改善。但烧造过程中，除少量还原焰较好的器物呈青色外，很大一部分经弱还原焰或氧化焰烧成，呈青中泛黄或米黄色。中唐，匣烧使器物呈青色为多。由于配料差异与窑炉气氛差别，呈色也有变化。晚唐，由于大量使用匣烧，使釉色大为改观，加上窑炉烧造技术的改进，使窑温升高，烧制品以青翠为多。贡窑所使用的匣烧，其质量达到极精的程度，所呈釉色似冰、类玉，晶莹滋润。

五代北宋时期，大批贡瓷色泽以青绿色为主，釉色光润。

民用瓷亦以青为主。到了北宋晚期，釉色则变成青灰了。

一般来说，越窑仿品的胎质粗糙呈灰白色，施釉不够均匀，常有大块缩釉，光泽较亮。

123. 如何鉴定元青花？

要准确鉴定元青花须做到以下“七看”。

一看器形。对瓶、罐之类的器形要细看它的口沿、颈、肩、腹、足底，看是否有元代器形的特征，同时也要鉴别器形的胎体重量，对器形全面进行分析。元代瓶、罐之类的器形一般胎体较厚重、胎质坚硬，白而不细，粗而不松，腻润不干，胎内多有微小洞隙。

二看釉色。元青花瓷的釉色白中微闪青，莹润透亮，但也有青花瓷偏白或偏青。元代中早期（延祐期）的瓶、罐之类青花瓷施透明的青白釉，抚摸釉面似糯米感，有时釉色显出亚光木讷色，近看含青显淡蓝灰色，远看显黄褐色，细看青花釉面上粘有疏朗的白色小点，少数器身釉面上能看出细密的皮壳层，斜光透看胎釉略显出无规则状的釉丝线条纹，从至正年间开始烧制的白釉、枢府釉及卵白釉的青花瓷，胎色多为偏白，微闪青，为含青的白釉，呈现带透明的玻璃质感。绝大多数现代仿元青花透明釉釉色泛绿，在积釉处呈湖绿色而不是浅湖蓝色。有极少数仿品的积釉处呈湖蓝色。但蓝得太过，同真元青花透明釉两相比较，显得极不自然。

三看青花。元青花瓷发色不稳定，青花色泽晕散。青花料分为两种。一种发色浓重鲜丽呈青翠浓艳，浓厚处有黑色锈斑，俗称“黑疵”，浓处用手抚摸时青花釉面上呈凹凸不平之感，这就是使用进口苏马泥青料所特有的呈色效果；另一种为国产料，国产料青花发色呈蓝中泛灰，有的色泽呈青蓝偏灰或青花发色蓝中闪灰。延祐朝青花发色的牡丹纹深入胎骨呈云层块状，像潜伏在胎骨上，呈立体感似有闪动。青花上浮与釉面紧贴，晕散青花呈炸开状，上浮青花釉面显有浓黑丝及小点，青花纹饰紧贴釉面，微呈凹状，这也是鉴别景德镇元青花瓷的基本要点。

四看纹饰。元代青花瓷器的纹饰可分两类。一类是以进口料绘画纹饰，具有构图满密、层次丰富、绘画工整的特点。如大盘纹样多由三至五层满密的图案组成，瓶、罐的纹样多由三至八层图案纹饰组成，纹样有主宾协调、繁而不乱的特点，图案题材丰富多样，以人物故事，缠枝花卉、鱼藻、莲池、双凤花卉、开光折枝、竹石花卉瓜果等纹样组成，花卉纹有大花和大叶的特点，其中缠枝莲花的叶瓣多绘成葫芦形，牡丹纹饰边缘绘成白色联珠状，辅助的变体莲瓣纹多有间距，边框内饰有青花等特征。另一类青花以国产料绘画，其纹样

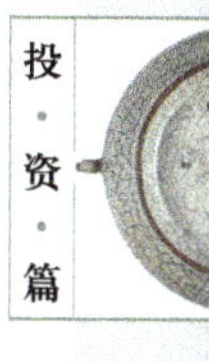

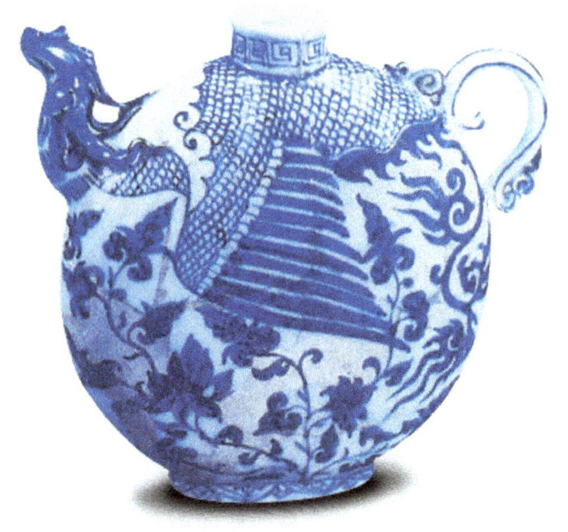

元青花凤纹扁壶
高 18.7 厘米
1974年北京旧鼓楼大街元代窖藏出土

具有流畅奔放的特征，纹样构图较简单，绘画较粗率，以各种花卉纹饰为多见。

高仿元青花的纹饰，图案类型几乎可以以假乱真，动植物和花卉也可以画得十分娴熟，真假难辨，但人物画最容易露出破绽，要么照图临摹，行笔呆滞，缺少真品用笔恣意的流畅感；要么造型比例过分精确，充分暴露出现代画家的人物素描功底。古代画师虽然自幼学习，或投师，或家传，但无论如何不可能具有现代素描、写生素养。故而虽则熟练自如，却缺乏准确之比例及透视关系。随心点染，神韵张扬，不求工整准确，只要活泼生动。现代仿元青花器在纹饰绘画方面恰恰没有这种朴拙简练、夸张传神、意趣无穷的特点。

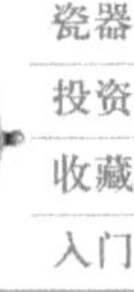

五看内壁。元青花瓷瓶、罐内壁多不施釉，内壁为砂胎，器身一般采用分段制作黏接而成，故器腹与器底往往留有明显的胎接痕。梅瓶内与肩部连接处多不修胎，故有毛糙感。内壁胎接痕多为凸起 1 ~ 2 毫米不等的胎接痕，粗细大小不规则，手摸有圆润细腻质感。瓶内壁砂胎略带淡黄色，胎内壁砂眼及内壁稀朗小颗料石明显可见，腹上部一般无修胎处理，腹下部至底多有修胎旋痕纹，瓶内壁稀朗砂眼明显可见。强光斜看内壁稀朗，砂眼内闪出星光点，发出亮光，也称“阴阳光点”。

元青花仿品中，有的器里器外都没有接胎痕，必定是伪品，因为它超越了当时的烧瓷水平。有的虽有接胎痕，但绝大多数为人工制作，横接胎痕极不自然：有的凸出部分显得过分，超越古代泥料的可能凸出限度；有的内部显得规矩，不像是在高温烧制时器物上部在重力作用下自然形成。

六看底足。元代青花瓷瓶、罐类器的底部多呈内凹圈足状，足底宽厚，少量足底呈外侧斜削状，挖足有浅有深，多为挖浅足。碗盘类器圈足则多呈外侧斜削状，但无论是琢器

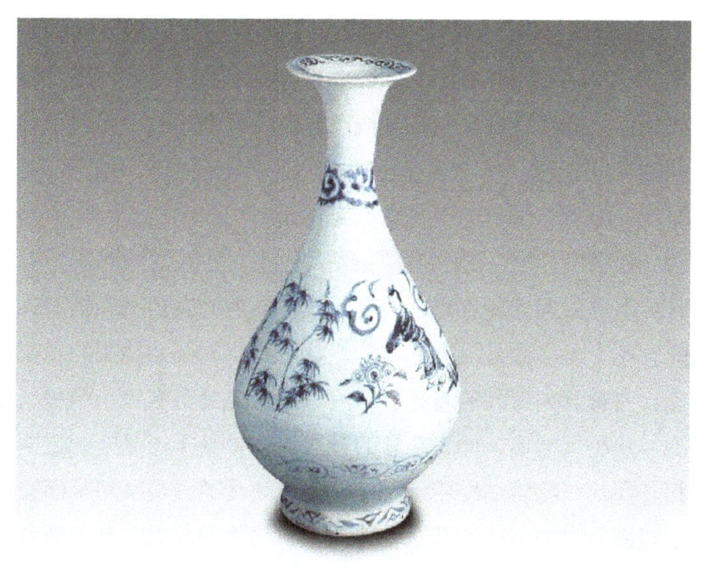

元代青花人物玉壶春瓶
高 26 厘米

还是圆器，圈足均有较规则及不规则之感。瓶、罐之类有的足底砂胎显有扎紧感，也有的胎质略呈疏松感，细小砂眼及黑糊麻点清晰可见，有的足底微凸起呈鸡心状。瓶、罐足底多有旋痕纹，呈火石红及赭红色，有的圈底及足底稀朗小颗料石明显可见，黏有稀朗大小不一的黑釉斑痕，并有自然炸开状。

元代轱辘车转速慢，大罐、梅瓶修足粗，刀痕宽但很自然；现代用电动快轮，转速快，修足细，太规整。为了仿古，有的故意用宽刀深挖，但刀痕太宽太深，有太过规整，很不自然。元代器底无论大小皆平切，然后侧棱倒刀。瓶、罐一类大器不重修足，圈足较浅，足墙宽厚。现代仿品有的正面看颇能蒙人，细看底面，修足滚圆，内墙直立，刀痕细匀，一看便知是电动转盘作品。

七看显色与气泡。元青花的显色也很重要，瓶、罐的外足圈一般聚釉较厚显出水绿色，也有显出鸭蛋青色，器身釉面往往会显出青白色、浅淡蓝色，或偏黄褐等色。元代中早期的青花瓷瓶、罐之类显色明显，显色是随空气中的干度、湿度、温度、季节的变化来显出釉面不同的颜色。元代中早期（延祐期）瓶、罐之类青花瓷釉面上，在天气炎热季节有时会出现微弱冒汗现象，还有元代中早期的青白釉和枢府釉的青花上大多数是没有气泡的。从至正年间开始烧制的青花瓷、白釉及卵白釉的青花上会有气泡，但是会有大小两种气泡，且小气泡多，元青花瓷的釉面大多显得干透呈莹润透明状。现代气窑仿品釉中气泡小而密，缺乏通透层次感；而柴窑烧制品釉中气泡则较之稀少疏朗，气泡间隙大，且分布有层次感。

124. 如何鉴别元代蓝釉瓷器？

用金属钴作着色剂与釉料相混合，直接涂于瓷胎上经过高温烧成蓝釉，是元代景德镇窑工的又一个创举。以钴为呈色剂的蓝釉起源，可以追溯到唐三彩陶器。和唐三彩釉陶不同，元代蓝釉是将钴的釉料施在成型的干坯上，经高温氧化火焰一次烧成。釉面匀净、雅致。钴是青花的呈色剂，融在釉中，即可烧成钴蓝釉，呈色十分稳定，所发色泽纯净明亮，如宝石蓝一样晶莹、光艳。但是色彩鲜艳的蓝釉，除釉色纯净外，还要有洁白的胎质映衬，方能显现出蓝如宝石的理想釉色。

蓝釉瓷，是元代青花、釉里红、蓝釉及红釉这四朵金花中最不起眼、数量也较少的品种，但却是质量最高，残次品最少见的一类。元代的蓝釉瓷从一开始就非常成熟，发色深

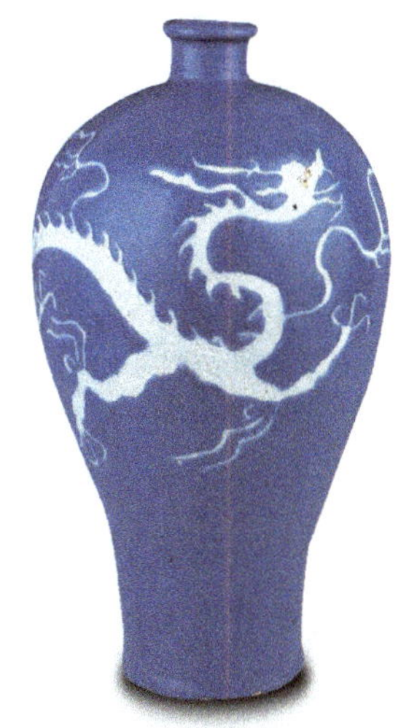

元蓝釉白龙纹瓶
高 42.5 厘米

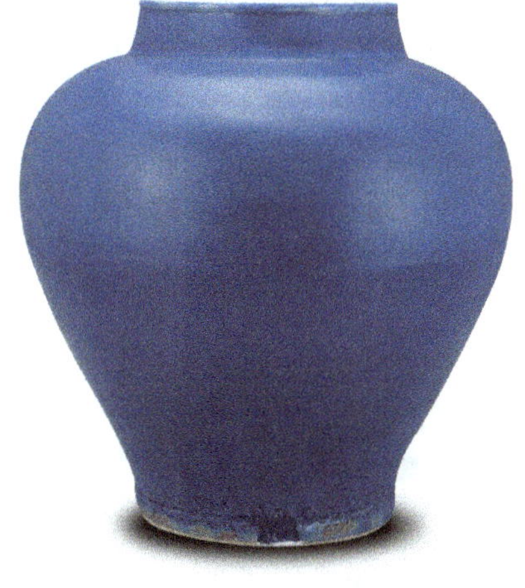

元 蓝 釉 罐
高 42.2 厘米
北京瀚海 2005 年春季拍卖会成交价人民币 121 万元

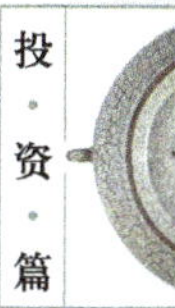

蓝沉邃，即便是后代最精彩的宣德蓝釉也无法与之相比，成就之高令人叹服！元代蓝釉的烧制成功为明清两朝的祭蓝、回青、洒蓝、天蓝的发展奠定了基础。

除了纯净的蓝釉外，窑工们又选择了不同的颜色和蓝釉底相配，呈现了别具一格的效果。最常见的是蓝地白花，在制作时工匠按事先设计好的花纹，先在坯体上划刻浅浮雕或堆贴出所需要的纹饰，再在纹饰上敷设透明釉，坯体的其余地方均施蓝釉，入窑高温一次烧成。如著名的蓝釉白龙纹梅瓶就是采用这种方法制作的。还有一种是蓝釉金彩的装饰方法，在蓝釉瓷器上描绘金色的花纹，经低温烘烤而成。元代蓝釉描金梅瓶虽然距今已有几百年，但金花依然光彩夺目，与晶莹的蓝釉交相辉映。此外，印花作为一种常见的装饰方法，也被应用在蓝釉瓷器上，常见的图案为云龙纹，和红釉

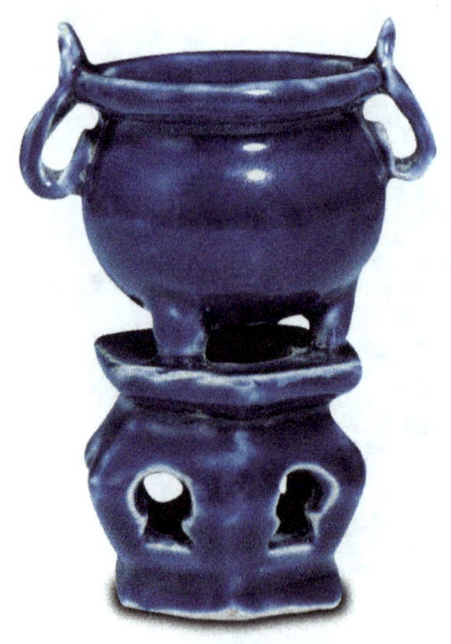

元蓝釉带座香炉
高 9.5 厘米
上海正德 2006 年春季拍卖会成交价人民币 1100 万元

瓷碗的龙纹如出一辙。

元代蓝釉产品传世完整者非常稀罕，全世界仅存 12 件左右。故宫博物院藏蓝釉白龙盘一件，为清宫旧藏之物，盘中心贴塑三爪白龙一条，龙纹矫健，刚劲有力，动态盎然，为典型的元龙风格。同样的白龙盘早年流散国外 2 件，一件存日本出光美术馆，另一件现存日本大阪市立东洋陶瓷美术馆。另有蓝釉白龙梅瓶 3 件，也是贴塑三爪白龙一条，一件为扬州博物馆收藏，一件藏于法国吉美博物馆，另一件为宫中旧藏，原存颐和园，可惜后被打碎。还有一种是蓝釉白龙罐，1990 年在镇江地区出土，是残器。新中国成立后杭州出土元代蓝釉爵杯，保定市出土元代蓝釉金彩杯和盘，其呈色蓝如宝石，金彩画法娴熟，灿烂的金光与蓝宝石似的釉色呼应成趣，给人以富丽华贵之感，是代表元代蓝釉烧造水平的杰出之作。此外，西亚地区尚藏有元代蓝釉白龙和白花、飞鸟及海马纹的大盘，直径多在 45 厘米左右，分别存于伊朗巴士顿博物馆、阿特别尔寺和土耳其伊斯坦布尔托普卡博物馆。这几件蓝釉瓷器应该是元代与青花一起生产的外销瓷。

元代蓝釉瓷器传世品稀少，且均藏于博物馆中，仿制者很难拿到手中，只能比照图录仿制。现代仿品主要出于景德镇，有用煤气窑烧的，也有用柴窑烧的。鉴定时只要把握元代蓝釉的造型、胎釉等特征，自可识别真伪。如元代真品盘底虽看上去粗糙，但用手摸时却很平滑；新仿者或过于细洁，或过于粗糙，均难以仿到真品原有的神韵。此外，元代蓝釉真品釉色深沉，后仿者多偏蓝色，过于轻浮。

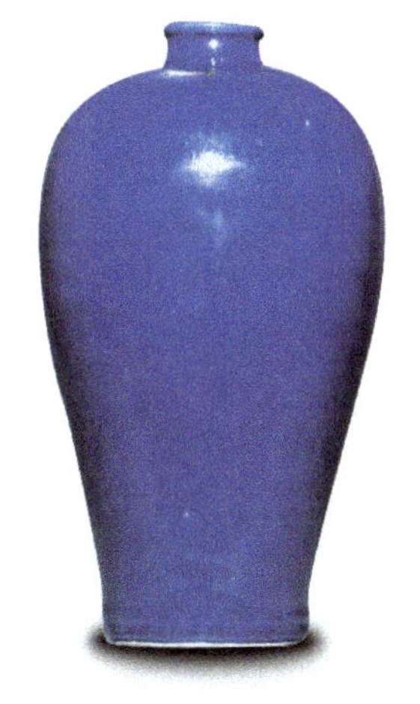

元末明初祭蓝釉梅瓶

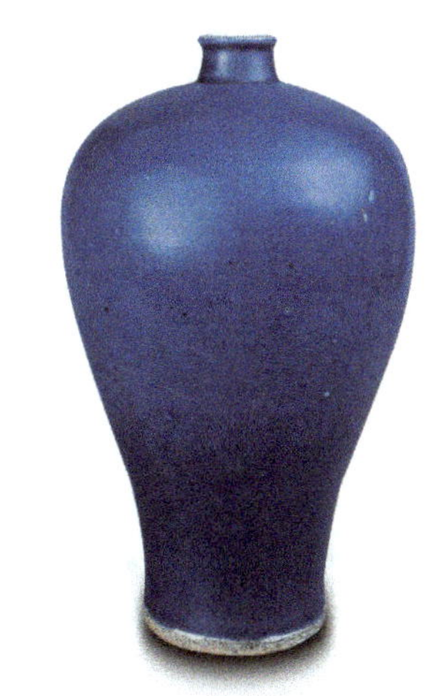

元末明初蓝釉梅瓶
高 36 厘米，口径 4.8 厘米，底径 12 厘米
中拍国际 2006 年春季拍卖会成交价人民币 30.8 万元

125. 怎样鉴定明天启瓷器？

首先，天启瓷器多数是民窑器物，器型多数不太规整，此时出现了日本风格的造型。

其次，胎釉制作粗糙，盘、碗之类器底有一部分填砂黏着。

第三，釉面亮青程度比前朝明显减弱，施釉稀薄。釉底器足切削整齐，露胎部分较多，有的胎釉结合的地方没有棕黄色调。

第四，青花有四种不同色调，其中晕散和黑灰的与那种纤细轻淡的色调相差悬殊。

第五，纹饰中多反映出日本风格，如扇面纹、皮球花纹等。另外，明末清初时盛行的题诗联句风气，在此时有所表现，还有万历朝后常有的窗格纹，青花器有的有指捺水印纹。盘类外壁往往有以五个青花小点并淡红彩组成的变形花朵为装饰，往往在一个盘上有三朵这种变形花朵。

第六，天启器物款识少。一般写于器底。格式为“大明天启年制”。在青花及彩瓷器上已出现题词、题诗。

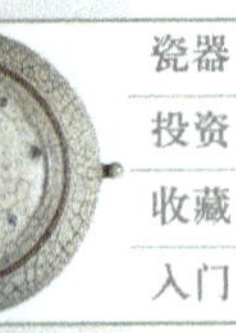

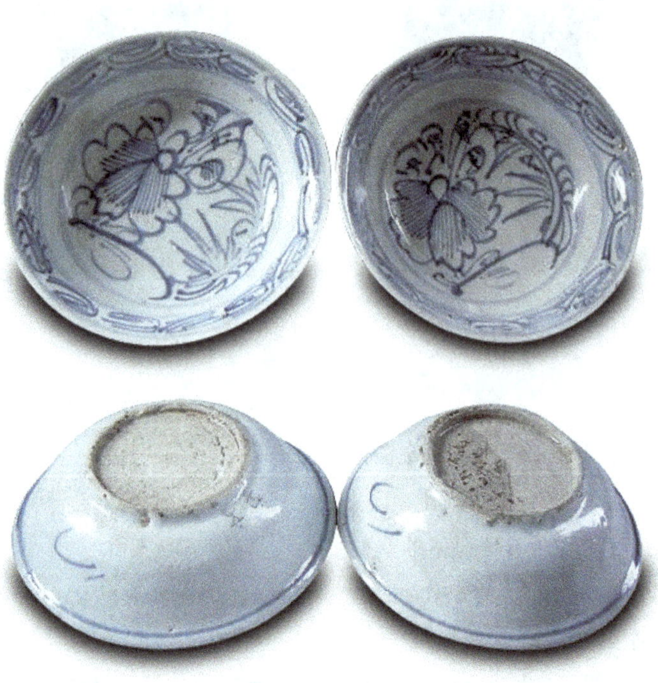

明天启淡描青花碟一对

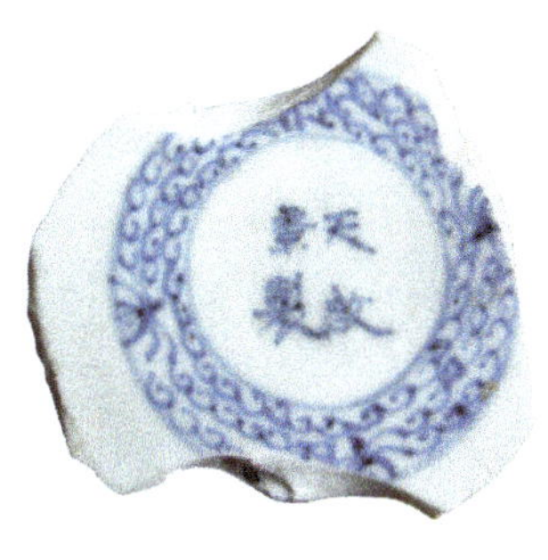

天启年制款

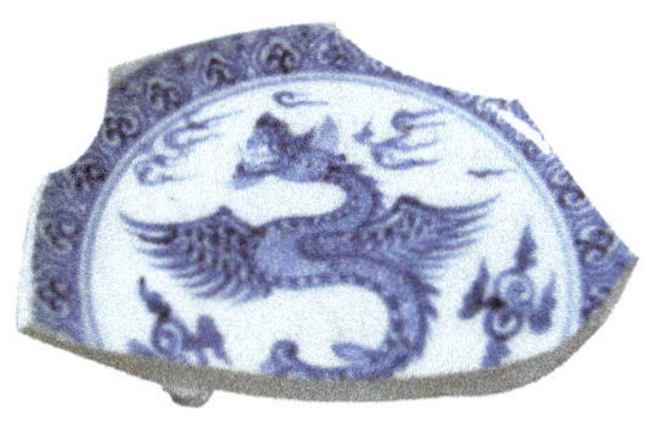

明天启年间的龙纹残片

126. 如何鉴定清雍正单色釉瓷?

单色釉也称“一色釉”或“一道釉”，因为其素雅洁净，被称之为陶瓷制品中的大家闺秀。

清雍正朝在颜色釉瓷器烧造方面成就极为突出，在仿古基础上创新，创烧十多种鲜艳的新釉色。北京故宫博物院收藏的雍正官窑颜色釉瓷将近两万件，包括二十多个品种，质量、数量堪称一流。不仅有大量仿古釉器皿，也烧制了典雅高贵的淡黄釉，贵族气质的祭红釉，端庄优雅的祭蓝釉，千娇百媚的胭脂水釉，宁静高远的天蓝釉，青纯无邪的粉青釉，鲜嫩水灵的秋葵绿釉，飘忽不定的洒蓝釉，变幻莫测的窑变釉等。

雍正时期的青瓷烧制达到完全成熟的阶段。官窑青釉瓷可根据颜色的深浅分为豆青、冬青、粉青三大类。青釉呈色以豆青最重，冬青次之，粉青最浅。从这三种青釉中又繁衍出淡青、天青、虾青、橄榄青、蟹甲青等数种新色釉，最深的蟹甲青发色近乎墨绿，光泽感极强，而最浅的淡青发色近乎月白。

雍正黄釉，在烧好的白瓷上施低温黄釉，烧制出来后颜色洁净。蛋黄釉多见小件薄胎盘、碗器物，有少量凸雕莲瓣的黄釉盘，口径可达40厘米。黄釉有里外全黄、里白釉外黄釉之分。

雍正时期的白釉是一种有玻璃质感的透明釉，完全依靠胎土本身的白度呈现出白色。雍正白釉有高足杯、撇口瓶、三足炉、茶壶、酒盅、大盘、小碗等。

据说雍正官窑为恢复明代宣德宝石红的中华优良传统，在釉中添加玛瑙、珍珠等贵重原料，烧成呈色稳定均匀的祭

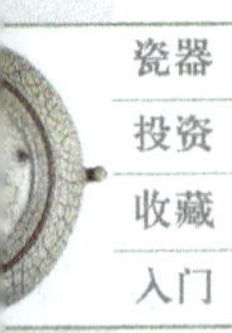

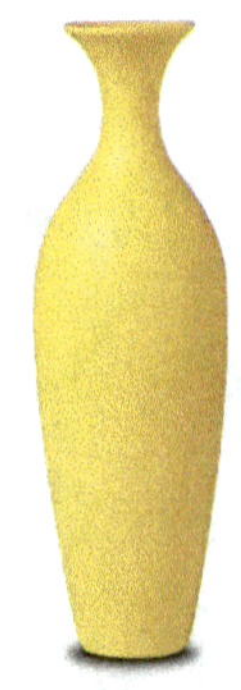

清雍正淡黄釉瓶

高14.6厘米，口径3.3厘米，足径1.7厘米

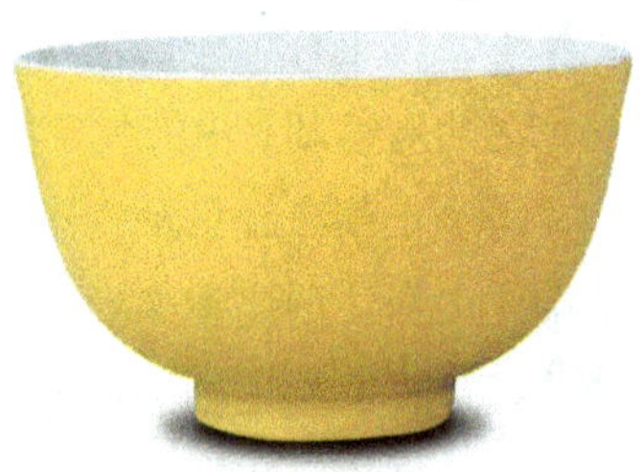

清雍正淡黄釉碗

高6厘米，口径10厘米，足径3.2厘米

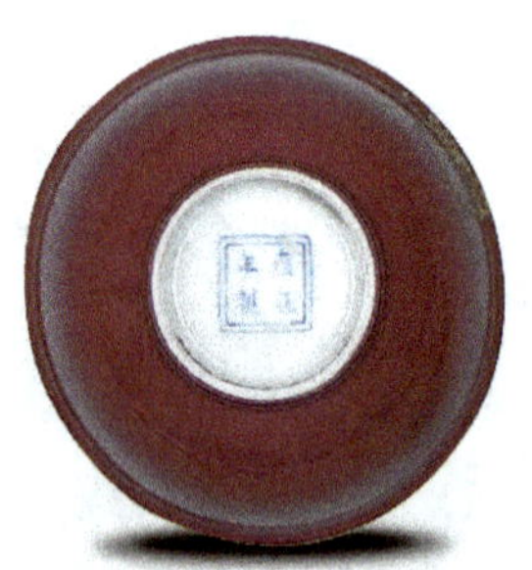

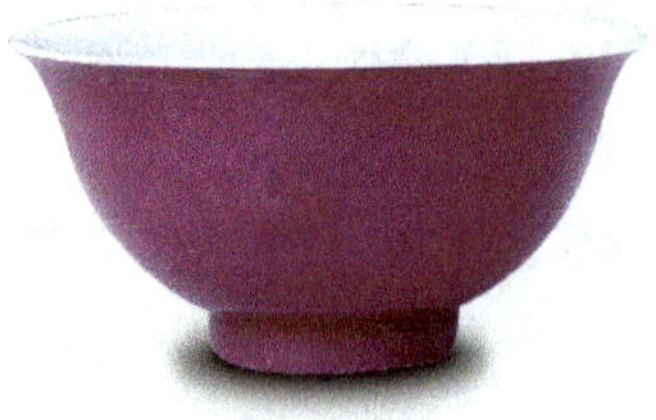

清雍正胭脂紫釉碗

高5.3厘米，口径9.7厘米，足径3.7厘米

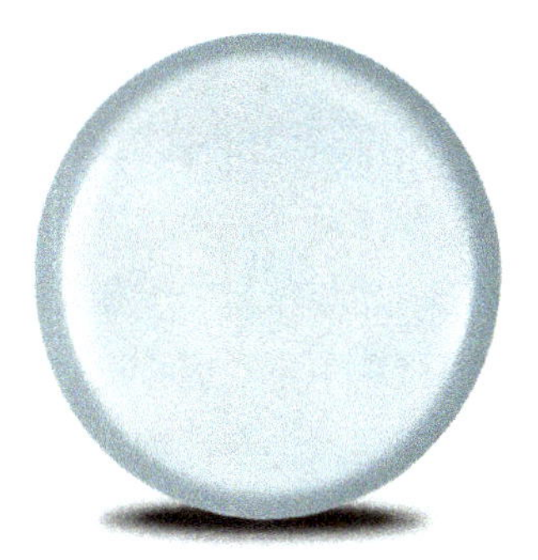

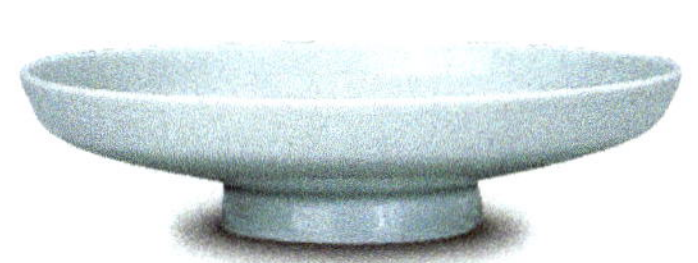

清雍正粉青釉暗花糖锣洗

高 3.6 厘米，口径 15.5 厘米，足径 6.1 厘米

红釉。祭红釉色泽深红，浓厚不流淌，温润光亮，祭红对烧成气氛敏感，成品率极低，乾隆以后失传。祭红釉器多数里白外红，也有里外全红的。雍正传世品中有祭红梅瓶、玉壶春瓶、撇口瓶、橄榄瓶、长颈瓶、蒜头瓶、扁瓶、高足把杯、高足盘、双陆尊、鼓钉洗、小水丞、小酒盅、小杯等十多种造型。款识有“大清雍正年制”青花双圈楷书六字款和青花双方框六字楷书款两种。

雍正祭蓝是仿明代宣德宝石蓝釉烧制而成，是一种表面布满橘皮棕眼的深蓝釉，釉面厚而均匀，釉色深浓沉静，给人宁静庄严的感觉，常用于祭祀类器皿。雍正祭蓝釉造型有玉壶春瓶、胆式瓶、穿带瓶、折肩撇口瓶、圆洗、盆奁、茶壶、盖钵、高足豆、高足碗、大碗、盘、碟等，釉深浓沉静，厚而均匀，有里外蓝釉与里白外蓝两种，底均有青花双圈六字楷书“大清雍正年制”。雍正祭蓝釉中有一些胎厚体重的巨大的盘、碗，是典型的祭祀用瓷。

除此之外，雍正朝的厂官釉、米色釉、鳝鱼黄、秋葵绿、湖水绿、鹦哥绿、孔雀蓝、仿古玉、仿漆釉等十数种颜色釉也十分出色。

雍正时茶叶末釉制品多偏黄，称“鳝鱼黄”。

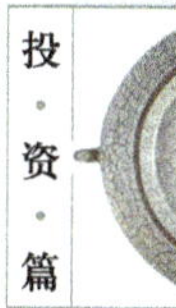

单色釉瓷器虽然没有华丽的纹饰和造型，却在其纯正、简约中让人感受到一种独有的美感。但因为它的纹饰简洁，往往给鉴定工作带来了一定的难度。因此在鉴定的过程中，就要从造型、胎釉等多方面综合考量。近年来，由于雍正瓷器昂贵的市场价格，作伪者在造假的过程中也费尽心机，使得仿品与真品相差无几。例如在釉色上，作伪者通过对真品进行化学分析，得到成分的比例后再进行作假制造，从而达

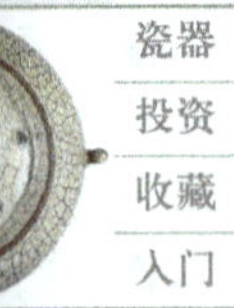

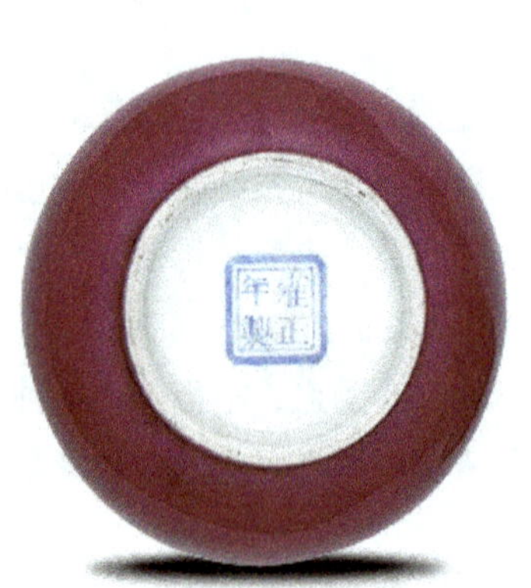

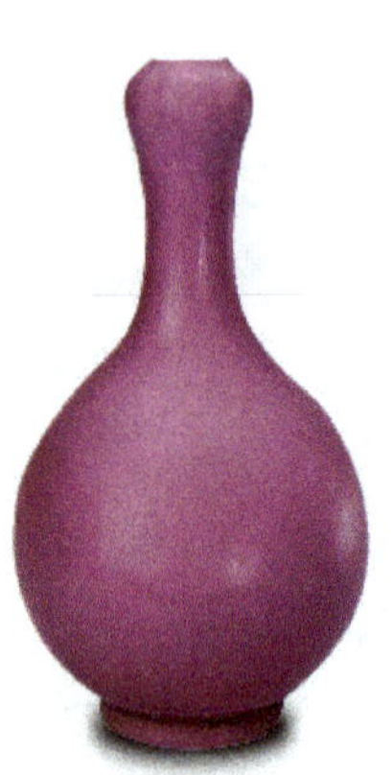

民国仿清雍正胭脂水釉蒜头瓶
高 15.7 厘米，口径 1.6 厘米，足径 4.7 厘米

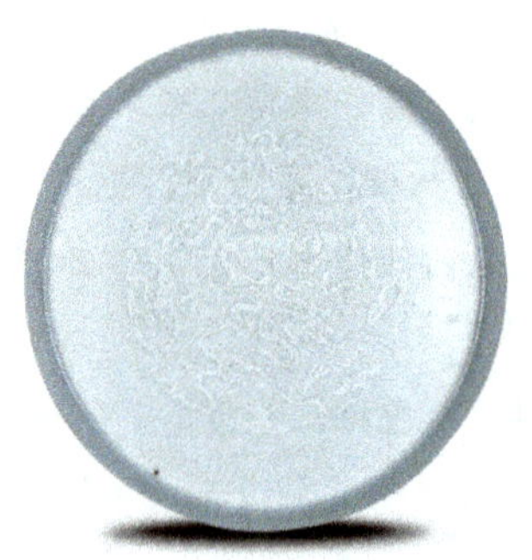

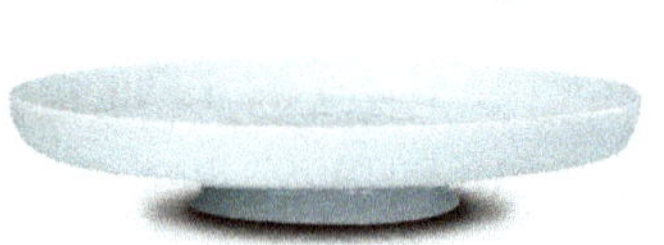

民国仿清雍正粉青釉暗花糖锣洗
高 2.9 厘米，口径 15.7 厘米，足径 6.8 厘米

到乱真的地步；有的落款因为使用电脑扫描复制手段，在字迹、釉色等方面和真品相比几乎丝毫不差，但从内壁上可以发现烧造过于光滑，不是当时的烧造工艺所能达到的。

127. 民国瓷器如何鉴定?

仿造民国瓷器通常以名家名作为主，较少仿造一般老百姓所用的瓷器。民国瓷器真伪可以从以下几点进行鉴别。

第一，胎质。早期民国瓷器的胎质有精细和粗糙两种，陈设瓷胎质精细，但往往胎釉结合不紧，放大镜下能见到胎釉之间有薄薄的气泡层；日用瓷胎质粗糙，胎釉结合部多泛黄，比陈设瓷要显得紧密一些，釉上气泡比较明显。仿品胎质往往质量较好，不仅坚密，而且生硬，分量或轻或重，放大镜下可见杂质，胎釉之间虽不见气泡层，但釉面有气泡。

第二，釉面。民国瓷器釉面光泽柔和，给人以松软的感觉，颜色鲜艳但不刺眼。仿品釉面光很强，即使用高锰酸钾等去过贼光，其光泽也不会太柔和，一般都有生涩僵硬的感觉，仿制的缩釉、串烟效果也不会很自然。

第三，饰瓷用料。民国青花大致上分两类，一类完全沿用清代用料，杂质多而色泛灰；一类青料发色纯正艳丽，只是入骨不够，稍欠沉着。仿前一类民国青花不多，仿后一类色彩死板，毫无鲜活之气。民国瓷所施彩料一般较薄，但艳者无飘浮感，淡者也非苍白无神。厚

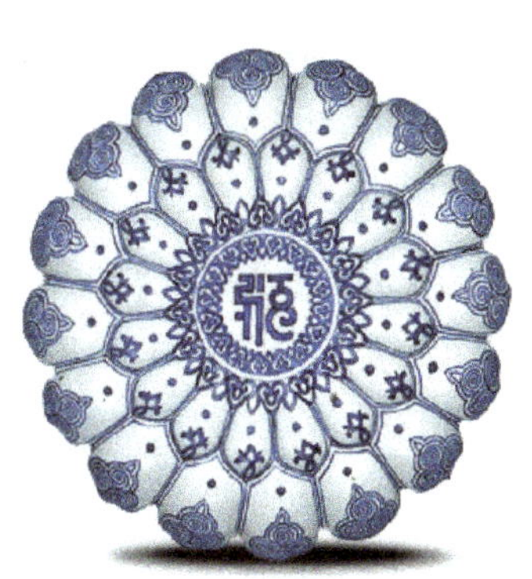

民国仿明万历青花梵文莲花式盘

投·资·篇

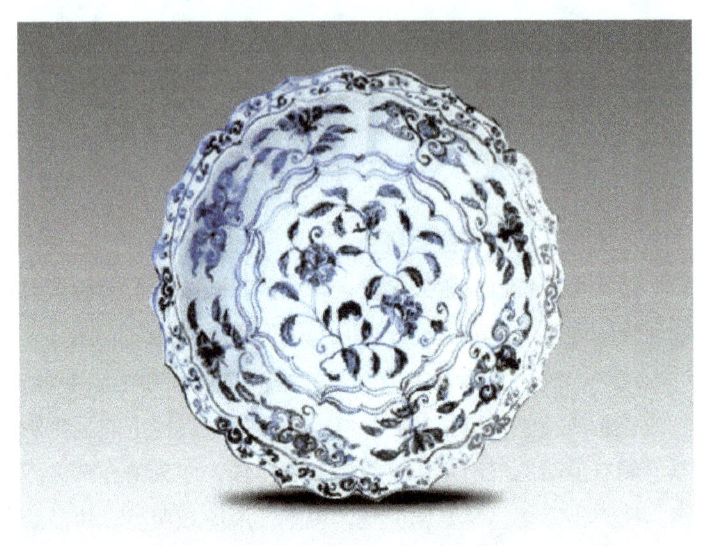

民国仿明宣德青花折枝花纹菱花口盘

重浅淡之处均以笔法皴擦洗染而来。而现代仿品则急功近利，艳者靠颜料堆起，浅者缺少色彩。彩的厚薄极为明显，用手触摸有凸起的感觉。

第四，画工与题铭。民国瓷器上的题铭、书法千姿百态，但大多功底扎实，铭文有来历。仿民国题铭相当不容易。因此，要鉴定民国瓷画的真伪，需要对书画有较强的识别能力。

在具体的鉴定过程中还要注意到一个倾向，凡名家之作，尤其是年代相同或相近的作品，其作品的胎釉之间少有差异，因为这些名家是绘瓷名家，经常用同样的瓷板进行绘制。而现代仿品瓷板的差异较为明显。

十四、现代瓷器收藏知识

128. 何谓现代瓷器？

现代瓷指的是新中国成立后生产的瓷器作品。一般人认为瓷器收藏就是应该收藏古瓷，所以对现代瓷不够重视。实际上，现代瓷就像期货，很多也是具有很高收藏投资价值的。大致来说，可以收藏投资的现代瓷可分为三类。

第一类，反映新中国制瓷工艺水平的瓷器，如 7501 瓷。

第二类，与历史事件紧密结合，具有历史意义的瓷器，如文革瓷。

第三类，艺术性极强的瓷器，也称“现代艺术瓷”。一些制瓷大师或者艺术大家们的作品或者虽非名家但艺术水平很高的作品。

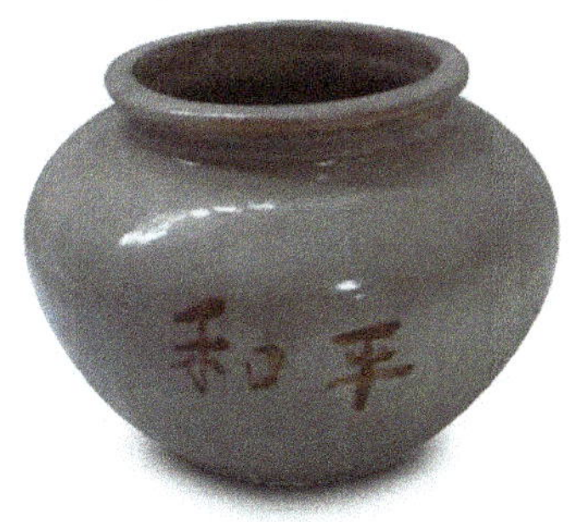

1950 年抗美援朝时期瓷药罐

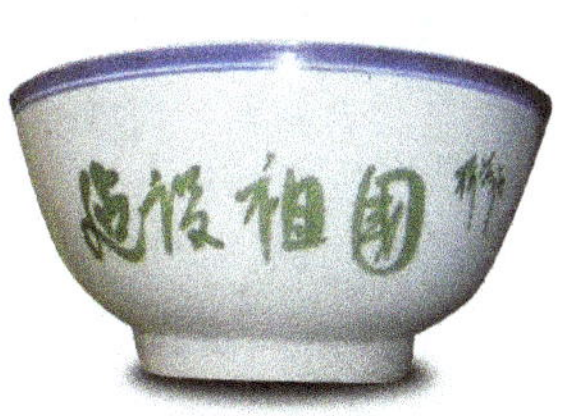

“建设祖国”26 厘米特大碗

现代瓷既可用作家庭陈设，也可作为收藏投资甚至传世佳品，而且远不像古瓷需要那么高的投资成本，仿品相对也较少，现在已经逐步引起藏家的重视。

129. 文革瓷有什么特殊价值?

所谓文革瓷是指在20世纪60年代中期至70年代中期十年间各地陶瓷厂生产制作的带有“文革”色彩的陶瓷器皿。如装饰瓷件、生活器具、毛泽东雕像以及反映当时风貌的瓷版画等。

文革瓷大致可以分为日用瓷器和观赏瓷两大类。观赏瓷的艺术水平和价值普遍要高于日用瓷，当时人们看到较多的是领袖瓷器塑像、八大革命样板戏、乒乓外交、太平天国英雄人物造型以及红卫兵塑像等内容。同时期的日用瓷包括杯、壶、碗、盘、瓶、笔筒等，上面大多有“文革”特征的图案。

其中最受关注的自然是领袖瓷。领袖瓷就是当时瓷器厂专门为毛主席使用生产的瓷器。据称当年曾专门成立了瓷器生产的班子，进行创作制造，这类瓷器瓷质细腻，瓷器表面莹白发光，十分精美。而由于毛主席一生对梅花赞誉有加，所以，领袖瓷器中以梅花图案居多。

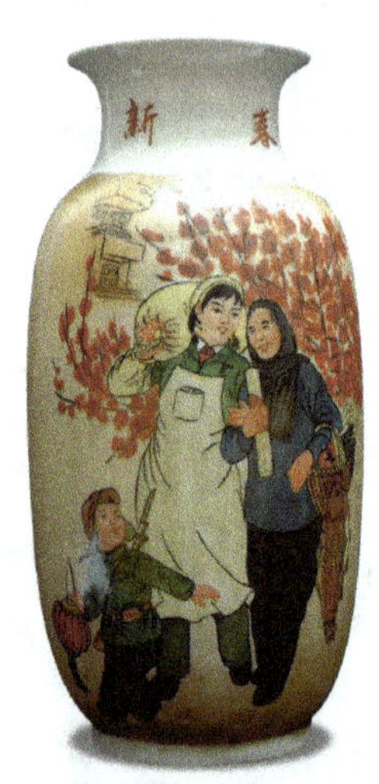

文革瓷

文革瓷因鲜明时代特征而独具魅力。文革瓷生产年限很短，对于收藏者来说也

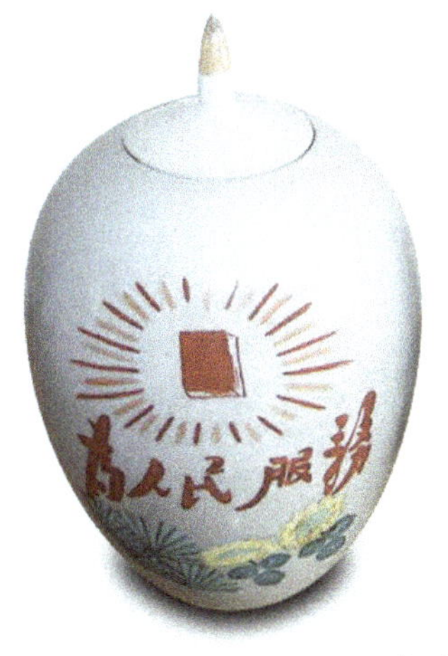

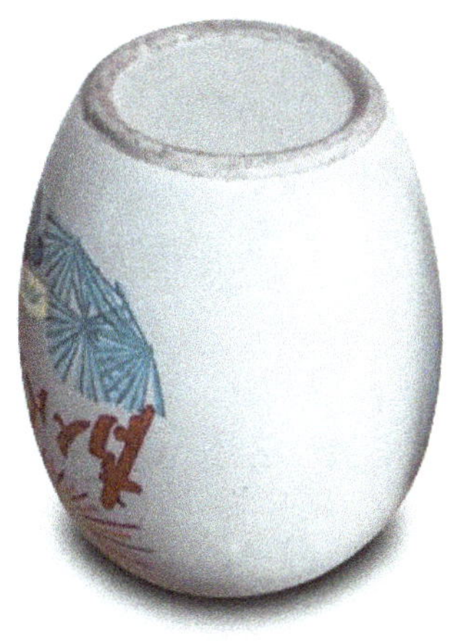

文 革 瓷

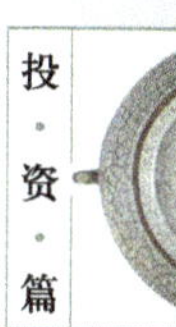

是它具有收藏价值的原因之一，且增值潜力较大。自 20 世纪 80 年代以来，文革瓷的价值也不断攀升，市场上比较普通的几百元，好题材的文革人物瓷器开价就是几千元，就是一个写着“东方红”字样的普通瓷器杯子也要几百元。目前一些较为罕见的红卫兵瓷像、“样板戏”瓷像价格大多上千元甚至数千元。而珍品花瓶的价格已过万，且仍具有一定的升值空间。在北京的一次国际拍卖会上，曾有一件高 40 厘米、直径 20 厘米、图案为“毛泽东去安源”的立式瓷瓶拍出过 2 万元的高价。

130. 什么是 7501 瓷？

1974 年初，湖南、山东、江西等历史上三大名窑所在地接到了中央布置的一项任务，为毛泽东主席烧制一套生活用瓷。接到任务后，这三个省倾尽所能，精心制作，在 1974 年 10 月按时拿出了各自的样品。结果，景德镇技高一筹，被选中。1975 年元月，上面正式下文生产“主席用瓷”，取

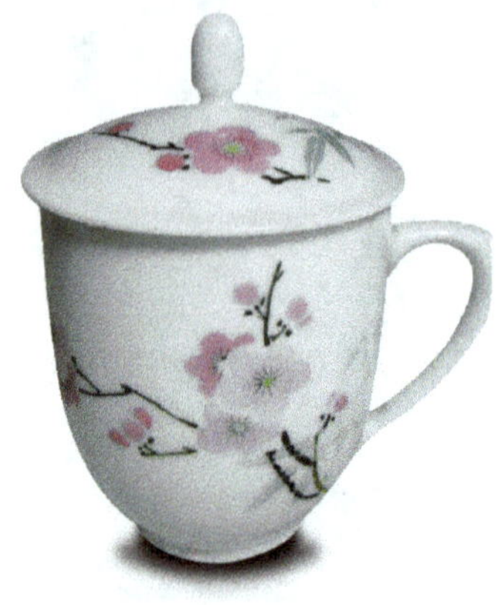

"7501"高白釉下红梅翠竹茶杯

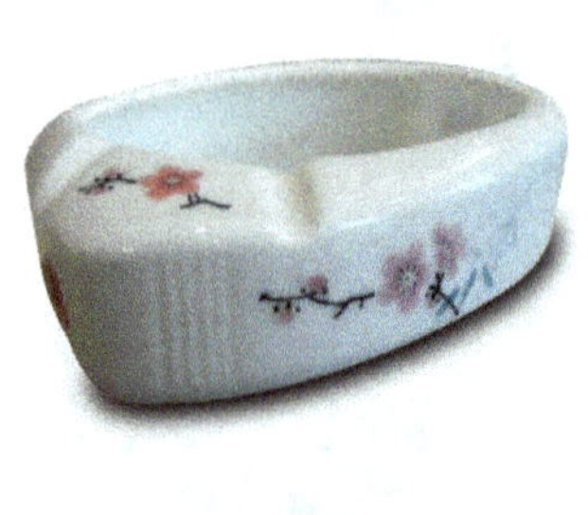

"7501"高白釉下红梅翠竹烟灰缸

名为"7501 工程"。因而这次生产的瓷器被称为"7501 瓷"，也称"中南海瓷"、"主席用瓷"。这批瓷器无疑是新中国制瓷最高水平的代表。

7501 瓷的外形装饰是高级工艺美术师李雨苍按照上级要求设计完成的。这套瓷器的外饰在风格上力求简洁、典雅、端庄、稳重，有中国特色，线条流畅优雅，器形饱满，古朴大方，达到艺术与实用的完美统一。7501 瓷共制出 14 103 件瓷器。合格率为 30% 左右，实际成品为 4 200 件。

7501 瓷的特点是传统、饱满，加工精细到位，给人以精神熏陶和美感。器物口边转折入微，底脚直斜适中，造型的釉坝、涩坝严谨无粗野感。器物上装饰的"翠竹红梅"构图别致。花头的正、侧有度，花苞分布得体。整个画面的造型是由老艺术家黄海云、舒松水勾勒，姿态各异，形态生动秀美。花头、叶子是出自老釉下装饰艺术人员之手，技艺熟练，用色浓淡转折相宜，前后有空间感。枝杆用色老嫩有度，花丝、花蕊错落有致，整个画面十分素洁、高雅，梅竹有傲霜斗艳的精神气质。那 12 厘米芙蓉内外对花碗，花头生动，叶子是两种不同色相的绿色叠用，叶色浓淡相宜，呈色丰富，有肉质感。红梅和芙蓉花头色是45%的铝和36%左右的锰合制成的桃红色，配方后经煅烧在18%矿化剂的高温作用下呈刚玉型的桃红色。色剂经酸洗、覆烧处理后的桃红呈色十分艳丽，这是其他瓷器很难达到的桃红色。

也有人认为“主席用瓷”实际上既包括江西景德镇生产的“7501瓷”，还包括来自主席家乡湖南的醴陵瓷。醴陵瓷能成为中国近代名瓷，主要得益于清光绪翰林院编修、辛亥革命后出任过国务总理兼财政总长的湖南湘西凤凰人熊希龄。相传熊希龄曾亲自携醴陵瓷入京，贡呈慈禧太后，并得到赏赐金牌。新中国成立后，在50年代末烧制了第一批“主席用瓷”。首批送往中南海的茶杯共60件，杯底印有“湖南醴陵”楷体字样及和平鸽标志。很多瓷器收藏家将7501瓷和这些醴陵瓷合称为“红色官窑”瓷。“红色官窑”是现代瓷器中较早引起关注的，大约20世纪80年代就有人关注这方面收藏。它不仅具有文物价值，工艺价值也在中国陶瓷史

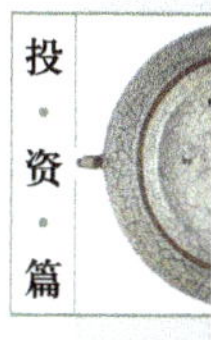

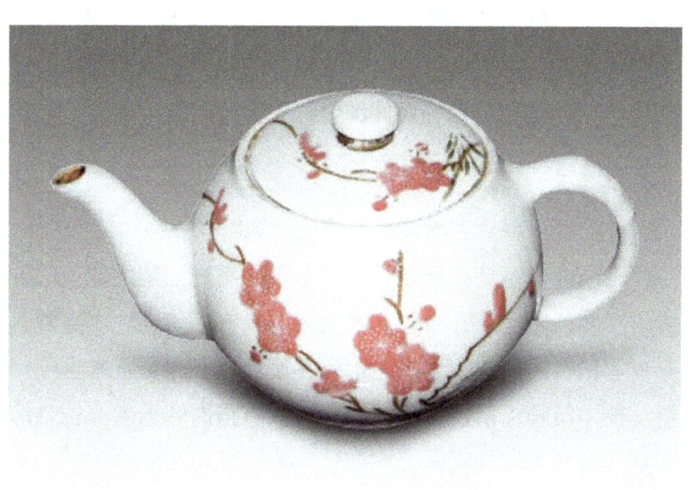

“7501”高白釉下红梅翠竹壶

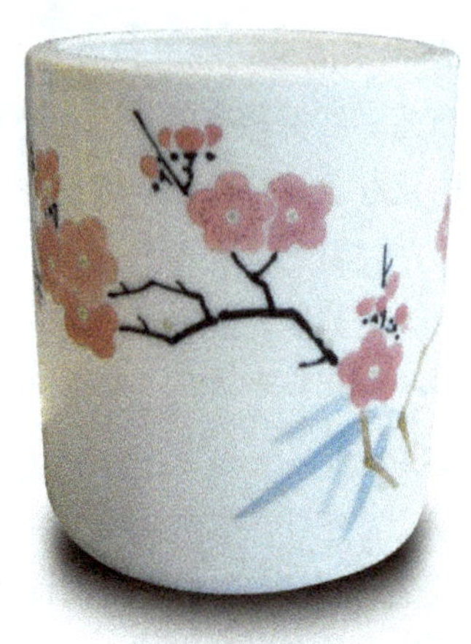

“7501”高白釉下红梅翠竹笔筒

上留下了光辉的一笔，可以说代表了20世纪中国制瓷工艺的最高水平。在那个特殊的年代，红色官窑瓷的生产几乎集合了当时全国最优秀的工匠来制作，工艺水平和艺术价值都非常高，其中的精品都送往中南海，而剩余的被拣选出的库存瓷器则流落民间。据说，1982年春节前夕，研究所曾将封存的部分“7501瓷”连同其他库存产品一起当作福利分发给了本所职工，其中也包括试验时留下的釉上彩水点桃花。这也是“7501瓷”目前在民间流传的主要原因。

131. 现代艺术瓷有何收藏价值？

无论古瓷还是现代瓷，艺术水平的高低都是决定瓷器价值的重要因素之一。现代艺术瓷因为具有艺术性，本身就具有观赏和收藏价值。现代艺术瓷在设计和制作上常常推陈出新，式样新颖，精致美观，有些还具有很高的艺术品位，即使不具有显著的投资升值空间，起码可以用来装饰房间，美化室内环境，不失为可收藏之物。

而且，现代艺术瓷的作者多数都是具有工艺美术大师之称的陶瓷专家，出炉成品少则十余件多则不过百余件，也算是比较珍稀的。另外，很多现代艺术瓷本身就在继承传统制瓷工艺上有所创新和突破，代表了现代瓷器制作的水平，具有很强的时代特征。这样的瓷器，本身就有较大升值空间，值得投资收藏。

最后，相对于古瓷投资来说，现代艺术瓷的收藏投资风险较小，适合普通人涉足。不像古瓷，价格往往已经攀升到了一定的高度，历代仿品又多，稍不留神就可能买到赝品，会给投资者带来巨大的经济损失。因此，特别是对于初涉收藏的人来说，收藏现代艺术瓷器不失为一种好的投资渠道。

132. 选购现代艺术瓷器的标准是什么?

首先，应该关注作品的艺术水平和制作工艺。

应看作品的造型，瓷器的造型就像文章、诗词的气势。它是通过三维立体形态传达出一种精神、一种气质，或圆润，或挺拔，或纤秀，或雄强，或文儒，或豪放，虽是由简单的线条组成，但提供给人们的想像力却是无穷无尽的。此外，现代艺术瓷的装饰，既要与造型统一，更要新颖和有创造性。好的瓷器装饰应是在任何一个角度都能给人以效果的完整性，形象美、情趣好、内涵深。另外，瓷器品相完好是可收藏之基础，收藏者在选购陶瓷时必须看清有无瑕疵，釉面是否光洁，色度是否一致，青花或彩绘颜色的艳晦、深浅、光泽如何。选购时最好在白天光线好的地方，因为灯光往往会出差错，若是有瑕疵、缺足、崩裂、脱釉等毛病，就会影响作品的观赏价值和收藏价值。

艺术陶瓷精品制作工艺复杂，成品较困难，上等佳品很少。收藏投资现代艺术陶瓷要有精品、绝品意识，选择那些集器型之美、材质之美、气质之美于一体的观赏性强的作品。

其次，要关注创作者的背景。

相对来说，技艺高超的老艺术家、国家级和省级大师、教授称号的陶瓷艺术家的作品以及有独特技艺的民间艺人和高中级工艺美术设计师的佳作通常都是收藏家的首选。他们制作的很多作品已经成为人们追捧的对象，有些已经价值不菲。收藏名家作品最好的办法就是直接上门求购，往往风险较小，还可以跟这些大师们学到不少瓷器鉴赏知识。

此外，对一些年轻陶瓷艺术家的新作，也应该予以关注。他们的作品最有可能成为“黑马”，给投资者以丰厚的回报。当然，收藏他们的作品，需要藏家有独到的眼光。

第三，现代艺术陶瓷的收藏也不能忽略其中包含的其他升值因素，如政治因素、历史因素等，投资时都应该考虑。比如景德镇建镇 1 000 年纪念瓷就可能具有很高的收藏价值。

总之，同古瓷收藏一样，现代艺术陶瓷的收藏，也是一门很深的学问，收藏者必须首先具备一定的陶瓷艺术修养。在准备收藏之前，首先应具备一些陶瓷工艺的基本知识，然后尝试鉴别和挑选那些艺术质量上乘的精品。在对现代艺术陶瓷有一定程度了解的基础上，培育自己独特的眼光。在投资现代艺术陶瓷时，既要了解作品蕴含的意义，又了解创作者的背景，还要学会把握瓷器投资的市场动向，这样才能有把握地进行投资收藏。

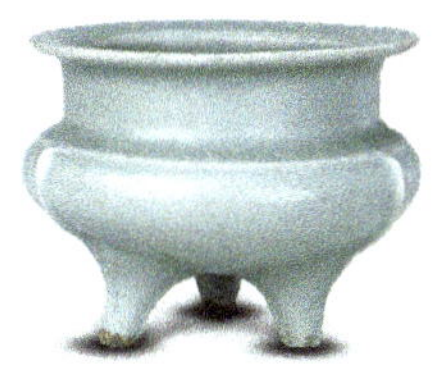

瓷器投资收藏入门

参考文献

[1] 谭旦冏，陈昌蔚．中国陶瓷．台北：光复书局股份有限公司，1980
[2] 李国桢，郭演仪．中国名瓷工艺基础．上海：上海科学技术出版社，1988
[3] 耿宝昌．明清瓷器鉴定．北京：紫禁城出版社，1993
[4] 陈德富．中国古陶瓷鉴定基础．成都：四川大学出版社，1993
[5] 朱裕平．中国瓷器鉴定与欣赏．上海：上海古籍出版社，1993
[6] 杨永善，杨静荣．民间陶瓷．台湾艺术图书公司，1993
[7] 冯先铭．中国陶瓷．上海：上海古籍出版社，1994
[8] 王建华，李国强．古瓷辨识．北京：紫禁城出版社，1996
[9] 杨静荣．古陶瓷鉴识．桂林：广西师范大学出版社，2000
[10] 李辉柄．中国瓷器鉴定基础．北京：紫禁城出版社，2001
[11] 蔡毅．中国陶瓷器真伪识别．沈阳：辽宁人民出版社，2004
[12] 刘良佑．中国历代陶瓷鉴赏．台北：尚亚美术出版社，1993
[13] 彭卿云，耿宝昌．中国文物精华大辞典·陶瓷卷．上海：上海辞书出版社，香港：香港商务印书馆联合出版
[14] 铁源，溪明．民国瓷器鉴定．北京：华龄出版社，2004
[15] 梁志伟．古瓷玩赏解密．上海：上海文化出版社，2007
[16] 潘嘉来．中国传统瓷器．北京：人民美术出版社，2006

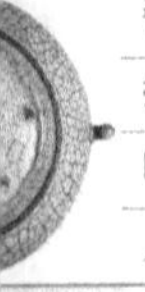

[17] 刘莉，汤洪泉．明清彩瓷知识三十讲．北京：荣宝斋出版社，2005
[18] 姚江波．中国清代瓷器赏玩．长沙：湖南美术出版社，2006
[19] 马未都．马未都说收藏（上、下）．北京：中华书局，2008
[20] 裴光辉．至正型青花瓷．福州：福建美术出版社，2004
[21] 黄俊贤，林亦秋．青花苑藏元明青花瓷．武汉：湖北美术出版社，2005
[22] 王秋墨．中国瓷器收藏百问百答．北京：中国轻工业出版社，2006
[23] 刘梅．鉴赏专家话收藏．陶瓷．济南：济南出版社，2007
[24] 顾行伟．藏瓷说艺．上海：上海文化出版社，2006
[25] 郭学雷．明代磁州窑瓷器．北京：文物出版社，2005
[26] 冯小琦，陈润民．明清青花瓷器．北京：文物出版社，2005

附　录

一、各地博物馆网站简介

1. 中国国家博物馆（http://www.chnmuseum.cn/）

中国国家博物馆于2003年2月28日正式挂牌成立，直属文化部。中国国家博物馆在原中国历史博物馆和中国革命博物馆的基础上建成，是一座以历史与艺术为主、系统展示中华民族悠久文化历史的综合性博物馆。中国历史博物馆的前身为1912年7月9日成立的“国立历史博物馆筹备处”。1949年10月1日，在中华人民共和国成立的同日，更名为“国立北京历史博物馆”，隶属中央人民政府文化部，1959年更名为“中国历史博物馆”。中国国家博物馆集文物征集、考古、收藏、研究、展示于一身，将系统收藏反映中国古代、近现代、当代历史的珍贵文物，并通过举办常设基本陈列和多种专题陈列，向国内外公众全面地展示与宣传中华民族的伟大历史进程与辉煌文化，介绍世界文明与优秀文化。通过高水平的历史学、考古学、文物学、博物馆学研究，不断丰富和深化人们对历史文化的理解和认识，推动博物馆事业发展。中国国家博物馆还将成为首都中心区供公众进行高品位文化享受的重要场所。

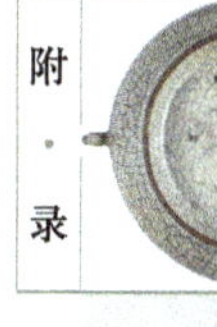

2. 故宫博物院（http://www.dpm.org.cn/）

故宫博物院网站内容包括博物院总说，专区展览，藏品精髓，紫禁城宫殿介绍，藏书，论坛。在这里可以看到有关紫禁城的介绍以及我国陶瓷、绘画、书法、铭刻、青铜器、织绣、家具、漆器、雕塑等藏品的介绍。

3. 首都博物馆（http://www.beijingmuseum.org.cn/）

首都博物馆网站主要介绍首都博物馆状况及馆藏文物。目前开设体验、鉴赏、研究、服务、快讯等栏目。相关爱好者可以在这里学习到相关的知识，了解我国的部分出土文物。

4. 南京博物院（http://www.njmuseum.com/）

南京博物院是从事文物、考古、数字化博物馆研究的历史艺术博物馆。网站目前开设的栏目有展览、文物、资讯、服务、学术、专家、交流等栏目。古玩爱好者可以去这里学习相关文物的知识。

5. 浙江省博物馆（http://www.zhejiangmuseum.com/）

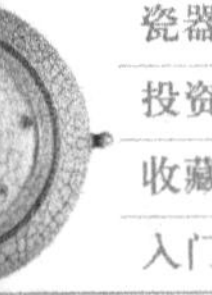

浙江博物馆网站有实用性很强的“展品展示”、“展览交流”、“网上商店”、“在线评议”等平台。有网上“会员俱乐部”，并为普通会员和单位会员提供不同的服务；“休闲服务”为观众提供了在线的网上购买书刊、艺术品、文物复制品；“留言板”更促进了与观众间的交流。主要开设栏目有浙博临展、浙博导览、浙博典藏、浙博快讯等。

6. 陕西历史博物馆（http://www.sxhm.com/）

陕西历史博物馆汇集了陕西文化精华，展现了中华文明的发展过程。网站介绍了陕西历史博物馆的概况，展示了馆内的精品图片及最近展览的概况。主要开设的栏目有陈列展览、保管收藏、学术研究、宣传教育、资料信息、服务指南等。

7. 虢国博物馆（http://www.guostate.com/main.asp）

虢国博物馆位于河南省三门峡市区北部的上村岭，它北依黄河，南望崤山，是建立在国家级重点文物保护单位——西周虢国贵族墓地遗址上的一座专题性博物馆，是一座集文物陈列、遗址展示、园林景观为一体的现代化、多功能博物馆、国家AAAA级旅游景区。虢国墓地是我国迄今为止发现的唯一一处规模宏大、等级齐全、排列有序、保存完好的西周、春秋时期大型邦国公墓。

8. 安徽省博物馆（http://www.ahm.cn/home/）

安徽省博物馆是安徽省唯一集自然、历史、社教为一体的省级综合类博物馆。安徽历史悠久，丰富的文化遗产使她位居全国文物大省之列。经过多年的征集、收藏和保护，安徽省博物馆现有馆藏文物近 23 万件，其中以商周青铜器、楚国货币、汉画像石、文房四宝、元代金银器、新安书画、徽州雕刻和古籍善本、徽州契约文书等最为突出；在现代艺术品中，著名旅法女画家潘玉良的 4 000 余件作品珍藏于该馆，为国内外所瞩目。

9. 武汉博物馆（http://www.whmuseum.com.cn/）

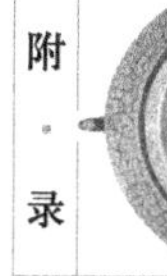

武汉博物馆现有藏品 5 万余件，展出各类精美文物 2 000 余件，其中：既有清宫造办处的御制秘器、也有历代名家高手的杰作；有考古研究价值极高的出土文物，也有工艺精湛的传世珍品。三国时期的青瓷坞堡，1986 年出土于黄陂滠口镇，是一件能充分反映当时地主庄园经济缩影的典型器物。宋湖泗窑青白瓜棱执壶，出土于武昌县湖泗窑遗址。该窑址的发现，填补了长期以来宋瓷研究中“湖北无瓷窑”的空白；元青花“四爱图”梅瓶，为元代青花瓷中的精品，极为少见。

10. 河南博物院（http://www.chnmus.net/）

河南博物院网站介绍河南博物院文物收藏、研究、陈列、展览等。主要开设栏目有博物院概览、院内动态、陈列展览、藏品精粹、华夏古乐、文博书刊、学术园地、文物保护、在线收藏等。

11. 鄂州市博物馆（http://www.ezbwg.com/）

鄂州市博物馆网站包括文物考古、文博事业、考古论坛等。主要介绍了鄂州博物馆的最新动态、馆内状况、馆内藏品等。开设的主要栏目有田野考古、市区文保、外展交流、学术动态、学术交流、研究成果等。

12. 雅安文物网（http://www.yaanww.com/）

四川雅安市的文物网所涉及内容有文物法规、文博通讯、地面文物、地下文物、文物精品、田野考古等。网站主要介绍出土文物的发现时间、地点、特色、年代等内容。

13. 黄山万粹楼博物馆（http://www.wancuilou.com/）

黄山万粹楼博物馆是万仁辉先生自建的私人博物馆，提供文化艺术交流、艺术品展示、名人介绍等内容，展示了万粹楼古建、万粹楼精品、万粹楼赏瓷、万粹楼名人、黄山风光等内容。在这里可以学习到一些馆内展览品知识及古代文化知识。

二、瓷器鉴定常用术语

今天的古陶瓷鉴定工作源于古代古玩行专业人士的鉴定实践。在这些专业人士长期的鉴定工作中，一些口语化的词汇逐渐约定俗成变成了瓷器鉴定的专业用语，这些专业用语在他们的鉴定实践、交流、著述中使用、传播，最后成了今日陶瓷鉴定中的术语。瓷器鉴定专家认为，首先应该听懂和弄明白古瓷鉴定的术语，然后便可小心入市。

口磕——器物口部胎釉由于受外力撞碰出现的大小不等的缺磕伤痕。

冲口——器物口部因与它物相碰而出现的裂纹，长短不等，多出现在碗、盘类瓷器上，有的甚至不易看出。瓷器胎体较薄的，经磕碰，口部最容易损伤，轻者出现冲口，裂痕一般不长，不影响使用；

重者则口缘伤缺，既有损美观，又影响使用。

毛口——器件口边有细微的损伤，釉面间断脱缺，手摸有毛糙棱刺感。

磨口——指瓷器口边出现伤损后，用砂轮将口沿磨去一部分或甚至全部抹平。磨后伤痕不显，不妨碍使用。传世磨口瓷器不少，磨口也是掩饰古瓷损伤的一种手段。

毛边——器物口面的覆釉因伤全部脱落。

重皮——器物口部因受很重磕伤而出现了断面隐患，但外观仍旧完整，不易看出；胎釉已分裂却没有剥离，往往一触碰即会脱落。

棕眼——器件烧制过程中，釉面气泡在窑中融裂爆破后，未曾弥合而形成的小孔状凹陷。

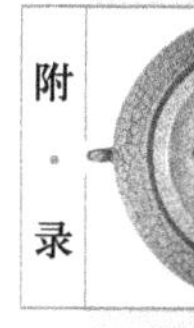

缩釉——由于胎体不干净（比如有油污），所施的釉没能全部覆盖胎体表面而出现的露胎现象。

漏釉——器物施釉时，局部有透漏而露胎无釉。

片纹——瓷器釉面上出现的长短不一的相互交错的细裂纹片，与开片略同。

软道——瓷器釉面久经摩擦而出现的细微丝纹。

划伤——器物釉面或彩绘的表面，被硬物划破后留下的伤痕。

伤釉——由于釉与其他物体摩擦，致令釉面局部损伤。

剥釉——由于釉面受酸、碱、盐的侵蚀，或器物入土受浸而使釉面脱落。

磨款——故意磨去青花、红彩等款，冒充其他年代器物。明、清的官窑或新器都有这样的作伪现象。

磨底——也称磨足，俗称“修脚”。足底内原来有釉，由于某种目的，如为了模仿、冒充其他年代的器物，而把釉磨去，或者因器物底足被损伤而磨底，目的在于弥补缺陷。明清两代仿宣德、成化（1426 ~ 1487 年）的瓷器成风，这类仿造的瓷器较多，有的把仿得逼真的瓷器再磨去原来的款识，以假乱真。

烟熏——仿古作旧方法的一种，用烟熏器物以仿老器的釉面光泽，一般烟熏过的器物有烟味。

配腿——香炉、马、兽等的腿或足已残缺不全，而后来补的腿。

配盖——用朝代不同器物的盖相配。

炸纹——器物的颈、肩或腹部受撞击后，出现放射状裂纹，似鸡爪纹。

水锈——器物长期受土埋水浸，有灰黄、铁红或铜绿色等化学物质黏附于器表，真水锈一般洗刷不净。

补釉——在器口磕缺部分或磨口处，敷以釉汁，再入火焙烧，弥补其缺陷。

假出土——将仿古的各类器物，有意长期埋入地下，以期整新如旧；低温铅釉和无彩、粉彩、三彩等器物尤易氧化或腐蚀。有的还涂以红、黄土疤。

镶嘴流——壶流已缺失，用其他嘴镶补。

后刻阴款——在器物上用钻石工具刻款，不施釉，或刻后施釉入窑烘烧，后刻的字口，釉的切面有些不齐，且釉边不光滑。

后作阳文款——在器物底部，后刻阳文款字而填以釉，或用釉堆写款识，多不够清晰。

紫口铁足——南宋修内司官窑特征之一。胎含铁量较高而呈黑灰色，足部无釉呈胎色；另外，焙烧时因为器物口部的釉下流，导致口部釉层薄，胎色微露而呈紫色。

冰裂纹——亦称“开片”。釉面裂纹形同冰开裂的缝隙。冰裂纹是因胎釉膨胀系数不同所致，过早出窑使瓷器骤然遇到冷空气也能产生冰裂。宋代哥窑瓷器以冰裂纹为主要特征。

金丝铁线——宋哥窑瓷器釉饰特征之一。器物烧制后釉面开片，其纹如冰裂，出窑时用草木灰涂抹器物表面，草灰侵入裂纹内，裂纹即呈黑色；以后在黑纹片之内又续开细小裂纹，日久又呈褐黄色，两种纹片一黄一黑，看起来像金丝和铁线。

堆脂——最初为明代人们对宋窑瓷器釉质描绘用语，后人多用“堆脂”形容瓷器的釉质肥润。

泪痕——宋定窑瓷器釉面的特征之一。器物外部釉厚下垂，像留下的泪痕。

蚯蚓走泥纹——北宋后期禹县钧窑所烧宫廷瓷器釉面特征之一。釉层中有形如蚯蚓在泥中蠕动后遗留的痕迹，蚯蚓走泥纹只在钧台遗址大量发现。

蟹爪纹——瓷器釉面的裂纹如蟹爪。

有芒——碗盘等器皿，口沿没有釉，称“有芒”或“芒口”。这主要指定窑一类器物，由于采用覆烧工艺，将器皿反装入窑，故沿口无釉，似有芒。

花口五出——亦称“五出口”。指瓷器的口部为五个花瓣样的形状。碗口为四瓣或六瓣时，则称“四出口”或“六出口”，六瓣以上的则统称“葵瓣口”或“莲花口”。

窑裂——指瓷器在烧制过程中胎体出现的裂痕，可能是配料不当或者窑火不均匀造成的。

窑粘——指瓷器在窑内粘在一起者。窑粘的形成有多种原因，主要是配料不当及装坯满窑不慎、匣钵堆垛倾斜引起的。

夹扁——指瓷器在入窑烧制过程中变形。

璺——指瓷器因磕碰胎体有伤痕而又里外一致者。璺是无意磕碰造成的，有璺的瓷器轻者敲击时音响不变，重者音哑并有杂音，也称重璺。

冷璺——指本不应出现片纹的器物，但在釉面上出现了一、二条纹路，胎体已透或未透。

旧胎补彩——指瓷器彩绘纹饰由于长年使用而使彩色磨伤或脱落，再照原样补上彩色。

旧胎新彩——专指在宋代或明代白釉瓷器上添加彩绘者。此方

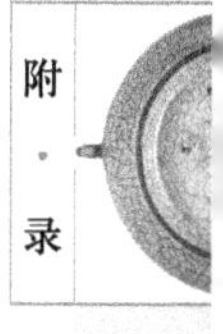

法盛行于晚清民国时期。

接口——指瓷器口部损伤后，通过重新换接复原。

换底——指调换瓷器底部。先把仿器底全部去掉，然后将真古瓷底磨好后嵌入仿器内。

仿品——指模仿前代的瓷器。有些古代仿之前朝代的仿品，制作精美，也是颇有价值的。

洗口——器物口部的一种样式，其形状像洗。凡口缘内收的，称“敛口”，外撇的，呈“撇口”或“敞口”；口缘向上的称“直口”；凡盘碗一类器皿，口向外折的，称“折沿”或“板沿”。

圈底——指器物底部为圆形而向外凸出者。我国早期陶器底部多属这类形式，新石器时代中期已普遍出现，红陶盆、钵、罐等器皿较多。

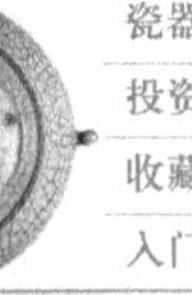

圈足——指器物底部圆形垫圈样的底足。唐代瓶、壶、盘、碗等器已有圈足，但不常见；宋以后流行。

玉璧底——指器物的底形有如玉璧。玉璧底碗是唐代中晚期比较盛行的一种碗式。

双底足——也称“双圈足”。清康熙前期景德镇流行的器物底足特有样式。

篆书款——指用篆书体书写的瓷器款识。明永乐（1403 ~ 1424 年）时青花压手杯和白釉、红釉盘碗的款识都用四字篆书体，宣德（1426 ~ 1435 年）以后多为楷书款；清雍正（1723 ~ 1735 年）时颜色釉瓷器从篆书款为多，多印四字篆款，青花多书六字款。

楷书款——指用楷书体撰写的瓷器款识。明清两代官窑瓷器以楷书款为主，篆书款只占很少部分。由于分工很细，款识都由专人书写，因此书写的字体大体相似。

堆料款——指清代康熙至乾隆（1662 ~ 1795 年）时珐琅彩瓷器的款识。因字用珐琅彩书写后都凸起，以形成堆垛，故名。堆料款有蓝彩和胭脂彩两种，是珐琅彩瓷器款识的主要款式。

铜口——瓷器口缘或底足部有包镶金属的现象，包金的称“金口”，包银的称“银口”，包铜的称“铜口”。也有用其他金属镶边的。包金属的原因主要有两种：一是为了弥补口部无釉或伤残的缺陷，多见于定窑及青白瓷；一是显示尊贵或富有，在瓷器上包镶金银，法门寺出土秘色瓷中即有包金银的，宋定窑及青白瓷也有类似出土物。

五百圾——亦称“五百件”。景德镇窑瓷器大小的计量术语。数目字与瓷器大小成正比，即数字小瓷器也小，数字大瓷器也大，五百件属大器，高度为二尺以上大瓶；晚清时烧制的地瓶，高度达五六尺，计量数字达到一千件。

惊纹——因胎体较薄，偶受轻微碰触而产生的极细的裂纹。

轧口、截口——器物的口部或颈部因碰撞而大面积损伤，而器身完好无损，为保持一定的观赏价值，将损坏的器口或者颈部截去，修磨平整，口部则露胎无釉（俗称“剃头”，“抹脖”）。

崩口——器物因为碰撞而造成口边崩缺。

残耳——器物原饰耳部分或全部受伤。

炸底——因投放物件或外部冲击，而致器底损伤、产生裂纹。

炸肚——器件的腹部因为烧制时受热不均，或烧成后被撞击而形成数条裂纹，胎体可透也可以不透。

刮底——一种不施釉的毛底，系制坯时用竹片等工具刮削而成。

旋纹——以旋转方式刮制器底、器足而形成的同心圆纹。

后加彩——在以前的旧瓷器上加彩绘，在低温炉中再次烧制，形成彩瓷的效果。旧瓷器上多有当时的款识，由此加绘彩后可以抬高瓷器身价。

窑点——瓷器坯体在烧制过程中与其他坯体粘连在一起，出窑后在器件上留下的黏结痕迹。

后配——器物的某些原配部件（如盖、耳、头、手、退、底座等）因种种原因缺失，为保持器件的完美而重新配置。材料可以是原料，

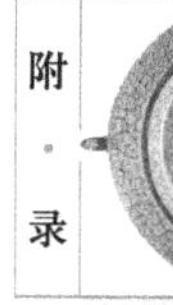

也可以是红木等材料。

磕缺——器物因碰撞而造成的损缺。

支钉——瓷器烧制过程中的一种器具，用坯泥或其他耐高温材料制造，用来支住瓷坯。常用的支钉有圆形、三角形等多种形状；支钉有粗有细。还有珠状的，称为托珠。

火石红——胎体含有矿物质，在不施釉的部位经火烤制后自然泛出的黄褐色，或黄红色。现今景德镇复制的元、明青花瓷器，以新砂垫烧，或是入窑前新瓷胎的砂底受了潮，也会出现火石现象。

黏砂——釉面上有遗落的窑灰，或器底因垫烧黏结有沙粒、砂痕或黑疵。

后挂彩——将前朝的素白胎或青花器，再配色填彩加工成粉彩或斗彩，以混充旧彩器。

水碱——素釉器物长期埋入湿土内浸渍，使釉色发生了变化，产生灰白雾状小点或小碎裂纹。

足磕——器足部位在搁置时不小心或用力过度，触地发生撞击或因其他原因碰撞而产生伤痕。

补缺——器物破碎后缺少的部分，用石膏、铜、铝、铁、木、金漆乃至水泥、油漆或沥青补上。

脱釉——釉面受盐、碱、酸的腐蚀，或入土受浸而剥落。

伤彩——色彩的表面、局部或全部被磨划致伤。

土蚀——釉面、彩绘或胎体被土壤腐蚀，使器物表面局部失亮。

失亮——器物的釉面因长期使用，经久磨损而失去光泽。

茶水煮——一种仿古作旧法，常以土茶水煮，使器面上有红褐色的茶绣痕。

漆画面——器物破碎或有窑裂、炸纹，以彩漆绘纹饰将纹路遮盖。

胎后挂——新胎剥去釉面后，加彩釉充作古彩器。

磕伤——器身的某一部位被其他物体碰撞而磕坏。

釉泡——釉面在烧制时出现的气泡。

缺碴——器物损坏后缺失碎片。

斑点——釉面出现多种矿物或其他化学物质的斑点。

土锈——器物釉面粘有凝固的土疤。

漆彩画——器物破碎或有窑裂、炸纹，以彩漆绘纹饰将纹路遮盖。

糊米地——器物砂底因所垫砂粒含铁质较多，烧制时出现铁锈斑点，似糊米状，明成化瓷砂底一般有此现象。

荞麦地——釉面局部或全部出现小黑星点，为釉内杂质或二次入窑所致。

复窑——也叫复烧，即二次入窑烧制，改制器或后挂彩釉均用此法。

耍圈——器身与底足出现一圈裂纹，有的断开，有的局部相连。

翘棱——由于变形，器口不圆，底足不平。

外冲里不冲——因外力相碰，在某个部位外表出现较小裂纹，但未伤及内壁。

爪纹——器物壁部或底部因受撞击后出现裂纹状如鸡爪，又叫“鸡爪纹”。

做旧——将新制器物做成古旧颜色，仿冒古物。

掌眼——请行家、里手帮忙鉴定器物的真伪、品位，称请人掌眼。

捡漏——卖方误将真品、珍品当赝品、下品出售，被识货人购去，意即买方捡到遗漏的真品。

打眼——在交易中因走了眼，将赝品当珍品购进称“打眼”。在古玩业中，打眼后，一般人不便声张，怕被同行知道了，讥笑自己眼力不济，有失面子，大多甘愿吃哑巴亏。

挂线——指瓷器上的裂痕，其状如线挂在上面。

新坑，熟坑——新坑指新出土之物，熟坑为出土多年之器物。

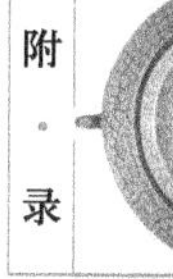

三、中国瓷器历史年表

朝代与年号	起止年代	创建人或当朝者	即位时间	瓷器记事
五帝	约前 26 世纪～前 21 世纪			
夏	前 21 世纪～前 17 世纪	禹		
商	前 17 世纪～前 11 世纪	汤		原始瓷器出现
西周	前 11 世纪～前 771 年	武王		
东周	前 770 年～前 256 年	周平王		
春秋	前 770 年～前 476 年			
战国	前 475 年～前 221 年			
秦	前 221 年～前 206 年	始皇（嬴政）		
西汉	前 206 年～公元 8 年	高祖（刘邦）		
新	公元 8 年～ 23 年	王莽		

续 表

朝代与年号	起止年代	创建人或当朝者	即位时间	瓷器记事
东汉	25 ~ 220 年	光武帝（刘秀）		真正的瓷器出现，发明黑釉和创烧黑瓷
三国 魏	220 ~ 265 年	曹丕		
三国 蜀	221 ~ 263 年	刘备		
三国 吴	222 ~ 280 年	孙权		
西晋	265 ~ 317 年	武帝（司马炎）		缥瓷出现
东晋	317 ~ 420 年	元帝（司马睿）		代表性瓷器类型是黑釉和青釉瓷
十六国	304 ~ 439 年			
南朝 宋	420 ~ 479 年	刘裕		

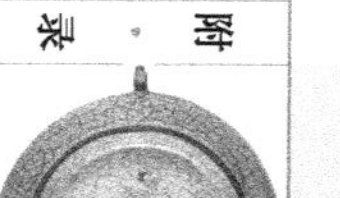

续 表

朝代与年号	起止年代	创建人或当朝者	即位时间	瓷器记事
南朝 齐	479 ~ 502 年	萧道成		
南朝 梁	502 ~ 557 年	萧衍		
南朝 陈	557 ~ 589 年	陈霸先		
北朝 北魏	386 ~ 534 年	拓跋珪		
北朝 东魏	534 ~ 550 年	元善见（高欢立）		
北朝 西魏	535 ~ 557 年	元宝炬（宇文泰立）		
北朝 北齐	550 ~ 577 年	高洋		出现白瓷
北朝 北周	557 ~ 581 年	宇文觉		
隋	581 ~ 618 年	文帝（杨坚）		开始形成“南青北白”的制瓷局面
唐	618 ~ 907 年	高祖（李渊）		中唐以后大量使用匣钵装烧。北方盛行白瓷。盛期长沙窑创

续 表

朝代与年号	起止年代	创建人或当朝者	即位时间	瓷器记事
				烧铜红釉瓷。晚期出现圈足器物,四出口、五出口的花口器皿是碗类器皿的重要特征
五代十国	907 ~ 960 年			
北宋	960 ~ 1127 年	太祖（赵匡胤）	960 年	瓷器工艺与生产达到了一个高峰，瓷窑遍布全国各地，各具特色，出现了五大名窑。景德镇窑创烧青白瓷，后世称为“影青瓷”

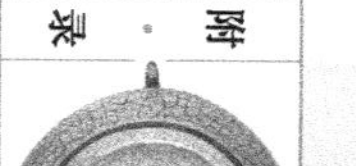

续 表

朝代与年号	起止年代	创建人或当朝者	即位时间	瓷器记事
北宋 建隆	960 年			
北宋 乾德	963 年			
北宋 开宝	968 年			
北宋 太平兴国	976 年	太宗（赵光义）	976 年	
北宋 雍熙	984 年			
北宋 端拱	988 年			
北宋 淳化	990 年			
北宋 至道	995 年			
北宋 咸平	998 年	真宗（赵恒）	997 年	
北宋 景德	1004 年			
北宋 大中祥符	1008 年			

续 表

朝代与年号	起止年代	创建人或当朝者	即位时间	瓷器记事
北宋 天禧	1017 年			
北宋 乾兴	1022 年			
北宋 天圣	1023 年	仁宗（赵祯）	1022 年	
北宋 明道	1032 年			
北宋 景佑	1034 年			
北宋 宝元	1038 年			
北宋 康定	1040 年			
北宋 庆历	1041 年			
北宋 皇佑	1049 年			
北宋 至和	1054 年			
北宋 嘉祐	1056 年			

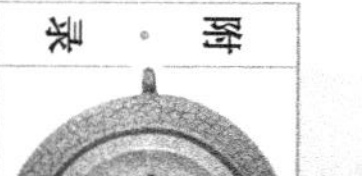

续 表

朝代与年号	起止年代	创建人或当朝者	即位时间	瓷器记事
北宋 治平	1064 年	英宗（赵曙）	1063 年	
北宋 熙宁	1068 年	神宗（赵顼）	1067 年	
北宋 元丰	1078 年			
北宋 元祐	1086 年	哲宗（赵煦）	1085 年	
北宋 绍圣	1094 年			
北宋 元符	1098 年			
北宋 建中靖国	1101 年	徽宗（赵佶）	1100 年	钧瓷生产鼎盛期
北宋 崇宁	1102 年			
北宋 大观	1107 年			
北宋 政和	1111 年			
北宋 重和	1118 年			

续　表

朝代与年号	起止年代	创建人或当朝者	即位时间	瓷器记事
北宋 宣和	1119 年			
北宋 靖康	1126 年	钦宗（赵桓）	1126 年	
南宋	1127 ~ 1279 年	高宗（赵构）	1127 年	
南宋 建炎	1127 年			
南宋 绍兴	1131 年			
南宋 隆兴	1163 年	孝宗（赵昚）	1162 年	
南宋 乾道	1165 年			
南宋 淳熙	1174 年			
南宋 绍熙	1190 年	光宗（赵惇）	1189 年	
南宋 庆元	1195 年	宁宗（赵扩）	1194 年	
南宋 嘉泰	1201 年			

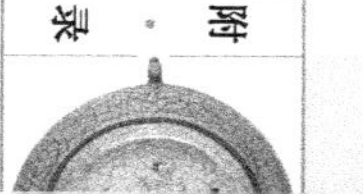

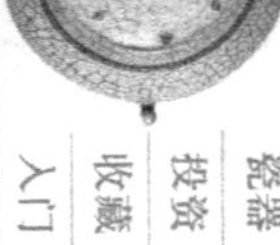

续表

朝代与年号	起止年代	创建人或当朝者	即位时间	瓷器记事
南宋 开禧	1205年			
南宋 嘉定	1208年			
南宋 宝庆	1225年	理宗（赵昀）	1224年	
南宋 绍定	1228年			
南宋 端平	1234年			
南宋 嘉熙	1237年			
南宋 淳祐	1241年			
南宋 宝祐	1253年			
南宋 开庆	1259年			
南宋 景定	1260年			
南宋 咸淳	1265年	度宗（赵禥）	1264年	

续 表

朝代与年号	起止年代	创建人或当朝者	即位时间	瓷器记事
南宋 德佑	1275 年	恭帝	1274 年	
南宋 景炎	1276 年	端宗	1276 年	
南宋 祥兴	1278 年	帝昺	1278 年	
辽	916 ～ 1125 年	耶律阿保机		
西夏	1038 ～ 1227 年	李元昊		
金	1115 ～ 1234 年	完颜阿骨打		
元	1271 ～ 1368 年	世祖（忽必烈）		初期创烧青花瓷、釉里红瓷，晚期创烧五彩瓷
明	1368 ～ 1644 年	太祖（朱元璋）		
明 洪武	1368 年	太祖朱元璋	洪武元年正月（1368 年 1 月）	

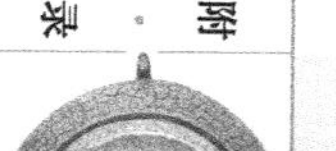

续 表

朝代与年号	起止年代	创建人或当朝者	即位时间	瓷器记事
明 建文	1398 年	惠帝朱允炆	洪武三十一年闰五月（1398 年 6 月）	
明 永乐	1402 年	成祖朱棣	建文四年六月（1402 年 7 月）	景德镇窑创烧“甜白釉”瓷
明 洪熙	1424 年	仁宗朱高炽	永乐二十二年八月（1424 年 9 月）	
明 宣德	1425 年	宣宗朱瞻基	洪熙元年六月（1425 年 6 月）	创烧斗彩瓷、白釉青绿花瓷、黄釉青花瓷等
明 正统	1435 年	英宗朱祁镇	宣德十年正月（1435 年 2 月）	
明 景泰	1450 年	代宗朱祁钰	正统十四年九月（1450 年 9 月）	
明 天顺	1457 年	英宗朱祁镇	景泰八年正月复辟（1457 年 2 月）	
明 成化	1464 年	宪宗朱见深	天顺八年正月（1464 年 2 月）	斗彩瓷达到极高水平。创烧了白釉黄彩、黄地紫彩瓷

续 表

朝代与年号	起止年代	创建人或当朝者	即位时间	瓷器记事
明 弘治	1487年	孝宗朱祐樘	成化二十三年九月（1487年2月）	
明 正德	1505年	武宗朱厚照	弘治十八年五月（1505年6月）	创烧矾红地金彩瓷
明 嘉靖	1521年	世宗朱厚熜	正德十六年四月（1521年5月）	盛行五彩瓷
明 隆庆	1567年	穆宗朱载垕	嘉靖四十五年十二月（1567年2月）	
明 万历	1572年	神宗朱翊钧	隆庆六年六月（1572年7月）	创烧了黄釉五彩瓷
明 泰昌	1620年	光宗朱常洛	万历四十八年八月（1620年8月）	
明 天启	1620年	熹宗朱由校	泰昌元年九月（1620年10月）	
明 崇祯	1627年	思宗朱由检	天启七年八月（1627年10月）	崇祯瓷独有的特征是以涂抹技法绘制人物衣裤有碎花表面纹，开创了类似中国画中淡墨水彩的皴点法用笔，画面极富诗意，对清初影响很大

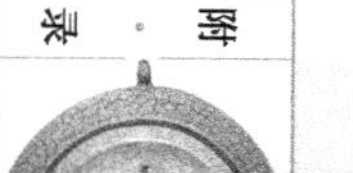

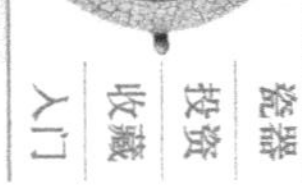

续 表

朝代与年号	起止年代	创建人或当朝者	即位时间	瓷器记事
清	1616～1911年	（努尔哈赤）世祖（福临）		是陶瓷史上的鼎盛时期
清 天命	1616年	太祖（爱新觉罗努尔哈赤）		
清 天聪	1627年	太宗（皇太极）		
清 崇德	1636年			
清 顺治	1644年	世祖（福临）	崇德八年八月（1643年10月）	
清 康熙	1662年	圣祖（玄烨）	顺治十八年正月（1661年2月）	创烧了“釉里三色”瓷和豇豆红瓷，晚期创烧珐琅彩瓷。烧制三彩瓷达到了鼎盛
清 雍正	1723年	世宗（胤禛）	康熙六十一年十一月（1722年12月）	

续 表

朝代与年号	起止年代	创建人或当朝者	即位时间	瓷器记事
清 乾隆	1736 年	高宗（弘历）	雍正十三年九月（1735 年 10 月）	各类瓷器的工艺水平均很高，创烧了轧道开光工艺
清 嘉庆	1796 年	仁宗（颙琰）	嘉庆元年元旦（1796 年 2 月）	
清 道光	1821 年	宣宗（旻宁）	嘉庆二十五年八月	创烧“喜字罐”，出现了“斋堂款”款识
清 咸丰	1851 年	文宗（奕詝）	道光三十年正月（1850 年 3 月）	
清 同治	1862 年	穆宗（载淳）	咸丰十一年十月（1861 年 11 月）	
清 光绪	1875 年	德宗（载湉）	光绪元年正月（1875 年 2 月）	
清 宣统	1909 年	溥仪	光绪三十四年十一月（1908 年 12 月）	
清末	1840 ~ 1911 年			
中华民国	1912 ~ 1949 年	孙中山（临时大总统）		烧制大量仿古瓷

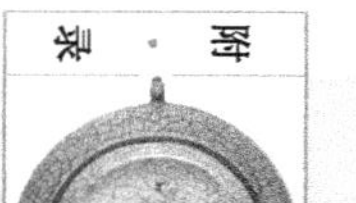

www.ingramcontent.com/pod-product-compliance
Lightning Source LLC
LaVergne TN
LVHW010545110826
845149LV00003B/571

* 9 7 8 7 5 4 7 8 2 1 6 6 4 *